최신 개정판

사서직 시험대비 객관식 문제 풀이

자료조직개론

문헌목록 편

자료조직개론(개정판)
문헌목록 편

© 이종엽·백항기·권용인, 2021

2판 1쇄 발행__2021년 03월 05일
2판 1쇄 발행__2021년 03월 15일

엮은이__이종엽·백항기·권용인
펴낸이__홍정표

펴낸곳__글로벌콘텐츠
   등록__제 25100-2008-000024호

공급처__(주)글로벌콘텐츠출판그룹
   대표__홍정표 이사__김미미 편집__하선연 문유진 권군오 홍명지 기획·마케팅__이종훈 홍민지 홍혜진
   주소__서울특별시 강동구 풍성로 87-6 전화__02-488-3280 팩스__02-488-3281
   홈페이지__www.gcbook.co.kr

값 20,000원
ISBN 979-11-5852-320-6 93020

최신 개정판

사서직 시험대비 객관식 문제 풀이

자료조직개론

문헌목록 편

이종엽·백항기·권용인 엮음

글로벌콘텐츠

세계 최고의 목록이라고 일컬어지는 피나케스목록은 BC 260~240년경 고대 이집트의 알렉산드리아 도서관 사서이며 학자인 칼리마크스가 집대성한 것으로 당시 알렉산드리아 도서관에 소장되었던 약 40~70만 점의 두루마리형 파피루스에 대한 목록이라 할 수 있다.

이는 크게 산문부와 시부의 2분법으로 나누고 산문부는 법률·철학·수사학·사학·의학·잡편으로, 시부는 서가편·비가편·단가편·가요편·희극편·비극편으로 세분한 후에 다시 저자의 알파벳 순으로 정리하였다고 전해지고 있다.

그러나 일반적으로 근대의 목록규칙이라 하면 1841년 영국의 대영박물관 책 제작부서의 책임자인 파니찌의 91개 목록규칙을 필두로 하여 협동목록의 창시자라고 할 수 있는 제위트의 목록규칙, 그 밖의 보스턴 아테나움 도서관장인 카터의 사전체목록규칙 등이 있으며, 현대목록규칙이라고 할 수 있는 국제목록규범을 필두로 영미목록규칙에 이어 웹 기반의 새로운 목록규칙이라고 할 수 있는 RDA(Resource Description and Access), 즉 모든 자료를 유형에 따라 규칙을 생성하는 것이 아니라 이용적인 측면과 물리적인 측면으로 구분하여 이용자 검색에 용이 하도록 하였다.

또한 미국의회도서관에서는 21세기 디지털 전략이라고 할 수 있는 LC21(도서관계와 메타데이터계 등을 표준화하려는 목적의 일환으로 2가지 형식의 기술적 메타데이터 형식)을 개발하였는데 MARCXML과 MODS(Metadata Object Description Scheme)이다. MARC XML은 MARC DATA의 요소 하나하나를 XML 환경하에서 ISO2709에 입각하여 구현하려는 작업이라 할 수 있으며, MODS는 숫자가 아닌 언어로 표현함으로써 이용자뿐만 아니라 MARC에 익숙한 사서라면 누구나 손쉽게 알 수 있다.

이와 같이 정보통신의 발달과 더불어 도서관의 자료조직 환경도 많은 변화를 가져왔으며, 목록의 중요성 또한 점점 더 고조되고 있는 실정이라고 할 수 있다. 국가대표도서관인 국립중앙도서관과 국회도서관은 전거데이터를 연차적으로 꾸준히 작성하여 목록의 검색상 필요한 집중성과 구분성을 더해 나가고 있다.

따라서 본서는 자료조직법 가운데 2016년에 출간한 '문헌분류 편'에 이은 '문헌목록 편'으로 사서들의 현장실무와 각종 전공시험을 준비하는 수험생들에게 지침서가 되도록 하고자 여러 교수님들의 고견과 이론을 섭렵하여 집필하였으며, 본문 7장과 기출문제를 부록으로 수록하였다.

마지막으로 본서의 집필에 노고를 아끼지 않은 여러 교수님들과 특히 교정(校訂)에 참여한 한완재, 우수진, 임은정, 이선영, 박희주 사서 선생님들과 박연희 선생님, 그리고 본서가 출간될 수 있도록 물심양면으로 도움을 주신 글로벌콘텐츠 홍정표 대표에게도 심심한 감사를 드린다.

2021. 3.

이종엽, 백항기, 권용인

자료조직개론

문헌목록 편

제 1 장

목록법
일반

1. 목록의 의의와 기능으로 옳은 것을 고르시오.

① 17세기의 목록은 주로 자산목록으로서의 기능을 수행하였다.

② 목록기능의 역사적인 발전과정을 살펴보면, 처음 자산목록으로부터 특정자료의 검색기능으로, 다시 저작단위를 집중하는 기능으로 발전해왔다.

③ Cutter는 지명으로부터 자료의 검색을 가능하게 하였다.

④ Shera는 특정 판(서지적) 또는 저작의 문자나 주제별에 따라 자료의 선정을 지원하였다.

| 해설 | ②. ① 1400년대까지의 목록은 주로 자산목록으로서의 기능을 수행하였고, 17세기 이후 정보량의 급속한 증가로 인해 검색할 수 있는 새로운 기능을 필요로 되었다. ③ Shera는 지명으로부터 자료의 검색을 가능하게 하였다. ④ Cutter는 특정 판(서지적) 또는 저작의 특성(문자나 주제별)에 따라 자료의 선정을 지원하였다.

2. 목록에 대한 설명으로 옳은 것은?

① 1400년대까지는 주로 공공목록으로서의 기능을 수행하였다.

② 18세기 이후 정보량이 급속하게 증가되고 새로운 방법으로서의 목록을 구상하였다.

③ 국제목록원칙규범 ICP는 6개 조항으로 구성되었다.

④ 저록의 요소 중 표목은 KCR4에서 접근점이라는 용어를 사용하고 있다.

| 해설 | ④. ① 1400년대까지는 주로 자산목록(inventory list)으로서의 기능을 수행하였다. ② 17세기 이후 정보량이 급속하게 증가되고 새로운 방법으로서의 목록을 구상하게 되었다. ③ 국제목록 원칙규범 ICP는 7개 조항(1. 적용범위, 2. 일반원칙, 3. 개체, 속성, 관계, 4. 목록의 목적과 기능, 5. 서지기술, 6. 접근점, 7. 탐색능력의 기반)으로 구성되었다.

3. 목록을 용도에 따라 구분했을 때 사무용 목록에 해당하는 것은?

① 주제명목록　　　　　② 저자명목록

③ 전거목록　　　　　　④ 표제목록

| 해설 | ③. 전거목록을 제외한 나머지는 열람용 목록에 해당된다.

4. 목록의 요소에 대한 설명으로 옳은 것은?

① 표목지시는 저록의 한 요소로 문헌의 소재를 제시한다.

② 참조에는 일반적으로 주제명목록에서 하나의 주제명을 특정 형식의 주제명으로 연결하기 위한 '보라' 참조, 그리고 관련된 접근점 상호간을 연결하기 위한 '도보라' 참조가 있다.

③ 청구기호는 저록의 배열위치를 결정하는 제1요소이면서, 검색도구로서의 기능을 한다. KCR4에서는 청구기호 대신에 접근점이라는 용어를 사용하고 있다.

④ 목록의 대상인 특정 문헌의 서지정보를 일정한 규칙에 따라 특정한 형식으로 기록한 하나의 단위기록을 표목이라 한다.

> |해설| ②. ① 저록의 한 요소로 문헌의 소재를 제시하는 것은 청구기호이다. ③ 저록의 배열위치를 결정하는 제1요소이면서, 검색도구로서의 기능을 하는 것은 표목이다. KCR4에서는 표목 대신에 접근점이라는 용어를 사용하고 있다. ④ 목록의 대상인 특정 문헌의 서지정보를 일정한 규칙에 따라 특정한 형식으로 기록한 하나의 단위기록은 저록이다.

5. 목록의 요소에 대한 설명으로 옳지 않은 것은?

① 표목은 저록의 배열위치를 결정하는 제1요소이면서, 검색도구로서의 기능을 한다. KCR4에서는 표목 대신에 접근점이라는 용어를 사용하고 있다.

② 참조에는 일반적으로 주제명목록에서 하나의 주제명을 특정 형식의 주제명으로 연결하기 위한 '보라' 참조, 그리고 관련된 접근점 상호간을 연결하기 위한 '도보라' 참조가 있다.

③ 저록이란 목록에서 특정 접근점을 다른 접근점으로 유도하고 안내하는 기록을 말한다.

④ 저록이란 목록의 대상인 특정 문헌의 서지정보를 일정한 규칙에 따라 특정한 형식으로 기록한 하나의 단위기록이다.

> |해설| ③. 목록에서 특정 접근점을 다른 접근점으로 유도하고 안내하는 기록을 참조라고 한다.

6. 목록의 기능으로 옳지 않은 것은?

① 유사한 특징을 지닌 둘 이상의 개체를 통합한다.

② 서지정보의 논리적 배열과 명확한 이동방법을 제시한다.

③ 구입이나 대출 등을 통해 이용자가 개별 자료를 입수할 수 있도록 지원하는 정보를 제공한다.

④ 서지자료의 속성이나 관계를 이용한 탐색결과, 장서에서 서지자료를 검색한다.

> |해설| ①. 목록의 기능은 1) identify: 레코드에 기술된 개체와 찾고자하는 개체가 동일한지를 확인하거나 유사한 특징을 지닌 둘 이상의 개체를 구별한다. 2) navigate: 저작이나 표현형, 구현형, 개별자료 간의 관계를 제시하는 것을 포함하여, 서지정보의 논리적 배열과 명확한 이동방법을 제시한다. 3) obtain: 기술대상인 개별 자료에 대한 접근을 확보한다. 4) find: 서지자료의 속성이나 관계를 이용한 탐색결과, 장서에서 서지자료를 검색한다.

7. 다음에서 설명하는 것으로 알맞은 것은?

> 저록을 구성하는 기본요소로서, 문헌에 기재된 표제나 책임표시, 판사항, 발행사항 등 구체적인 인쇄물로서의 외형에 관한 데이터를 말한다. 이것은 특정 저작이나 특정 저작의 한 판을 다른 저작이나 다른 판과 식별하는데 필요한 여러 가지 요소로 구성된다.

① 표목   ② 기술   ③ 저록   ④ 청구기호

> **|해설|**   ②. ① 표목은 저록의 배열위치를 결정하는 제1요소이며 검색도구이다. 일반적으로 표제, 인명, 주제명, 분류기호 등이 표목으로 사용되어진다. ③ 저록은 문헌의 서지정보를 일정한 규칙에 따라 특정한 형식으로 기록한 하나의 단위기록이고 ④ 청구기호는 문헌의 소재를 제시하는 요소이다.

8. MARC에 관한 설명으로 옳지 않은 것은?

① 컴퓨터가 서지데이터, 즉 목록정보를 식별하여 축적, 유통할 수 있도록 코드화한 일련의 표준형식을 MARC라고 한다.
② 국제적인 서지정보 유통망의 구축이 가능하며 문헌에 대한 접근성이 확대되었다.
③ 레코드의 구조로는 리더, 디렉토리, 제어필드, 데이터필드로 구성되어 있다.
④ 디렉토리는 레코드 처리를 위한 정보를 제공하는 데이터요소로서 24개의 자리로 고정되어 있다.

> **|해설|**   ④. 레코드 처리를 위한 정보를 제공하는 데이터요소로서 24개의 자리로 고정되어 있는 것은 리더에 대한 설명이다.

9. 목록의 종류에 관한 설명으로 틀린 것은?

① 사무용 목록은 이용자의 정보검색용 도구가 되는 목록이다.
② 사무용 목록인 도서원부는 날짜, 등록번호, 청구기호, 서명/저자명, 출판사, 출판년, 가격, 수입처 등으로 표현된다.
③ 사무용 목록은 기본목록, 서가목록, 전거목록 등이 있다.
④ 열람용 목록은 저자명목록, 표제목록, 분류목록 등이 있다.

> **|해설|**   ①. 사무용 목록은 목록작성과 그 관리상의 기초가 되는 목록을 말하며, 이용자의 정보검색용 도구가 되는 목록은 열람용 목록이다.

10. 목록의 요소에 대한 설명으로 옳은 것을 고르시오?

① 특정 문헌의 서지정보를 일정한 규칙에 따라 특정한 형식으로 기록한 하나의 단위기록을 일정한 체계로 배열하였을 때 저록이라고 한다.

② 표목은 표제나 책임표시, 판사항, 발행사항 등 구체적인 인쇄물로서의 외형에 관한 데이터를 말한다.

③ 기술은 표제나 책임표시, 판사항, 발행사항 등 구체적인 인쇄물로서의 외형에 관한 데이터를 말한다.

④ 표목지시는 문헌의 소재를 제시하는 요소이다.

| 해설 | ③. ① 특정 문헌의 서지정보를 일정한 규칙에 따라 특정한 형식으로 기록한 하나의 단위기록을 저록이라고 하며, 이를 일정한 체계로 배열하였을 때 목록이라고 한다. ② 표목은 일반적으로 표제와 인명, 주제명, 분류기호 등이 표목으로 사용되어 왔다. ④ 문헌의 소재를 제시하는 요소는 청구기호이다.

11. MARC에 대한 설명으로 옳은 것은?

① 물리적 위치와 유관하게 문헌에 대한 접근성이 확대되었다.

② 기술의 표준화와 서지정보의 공유에 간접적으로 기여한다.

③ 검색도구로서 목록의 기능이 크게 확장되었다.

④ 서지기관 간의 상호협력이 촉진되어 정보서비스의 양적인 강화를 기대할 수 있게 되었다.

| 해설 | ③. ① 국제적인 서지정보 유통망의 구축이 가능하며, 물리적 위치와 무관하게 문헌에 대한 접근성이 확대되었다. ② 기술의 표준화와 서지정보의 공유에 직접 기여하게 되었다. ④ 서지기관간의 상호협력이 촉진되어 정보서비스의 질적인 강화를 기대할 수 있게 되었다.

12. 다음에서 예시와 같은 성격의 목록을 고르시오?

기본목록, 서가목록, 도서원부

① 저자명목록　　　② 표제목록　　　③ 전거목록　　　④ 분류목록

| 해설 | ③. 기본목록, 서가목록, 도서원부는 목록작성과 그 관리상의 기초가 되는 사무용 목록에 해당한다. 보기에서 사무용 목록에 해당하는 것은 전거목록이며, 나머지는 열람용 목록이다.

13. MARC에 대한 설명으로 옳지 않은 것은?

① MARC를 통한 분담목록이 가능하여 저록업무의 중복을 피할 수 있다.

② 기술의 표준화와 서지정보의 공유에 간접적으로 기여한다.

③ 국제적인 서지정보 유통망의 구축이 가능하며, 물리적 위치와 무관하게 문헌에 대한 접근성이 확대되었다.

④ 서지기관간의 상호협력이 촉진되어 정보서비스의 질적인 강화를 기대할 수 있게 되었다.

| 해설 | ②. 기술의 표준화와 서지정보의 공유에 직접 기여하게 되었다.

14. 다음의 기본표목에 관한 설명 중에서 옳은 것은?

① 전기서의 경우 저자가 있으면 저자를 기본표목, 피전자는 주제부출표목으로 한다.

② 저자가 4인 이하인 경우 대표저자 또는 먼저 기술된 저자를 기본표목으로 한다.

③ 개정서의 경우 원저자만 기본표목으로 규정된다.

④ 단체명이 기본표목이 되는 경우, 단체는 3인 이상의 회원으로 구성되어야 한다.

| 해설 | ①. ② 저자가 3인까지의 경우 대표저자를 기본표목으로 하며, 4인 이상의 경우 표제가 기본표목이 된다. ③ 개정서의 경우 원저자만이 아니라 개정자 또한 기본표목이 가능하다. ④ 단체명이 기본표목이 되는 경우, 단체는 3인 이상이 아니라 2인 이상부터이다.

15. 다음의 기본표목에 관한 설명 중에서 옳지 않은 것은?

① 저자가 3인까지의 경우 대표저자를 기본표목으로 하며, 4인 이상의 경우 표제가 기본표목이 된다.

② AACR2R은 기본표목을 규정하지만, 한국목록규칙 제4판에서는 규정하지 않는다.

③ 개정서의 경우 원저자만이 아니라 개정자 또한 기본표목이 가능하다.

④ 단체명이 기본표목이 되는 경우, 단체는 3인 이상의 법인체이어야 한다.

| 해설 | ④. 단체명이 기본표목이 되는 경우, 단체는 3인 이상이 아니라 2인 이상부터이다.

16. 다음 설명에 해당하는 것을 고르시오?

저록을 구성하는 기본 요소로서, 문헌에 기재된 표제나 책임표시, 판사항, 발행사항 등 구체적인 인쇄물로서의 외형에 관한 데이터를 말한다.

① 표목   ② 기술   ③ 청구기호   ④ 표목지시

> **| 해설 |** ②. 설명에 해당하는 것은 기술에 관한 설명이다. 기술을 포함하여 표목, 청구기호, 표목지시는 모두 저록의 요소에 해당한다.

17. 다음의 목록기술에 대한 설명으로 옳지 않은 것은?

① 좁은 의미의 목록기술은 표목과 부출지시 사항들이 제외된다.

② 표제와 책임표시사항, 주기사항 등의 서지적인 사항을 포함한다.

③ IFLA의 주관으로 ISBD(국제표준서지기술)가 제정되었다.

④ 현재 대부분의 도서관은 넓은 의미의 목록기술을 서지기술이라고 부른다.

> **| 해설 |** ④. ISBD가 나타나면서 대부분의 도서관은 좁은 의미의 목록기술을 서지기술이라고 부른다.

18. 다음에서 저록에 대한 설명으로 옳지 않은 것은?

① 저록: 서지정보를 일정한 규칙에 따라 특정한 형식으로 기록한 하나의 기록단위이다.

② 표목: 저록의 배열위치를 결정하는 제1요소이면서, 검색도구로서의 기능을 한다.

③ 기술: 저록을 구성하는 기본요소로서, 문헌의 내용에 관한 데이터를 말한다.

④ 표목지시: 복수의 저록을 작성할 때, 저록의 표목을 지시하는 기능을 지닌다.

> **| 해설 |** ③. 기술은 저록을 구성하는 기본요소로서, 문헌에 기재된 표제나 책임표시, 판사항, 발행사항 등 구체적인 인쇄물로서의 외형에 관한 데이터를 말한다.

19. 다음 중 목록의 단위기록인 저록에 포함되는 요소들에 대한 설명이 옳은 것은?

① 기술(記述): 문헌의 소재를 제시하는 요소이다.

② 표목(標目): 저록을 구성하는 기본 요소이며, 문헌에 기재되어 있는 표제, 책임표시사항, 판사항, 발행사항 등 구체적인 인쇄물로서의 외형에 관한 데이터를 말한다.

③ 표목(標目): 특정 저작이나 특정 저작의 한 판을 다른 저작이나 다른 판과 식별하는 데 필요한 여러 요소들로 구성된다.

④ 표목지시(標目指示): 복수의 저록을 작성할 때 저록의 표목을 지시하는 기능을 지닌다.

> **| 해설 |** ④. ①번은 청구기호에 관한 설명이다. ②, ③번은 기술에 관한 설명이다.

20. 다음 중 목록의 종류에 대한 설명으로 올바른 것은?

① 목록은 용도에 따라 크게 사무용 목록, 대출용 목록, 그리고 열람용 목록으로 나뉜다.

② 사무용 목록 중 서가목록은 장서점검을 위한 목록이다.

③ 사무용 목록 중 전거목록은 다양한 형식의 인명, 서명의 통일을 위하여 도서정리에서 사용되는 목록으로, 서가에 배열된 자료의 청구기호 순으로 배열한다.

④ 열람용 목록에는 책자형 목록, 카드형 목록, 그리고 기계가독형 목록 등이 있다.

> **│해설│** ②. ① 목록은 용도(기능)에 따라 크게 사무용 목록과 열람용 목록, 두 가지로 나뉜다. ③ 본 설명 중, 서가에 배열된 자료의 청구기호 순으로 배열한다는 내용은 서가목록에 대한 설명이다. ④ 책자형, 카드형, 기계가독형 목록은 용도가 아니라 형태에 의해 구별했을 때의 종류이며, 열람용 목록에는 저자명목록, 표제명목록, 주제명목록, 분류목록 등이 있다.

21. 다음 중 목록에 대한 설명으로 옳은 것은?

① 출판된 모든 자료의 물리적 정보를 일정한 체계에 따라 조직한 것으로, 이용자와 자료를 연결하는 검색도구이다.

② 목록은 1400년대까지 개인만이 소장하고 있던 문헌에 대한 단순한 기록이었다.

③ 목록은 처음 생겼을 때부터 특정자료의 검색을 목표로 했다.

④ 현대적 의미의 도서관 목록은 자료를 조직적이고 논리적으로 배열하고 검색할 수 있다.

> **│해설│** ④. ① 출판된 모든 자료가 아니라 도서관이 소장하고 있는 자료를 대상으로 한다. ② 개인분만 아니라 도서관 또는 수도원 역시 기록했다. ③ 초기에는 자산 목록에 불과했다.

22. 표목의 기능으로 옳지 않은 것은?

① 검색 수단　　　　　　　② 정보 내용의 축약

③ 배열기준 요소　　　　　④ 목록의 기술부문을 대표하는 용어

> **│해설│** ②. 초록에 대한 설명이다.

23. 다음 중 단어에 대한 설명이 올바른 것은?

① 저록: 목록의 대상인 특정 문헌의 서지정보를 일정한 규칙에 따라 특정한 형식으로 기록한 하나의 단위기록이다.

② 기술: 저록의 배열위치를 결정하는 제 1요소이면서, 검색도구로 기능을 한다.

③ 표목지시: 문헌의 소재를 제시하는 요소이다.

④ 청구기호: 열람용 목록을 편성하는 경우와 같이 복수의 저록을 작성할 때 저록의 표목을 지시하는 기능을 갖고 있다.

> **|해설|** ①. ② 저록의 배열위치를 결정하는 제 1요소이면서, 검색도구로 기능을 하는 것은 표목이고 기술은 저록을 구성하는 기본요소로, 구체적인 인쇄물로서의 외형에 관한 데이터이다. ③ 문헌의 소재를 제시하는 요소는 청구기호이다. ④ 열람용 목록을 편성하는 경우와 같이 복수의 저록을 작성할 때 저록의 표목을 지시하는 기능을 갖고 있는 것은 표목지시이다.

24. 목록의 목적과 기능으로 알맞지 않은 것은?

① 자원의 속성이나 관계를 이용하여 탐색한 결과로서, 소장자료 중 서지자원을 탐색한다.
② 기술된 개별자료를 입수, 혹은 접근을 확보한다.
③ 이용자의 요구에 적합한 서지자원을 선정한다.
④ 기본표목의 자모순으로 배열되는 경우가 많다.

> **|해설|** ④. ①②③은 모두 목록의 목적과 기능의 관한 설명이지만 ④는 기본목록에 관한 설명이다.

25. 다음 중 사무용 목록끼리 연결된 것은?

(ㄱ) 기본목록　　(ㄴ) 저자명목록　　(ㄷ) 전거목록　　(ㄹ) 표제목록　　(ㅁ) 서가목록　　(ㅂ) 분류목록

① (ㄱ), (ㄴ)　　　　② (ㄷ), (ㄹ)　　　　③ (ㄱ), (ㅂ)　　　　④ (ㄷ), (ㅁ)

> **|해설|** ④. (ㄱ), (ㄷ), (ㅁ): 사무용 목록　　(ㄴ), (ㄹ), (ㅂ): 열람용 목록

26. 다음에서 설명하는 목록의 기능을 고르시오.

도서관 장서관리를 위한 기능으로 소장자료의 현황파악, 장서개발, 자료선택, 장래 계획 등에 사용된다. 이 기능을 위하여 입수일, 등록번호, ISBN, 복본, 가격, 정리자 등 자료의 관리적 요소를 기재한다.

① 자료 관리기능　　② 자료 식별기능　　③ 자료 소재안내기능　　④ 자료 검색기능

> **|해설|** ①. ② 자료식별기능은 다른 자료와 구별하는 기능이다. ③ 자료 소재안내기능은 자료의 위치를 안내하는 기능이다. ④ 자료 검색기능은 자료를 다양한 방법으로 검색하도록 자료와 이용자를 연결하는 기능이다.

27. 다음의 설명과 알맞은 것을 고르시오.

다양한 형식의 인명, 서명의 통일을 위하여 사용하는 목록이다. 예를 들어, 춘향전, 열녀춘향전, 성춘향전 등을 '춘향전'에서 모두 검색할 수 있도록 작성하기 위하여 참조하는 목록이다.

① 기본목록　　　② 서가목록　　　③ 전거목록　　　④ 사전체목록

| 해설 | ③. ① 기본목록은 도서관자료의 관리 및 이용에 필요한 모든 사항을 기입한 도서관목록의 기본이 되는 목록이다. ② 서가목록은 장서점검을 위한 목록으로 서가에 배열된 자료의 청구기호 순으로 배열한다. ④ 사전체 목록은 열람용 목록으로 저자명, 서명, 주제명 목록을 혼합하여 자모순으로 배열한 목록이다.

28. 다음에서 설명하는 목록의 형태와 특성이 같은 것은?

낱장의 카드를 만들어 서랍에 보관하는 목록으로 하나하나의 책에 대한 저록을 독립된 카드에 기입하는 것으로 말한다.

① 카드형 목록　　　② 가제식 목록　　　③ COM 목록　　　④ CD-ROM 목록

| 해설 | ①. ② 장부의 형식으로 각 장이 분리되어 있는 낱장식 구조의 목록이다. ③ 카드형 목록의 대안으로 개발된 것으로, 자기테이프로부터 자동적으로 마이크로피시화하여 사용된다. ④ 주로 온라인목록의 백업용이나 네트워크 환경에서 사용된다.

29. 다음에서 설명하고 있는 목록규칙과 같은 내용으로 옳은 것은?

1839년 이사회의 승인을 받아 1841년에 간행된 것으로, 대영박물관 목록규칙의 제1권에 해설과 함께 모두 91개 조의 목록편성규칙을 담고 있다. 표목의 선정, 표목의 형식, 표목의 배열, 서지사항의 기술, 참조기입 등에 대해 언급하였다.

① 기술에 관한 규정은 간단하며, 표목은 통일하지 않고 참조로 연관되어 있다.
② 기술, 표목, 참조, 배열에 대해 규정하고 있으며, 표목과 동일한 책임표시도 생략하지 않는다.
③ 목록의 목적은 저자, 표제, 주제로 자료를 찾을 수 있게 하고, 도서관이 소장하고 있는 특정 자료의 저자, 주제, 문헌의 유형을 알 수 있게 한다.
④ ALA의 요약저자서명목록규칙의 표현을 변형하기도 하고 실례를 제시하는 등 이해하기 쉽게 구성되었다는 평가를 받고 있다.

30. Smiraglia의 서지적 관계유형 가운데 저작들 간에 파생관계의 속성을 분석한 아래 설명 중 옳게 짝지어진 것은?

① 동시적 파생물: 판을 달리하여 계속 발간되는 관계
② 연속적 파생물: 동시에 두 가지 판으로 발행된 저작의 출판물
③ 증보: 요약이나 발췌 등을 포함
④ 공연: 소리와 영상기록물을 포함

31. 다음에서 설명하는 용어를 고르시오.

이 용어는 KCR4에서는 접근점이라는 용어로 사용하고 있으며, 저록의 배열위치를 결정하는 제1요소이다.

① 저록   ② 청구기호   ③ 표목지시   ④ 표목

32. 보기에 관한 설명으로 옳지 않은 것을 고르시오.

목록의 첫머리에 위치하여 배열과 검색도구로 사용되는 이름, 낱말 또는 어구로서 마치 일반사전에서 항목을 배열할 때의 올림말과 같은 역할을 한다.

① 문헌을 검색하는 수단이 된다.
② 목록의 배열위치를 결정해 주는 기준이 된다.
③ 통일표목 아래 특정 저자의 저작들과 통일표제의 여러 가지 판을 한 곳에 모이게 한다.
④ 저록을 구성하는 기본요소로서, 구체적인 인쇄물로서의 외형에 관한 데이터를 말한다.

| 해설 | ④. 보기에서 설명하고 있는 것은 표목이다. 저록을 구성하는 기본요소로서 구체적인 인쇄물로서의 외형에 관한 데이터는 표목이 아니라 기술이다.

33. 목록에 관한 설명으로 옳은 것을 고르시오.

ⓙ 목록은 저록과 서지사항으로 구성된다.
ⓛ 목록은 접근점의 유형에 따라 표제목록, 저자목록, 주제명목록, 분류목록 등으로 구분된다.
ⓒ 목록은 특정 저자의 저작과 특정 표제의 저작, 또는 특정 주제의 저작을 탐색한다.
ⓔ 목록은 특정 저자의 모든 저작과 특정 저작의 모든 상이한 판을 목록상에서 집중한다.

① ⓙ, ⓛ   ② ⓛ, ⓒ, ⓔ   ③ ⓛ, ⓒ, ⓙ   ④ ⓒ, ⓙ, ⓔ

| 해설 | ②. 목록은 저록과 참조로 구성된다.

34. Tillett의 서지적 관계 유형 중 옳지 않은 것은?

① 대등관계: 복본, 복제물, 영인본, 재쇄본, 사진복제, 마이크로형태의 복제 등
② 파생관계: 번역서, 개정판, 증보판, 축약판, 요약 등
③ 기술관계: 서평, 평론서, 해설집, 사례집, 주석서 등
④ 전후관계: 접근점으로 사용되는 발행국, 발행년 등이 동일한 자료간의 관계

| 해설 | ④. 전후관계: 후속자료, 선행자료, 속편 등

35. 1XX 필드를 사용하는 목록규칙은?

① ISBD   ② KORMARC기술규칙   ③ KCR4   ④ AACR2R

| 해설 | ④. -1XX필드는 기본표목이다. 기본표목은 저자주기입 방식의 목록규칙인 KCR2, AACR2R에서 사용하고 표제주기입 방식의 목록규칙인 ISBD, KCR3, KCR4, KORMARC기술규칙에서는 원칙적으로 사용하지 않는다.

36. 협동목록에 대한 설명으로 옳지 않은 것은?

① 관종별, 지역별, 인종별로 발전하였다.
② 목록작성의 경제성, 통일성을 고려한 방식이다.

③ 대표적인 기구는 OCLC, Ballots, NACSIS 등이 있다.

④ '인쇄카드'는 1983년 국립중앙도서관에서 컴퓨터출력방식으로 배포된 사례가 있으나, 현재는 중단되었다.

| 해설 | ①. 관종별, 지역별, 국가적 및 국제적인 규모로 발전하였다.

37. 다음의 보기에서 이것에 대한 설명으로 옳은 것은?

이것은 1960년대 컴퓨터가 도서관에 도입되면서 시작되었다. 이것의 초기에는 펀치카드 시스템 자동타자시스템을 이용하였고, 나아가 오프라인 컴퓨터 시스템을 사용하여 카드목록이나 책자형 목록을 생산하였다.

① 1974년 ALA에 의한 국제서지통정이 등장한 후 중심수단이 되었다.

② 분할목록의 중요성이 약화되는 원인이 되었다.

③ 서지정보를 기계가독방식으로 기록한 것으로 형태는 기관마다 다르다.

④ 상호협력을 위한 목록의 분산화 요구가 주요한 원인이다.

| 해설 | ②. 열람용목록의 한 부류인 분할목록은 목록의 자동화로 인해 그 중요성이 약화되는 추세이다. ① 1974년 'IFLA'가 중심되어 국제서지통정을 위한 국제사무국을 설치한 후, MARC는 그 중심수단이 되었다. ③ MARC는 서지정보를 컴퓨터 가독형식으로 기록한 것으로서 특정하게 정한 포맷을 따른다. ④ 상호협력을 위한 목록의 단일화 요구가 주요한 원인이다.

38. 현대도서관의 지식정보자원 공동목록에 대한 설명으로 옳은 것은?

① 복수도서관자료에 대해 개별도서관이 목록을 작성하고 이용하는 것을 목적으로 한다.

② 복수도서관의 협력망으로 구성되며, 개별기입원칙을 지양한다.

③ 목록작성업무의 단가를 줄일 수 있으나, 복수도서관의 참여로 인해 정보교환이 늦어질 수 있다.

④ 국내에서는 국립중앙도서관, KERIS 등의 서비스가 있다.

| 해설 | ②. 통일된 기입원칙을 준용해야 한다. ① 하나의 도서관 자료에 대해 한 도서관에서만 목록을 작성하고, 나머지 도서관에서는 최초 목록의 내용을 그대로 이용하고자 하는 것이다. ③ 협력도서관들은 온라인처리를 통해 신속하게 필요한 정보를 교환할 수 있고, 목록작성 업무의 단위 원가를 줄일 수 있다. ④ 국립중앙도서관, KERIS 등이 도서관의 서지데이터를 통합하여 종합목록데이터베이스 시스템을 운영하고 있다. 각 회원기관들이 이를 분담목록시스템으로 공유하여 이용자들에게 정보서비스를 제공하고 있다.

39. 목록에 관한 설명 중 옳은 것은?

① 이용자의 서가브라우징을 돕기 위해 유사자료를 구분한다.

② 사물을 공통되는 성질에 따라 종류별로 구별한다.

③ 도서관검색시스템으로 자료의 직접접근에 도움을 준다.

④ 목록은 편목의 업무 중 기입작성만을 수행한다.

> **┃해설┃** ②. ① 이용자의 직접적인 자료이용, 즉 서가브라우징을 돕기 위해 자료를 모으는 것은 '분류'에 해당한다. ③ 도서관검색시스템이나 카드목록으로 정보자료의 소장내용을 파악할 수 있도록 '간접접근'을 도와주는 것이다. ④ 편목은 광의의 의미에서 분류와 목록을 지칭하기도 하지만, 협의의 의미에서는 목록을 위한 사항을 기입하는 것, 즉 목록의 기입작성만을 지칭하기도 한다.

40. 목록의 기능 중 자료관리의 설명으로 옳은 것은?

① 청구기호, 분류기호 등 관리적 요소를 기재한다.

② ISBN, 복본, 가격, 정리자 등 서지적 요소를 기재한다.

③ 목록이 자료검색, 통계 기능을 수행함에 따라 중요성이 부각되고 있다.

④ 다른 자료와 구별하는 기능이다.

> **┃해설┃** ③. ① 청구기호, 분류기로 등의 소재 안내적 요소는 자료소재안내기능에 필요한 항목이다. ② ISBN, 복본, 가격, 정리자 등은 관리적 요소에 해당한다. ④ 자료식별기능에 대한 설명이다.

41. MARC에 대한 설명으로 옳은 것은?

① 서지정보를 컴퓨터가 처리할 수 있는 형태로 기록한 것으로, 목록작성은 자관의 포맷을 따른다.

② '전자자료의 소재 및 접근에 관한 사항'은 856필드에 기술한다.

③ 전자자료에 대한 기술요소가 전무하기 때문에 사장되는 추세이다.

④ 1990년 이후 웹정보자원이 증가함에 따라 메타데이터기술표준으로 자리잡아가고 있다.

> **┃해설┃** ②. ① 서지정보를 컴퓨터가독형태로 기록한 것으로써 목록작성은 특정하게 정한 포맷을 따른다. ③ 1990년 이후 디지털 정보자료와 웹 정보자원이 증가하고, 인터넷이 널리 확산됨에 따라 도서관에서 사용해 오던 기존의 MARC 성능을 향상시켜 웹 정보 자원의 소재와 접근을 가능하게 하려는 노력이 시도되었다. 이를 기반으로 '전자자료의 소재와 접근에 관한 정보'를 기술하기 위하여 US MARC에 856 필드가 설정되었다. ④ 1994년 MARC의 한계성을 대치할 수 있는 단순구조의 형식을 모색하기 위해 더블린 코어 개념이 등장하였다.

42. 다음은 저록과 그 요소에 대한 설명이다. 옳은 것을 고르시오.

① 저록: 저록의 대상인 특정 문헌의 서지정보를 일정한 규칙에 따라 특정한 형식으로 기록한 복수의 기록을 일컫는다.

② 표목: 저록의 배열위치를 결정하는 제1요소이며, 검색도구로서의 기능을 한다.

③ 기술: 문헌에 기재된 표제나 책임표시, 판사항, 발행사항 등 구체적인 인쇄물로서의 내형에 관한 데이터를 말한다.

④ 표목지시: 관리용 목록을 편성하는 경우와 같이 복수의 목록을 작성할 때 목록의 표목을 지시하는 기능을 갖고 있다.

> **|해설|** ②. ① 저록: 목록의 대상인 특정 문헌의 서지정보를 일정한 규칙에 따라 특정한 형식으로 기록한 하나의 단위기록을 저록이라고 한다. ③ 기술: 문헌에 기재된 표제나 책임표시, 판사항, 발행사항 등 구체적인 인쇄물로서의 외형에 관한 데이터를 말한다.

43. 다음은 국제목록원칙규범의 목록의 목적과 기능에 대한 설명이다. 올바른 것을 고르시오.

① 자원의 속성이나 관계를 이용하여 탐색한 결과로서 소장 및 미소장 자료를 망라하는 서지자원을 탐색하는 일

② 서지자원이나 에이전트를 식별하는 일

③ 이용자의 요구에 부적합한 서지자원을 선정하는 일

④ 기술된 통합자료를 입수, 혹은 접근을 확보하는 일

> **|해설|** ②. ① 자원의 속성이나 관계를 이용하여 탐색한 결과로서 소장자료 중 서지자원을 탐색하는 일 ③ 이용자의 요구에 적합한 서지자원을 선정하는 일 ④ 기술된 개별자료를 입수, 혹은 접근을 확보하는 일

44. 다음은 IFLA 국제목록원칙규범에 대한 설명이다. 알맞은 단어를 순서대로 고르시오.

> - 자원의 속성이나 관계를 이용하여 탐색한 결과로서 소장자료 중 서지자원을 (㉠)하는 일
> - 서지자원이나 에이전트를 (㉡)하는 일
> - 이용자의 요구에 적합한 서지자원을 (㉢)하는 일
> - 목록의 안팎을 (㉣)하는 일

① ㉠ 접근 - ㉡ 항해 - ㉢ 식별 - ㉣ 탐색 　　② ㉠ 탐색 - ㉡ 접근 - ㉢ 선정 - ㉣ 식별

③ ㉠ 확인 - ㉡ 접근 - ㉢ 식별 - ㉣ 항해 　　④ ㉠ 탐색 - ㉡ 식별 - ㉢ 선정 - ㉣ 항해

45. 다음은 저록에 포함되는 요소에 대한 설명으로 옳은 것은?

① 표목: 저록을 구성하는 기본요소로서, 문헌에 기재된 표제나 책임표시 등 구체적인 인쇄물로서의 외형에 관한 데이터를 말한다.

② 표목: KCR4에서 접근점 대신 사용하는 용어이다.

③ 기술: 특정 저작이나 특정 저작의 한 판을 다른 저작이나 판과 식별하는데 필요한 여러 가지 요소로 구성된다.

④ 표목지시: 단수의 저록을 작성할 때 저록의 표목을 지시하는 기능을 지닌다.

46. 다음 보기 중 문헌의 소재를 제시하는 요소로 옳은 것을 고르시오.

① 목록   ② 기술   ③ 표목지시   ④ 청구기호

47. 다음 보기의 설명에서 Ⓑ에 해당하는 것으로 옳은 것을 고르시오.

목록은 관점에 따라 여러 가지로 구분할 수 있지만 일반적으로 용도에 따라 크게 목록작성과 그 관리상의 기초가 되는 Ⓐ (와)과 이용자의 정보검색용 도구가 되는 Ⓑ (으)로 나눌 수 있다.

① 기본목록   ② 서가목록   ③ 주제명목록   ④ 전거목록

48. 다음은 목록을 용도에 의해 구분한 것이다. 목록과 그 설명이 올바르게 묶인 것은?

가. 기본목록	A. 주로 청구기호의 결정, 장서점검, 주제별로 균형 있는 장서구성 등을 위해 이용된다.
나. 서가목록	B. 자료가 수입되는 순으로 등록번호를 주고 그 등록번호순으로 여러 사항을 기록한 장부이다.
다. 전거목록	C. 특정 자료에 관련된 완전한 서지정보를 수록한 목록이다.
라. 자료원부	D. 여러 형식을 아울러 표시하여 통일성 있는 자료의 정리에 참고가 되도록 만든 목록이다.

① 가 - B   ② 나 - A   ③ 다 - C   ④ 라 - D

> **| 해설 |** ②. 기본목록은 특정 자료에 관련된 완전한 서지정보를 수록한 목록이다. 서가목록은 주로 청구기호의 결정, 장서점검, 주제별로 균형 있는 장서구성 등을 위해 이용된다. 전거목록은 여러 형식을 아울러 표시하여 통일성 있는 자료의 정리에 참고가 되도록 만든 목록이다. 자료원부는 자료가 수입되는 순으로 등록번호를 주고 그 등록번호순으로 여러 사항을 기록한 장부이다. 따라서 가-C, 다-D, 라-B이다.

49. 다음에서 설명하는 목록의 장점에 해당하는 것은?

> '이것'목록이란 각 자료의 내용이 담고 있는 주제로 자료를 검색할 수 있도록 '이것'을 표목으로 채기하여 자모순으로 편성한 목록을 말한다. 온라인 목록 환경에서는 목록데이터의 한 요소로서 '이것'을 통한 정보검색이 더욱 중요시 되고 있다.

① 자모순으로 배열되기 때문에 특정 분야의 표목을 두루 살펴보기 용이하다.
② 외국어로 된 자료에 한국어 주제명을 부여하여 내용을 정확히 표현할 수 있다.
③ 주제를 나타내는 명사로 바로 접근이 가능하다.
④ 주제를 기호화하기 때문에 어떤 언어의 자료라도 분류표 적용에 문제가 없다.

> **| 해설 |** ③. 보기의 '이것'은 주제명을 가리킨다. ① 주제명이 자모순으로 배열되기 때문에 인접 주제들 사이에 관련성이 떨어지고, 관련 표목이라 할지라도 분산되기 쉬워 특정 분야의 표목을 두루 살펴보기에는 부적당하다. ② 외국어로 된 자료에 한국어 주제명을 부여할 경우 내용을 정확히 표현한 표목을 주기가 어렵다. ④는 분류목록의 장점이다.

50. 국제목록원칙규범에 따른 목록의 목적과 기능으로 옳지 않은 것을 고르시오.

① 이용자의 요구에 적합한 서지자원을 선정하는 것은 요구에 적합지 않은 자원을 제외하는 것만을 의미한다.

② 자원의 속성 및 관계를 이용해 소장자료 중 서지자원을 탐색하는 것은 단일자원, 특정 주제, 동일저작 등의 다양한 자원에 대한 탐색을 포함한다.

③ 기술된 개별자료를 입수, 혹은 접근을 확보하는 것은 입수를 위한 정보 제공이나 원격자원에의 온라인 연결을 통한 접근을 제공하는 것이다.

④ 목록의 안팎을 항해하는 것은 저작, 개념, 개별자료 간의 관계 제시를 포함하여, 서지데이터와 전거데이터의 논리적 배열과 이동방법을 제시하는 것이다.

| 해설 | ①. 국제목록원칙규범(ICP)은 7개 조항(적용범위 / 일반원칙 / 개체, 속성, 관계 / 목록의 목적과 기능 / 서지기술 / 접근점 / 탐색능력)으로 구성되어 있으며 위의 내용은 '목록의 목적과 기능'에 해당하는 내용이다. 이용자의 요구에 적합한 서지자원을 선정하는 일(to select)은 매체나 내용, 수록매체 등과 관련하여 이용자의 요구를 만족시키는 자원을 선정하는 일, 이용자의 요구에 적합하지 않은 자원을 제외하는 일 등을 의미한다.

51. 다음 내용에 해당하는 것에 대한 설명으로 옳은 것을 고르시오.

이것은 기계가 인식할 수 있는 형식으로 데이터를 변환하여 정형화된 형식으로 배열하고, 서지데이터를 식별 및 축적, 유통할 수 있도록 코드화 한 일련의 표준형식을 의미한다.

① 분담목록을 통해 기술의 표준화와 서지정보의 공유에 기여하였으나 저록 업무의 중복 문제가 발생한다.

② 기관 간의 상호협력 촉진을 야기하여 정보서비스의 양적인 강화를 기대할 수 있게 해준다.

③ 온라인 검색의 실현을 가능하게 하여 검색도구로서 목록의 기능이 크게 위축되었다.

④ 이것을 통해 국제적인 서지정보 유통망의 구축이 가능하게 되어 정보의 공유에 기여하고 있다.

| 해설 | ④. 위의 설명에 해당하는 것은 기계가독형목록(MAchine-Readable Cataloging, MARC)이다. ① 분담목록을 가능하게 하여 저록 업무의 중복을 피할 수 있게 해준다. ② 기관간의 상호협력 촉진을 통해 자료의 효과적 이용과 정보서비스의 질적 강화를 기대할 수 있게 해준다. ③ 온라인 검색의 실현을 통해 검색도구로서의 목록의 기능이 크게 신장되는 역할을 하고 있다.

52. 다음 설명하는 용어가 가져야하는 성질로 옳은 것은?

'catalog'란 그리스어 $\kappa\alpha\tau\alpha\lambda\omega\tau\omega\varepsilon$에서 기원한 것으로 $\kappa\alpha\tau\alpha$는 '에 의하여', 또는 '에 따라서'라는 의미이고, $\lambda\omega\tau\omega\varepsilon$는 '말'이나 '질서', '이유'와 같은 다양한 의미를 지니고 있다. 이 용어가 자료에 관한 기록을 일정한 체계에 따라 배열한 일람표의 의미로 사용되면서, 정보와 지식의 소재를 제공하는 도구를 의미하게 되었다.

① 장서의 일관성을 위해 통폐합을 하지 않는다.
② 접근점을 암호화 하여야 하며 특히 온라인에서는 탐색기법과 관련된 사항을 이용자들이 쉽게 이해할 수 있도록 제시하는 것이 중요하다.
③ 생산과 관리가 경제적이어야 한다.
④ 일정한 원칙이 주어지지 않는다.

| 해설 | ③. 목록의 생산과 관리가 경제적이어야 한다. ① 장서의 변화를 수용하여 저록의 통폐합이 가능해야한다. ② 접근점을 쉽게 식별 할 수 있어야 한다. 특히 온라인목록에서는 탐색기법과 관련된 사항을 이용자들이 쉽게 이해할 수 있도록 제시하는 것이 중요하다. ④ 데이터를 논리적이고 간결하게 제시해야 한다.

53. 다음의 개체에 대한 설명으로 옳은 것은?

a: J. S Bach의 Six suites for unaccompanied cello
b: 2003년과 2005년에 녹음된 Janos Starker의 연주
c: 2005년 Mercury사에서 발매한 33 1/3 회전의 음반

① a는 표현형으로 저작이 실현될 때마다 그 저작이 가지는 특정한 지적, 예술적 형식을 말한다.
② a는 저작으로 음악작품으로 표현하게 되면 특정한 악보로 표현되게 된다.
③ b는 저작으로 독창성을 지닌 지적, 예술적 창작물을 저작이라고 하는 추상적인 개념으로 규정하였다.
④ c는 구현형으로 한 저작의 표현형을 물리적으로 구현한 것이다.

| 해설 | ④. a는 저작, b는 표현형, c는 구현형에 대한 설명이다.

54. 다음은 개체간의 관계에 대한 모형도이다. (A), (B), (C)에 들어갈 말로 적절한 것을 고른 것은?

저작 ⇨	표현형 ⇨	구현형 ⇨	개별자료
(A)	(B)	(C)	

	(A)	(B)	(C)
①	실현되다	구현되다	사례가 되다
②	실현되다	사례가 되다	구현되다
③	구현되다	실현되다	사례가 되다
④	사례가 되다	구현되다	실현되다

| 해설 | ①. 저작은 하나 이상의 표현형으로 실현될 수 있지만 표현형은 단하나의 저작을 실현한 것이다. 또 표현형은 하나 이상의 구현형으로 구현될 수 있고, 아울러 구현형도 하나 이상의 표현형을 구현 할 수 있다. 구현형은 하나 이상의 개별자료로 사례화 될 수 있으나 개별자료는 하나의 구현형 만의 사례가 된다.

55. 카드식 목록의 국제표준규격을 바르게 표기한 것은?

① 10*7.5 cm

② 12*5 cm

③ 12.5*7.5 cm

④ 17.5*10 cm

| 해설 | ③. 표준 목록카드 12.5*7.5는 1886년 멜빌 듀이가 라이브러리 노트에 카드표준규격을 제시함으로써 비롯되었다.

56. C. A. Cutter가 창안한 사전체목록규칙에서 자료검색기능의 세 가지 요소로 뽑은 요소들을 올바르게 나열한 것은?

① 주제명, 형식, 출판년도

② 주제명, 서명, 출판년도

③ 주제명, 저자명, 출판년도

④ 저자명, 서명, 주제명

| 해설 | ④. 커터는 1876년 사전체 목록을 창안하면서 저자명, 서명, 주제명 목록을 혼합하여 자모순으로 배열했다.

57. 다음 중 목록형태의 발전순서를 올바르게 나타낸 것은?

① 카드식 - 책자식 - 온라인 - COM - 가제식

② 카드식 - 가제식 - 책자식 - 온라인 - COM

③ 책자식 - 카드식 - 가제식 - COM - 온라인
④ 가제식 - 카드식 - 책자식 - COM - 온라인

| 해설 | ③. 도서관에서 사용되는 목록의 형태는 책자식목록, 카드식목록, 가제식목록, COM목록, CD-ROM목록, 온라인 목록의 순서로 발전하였다.

58. 다음 중 현대 목록이 갖추어야 할 조건 중 맞지 않는 것은?

① 목록은 최신성을 유지해야 한다.
② 목록의 일관성 유지를 위해 레코드의 수정 및 통폐합을 금지한다.
③ 생산과 관리에 있어서 경제적이어야 한다.
④ 도서관 이외의 장소에서도 참고할 수 있어야 한다.

| 해설 | ②. 목록이 구비해야 할 조건으로는 유연성, 신속성, 경제성, 간결성, 검색의 용이성 등이 있다. 이 중 유연성은 장서의 증가에 따른 변화를 유연하게 수용하여 레코드의 수정 등에 있어서 자유로움을 일컫는 것이다.

59. 다음 목록 가운데 그 성질이 이질적인 것은?

① 가제목록   ② 서명목록   ③ 주제명목록   ④ 사전체목록

| 해설 | ①. 목록의 종류를 나누는 방법을 크게 형태에 의한 구분·편성에 따른 분류, 용도에 따른 분류 등으로 구분하는데 형태에 의한 구분으로는 카드, 책자, 가제, 온라인 목록 등이 있고 편성에 따른 구분으로는 저자명, 표제, 주제명, 분류, 분할, 사전체 목록 등이 있다. 그리고 용도에 따른 구분으로는 사무용, 열람용 목록 등으로 나뉜다. 보기 ② ③ ④의 목록들은 편성에 따른 목록의 종류들이지만 가제목록은 형태에 의해 구분된 목록이다.

60. 다음에서 설명하는 목록규칙을 고르시오.

- 현대적 의미의 최초의 목록규칙이다.
- 알파벳순 주제색인을 중심으로 전 장서를 알파벳순에 의해 배열한다.
- 도서관군을 위한 종합목록을 시도한 범국가적인 규칙이다.
- 저자기본기입을 원칙으로 하고 표제기본기입이 가능한 목록이다.
- 표목을 표제의 상단에 놓아 표목과 기술사항을 분리하였다.

① AA Code   ② Vatican Code
③ 대영박물관 목록규칙   ④ Prussian Instructions

61. 다음 Melvil Dewey의 목록에 대한 설명으로 옳지 않은 것은?

① 영국과 미국이 공동의 편목규칙을 제정할 것을 제안하였다.

② 사전체목록규칙을 제정하였다.

③ '도서관학교 목록규칙'을 간행하였다.

④ 3*5인치 표준목록카드를 제창하여 보급하였다.

62. 다음의 보기에서 설명하는 개념을 국경이나 지역을 초월하여 상호 교환이 가능하도록 표준화하려는 목적을 실현하기 위해 만든 목록 기술(규칙)을 고르시오.

사이버네틱스(cybernetics)의 control 개념을 차용하여 M. E. Egan과 J. H. Shera가 최초로 만든 말이다. 그들은 이 용어를 1949년 논문에서 "기록 정보의 총체에서 특정일에 관계되는 부분을 최고의 속도와 경제성을 가지고 끌어내는 일에 지적 에너지를 충당할 때 사용되는 구조"라고 설명하고 있다. 또, Lois M. Chan은 이것을 "기록정보(recorded information)를 설정된 기준에 따라 조직화 또는 배열하고 그 결과를 용이하게 인식하고 검색할 수 있도록 작성하기 위한 작용을 말한다."라고 설명하고 있다.
우리나라에서는 이것의 영향을 받아 구두법 등을 채택한 한국목록규칙(KCR) 제3판을 공포하였다.

① ISBD   ② MARC   ③ Registrum Librorum Angliae 종합목록   ④ NBC

63. 다음의 문제점을 해소하기 위해 개발된 목록법의 주요 특징으로 옳은 것을 고르시오.

이 목록은 책자형 목록에 비해 많이 발전이 되었으나, 목록 작성에 많은 인력과 시간이 소요되며, 목록의 활용범위가 매우 제한되어 있으며, 유지에 많은 경비와 많은 공간을 필요로 한다. 수작업에 의해 관리되므로 최신성이 결여되고, 이용이 불편하며, 전거통제가 어렵다. 한편 문헌의 급증으로 기술할 수 있는 정보량에 한계가 있다.

① COMC(Computer-Out-Microfilm Catalog)
② loose-leaf catalog
③ DC(Dublin Core)
④ OPAC(Online Public Access Catalog)

| 해설 | ④. 설명에 해당하는 것은 카드목록에 관한 것으로, 카드목록의 문제점을 해소하기 위해 개발된 것은 OPAC(온라인 열람목록)이다. ① COMC는 컴퓨터로 기록된 디지털 출력형태를 마이크로 화상으로 변환시켜서 빠른 속도로 출력한 목록이다. 컴퓨터를 이용하기에 많은 장점이 있으나, 리더기가 있어야 열람이 가능하다. ② 가제식목록으로 책자형목록의 단점을 보완하여 장부의 형식으로 각 장이 분리되어 있어 관리가 손쉽다. ③ DC(Dublin Core)는 가장 대표적인 메타데이터의 하나이며, 인터넷 상의 거대한 정보공간에 대한 기술과 검색요구를 해결하고자 제정되었다.

64. 저록(entry)에 포함되는 요소 중 다음 용어와 관련한 설명으로 옳은 것을 고르시오.

저록의 배열위치를 결정하는 제1요소이면서, 검색도구로서의 기능을 한다. 일반적으로 표제와 인명, 주제명, 분류기호 등이 해당된다.

① 열람용 목록을 편성하는 경우와 같이 복수의 저록을 작성할 때 저록의 표목을 지시하는 기능을 가진다.
② KCR4에서는 기본표목, 통일표목을 목록에서 제외하였다.
③ 이것을 사용하면 각 기술요소의 성격을 나타낼 수 있고, 기술요소의 구분이 가능하다.
④ 구체적인 인쇄물로서의 외형에 관한 데이터를 입력할 수 있다.

| 해설 | ②. 표목 또는 접근점에 대한 설명이다. ①은 표목지시에 대한 설명이고, ③은 구두점에 관한 설명이고, ④는 기술에 관한 설명이다.

65. 다음 설명에 해당하는 목록규칙에 관한 설명으로 옳은 것을 고르시오.

> AACR 개정 합동상임위원회에서는 2010년 AACR을 전면 개정하여 새로운 목록규칙을 발간하였다. 이는 전통적인 도서관목록이 아니라 웹 기반 환경에서 사용할 수 있으며, 모든 매체에 대한 서지기술과 접근점을 제공하기 위한 다국적 내용의 표준을 지향하고 있다.

① 표목과 기술을 분리하고, 도서이외의 자료도 대등하게 취급하며, 컴퓨터처리를 전제로 국제적인 서지정보의 유통을 고려하였다.

② 서지기술의 표준화를 기하고, 서지레코드의 국제교환과 기계가독목록에 적용할 수 있게 되었다.

③ 전반적으로 자료의 물리적 측면과 내용적 측면을 구분하여 기술하고 있다.

④ 단체명의 기입규칙과 어순에 의한 표제의 기계적인 배열규칙을 도입하였다.

┃해설┃ ③. RDA(resource description and access)에 관한 설명이다. RDA는 FRBR과 FRAD의 영향을 받았으며 전반적으로 자료의 물리적 측면과 내용적 측면을 구분하여 기술하고 있고, 자원유형을 구분하여 기술하고 있다. ①은 AACR2에 관한 설명이고, ②는 KCR3에 관한 설명이고, ④는 독일의 RAK(알파벳순목록규칙)에 관한 내용이다.

66. 목록의 형태별 특징 중 다음 설명에 해당하는 목록의 특징을 고르시오.

> 개개의 문헌에 대하여 카드 한 장의 단위로 독립적으로 기록하여 일정한 규격의 카드(7.5×12.5㎝)에 서지정보를 수록한 목록이다.

① 그 규격이 국제적으로 표준화되어 있어 모든 도서관에서 다 같이 통용될 수 있다.

② 오늘날에는 한 도서관의 소장자료를 널리 알리기 위한 장서목록이나, 국가단위 및 한 출판사의 연간출판 상황을 널리 알리기 위해 사용되고 있다.

③ 일명 COM목록이라고도 하며, 자기 테이프로부터 자동적으로 마이크로필름화하여 사용되는 것이다.

④ 이용자 서비스를 강조해 일명 OPAC(On-line public access catalog)이라고도 불린다.

┃해설┃ ①. 설명은 목록의 형태 중 카드형 목록에 해당하며, 보기 중 카드형 목록의 특징으로 알맞다. ②는 책자형 목록, ③은 마이크로형태 목록, ④는 기계가독형목록의 특징이다.

67. 다음 특징을 가지고 있는 한국의 목록규칙을 발행한 인물에 대한 설명으로 옳은 것을 고르시오.

> - 한국인에 의해 제정되어 협회에서 공인한 최초의 목록규칙이다.
> - 동서를 위한 규칙이다.
> - 카드의 기술은 3단식을 채택하고 있다.
> - 서명기본저록 원칙을 채택하였다.
> - 목록규칙과 편목법을 겸한 규칙이다.

① 「한은도서편목법」을 간행하였다.
② 해방 후 국립중앙도서관 관장으로 재직하면서 1945년 조선도서관협회를 결성하였다.
③ 1946년 국립도서관 부설 국립조선도서관학교를 개교하는 데 주도적인 역할을 하였다.
④ 한국도서관협회 주최의 도서관 실무강습회에서 강의를 위한 교재로 「동서편목규정-초」를 편찬하였다.

| 해설 | ③. 「조선동서편목규칙」의 특징이며, 이를 발행한 인물은 박봉석이다. 그는 국립도서관 부설 국립조선도서관학교를 개교하는 데 주도적인 역할을 하였다. ① 고재창에 대한 설명이다. ② 해방 후 국립중앙도서관 부관장으로 재직하면서 1945년 조선도서관협회를 결성하였다. ④ 박희영에 대한 설명이다.

68. 다음 중 '이 규칙'에 해당하는 목록규칙을 완성한 인물과, '이 규칙'의 특징을 알맞게 짝지은 것을 고르시오.

> '이 규칙'은 저자명기본저록원칙을 일관되게 적용한 대영박물관도서관의 목록작성을 위해 편성된 규칙이었지만, 영국 내 보드레리언 도서관, 캠브리지 대학도서관, 구미의 목록법 원리와 편성 규칙에 직접적으로 영향을 미쳐 영미목록규칙 발전에 모태가 되었다.

① Jewett-저자명기본저록을 원칙으로 하고 서명기본저록을 가할 수 있는 규칙이다.
② Panizzi-무저자명 저작은 최초로 서명 중의 초어를 기입하였다.
③ Panizzi-도서관간 상호협력체제 구상을 한 선구적인 목록규칙으로 목록발전에 크게 기여하였다.
④ Panizzi-저자, 서명 등의 알파벳순목록체계에 주제명을 포함시켜 하나의 체계로 배열하는 사전체 형식을 취하고 있다.

| 해설 | ②. '이 규칙'에 해당하는 목록규칙은 Panizzi의 「대영박물관도서관 목록규칙」 또는 「Panizzi 91개조 목록규칙」이다. ① Panizzi의 목록규칙의 특징은 맞으나 인물이 옳지 않다. ③ Jewett의 목록규칙의 특징이며, ④ Cutter의 사전체목록규칙에 대한 특징이다.

69. 다음에서 전거목록의 특성으로 올바른 것을 고르시오.

① 자료가 수입되는 순으로 등록번호를 주고 그 등록번호 순으로 필요사항을 기록한 장부이다.

② 서가상의 자료와 동일하게 청구기호 순으로 배열된 목록이다.

③ 목록기입에 있어서 통일성 있는 자료의 정리에 참고가 되도록 만든 목록이다.

④ 기본표목의 자모순으로 배열되는 경우가 많다.

| 해설 | ③. ①은 도서원부의 대한 설명, ②는 서가목록, ④은 기본목록에 대한 설명이다.

70. 다음에서 설명하는 목록의 특성을 고르시오.

특정 주제, 분야, 목적을 위해 편성한 목록이며, 소재 또는 소장정보와는 직접적으로 연결되어 있지 않다.

① 저자명으로 검색할 수 있도록 만든 목록이다.

② 저자명목록, 표제목록, 주제명목록 등은 혼합하여 하나의 파일로 편성했다.

③ 데이터를 회선으로 연결하여 컴퓨터 단말기를 통해 정보를 입출력한다.

④ 자료의 이용을 위해서는 종합목록이나, 소장목록을 조사해야 한다.

| 해설 | ④. 설명은 서지목록에 대한 설명이다. 서지목록은 자료의 존재 자체를 확인할 수 있으나, 자료를 이용하기 위해서는 종합목록이나 소장목록을 조사해야 한다. ①은 저자명 목록, ②는 사전체 목록, ③은 On-line 목록이다.

71. 한국의 목록규칙 발전으로 올바른 것은?

① 현대적인 목록규칙은 80년대 이후에 와서야 정해졌다.

② 20세기 초반까지 서구와 같은 목록규칙은 존재하지 않았다.

③ 한국목록규칙 제3판은 동양서 전문 목록규칙이다.

④ 조선동서편목규칙은 동양서와 서양서 공용이다.

| 해설 | ②. ①현대적인 목록규칙의 제정은 해방이후 비롯되었다. ③한국목록규칙 제3판은 동양서와 서양서 공용의 목록규칙이며, ④조선동서편목규칙은 동양의 전통적 기술방식인 서명 기본 저록을 기반으로 한다.

72. 다음 설명하는 보기와 연관되어 있는 인물에 대한 설명으로 올바른 것을 고르시오.

근대 목록규칙의 기원으로 일컬어지고 있다. 기술에 관한 규정은 간단하며, 표목은 통일하지 않고 참조기입으로 관련지어지고 있다. 표목의 선정, 표목의 형식, 표목의 배열, 서지적사항의 기술, 참조기입 등에 대해 언급되어 있다.

① 대영박물관에 처음으로 국립도서관 개념을 도입하였다.

② 사회인식론을 통해 도서관학의 본질을 규명하고자 하였다.

③ 최초의 도서관학 개론서인 『도서관 설립법』을 저작하였다.

④ 최초의 납본제도를 만들었다.

| 해설 | ①. 보기는 파니찌의 대영박물관 목록규칙(파니찌의 91개 규칙)에 관한 설명이다. ②는 셰라, ③은 노데, ④는 보드리 경과 연관이 있다.

73. FRBR 모형의 특성으로 올바른 것은?

① FRBR 모형의 핵심은 집단 상호간의 독립성이다.

② 정보원과 관련하여 중요하다고 생각되는 것을 10개체, 3집단으로 나누고 있다.

③ 제2집단은 제1집단과 독립적이다.

④ 제3집단은 개인저자, 단체저자, 출판사 등을 개인과 단체의 개체로 나눈다.

| 해설 | ②. 서지적 영역을 대상으로 정보원과 관련하여 이용자가 검색할 때 중요하다고 생각되는 것을 10개체, 3집단으로 나누고 있다. ① FRBR 모형의 핵심은 집단 상호간의 유기적인 상호관계이다. ③ 제2집단은 제1집단의 4개 개체인 저작을 창조하고, 표현형을 실현하고, 구현형을 생산하며, 개별자료를 입수하는 기능을 한다. ④ 제3집단은 지적 예술적 활동의 대상이 되는 주제를 개념, 대상, 사건, 장소의 4개 개체로 나타낸다.

74. 다음 표에서 설명하고 있는 것과 성격이 다른 것을 고르시오.

– 장서의 변화를 수용하여 저록의 통폐합이 가능해야 한다.	– 접근점을 쉽게 식별할 수 있어야 한다.
– 목록의 생산과 관리가 경제적이어야 한다.	– 데이터를 논리적이고 간결하게 제시해야 한다.

① 이것은 서지자료의 속성이나 관계를 이용한 탐색결과로서 실물이거나 가상 집서에 소장된 서지자료를 검색하는 것이다.

② 이것은 특정 자료의 검색기능으로서 저자와 표제, 저자명이 기재되어 있지 않으면 표제, 저자와 표제가 식별 상 부적절하거나 불충분할 때 대체수단으로 이용된다.

③ 이것은 이용자의 요구에 적합한 자료를 선정하는 기능, 즉 내용이나 물리적 포맷 등과 관련하여 이용자의 조건에 맞는 자료를 선정하거나 이용자의 요구에 부적절한 자료를 배제하는 기능이다.

④ 이것은 모든 출판물에 관한 저록 또는 특정 주제와 관련된 모든 문헌에 관한 저록을 탐색하는 기능으로 상세한 서지사항이나 내력의 유무를 확인하는 기능을 한다.

75. 다음에서 목록과 그 특징이 올바르게 연결된 것을 고르시오.

① 분할 목록 – 전통적인 책자목록이나 카드목록에서는 주제명목록과 저자목록, 서명목록으로 각각 구분하여 독립적으로 편성하였는데, 이를 분할 목록이라고 한다.

② 표제 목록 – 복수의 주제를 취급한 문헌의 경우, 복수의 분류기호를 통해서 접근할 수 있도록 목록을 편성하기 때문에 표제 목록은 서가상의 자료와 반드시 동일한 순서로 배열되지 않는다.

③ 온라인 열람 목록 – 자료의 개별화에 필요한 청구기호를 결정하는 도구로 사용되며, 서가상의 자료와 동일한 체계로 배열되어 있어 장서점검용 도구로도 사용된다.

④ 주제명 목록 – 주제명 목록에 수록된 저록은 저자 목록이나 표제목록 등 단일 저록으로 구성되는 것이 보통이고, 소장기관을 확인할 수 있다는 특징이 있다.

76. 다음 표에서 올바른 것을 고르시오.

	열람용 목록	사무용 목록
①	목록작성과 관리상 기초가 됨	이용자의 정보검색용 도구가 됨
②	기본목록	저자명목록
③	전거목록	표제목록
④	분류목록	서가목록

77. 오늘날 온라인 목록과 인터넷의 관점에서 봤을 때, MARC가 구조적으로 불합리한 이유로 알맞은 것은?

① 새로운 목록형태를 차용해서 기존의 목록형태와의 괴리감이 생겼기 때문이다.

② 기존의 목록형태를 그대로 적용하고, 컴퓨터가 인식할 수 있도록 서지기술의 각 요소들을 하나하나 목록의 규칙대로 코드화시켰기 때문이다.

③ 더 이상 개발 및 수정이 이루어지지 않고 있기 때문이다.

④. 컴퓨터업무나 실무에 적용하기에는 많은 어려움이 있어서, 점점 쇠퇴하고 있기 때문이다.

| 해설 | ②. 기존의 목록형태를 그대로 사용하고 컴퓨터가 인식할 수 있도록 서지기술의 각 요소들을 일일이 목록 규칙대로 코드화시켰기 때문에 구조적으로 불합리하다.

78. 다음에서 설명하는 연구내용과 학자가 바르게 짝지어진 것은?

온라인컴퓨터도서관센터(OCLC)에서 불필요한 데이터요소를 배제하기 위한 연구를 수행하였다. 즉, OCLC 데이터베이스에 수록된 3천 6백만 개 이상의 레코드 중 중복되는 레코드를 제거하기 위해서 13가지의 데이터요소에 기반한 중복레코드 검사 알고리즘을 개발하여 적용한 결과, 13가지의 데이터요소만으로도 식별 목적상 충분하다는 연구결과를 보고한 바 있다.

① Verona: 서지개체의 식별 상 불필요한 경우, 그 사용을 배제함으로써 기술의 단순화를 기하는 것이 하나의 방안임을 밝힌바 있다.

② Lubetzky: 도서관에 입수되는 자료의 양적증가로 인해 간략목록을 사용하는 것이 일반적임을 지적하였다.

③ O'Neill: 목록이용자들은 제한된 수의 접근점으로 목록을 탐색한다는 실증적인 연구도 수행하였다.

④ Cromwel: 간략목록과 중간수준의 목록, 완전목록이란 용어를 사용하여 저록에 수록되는 데이터의 완전성의 수준을 달리할 수 있음을 지적한 바 있다.

| 해설 | ③. 보기에서 설명하는 것은 O'Neill이 연구한 내용이다. ① Verona는 도서관에 입수되는 자료의 양적증가로 인해 간략목록을 사용하는 것이 일반적임을 지적하였다. ② Lubetzky는 서지개체의 식별상 불필요한 경우, 그 사용을 배제함으로써 기술의 단순화를 기하는 것이 하나의 방안임을 밝힌바 있다. ④ Cromwel은 비용 − 효과적인 관점에서 각급도서관이 수용할 수 있는 새로운 표준으로서 핵심수준의 서지레코드를 제안하였다. 간략목록과 중간 수준의 목록, 완전목록 이란 용어를 사용하여 저록에 수록되는 데이터의 완전성의 수준을 달리할 수 있음을 지적한 사람은 Cutter이다.

79. 목록정보를 식별하여 축적, 유통할 수 있도록 코드화한 일련의 표준형식이 MARC이다. 이를 통해 수행할 수 있는 기능을 모두 고른 것은?

A. MARC을 통한 분담목록이 가능하지는 않지만 저록업무의 중복을 피할 수 있으며, 기술의 표준화와 서지정보의 공유에 직접 기여하게 되었다.
B. 서지기관간의 상호협력이 촉진되어 자료의 효과적 이용과 정보서비스의 질적인 강화를 기대할 수 있게 되었다.
C. 국내의 서지정보 유통망의 구축이 가능하며, 물리적 위치와 관계가 있고 문헌에 대한 접근성이 확대되었다.
D. MARC을 통한 온라인 검색의 실현으로 검색도구로서 목록의 기능이 크게 확장되었다.

① A, B   ② B, C   ③ B, D   ④ C, D

| 해설 | ③. A. MARC을 통한 분담목록이 가능하여 저록업무의 중복을 피할 수 있으며, 기술의 표준화와 서지정보의 공유에 직접 기여하게 되었다. C. 국제적인 서지정보 유통망의 구축이 가능하며, 물리적 위치와는 무관하게 문헌에 대한 접근성이 확대되었다.

80. 다음에서 저록(entry)의 요소에 대한 명칭과 설명이 올바르게 짝지어진 것을 고르시오.

025.3　……㉠
이14ㅈ4　이경호.　……㉡
　　자료목록법 : KORMARC·MARC 21을 중심으로 / 이경호, 김정현
　　공저. -- 제5판. -- 대구 : 인쇄마당, 2012.
　　xx, 454p. : 삽화; 26 cm.

　　ISBN 978-89-85560-29-0　　　　　　　……㉢

　　1. 025.5. 2. 목록법. 3. KOMARC. 4. MARC21
　　I. 김정현. II. 표제.　　　　　　　　　……㉣

ⓐ 저록의 배열위치를 결정하는 제1요소로, 표제와 인명, 주제명, 분류기호 등을 통해 검색도구의 역할을 한다.
ⓑ 열람용 목록을 편성하는 경우와 같이 복수의 저록을 작성할 때 저록의 표목을 지시하는 기능을 지닌다.
ⓒ 저록을 구성하는 기본요소로, 문헌에 기재된 표제나 책임표시, 판사항, 발행사항 등 구체적인 인쇄물로서의 외형에 관한 데이터를 말한다. 특정 저작이나 특정 저작의 한 판을 다른 저작이나 다른 판과 식별하는데 필요한 여러 가지 요소로 구성된다.
ⓓ 문헌의 소재를 제시하는 요소이다.

① ㉠ - ⓐ   ② ㉡ - ⓒ   ③ ㉢ - ⓓ   ④ ㉣ - ⓑ

81. 국제목록원칙규범 중 다음에 해당하는 조항은?

이용자가 다음의 사항을 효과적으로 효율적으로 수행할 수 있는 도구이어야 한다.
1. 자원의 속성이나 관계를 이용하여 탐색한 결과로서, 소장자료 중 서지자원을 탐색하는 일
2. 서지자원이나 에이전트를 식별하는 일
3. 이용자의 요구에 적합한 서지자원을 선정하는 일
4. 기술된 개별 자료를 입수 또는 접근을 확보하는 일
5. 목록을 항해하는 일

① 일반 원칙   ② 개체, 속성, 관계   ③ 목록의 목적과 기능   ④ 서지기술

82. 다음 괄호에 해당하는 목록규칙에 대한 설명으로만 바르게 짝지어진 것은?

(   )은 저자, 서명 등의 알파벳순 목록체계에 주제명을 포함시켜 하나의 체계로 배열하는 형식을 취한 목록규칙이다.

㉠ 카드목록의 표준규격인 3X5인치 표준규격의 제창과 보급을 한 듀이 목록이다.
㉡ Cutter의 사전체목록규칙이다.
㉢ 도서관간 상호 협력체제 구상을 한 선구적인 목록규칙이다.
㉣ 책자형 목록으로 간행되었다가 제2판부터 카드형 목록에도 적용되도록 확대되었다.

① ㉠, ㉡   ② ㉡, ㉣   ③ ㉡, ㉢   ④ ㉠, ㉣

83. 다음 괄호에 들어갈 말들이 올바르게 짝지어진 것은?

(A)의 대상인 특정 문헌의 서지정보를 일정한 규칙에 따라 특정한 형식으로 기록한 하나의 단위기록을 (B)이라고 한다. 다시 말하면, 개개의 도서관자료에 관한 단위기록을 (B)라고 한다.

① (A)저록 (B)표목
② (A)표목 (B)목록
③ (A)목록 (B)저록
④ (A)저록 (B)목록

| 해설 | ③. 보기는 목록의 요소 중 저록에 관한 것을 설명하고 있다. 표목은 저록의 배열위치를 결정하는 제1요소이면서 검색도구로 기능을 한다.

84. 다음 목록의 종류 중 올바르게 설명한 것을 고르시오.

① COM 목록: 주로 온라인목록의 백업용이나 네트워크 환경에서 사용되고 있다.
② CD-ROM 목록: 카드형 목록의 대안으로 개발된 것이며, 자기테이프로부터 자동적으로 마이크로피시화하여 사용된다.
③ 전거목록: 자료가 수입되는 순으로 등록번호를 주고 그 등록번호순으로 저자명, 표제, 판차, 청구기호등 기타 필요한 사항 등을 기록한 장부이다.
④ 책자형 목록: 재산목록시대부터 발전하여 온 것으로 특정 도서관의 장서목록, 출판목록, 신착도서목록, 연속간행물목록 등을 책자형태로 작성하여 발행한 것이다.

| 해설 | ④. ①은 CD-ROM 목록의 설명이다. ②는 COM 목록의 설명이다. ③은 자료원부에 대한 설명이다.

85. 다음 중 내용에 대한 개념이 다른 것 하나는 무엇인가?

① 개개의 도서관 자료에 관한 단위기록
② 서적이나 잡지에 대한 목차
③ 책자목록에서 특정자료에 대한 기록
④ 기계가독목록에서 대상자료의 레코드 자체

| 해설 | ②의 경우는 목록이고, 그 외의 경우는 목록 안에 포함된 저록을 이야기한다. 목록은 저록이 모여서 이루어지는 것이다. 목록의 또 다른 예로는 재고품의 일람표, 어떤 상품의 카탈로그 등이 있다.

86. 다음 보기끼리 알맞게 짝지어진 것은?

> a. 저록의 배열위치를 결정하는 제 1요소이면서 검색도구로 기능을 한다.　b. 문헌의 소재를 제시하는 요소이다.
> c. 저록을 구성하는 기본요소로서, 문헌에 기재된 표제나 책임표시, 판사항, 발행사항 등 구체적인 인쇄물로서의 외형에 대한 데이터를 말한다.
> d. 열람용 목록을 편성하는 경우와 같이 복수의 저록을 작성할 때 저록의 표목을 지시하는 기능을 지닌다.

> ㉠기술　　㉡분류기호　　㉢표목　　㉣표목지시

① a - ㄱ　　　　② b - ㄴ　　　　③ c - ㄷ　　　　④ d - ㄹ

| 해설 |　④. a는 표목, b는 청구기호, c는 기술, d는 표목지시를 이야기하며 저록에 포함되는 요소이다.

87. 다음에서 설명하는 목록은 무엇인가?

> 전한시대의 목록학자인 유향과 유흠이 제작한 중국 최초의 목록으로, 분류편목은 주제에 따라 분류하였다. 즉, 동일류에서는 대개 서적을 시대의 선후에 따라 배열하였고 사상의 유파나 체제에 따라 세분하였다. 당시의 모든 서적을 육류로 나누고 그 앞에 집략을 두었으며 략 아래 다시 종, 가로 세분하였다.

① 칠략　　　② 대장목록　　　③ 개보칙판대장경　　　④ 신편제종교장총록

| 해설 |　①. ②~④는 모두 한국의 목록이다.

88. 다음에서 (A)에 대한 설명으로 옳지 않은 것은?

> (A)는 단행본 자료가 출판될 때 목록작성에 필요한 표제, 저자, 총서명, 주기, 부표목, 분류기호, 주제 등 형태사항을 제외한 기술사항을 목록규칙에 따라 표제지 이면에 표준적인 목록 형태로 인쇄한 것이다.

① A는 보다 신속한 정보제공을 위해 자료정리과정에서 야기되는 봉사의 시간을 최소화 하는데 그 의의가 있다.
② 한국의 경우 발행자가 목록에 대한 정보를 미의회도서관으로 보내야 한다.
③ A로 인하여 도서관에서는 목록의 표준화, 이용자에게는 신속한 자료제공, 출판자에게는 목록작업 시 절감된 비용을 자료구입의 확대기회로 이끌어 내어 이익을 보도록 한다.
④ 발행사에서는 A를 표제지 이면에 인쇄하여야 한다.

89. 다음 저자명목록의 배열 원칙 중 올바르지 않은 것은?

① 인명표목: 저자의 성(姓) - 이름 - 서명이나 기본기입 - 권호순

② 단체명 표목: 단체명의 문자 - 서명이나 기본기입 - 권호순

③ 단체명 표목: 단체명의 문자 - 단체장의 성명 - 권호순

④ 회의명 표목: 회의명의 문자 - 회차 - 회기 - 장소 - 서명이나 기본기입순

90. 다음 보기가 정의한 요소에 대한 내용으로 알맞지 않은 것은?

일반적으로 일정한 종류의 사물을 언어로 표현하여 나열한 것을 말하는데 도서관에서는 자료목록의 약칭으로 사용된다. 좁은 의미로는 특정 집서나 도서관의 소장 자료를 전거목록의 통제를 통해서 일정한 구성방침에 따라 기술하고 작성한 기입의 총칭이다.

① 장서 보관에 필수적인 요소로써 기 배열된 장서를 보관하고 유지하는데 초점을 둔다.

② 논리적 배열에 의한 소장자료의 리스트이다.

③ 조직함에 있어 일관성 있는 규칙이 중요하다.

④ 유사한 용어로는 편목이 있다.

91. OPAC의 특징이 아닌 것은?

① 실물적인 도구가 필수적으로 필요하다.

② 서지적 요소뿐 아니라 비서지적 요소로도 접근이 가능하다.

③ 온라인 전거통제의 필요성이 점차 약해진다.

④ 이용자들의 숙련도에 따라 메뉴방식 혹은 명령어 방식으로 탐색이 가능하다.

92. 다음 보기가 설명하는 검색 방법은?

이 검색 방법은 찾고자 하는 자료의 서명, 저자, 출판사의 첫 한 글자 이상을 알고 있을 경우 사용하는 검색 방법이다. 예를 들어 '동아대백과사전'을 찾으려면 '동아'나 '동아세계대백과'라고 입력하기만 하면 찾을 수 있다.

① 간략키 검색   ② 단어검색   ③ 일치 검색   ④ 명령/이력 검색

93. 다음에서 설명하는 것은 무엇인가?

자료의 저자명목록, 표제목록, 주제명목록 등을 혼합하여 하나의 파일로 편성한 목록이며, 이는 사전의 문자나 낱말의 배열과 동일한 방법으로 배열되어 있다. 1876년 커터의 규칙에서 비롯된 것이다.

① 종합목록   ② 서지목록   ③ 사전체목록   ④ 전거목록

94. 다음은 목록에 대한 설명이다. 옳지 않은 것은?

① 일정한 논리적 배열에 의한 소장자료의 list이다.
② 소장자료의 검색과 소재위치를 지시해 주는 도구이다.
③ 서지와 같은 것으로 소장자료의 안내, 색인, 辭書이다.
④ 이용자는 목록을 통해서 자기가 필요로 하는 도서의 서지적 사항이나 특징, 내용을 알 수 있다.

> **| 해설 |** ③. 서지와 구별되는 것으로 소장자료의 안내, 색인, 辭書이다.

95. 다음은 1997년 IFLA가 발간한 FRBR(Functional Requirements for Bibliographic Records)에서 제시한 차세대 목록의 목적을 기술한 것이다. 옳지 않은 것은?

① 이용자가 표현한 검색기준에 일치하는 정보를 찾기 위한 것(to find)
② 적합한 정보인지를 확인하는 것(to identify)
③ 더욱 적합한 정보를 선택하기 위한 것(to select)
④ 직접적인 접근을 통해 정보의 소재를 알아내기 위한 것(to obtain)

> **| 해설 |** ④. 직접적인 접근을 통해 정보를 획득하기 위한 것(to obtain)이다.

96. 다음에서 목록의 물리적 특성과 가장 거리가 먼 것은?

① 목록의 최신성   ② 접근의 편의성   ③ 복제 가능성   ④ 목록의 견고성

| 해설 | ④. 목록의 견고성은 목록의 물리적 성질과는 직접적으로 관련이 적다.

97. 다음은 목록의 'Entry'에 대한 설명이다. 옳지 않은 것은?

① Entry의 본래 의미는 표목만을 지칭한다.
② Entry는 목록을 이루는 기본 단위이다.
③ 영미목록규칙 초판에 의하면 Entry란 목록에 있어서 하나의 서지적인 실체에 관한 기록이다.
④ Entry는 저록 또는 기입이라는 용어로 사용한다.

| 해설 | ①. Entry의 본래 의미는 표목만을 지칭하는 경우도 있고, '표목+서지적 기술사항'을 의미하는 경우도 있다.

98. 다음은 온라인 목록(OPAC)에 대한 설명이다. 가장 거리가 먼 것은?

① 서지정보를 기계가독형으로 컴퓨터 내에 축적한다.
② 목록의 추가나 정정이 용이하다.
③ 도서관간 상호대차나 상호검색이 가능하다.
④ 제한 검색을 할 수 없다.

| 해설 | ④. 블리안 논리를 사용할 수 있어 서지정보의 접근점이 다양하다.

99. 다음에서 도서관간 상호대차에 필요한 필수도구를 고르시오.

① 국가서지   ② 세계서지   ③ 종합목록   ④ 장서목록

| 해설 | ③. 종합목록은 각 도서관의 소장상황을 알려주는 도구이다.

100. 다음은 종합목록의 개념을 기술한 것이다. 옳지 않은 것은?

① 복수의 도서관간 협력에 의하여 구성되어야 한다.
② 도서관의 전산화가 전제되어야 한다.
③ 기입이 통일되어야 한다.
④ 목록에는 문헌을 소장한 도서관명이 표시되어야 한다.

101. 다음에 설명하는 것으로 옳은 것은?

– TCP/IP를 지원하는 LAN환경에서 인터넷과 동일한 웹브라우저를 사용한다.
– 내·외부에서 조직의 정보공유 시스템을 구동할 수 있다.
– 방화벽과 같은 일종의 보안장치가 되어 있다.

① ISDN   ② ANSI Z39.50   ③ ARPANet   ④ Intranet

102. 다음에서 종합목록 작성을 전제로 한 최초의 목록규칙을 고르시오.

① Panizzi의 목록규칙   ② Jewett의 목록규칙
③ Lubetzky의 목록규칙   ④ Prussian의 목록규칙

103. 다음에서 Union Catalog에 대한 설명으로 옳지 않은 것은?

① 도서관간 협력을 통하여 작성한 목록으로 종합목록, 공동목록, 합동목록이라고도 불린다.
② 두 곳 이상의 도서관의 협력을 통하여 구성되나, 해당 자료의 소장 도서관을 알 수는 없다.
③ 자료정리 방법은 일정한 목록조직법을 따른다.
④ 도서관 상호대차를 위한 필수 도구이다.

104. 다음은 국제표준도서번호(ISBN) 제도에 대한 설명이다. 가장 거리가 먼 것은?

① 국제표준도서번호(ISBN) 제도는 전 세계에서 간행되는 각종의 도서에 고유번호를 부여하여 통합시키기 위함이다.

② ISBN 제도는 문헌정보와 서지유통의 효율화를 기하기 위함이다.

③ 우리나라에서 이 업무를 관장하는 기관은 국립중앙도서관이다.

④ 우리나라에서 ISBN 대상 자료는 국내에서 발행되는 도서와 전자출판물, 주문형 출판물 등이다.

┃해설┃ ①. 국제표준도서번호(ISBN) 제도는 전 세계에서 간행되는 각종의 도서에 고유번호를 주어 개별화시키기 위함이다.

105. 다음은 국제표준도서번호(ISBN) 제도에 대한 설명이다. 가장 거리가 먼 것은?

① ISBN에서 한국의 국가번호는 '89'이다.

② 현재 한국에서 사용하는 ISBN은 10자리이다.

③ 한국문헌번호란 한국도서번호와 한국연속간행물번호를 총칭하는 것이다.

④ 한국도서번호의 부가기호는 5자리이고 한국연속간행물번호의 부가기호는 2자리이다.

┃해설┃ ②. 1990년 시작 당시는 10자리 ISBN을 사용하였으나 2007년 1월부터는 전세계적으로 13자리를 사용하고 있다.

106. 다음은 ISBN의 구조에 대한 설명이다. 옳지 않은 것은?

① ISBN은 13자리 숫자로 구성되며, 항상 ISBN이라는 문자를 앞세워 표기한다.

② 13자리 숫자는 5개 군으로 나누어지고, 각 군은 하이픈(-)이나 공란으로 표시하여 구분한다.

③ 5개의 군은 제1군: 접두부, 제2군: 국별 번호, 제3군: 발행자 번호, 제4군: 서명 식별번호, 제5군: 체크기호로 구성된다.

④ 접두부는 고유번호로 '867'이다.

┃해설┃ ④. 접두부는 고유번호로 '978', '979'이다.

107. 다음은 ISBN의 구조에 대한 설명이다. 옳지 않은 것은?

① 국별번호는 국가 또는 지리, 언어, 기타 다른 적절한 사항에 의해 배정되며, 우리나라의 국별번호는 '89'이다.

② 우리나라에서의 발행자번호는 국립중앙도서관 한국문헌빈호센터에서 배정한다.

③ 서명식별번호는 국제 ISBN 관리기구에서 배정하며, 우리나라의 경우 발행자번호와 서명식별 번호 자리의 합계는 항상 6자리가 된다.

④ 체크기호는 ISBN의 마지막 한 자리 숫자로서 기호의 착오여부를 탐지하는 기능을 한다.

| 해설 | ③. 서명식별번호는 발행자가 부여하는 것을 원칙으로 하며, 우리나라의 경우 발행자번호와 서명식별번호 자리의 합계는 항상 7자리가 된다.

108. 체크기호를 계산하기 위해 사용되는 모듈번호로 옳은 것은?

① 10　　　　　② 11　　　　　③ 12　　　　　④ 13

| 해설 | ②. 체크기호를 계산하는 방법은 ISBN 9자리의 각 자리수에 1) 10부터 2까지의 역수순 가중치를 대응하여 기입하고 2) 각 자리별로 가중치를 곱한다. 3) 곱해진 수를 더하고 4) 합을 모듈번호 11로 나누어 나머지를 구한다. 이 나머지 숫자가 체크기호이다. 이때 체크기호가 10이 될 때에는 10 대신에 X로 표시하고, 0이 될 때에는 0으로 표시한다.

109. 다음에서 한국도서번호 부여 대상이 아닌 자료는?

① 점자자료
② 교육용으로 제작된 필름
③ 악보
④ 지도

| 해설 | ③. 한국도서번호를 부여하는 대상자료는 1) 인쇄도서와 팜플렛 2) 복합매체출판물(주된 구성요소가 텍스트인 경우) 3) 점자자료 4) 교육용으로 제작된 필름, 비디오테이프, 슬라이드 5) 카세트, CD, DVD를 매체로 한 오디오북 6) 교육용 소프트웨어 7) 물리적 매체(기계가독형 테이프, 디스켓, CD-ROM 등)나 인터넷상의 전자출판물 8) 마이크로형태자료 9) 지도 10) 개별 논문이나 계속자료 중 특별호 11) 인쇄출판물에 대한 디지털 복제물 12) POD(주문형 출판물) 등이다. 한편 대상에서 제외되는 자료는 1) 광고물, 전단지 등과 같이 수명이 짧은 인쇄자료 2) 계속자료 3) 악보 4) 표제지와 본문이 없는 화첩 및 아트폴더 5) 개인문서(전자이력서나 개인 신상자료) 6) 연하장, 인사장 7) 음악녹음자료 8) 교육용 이외의 목적으로 사용하기 위한 소프트웨어 9) 전자게시판 10) 전자우편과 전자서신 11) 게임 등이다.

110. 중판(개정판 등)의 경우, ISBN은 매 판마다 도서번호를 부여해야 한다. 다음에서 중판에 해당하는 것과 가장 거리가 먼 것은?

① 중쇄의 경우
② 판형이 변한 경우
③ 내용 또는 페이지가 변한 경우
④ 발행자 또는 저자가 변한 경우

| 해설 | ①. 중쇄(重刷)란 더 늘려 인쇄하는 것이므로 도서번호를 부여해서는 안 된다.

111. 다음은 국제표준연속간행물번호(ISSN) 제도에 대한 설명이다. 거리가 먼 것은?

① ISSN은 국제표준연속간행물번호로 International Standard Serial Number의 약자이다.

② ISSN 제도는 문헌정보와 연속간행물 유통의 효율화를 기하기 위함이다.

③ 연속간행물이란 분책의 권호를 갖고 한정된 기간 동안 발간되는 간행물을 말한다.

④ 우리나라에서 이 업무를 관장하는 기관은 국립중앙도서관이다.

| 해설 | ③. 연속간행물이란 분책으로 발행되는 간행물로서 권호나 연호를 갖고 있으며, 무한히 연속적으로 발행될 예정인 간행물을 말한다.

112. 다음에서 국제표준연속간행물번호(ISSN)를 관리하는 기관으로 옳은 것은?

① ISDS
② ALA
③ IFLA
④ OCLC

| 해설 | ①. ISDS(International Serials Data System: 국제연속간행물 데이터시스템)에서 관리한다.

113. 다음은 ISSN의 구조에 대한 설명이다. 옳지 않은 것은?

① ISSN은 8자리 숫자로 구성되며, 항상 ISSN이라는 문자를 앞세워 표기한다.

② 8자리 숫자는 4자리씩 2개 군으로 나누어지고, 각 군은 하이픈(-)으로 표시하여 구분한다.

③ 체크기호는 ISSN의 마지막자리 2자리 숫자로서 기호의 착오여부를 탐지하는 기능을 한다.

④ 체크기호를 계산하기 위해 사용되는 모듈번호는 '11'이다.

| 해설 | ③. 체크기호는 ISSN의 마지막자리 숫자로서 기호의 착오여부를 탐지하는 기능을 한다.

114. 다음에서 한국연속간행물번호 부여 대상이 아닌 자료는?

① 연속간행물 또는 도서에 포함된 각개의 연속적인 부록

② 연간서(보고서, 연감 등)

③ 회보, 회의록, 회의보고서

④ 복합매체출판물(주된 구성요소가 텍스트인 경우)

| 해설 | ④. 복합매체출판물(주된 구성요소가 텍스트인 경우)은 한국도서번호를 부여하는 대상자료이다. 한국연속간행물번호 부여 대상인 자료는 지문에 제시된 것 이외에 1) 정기간행물을 포함한 연속간행물 2) 학술지 3) 신문 4) 단행본총서(Monographic Series) 등이 있다.

115. 다음은 ISSN을 부여하여 얻어진 효과에 대해 기술한 것이다. 그 성격이 다른 것은?

① 국제 범용 DB 구축
② 경영기획 수립의 합리화
③ 종합목록 편성
④ 취급기법 표준화에 기여

| 해설 | ②. 경영기획 수립의 합리화는 연속간행물 유통의 효율화에 의해 얻어진 효과이다. 이외에 POS 시스템의 도입을 통한 경영관리의 자동화, 국제시장 거래의 활성화 등을 얻을 수 있다. ①,③,④는 문헌정보 유통의 효율화에 의해 얻어진 효과이며 상호대차 또한 가능하다.

116. 다음에 설명하는 것으로 옳은 것은?

모든 국가에서 발행되는 서지데이터를 국제적으로 통용될 수 있는 형식에 맞게 작성하여 세계적으로 통용이 가능하도록 해야 한다는 취지의 프로그램은?

① UBC
② ISDS
③ ISBN
④ ISSN

| 해설 | ①. 세계서지통정(UBC: Universal Bibliographic Control)이다.

117. 다음에 설명하는 것으로 옳은 것은?

정리작업의 합리화와 자료를 신속히 정리하고 신간도서를 즉시 이용자에게 제공하며 목록작업 시 비용을 절감하기 위함이다. 또한 목록의 표준화와 출판정보를 확대하기 위한 제도이다.

① MARC
② CIP
③ BNB
④ UBC

| 해설 | ②. 출판시도서목록(CIP: Cataloging in Publication)이다.

118. 우리나라 국립중앙도서관에서는 출판시도서목록서비스(e-CIP) 제도를 시행하고 있다. 다음 중 CIP 신청대상 자료가 아닌 것은?

① 정부간행물
② 대학출판물
③ 번역출판물
④ 연속간행물

| 해설 | ④. 대상자료로는 지문에 제시된 것 외에 책자형태의 악보 및 지도, 신간 및 개정판, 기타 CIP 센터에서 부여해야 한다고 인정하는 자료 등이 있다.

119. 다음의 설명 중 옳지 않은 것은?

① 목록은 서지와 같은 것으로 수장자료의 서지, 색인, 사서(辭書) 등과 같은 것으로 취급된다.

② 목록은 식별기능, 검색기능, 소재지시기능이 있다.

③ 서지란 문헌의 존재 여부를 알려주는 도구이다.

④ 서지란 서지사항을 일정한 방식에 따라 기술 배열한 문헌목록이다.

| **해설** | ①. 목록은 서지와 구별되는 것으로 수장자료의 서지, 색인, 사서(辭書)이다.

120. 다음은 근대 목록규칙에 대한 설명이다. 그 내용이 옳지 않은 것은?

① Panizzi 목록규칙은 현대 목록규칙의 기원으로 100개 조항으로 구성되었다.

② Jewett 목록규칙은 책자형 종합목록 편성을 위한 규칙이라 할 수 있다.

③ Cutter 목록규칙은 사전체목록규칙이라 할 수 있다.

④ ALA 목록규칙은 저자서명목록규칙이라 할 수 있다.

| **해설** | ①. Panizzi 목록규칙이 근대 목록규칙의 기원으로 일컬어지는 것은 1841년 처음으로 만들어진 대영박물관 목록규칙(일명: 파니찌의 91개 규칙)이기 때문이다.

121. 다음 중 목록을 작성할 때 표목의 형식을 통일하기 위하여 사용되는 목록은?

① 사무용목록   ② 열람용목록   ③ 전거목록   ④ 종합목록

| **해설** | ③. 전거목록은 기본저록(기본기입)의 표목 형식을 통일하기 위하여 만드는 사무용목록이다. 종류로는 인명전거목록, 주제명전거, 총서명전거목록 등이 있다.

122. 다음에서 목록 작성시 개방기입(open entry)을 해야 하는 자료로 옳은 것은?

① 단행본   ② 연속간행물   ③ 기념논문집   ④ 특수자료

| **해설** | ②. 개방기입이란 연속간행물과 같이 연속적으로 발행되는 자료의 발행년을 기재할 때, 창간년만을 기재하고 하이픈(–)으로 연결하는 기입의 형식을 말한다.

123. 다음은 온라인목록의 특성을 기술한 것이다. 그 내용이 옳지 않은 것은?

① 서지정보를 기계가독형으로 컴퓨터 내에 축적한다.

② 서지데이터를 단말기를 통해 온라인으로 이용한다.

③ 도서관간 상호대차를 위한 필수도구이다.

④ 서지정보의 접근방법이 저자, 서명, 주제명으로 제한적이다.

| **해설** | ④. 서지정보의 접근방법이 다양하다. 즉, 저자, 서명, 주제명, 저자+서명, ISBN, 발행연도 등으로 접근이 가능하다.

124. 다음 중 분담목록 작성에서 가장 중요한 것은?

① 분류표의 선정   ② 레코드의 일치와 표준화 문제

③ MARC 활용   ④ KCR4의 사용

| **해설** | ②. 분담목록의 근본목적은 데이터베이스의 공유와 공동 활용으로, 레코드의 일치와 표준화 문제가 선결되어야 한다.

125. 다음에서 종합목록 작성의 선행조건과 가장 거리가 먼 것은?

① 자료의 소재지시가 필수적이다.   ② 목록규칙이 표준화되어야 한다.

③ 목록의 표준화가 선행되어야 한다.   ④ 사용부호가 일치되어야 한다.

| **해설** | ①은 종합목록의 주요기능 중 하나이고, 나머지 지문은 종합목록을 작성하기 위한 선행조건이다.

126. 다음 중 한 곳에서 모든 타 도서관의 정보를 검색할 수 있기 위해서 만들어진 표준 프로토콜은?

① ISO-ILL   ② ANSI Z39.50   ③ ISO-2709   ④ TCP / IP

| **해설** | ②. ANSI Z39.50을 통해 분산된 네트워크 환경에서 서지정보, 전문정보, 이미지, 멀티미디어 정보 등의 대규모 정보자원을 동일한 방법으로 분산 검색할 수 있다. ① ISO-ILL은 상호대차를 위해 사용되고 있는 표준 프로토콜이다.

127. 다음의 OPAC에 대한 설명에서 가장 거리가 먼 것은?

① 컴퓨터로 운영되고 단말기를 통하여 검색하는 도서관목록이다.

② 이용자는 사서의 도움 없이 개별적으로 서지정보를 탐색할 수 있다.

③ Online Public Access Catalog이다.

④ OPAC을 운영함에 따라 점차 온라인 전거통제의 필요성이 명확해지고 있다.

| **해설** | ②. 모두 올바른 설명이나, 이용자는 사서의 도움을 받아 서지정보를 탐색할 수도 있기 때문에 가장 관계가 적다.

128. 다음에서 표목과 기술사항의 분리를 시도한 최초의 목록규칙은?

① ISBD
② Cutter의 목록규칙
③ Jewett의 목록규칙
④ Panizzi의 목록규칙

| 해설 | ③. Jewett의 목록규칙은 표목과 기술사항을 분리하고 주제명표목의 부여방법을 통일하고자 하였다.

129. 다음은 보기에서 제시한 ISBN에 대한 설명이다. 그 내용이 옳지 않은 것은?

ISBN 978-89-7585-385-2 93020

① 맨 앞에 오는 ISBN이라는 관제는 반드시 표시해야 한다.
② ISBN의 기본번호 중 '7585-385-2'는 자료를 발행하는 기관에서 부여한다.
③ 부가기호 '93020'의 '020'은 해당 자료의 내용을 나타내는 내용분류기호에 해당한다.
④ 맨 마지막에 있는 '5'는 체크기호로 ISBN의 정확성여부를 자동으로 점검하기 위해 부여된 것이다.

| 해설 | ②. ISBN의 기본번호 중 '7585'는 국가단위의 문헌번호센터에서 부여하고, '385-2'는 자료를 발행하는 기관에서 부여한다.

130. 다음의 국가서지에 대한 설명으로 가장 거리가 먼 것은?

① 광의로는 그 나라에 대한 모든 저작, 다른 나라에 존재하고 있는 그 나라의 국민에 의한 저작, 그 나라의 언어로 작성된 다른 나라의 저작을 포함하는 경우도 있다.
② 새로운 출판물을 망라적으로 수집하기 위해 정기적 계속적으로 발행되는 경우가 많다.
③ 특정국가에서 간행된 모든 출판물을 망라적으로 수록하기 위해 작성된 서지이다.
④ 한국의 국가서지는 한국도서관협회에서 발행하는 대한민국 국가서지이다.

| 해설 | ④. 한국의 국가서지는 국립중앙도서관에서 발행하는 대한민국 국가서지이다.

131. 다음은 CIP의 목적을 설명한 것이다. 그 내용이 옳지 않은 것은?

① 목록을 표준화하고 출판정보를 확대하게 한다.

② 이용자에게 더 신속하게 신간도서를 제공할 수 있게 한다.

③ 정리작업을 합리화하고 신속하게 한다.

④ 출판사의 비용을 절감하게 한다.

> |해설| ④. 출판사의 직접적인 비용 절감에는 관련이 없다.

132. 다음은 CIP를 통해 얻을 수 있는 이점을 설명한 것이다. 그 내용이 옳지 않은 것은?

① 도서관 측면에서는 편목업무의 부담을 줄여주고 목록의 품질을 향상시킬 수 있으며 이용자에게 자료를 신속히 제공할 수 있다.

② 이용자 측면에서는 출판예정도서에 대한 정보를 신속히 구득할 수 있다.

③ 출판사나 서점 측면에서는 출판물에 대한 사전 홍보나 이로 인해 판매증대를 예상할 수 있고 납품업무를 신속히 지원할 수 있다.

④ 국가적 측면에서는 자국에서 출판되는 모든 서지정보를 표준적으로 관리할 수 있으나 국제적으로는 별다른 기여가 없다.

> |해설| ④. 국가적 측면에서는 자국에서 출판되는 모든 서지정보를 표준적으로 관리함으로써 세계적으로 서지정보의 원활한 유통에 기여할 수 있다.

133. 다음은 국립중앙도서관의 e-CIP의 처리절차를 설명한 것이다. 그 내용이 옳지 않은 것은?

① CIP센터는 출판사에서 제공한 목록데이터와 첨부파일을 접수 처리하고 미진한 부분을 보완하도록 한다.

② 출판사는 해당도서를 출판할 때 국립중앙도서관에서 제공한 CIP데이터를 표제지 뒷면에 인쇄해야 한다.

③ 완성된 CIP데이터는 '출판유통현대화시스템'의 기초자료로 활용되고 'e-CIP 홈페이지'와 'KOLISNET'으로 전송된다.

④ CIP데이터를 제공받은 후 변경사항이 있을 경우 출판사는 이를 자체적으로 수정하여 수정된 CIP데이터를 인쇄해야 한다.

> |해설| ④. CIP 데이터를 제공받은 후 변경사항이 있을 경우 출판사는 임의로 이를 수정할 수 없으며 CIP 센터에 변경요청을 하여 다시 제공받은 변경된 CIP 데이터를 사용해야 한다.

134. 다음은 종합목록(Union Catalog)의 기능을 나열한 것이다. 성격이 다른 하나를 고르시오.

① 서지정보원
② 소재지시원
③ 상호대차 및 공동이용
④ 자료의 협동구입

> **| 해설 |** ④. 종합목록의 기능으로는 서지정보의 기능과 장서구성을 위한 기능, 목록의 표준화를 위한 기능 등을 들 수 있는데, 자료의 협동구입은 장서구성을 위한 기능이나 나머지는 서지정보의 기능에 속한다.

135. 다음은 세계서지통정(UBC: Universal Bibliographic Control) 소속 기관의 업무를 서술한 것이다. 그 내용이 옳지 않은 것은?

① 자국의 공공기관에서 출판하는 모든 출판물에 대한 서지기록을 작성하여 국가서지를 유지한다.
② 서지기록을 국가서지에 최단 시일 안에 정기적으로 발표한다.
③ 기록을 MARC 형태로 생산, 배포한다.
④ 자국 이외의 서지기록을 수집하여 자국 내에 배포한다.

> **| 해설 |** ①. 자국에서 출판하는 모든 출판물에 대한 서지기록을 작성하여 국가서지를 유지한다.

136. 다음은 『생각하는 인문학』에 부여된 ISBN의 부가기호(03320)이다. ㉠~㉢에 들어갈 의미로 옳은 것은?

『생각하는 인문학』 : ISBN 978-89-546-3573-8 03320

0	3	320
(㉠)	(㉡)	(㉢)

① ㉠ 전문도서　㉡ 단행본　㉢ 내용분류기호(경영학)
② ㉠ 교양도서　㉡ 단행본　㉢ 내용분류기호(경영학)
③ ㉠ 전문도서　㉡ 그림책　㉢ 내용분류기호(경영학)
④ ㉠ 아동도서　㉡ 그림책　㉢ 내용분류기호(경영학)

137. 목록의 의의와 기능에 대한 설명 중에서 틀린 것은?

① 목록이란 도서관이 소장한 자료의 물리적인 정보를 일정한 체계에 따라 조직한 것이다.

② 20세기 이후 과학기술을 비롯한 서구학문이 발전함에 따라 지식인들이 자료를 조직 및 제어하기 위한 새로운 방법으로서의 목록을 생각하게 되었다.

③ 인쇄술의 발전, 교육기회의 확장, 정보에 대한 새로운 평가 등 문화나 사회발전의 영향을 받아 목록도 변화되어왔음을 볼 수 있다.

④ 17세기 이후 결국 자료를 조직적으로 논리적으로 배열, 검색할 수 있는 현대적인 의미의 도서관목록이 출현하게 되었다.

138. Cutter에 대한 설명으로 틀린 것은?

① Cutter는 특정 판에 따라 자료의 선정을 지원하였다.

② Cutter는 저작의 특성(문자나 주제별)에 따라 자료의 선정을 지원하였다.

③ Cutter는 지명으로부터 자료의 검색을 가능하게 하였다.

④ Cutter는 이용자가 알고 있는 저자명, 표제, 주제명으로 자료를 검색하게 하였다.

139. Shera에 대한 설명으로 틀린 것은?

① Shera는 지명으로부터 자료의 검색을 가능하게 하였다.

② Shera는 출판물에 관계한 저자, 역자, 출판자로 자료의 검색을 가능하게 하였다.

③ Shera는 물리적인 측면에서 제본과 장정으로 자료의 검색을 가능하게 하였다.

④ Shera는 이용자가 알고 있는 저자명, 표제, 주제명으로 자료를 검색하게 하였다.

| 해설 | ④. 이용자가 알고 있는 저자명, 표제, 주제명으로 자료를 검색하게 한 인물은 Cutter이다.

140. 다음 중 IFLA의 국제목록원칙규범(The Statement of International Cataloguing Principles: ICP)의 7개 조항에 포함되지 않는 것은?

① 기록 보존　　② 서지기술　　③ 접근점　　④ 탐색능력의 기반

| 해설 | ①. IFLA의 7개 조항은 1. 적용범위, 2. 일반 원칙, 3. 개체, 속성, 관계, 4. 목록의 목적과 기능, 5. 서지기술, 6. 접근점, 7. 탐색능력의 기반이다.

141. 목록을 형태에 의해 구분하였을 때 포함되지 않는 것은?

① 책자형 목록　　② 카드형 목록　　③ 가제식 목록　　④ 기본 목록

| 해설 | ④. 목록은 목록의 형태, 용도, 검색항목 등 여러 관점에 따라 구분할 수 있는데, 이 문제에서는 형태에 의한 구분으로 '책자형 목록, 카드형 목록, 가제식 목록'이 속하고, ④의 '기본 목록'은 용도에 의한 구분에 속한다.

142. 다음 중 학자와 목록규칙이 바르게 연결된 것은?

① 파니찌 - 사전체목록규칙　　② 제위트 - 대영박물관목록규칙

③ 카터 - 알파벳 목록편성규칙　　④ 린더펠트 - 카드목록규칙

| 해설 | ④. ①은 파니찌 - 대영박물관목록규칙, ②는 제위트 - 제위트목록규칙 ③ 카터 - 사전체목록규칙이 정답이다.

143. Tillett의 서지적 관계유형에 해당되지 않는 것은?

① 대등관계　　② 기술관계　　③ 계층관계　　④ 특성공유단계

| 해설 | ③. Tillett의 7가지 서지적 공유단계는 '대등관계, 파생관계, 기술관계, 부분-전체관계, 딸림자료관계, 전후관계, 특성공유관계'가 있다.

144. FRBR 모형에 관한 설명으로 옳지 않은 것은?

① FRBR을 4가지의 계층구조로 세분한 이유는 도서관 자료를 저작 단위로 관리하기 위해서이다.

② 제1집단에서 저작과 표현형은 일대다의 관계로, 하나의 저작은 여러 개의 표현형을 가질 수 있지만, 하나의 표현형은 하나의 저작만을 가진다.

③ 제2집단은 지적, 예술적 내용, 물리적인 생산, 배포, 관리에 책임을 지는 개인, 단체로 구성되어 있다.

④ 제3집단은 지적, 예술적 활동 대상의 주제가 되는 개념, 대상, 시간, 장소의 부차적인 4개 개체로 구성되어 있다.

| 해설 | ④ 제3집단은 지적, 예술적 활동 대상의 주제가 되는 개념, 대상, 사건, 장소의 부차적인 4개 개체로 구성되어 있다.

145. 아래 ㉠~㉣에 관한 설명으로 옳은 것을 고르시오.

```
  025.3
㉠
  이 14ㅈ6 이경호 ----------------------------------------------- ㉡
    자료목록법 : KORMARC · MARC 21을 중심으로 / 이경호,
    김정현 저. -- 제6판.-- 대구 : 태일사, 2016        ㉢
        462p. : 삽화 ; 26 cm
          ISBN 978-11-87268-07-9


    1. 025.3.  2. 자동화목록법.  3. KORMARC.  4. MARC 21.    ㉣
    I. 김정현. II. 표제.
```

① ㉠은 저록의 배열위치를 결정하는 제1요소이면서, 검색도구로 기능을 한다.

② ㉡은 저록을 구성하는 기본요소로서, 특정 저작이나 특정 저작의 한 판을 다른 저작이나 다른 판과 식별하는데 필요한 요소로 구성된다.

③ ㉢은 문헌의 소재를 제시하는 요소로, 구체적인 인쇄물로서의 외형에 관한 데이터를 말한다.

④ ㉣은 열람용 목록을 편성하는 경우와 같이 복수의 저록을 작성할 때 저록의 표목을 지시하는 기능을 지닌다.

| 해설 | ④. ① ㉠은 청구기호로, 내용은 표목에 관한 설명이다. ② ㉡은 표목으로, 내용은 기술에 관한 설명이다. ③ ㉢은 기술로, 문헌에 소재를 제시하는 요소는 청구기호이다. ④ ㉣는 표목지시에 관한 설명이다.

146. ISBD에 관한 설명으로 옳지 않은 것은?

① 다른 출판물로부터 서지적 기록에 효율성을 유지한다.

② 유별로 저작의 유형과 특성을 분석하여 서지기록의 관계성을 높인다.

③ 언어의 장벽을 초월한 서지기록의 해석을 돕는다.

④ 서지기록의 기계가독형 전환을 용이하게 한다.

| **해설** | ②. FRBR의 서지적 관계유형에 관한 설명이다.

147. 목록을 검색항목 관점에 따라 구분한 경우, 다음의 내용에 해당하는 목록은 무엇인가?

자료의 저자명목록, 표제목록, 주제명목록 등을 혼합하여 하나의 파일로 편성한 목록이다. 1876년 커터의 목록 규칙에서 비롯된 것이다.

① 주제명목록　　　　　　　② 분류목록

③ 사전체목록　　　　　　　④ 표제목록

| **해설** | ③. 목록의 검색항목에 따라 목록을 저자명목록, 표제목록, 주제명목록, 분류목록, 사전체목록 등으로 나눌 수 있다. 그러나 컴퓨터상에서는 목록이 하나의 데이터베이스 내에서 조직적으로 검색되므로 이러한 구분이 무의미할 수도 있다.

148. 목록이란 도서관이 소장하고 있는 자료의 물리적 정보를 일정한 체계에 따라 조직한 것으로 이용자와 자료를 매개하는 하나의 검색도구이다. 목록의 수록대상에 따라 목록을 구분하였을 때, 각 도서관의 소장목록을 도서관들이 협력하여 편성한 목록으로 도서관간 상호대차나 공동수서와 같은 협력을 위한 필수자료를 고르시오.

① 서지목록　　　　　　　　② 종합목록

③ 소장목록　　　　　　　　④ 기본목록

| **해설** | ②. 종합목록은 도서관간 소장목록을 협력하여 편성한 목록으로 소장기관을 확인할 정보가 포함되고, 목록의 표준화가 선행되어야 한다. ① 서지목록은 특정 주제, 분야, 목적을 위해 편성한 목록으로 자료의 존재자체를 확인할 수 있으나, 자료의 이용을 위하여 소재 및 소장정보를 파악할 때는 다시 종합목록이나 소장목록을 조사해야 한다. ③ 소장목록은 각 도서관이 소장하고 있는 자료의 내용을 나타내기 위해 만든 목록이다. 대개 해당 도서관 내의 소재위치가 포함된다. ④ 기본목록은 목록의 용도에 따라 구분한 목록이다.

149. 다음 설명에 해당하는 목록을 고르시오.

목록을 용도에 따라 구분할 때, 특정 자료에 관련된 서지정보를 수록하며, 자료의 중복구입을 피하기 위하여 복본 조사, 표목형식의 통일, 부출표목의 지시, 등록번호나 입수일자의 기입 등 주로 목록 관리용으로 사용되는 목록으로 보통 표목의 자모순으로 배열된다.

① 자료원부　　　　　　　　② 저자명목록
③ 전거목록　　　　　　　　④ 기본목록

|해설| ④. 목록의 용도에 따라 크게 사무용 목록과 열람용 목록으로 나눈다. 사무용 목록은 다시 기본목록과 서가목록, 전거목록, 도서원부 등으로 나뉘며, 열람용 목록은 저자명목록, 표제목록, 분류목록, 주제명목록 등으로 나뉜다. 열람용 목록은 이용자의 정보검색용 도구가 되는 목록으로 검색항목에 의한 구분으로 볼 수 있다.

150. ISBD의 주된 목적에 대한 설명이다. 옳지 않은 사항을 고르시오.

① 여러 곳에서 수집된 레코드가 상호 교환될 수 있도록 하여, 한 나라에서 생산된 레코드가 다른 나라의 도서관 목록이나 서지리스트에 쉽게 적용될 수 있도록 한다.
② 언어장벽을 초월하여 레코드의 이해에 도움을 주어, 하나의 언어를 사용하는 이용자가 생성한 레코드를 다른 언어 이용자가 이해할 수 있도록 한다.
③ 전자형태로 서지레코드의 변환을 지원한다.
④ 시맨틱 웹 환경에서 서지데이터의 이동성과 다른 콘텐츠 표준과 ISBD의 상호운용성은 배제한다.

|해설| ④. ISBD의 주된 목적은 국가서지기관 간 그리고 국제적인 문헌정보 분야 전반에 걸쳐 서지레코드의 국제적인 교환을 지원하기 위해 전 세계적으로 상호운용이 가능한 기술목록에 대한 규정을 제공하는 것이다. 시맨틱 웹(Semantic Web)은 '의미론적인 웹'이라는 뜻으로, 현재의 인터넷과 같은 분산환경에서 리소스에 대한 정보와 자원 사이의 관계-의미 정보를 기계가 처리할 수 있는 온톨로지 형태로 표현하고, 이를 자동화된 기계가 처리하도록 하는 프레임워크이자 기술이다. ISBD는 이러한 시맨틱 웹 환경에서 서지데이터의 이동성과 다른 콘텐츠 표준과 ISBD의 상호운용성을 향상시킨다.

151. 목록에 대한 설명으로 옳은 것은?

① 목록은 동양과 달리 서양에서만 1400년대까지 개인, 도서관이나 수도원에서 자산목록으로의 기능을 하였다.

② 이후 특정 저자의 모든 저작과 특정 저작의 상이한 판을 한자리에 집중하고자 하는 저자명 단위 집중기능이 중시되었다.

③ 1600년대 이후 인쇄술의 발달로 인한 대량생산으로 인해 정보량이 급속하게 증가하자 자료를 조직하고 제어할 수 있는 목록이 발전되었다.

④ 2000년대 이후로 변화된 환경에 맞는 목록을 만들기 위해 미국의회도서관에서 주도적으로 국제목록원칙규범을 만들었다.

> | 해설 | ③ 1600년대 이후 인쇄술의 발달로 인한 대량생산으로 인해 정보량이 급속하게 증가하자 자료를 조직하고 제어할 수 있는 목록이 발전되었다.

152. 다음 목록의 요소로 옳은 것은?

① 저록: 특정 문헌의 서지정보를 일정한 규칙에 따라 특정한 형식으로 기록한 하나의 단위기록이다.

② 표목: 저록의 배열위치를 결정하는 요소로, KCR4 이전에는 접근점이라는 용어를 사용하였다.

③ 기술(記述): 목록을 구성하는 기본요소로서, 문헌에 기재된 표제나 저자명, 판차, 발행사항 등 구체적인 인쇄물로서의 외형에 관한 데이터를 말한다.

④ 청구기호: 기호로 분류하여 문헌의 특징을 제시하는 요소이다.

> | 해설 | ① ②표목은 저록의 배열위치를 결정하는 요소로, KCR4 이후에는 '접근점'이라는 용어로 대체하여 사용하고 있다. ③기술(記述)은 저록을 구성하는 기본요소로, 문헌에 기재된 표제나 저자명, 판차, 발행사항 등 구체적인 인쇄물로서의 외형에 관한 데이터를 말한다. ④청구기호는 문헌의 소재를 제시하는 요소이다.

153. 다음 목록의 종류중 사무용 목록이 아닌 것은?

① 도서원부   ② 서가목록   ③ 전거목록   ④ 분류목록

> | 해설 | ④ 목록은 용도에 따라 사무용 목록(official catalog)와 열람용 목록(public catalog)로 나눌 수 있다. 사무용 목록은 기본목록, 서가목록, 전거목록, 도서원부 등이 있으며, 열람용 목록은 저자명 목록, 표제목록, 분류목록, 주제명 목록 등이 있다.

154. 목록 기술에 대한 설명으로 틀린 것은?

① 목록 기술의 좁은 의미는 표목과 부출지시 사항 등을 제외한 표제와 책임표시사항, 판사항, 발행사항, 형태사항 등의 서지적인 사항을 포함한 것이다.

② ISBN(국제표준도서번호)가 나타나면서 좁은 의미의 목록기술을 서지기술이라고 부른다.

③ ISBD(국제표준서지기술)의 목적은 서지적 기록의 효율성을 유지하고, 서지기록의 기계가독형으로의 전환을 용이하게 한다는 것이다.

④ ISBD를 근간으로 MARC를 제정하여 세계서지제어에 결정적인 역할을 하였다고 할 수 있다.

| 해설 | ② ISBD가 나타나면서 좁은 의미의 목록기술을 서지기술이라 부르고 있다.

155. Cutter가 제시한 목록의 구체적인 기능을 모두 고르시오.

ㄱ. 출판형식에 의한 사전, 서지, 인명록으로부터 자료의 검색을 가능하게 한다.
ㄴ. 도서관이 소장하고 있는 특정 도서를 저자명, 주제명, 문헌의 유형으로 보여준다.
ㄷ. 특정 판(서지적) 또는 저작의 특성(문자나 주제별)에 따라 자료의 선정을 지원한다.

① ㄱ, ㄴ   ② ㄴ, ㄷ
③ ㄱ, ㄷ   ④ ㄱ, ㄴ, ㄷ

| 해설 | ② ㄱ.은 Shera가 제시한 목록의 구체적인 기능이고, 나머지는 모두 Cutter가 제시한 목록의 기능이다.

156. 다음중 구분기준이 다른 목록은?

① 전거목록   ② 기본목록
③ 서가목록   ④ 가제식 목록

| 해설 | ④. 가제식 목록은 형태에 의한 구분이고, 나머지 전거목록, 기본목록, 서가목록은 용도에 의한 구분이다.

157. 다음중 (가)와 (나)를 알맞게 짝지은 것은?

(가)는 목록기입에 있어서 표목으로 선정된 저자명(개인 또는 단체명), 무저자명도서, 그리고 고전의 기입형식에 대한 근거나 출처를 밝혀주고, 그 외 여러 형식도 아울러 표시하여 통일성 있는 자료의 정리에 참고가 되도록 만든 목록이다. 이것은 (나)에 의해 구분된 목록이다.

	(가)	(나)
①	전거목록	용도
②	전거목록	검색항목
③	가제식 목록	검색항목
④	가제식 목록	용도

| 해설 | ① 전거목록은 목록기입에 있어서 표목으로 선정된 저자명(개인 또는 단체명), 무저자명도서, 그리고 고전의 기입형식에 대한 근거나 출처를 밝혀주고, 그 외 여러 형식도 아울러 표시하여 통일성 있는 자료의 정리에 참고가 되도록 만든 목록이다. 이것은 용도에 의해 구분된 목록이다.

158. 다음은 저록에 관한 설명이다. 빈칸에 들어갈 말을 순서대로 나열한 것은?

저록은 표목과 (   )을 기본요소로 하여 특정 문헌을 다른 문헌과 (   )하고, 필요한 각종 표목을 (   )하여 문헌의 검색수단을 (   )하며, 청구기호를 통하여 관련문헌의 소재를 (   )할 수 있는 도구이다.

① 목록 - 확인 - 식별 - 제공 - 확인
② 목록 - 식별 - 지시 - 제공 - 확인
③ 기술 - 확인 - 식별 - 식별 - 지시
④ 기술 - 식별 - 지시 - 제공 - 확인

| 해설 | ④. 저록은 표목과 기술을 기본요소로 하여 특정 문헌을 다른 문헌과 식별하고, 필요한 각종 표목을 지시하여 문헌의 검색수단을 제공하며, 청구기호를 통하여 관련문헌의 소재를 확인할 수 있는 도구이다.

159. 다음에서 설명하는 목록규칙은 무엇인가?

1977년에 간행된 이것은 단체명의 기입규칙을 취하고 있으며, 어순에 의한 표제의 기계적인 배열규칙을 도입, 개인 및 단체명표목에 원어를 그대로 채용, 그리고 ISBD를 따르고 있는 등 지금까지의 독일계목록규칙과는 크게 양상을 달리하면서 국제수준의 서지제어에 대응하고 있다.

① 프로이센목록규칙
② 알파벳순목록규칙(RAK)
③ 사전체목록규칙
④ 요약저자서명목록규칙

| 해설 | ② 설명하고 있는 목록규칙은 '알파벳순목록규칙'이다. ①프로이센목록규칙은 1896년 프로이센정부에 의해 시작된 종합목록편찬사업을 통해 1899년 공표되었으며, 찌아즈코의 규칙을 바탕으로 만들어졌다. ③사전체목록규칙은 1876년 카터(Cutter)에 의해 발표되었다. 여기서는 목록의 목적을 저자, 표제, 주제로 자료를 찾을 수 있게 하고, 도서관이 소장하고 있는 특정 자료의 저자, 주제, 문헌의 유형을 알 수 있게 하였다. ④요약저자서명목록규칙은 1876년 ALA(미국도서관협회)가 창립되면서 표준 목록규칙을 지향하게 되었고, 이때 Cutter의 사전체목록규칙을 바탕으로 만들어진 것이 요약저자명서명목록규칙이다.

1. ②　2. ④　3. ③　4. ②　5. ③　6. ①　7. ②　8. ④　9. ①　10. ③

11. ③　12. ③　13. ②　14. ①　15. ④　16. ②　17. ④　18. ③　19. ④　20. ②

21. ④　22. ②　23. ①　24. ④　25. ④　26. ①　27. ③　28. ①　29. ①　30. ④

31. ④　32. ④　33. ②　34. ④　35. ④　36. ①　37. ②　38. ②　39. ②　40. ④

41. ②　42. ②　43. ②　44. ④　45. ③　46. ④　47. ③　48. ②　49. ③　50. ①

51. ④　52. ③　53. ④　54. ①　55. ③　56. ④　57. ③　58. ②　59. ①　60. ③

61. ②　62. ①　63. ④　64. ②　65. ③　66. ①　67. ③　68. ②　69. ③　70. ④

71. ②　72. ①　73. ②　74. ④　75. ①　76. ④　77. ②　78. ③　79. ③　80. ④

81. ③　82. ②　83. ③　84. ④　85. ②　86. ④　87. ①　88. ②　89. ③　90. ①

91. ①　92. ③　93. ③　94. ③　95. ④　96. ④　97. ①　98. ④　99. ③　100. ②

101. ④　102. ②　103. ②　104. ①　105. ②　106. ④　107. ③　108. ②　109. ③　110. ①

111. ③　112. ①　113. ③　114. ④　115. ②　116. ①　117. ②　118. ④　119. ①　120. ①

121. ③　122. ②　123. ④　124. ②　125. ①　126. ②　127. ②　128. ③　129. ②　130. ④

131. ④　132. ④　133. ④　134. ④　135. ①　136. ②　137. ②　138. ③　139. ④　140. ①

141. ④　142. ④　143. ③　144. ④　145. ④　146. ②　147. ③　148. ②　149. ④　150. ④

151. ③　152. ①　153. ④　154. ②　155. ②　156. ④　157. ①　158. ④　159. ②

제2장

표목과 기술

1. 다음에서 설명하는 표목을 가리키는 용어는?

> 다른 포괄적인 표목이 이미 작성된 하나의 전집이나 총서, 하나의 연속간행물이나 기타의 서지적인 단위 속에 수록된 한 저작이나 저작의 한 부분을 위한 표목을 말한다.

① 기본표목   ② 총서부출표목   ③ 분출표목   ④ 부출표목

> **┃해설┃** ③. ① 기본표목은 한 자료의 내용에 대해서 책임을 질 수 있는 저자나 2~3인의 저자인 경우 저자명을 자료검색에 기본이 되는 사항으로 채택하여 이를 중심으로 목록을 작성하는 규칙이다. ② 총서부출표목은 총서사항에 나타난 형식이 부출표목으로 기능할 수 없을 경우에 사용하는 표목이다. ④ 부출표목은 기본표목 이외의 공저자명, 번역자명, 표제, 주제명 등을 표목으로 하는 목록을 말한다.

2. 표목을 선정할 때 개인명이 기본표목이 되는 경우의 설명 중 옳은 것은?
   ① 전기서 또는 비평서인 경우에는 주정보원에 책임저자가 있을 경우 피전자나 피비평자를 기본표목으로 하며 저자는 부출표목으로 한다.
   ② 주석이나 해석이 강조된 책이라 할지라도 원저자를 기본표목으로 한다.
   ③ 번역도서인 경우에는 원저자를 기본표목으로 하며 번역자는 부출한다.
   ④ 개작하거나 각색한 경우라 할지라도 원저자가 표목이 된다.

> **┃해설┃** ③. ① 전기서 또는 비평서인 경우에는 주정보원에 책임저자가 있을 경우 저자를 기본표목으로 하며 피전자나 피비평자는 부출표목으로 한다. ② 주석이나 해석이 강조된 책은 주석이나 해석자를 기본표목으로 하고 원저자는 부출표목으로 한다. ④ 개작하거나 각색한 경우에는 개작자나 각색자가 표목이 되며, 원저자는 부출표목으로 한다.

3. 표목을 선정할 때 개인명이 기본표목이 되는 경우의 설명 중 옳지 않은 것은?
   ① 공저서는 3인까지는 대표저자 또는 먼저 기술된 저자를 기본표목으로 한다.
   ② 주석이나 해석이 강조된 도서는 원저자를 기본표목으로 한다.
   ③ 전기서 또는 비평서는 주정보원에 책임저자가 있을 경우 저자를 기본표목으로 하며 피전자나 피비평자는 부출표목으로 한다.
   ④ 개작하거나 각색한 도서는 개작자나 각색자가 표목이 되며, 원저자는 부출표목으로 한다.

> **┃해설┃** ② 주석이나 해석이 강조된 도서는 주석이나 해석자를 기본표목으로 하고 원저자는 부출표목으로 한다.

4. 다음의 표목에 관한 설명으로 옳지 않은 것은?

① 오늘날의 표목에서는 특정형식의 기본표목을 선정하고, 이와 상이한 형식의 이름과 선정된 표목을 참조로 연결하는 구조이다.

② 목록의 배열위치를 결정해 주는 기준이 된다.

③ 통일표목 아래 특정 저자의 저작들과 통일표제의 여러 가지 판을 한곳에 모이게 한다.

④ 동일명칭이면서 다른 도서, 동명이인과 단체명 등의 혼동을 피하기 위해 각각의 표목이 식별 되게 한다.

| 해설 | ① 보기는 전통적인 카드목록에서의 설명으로서 오늘날 온라인 목록이 활용되면서 기본표목의 의미는 많이 퇴색 되었다.

5. 다음에서 표목의 종류에 관한 설명 중 옳지 않은 것은?

① 기본표목이란 기본기입에 사용된 표목이다.

② 분출표목이란 표목이 이미 작성된 하나의 전집, 총서, 연속간행물이나 기타의 서지적인 단위 속에 수록된 저작의 한 부분을 위한 표목을 말한다.

③ 기본표목은 좀 더 큰 저작에 대한 목록의 한 부분이 되며 독자적인 목록이 될 수 있다.

④ 기본표목도 여러 유형의 접근점 중 하나로 이해하고, 1XX 필드에 기술하는 대신에 부출표목 인 7XX 필드에 기술하면 된다.

| 해설 | ③은 분출표목에 관한 설명으로서 큰 저작에 대한 목록의 한 부분이 되는 분리된 독자적인 목록이 될 수도 있고 그 부출저록이 될 수도 있다.

6. 서지기술의 요소에 관한 구두법으로 옳은 것은?

① 〈표제와 책임표시사항〉 = 성격이 다른 책임표시

② 〈판사항〉 / 첫 번째 책임표시

③ 〈형태기술사항〉 + 크기

④ 〈총서사항〉 = 총서, 하위총서 또는 다권본 단행자료의 표제관련정보

| 해설 | ②. ① 〈표제와 책임표시사항〉 ; 성격이 다른 책임표시 ③ 〈형태기술사항〉 ; 크기 ④ 〈총서사항〉: 총서, 하위총서 또 는 다권본 단행자료의 표제관련정보

7. 서지기술의 요소에 관한 구두법으로 옳지 않은 것은?

① 〈표제와 책임표시사항〉 ; 성격이 다른 책임표시

② 〈표제와 책임표시사항〉 = 대등표제

③ 〈형태기술사항〉 + 딸림자료 표시

④ 〈총서사항〉: 총서, 하위총서 또는 다권본 단행자료의 대등표제

| 해설 | ④ 〈총서사항〉 = 총서, 하위총서 또는 다권본 단행자료의 대등표제

8. 다음 용어에 관한 설명 중 옳지 않은 것은?

① 통합자료: 낱개로 분리되어 있지 않고 전체로 통합된 형태를 유지하면서 추가되거나 갱신되는 서지자료

② 관련자료: 해당 자료와 선후관계, 파생관계, 계층관계 등을 가지면서 연관저록필드를 생성하게 하는 자료

③ 서지기술: 서지기술의 근거가 되고 있는 저작의 표현형이나 구현형, 또는 개별자료이다.

④ 단행자료: 한 개의 부분으로 완성되거나, 제한된 숫자의 부분으로 완성하려는 의도가 있는 서지자료

| 해설 | ③ 서지기술은 서지자료의 기록과 식별을 위한 서지데이터의 집합이고, 서지기술의 근거가 되고 있는 저작의 표현형이나 구현형 또는 개별자료는 서지자료이다.

9. 표목의 기능과 뜻이 알맞게 연결된 것은?

① 검색수단은 목록의 배열위치를 결정해 주는 기준이 된다.

② 배열기준의 요소는 통일표목 아래 특정 저자의 저작들과 통일표제의 여러 가지 판을 한 곳에 모이게 한다.

③ 배열기준의 요소는 동일명칭이면서 다른 도서 등의 혼동을 피하기 위해 각각의 표목이 식별되게 한다.

④ 표목의 배타성은 동명이인과 단체명 등의 혼동을 피하기 위해 각각의 표목을 식별하게 한다.

10. 표목의 선정에 대한 설명으로 옳은 것은?

① 개작하거나 각색한 경우 원저자가 표목이 되며, 개작자나 각색자의 경우 부출표목으로 한다.

② 원문과 주석이 함께 수록된 저작은 무조건 원저자를 기본표목으로 하고, 주석은 부출표목으로 한다.

③ 저자가 4인 이상인 경우 표제명을 기본표목으로 한다.

④ 단체의 집단적인 사상을 기록해 놓은 것은 단체의 대표명을 기본표목으로 한다.

> **| 해설 |** ③. ① 개작하거나 각색한 경우는 개작자나 각색자가 표목이 되며, 원저자의 경우 부출표목으로 한다. ② 원문과 주석이 함께 수록된 저작은 주석이나 해석이 강조된 책에서는 주석자나 해석자를 기본표목으로 하고, 원저자 또는 원표제를 부출표목으로 하고, 원문이 강조된 저작은 원저자를 기본표목으로 하고, 주석은 부출표목으로 한다. ④ 단체의 집단적인 사상을 기록해 놓은 것은 단체명을 기본표목으로 한다.

11. 서지기술의 요소와 순서로 알맞은 것을 고르시오.

> 표제와 책임표시사항 – (㉠) – 자료 또는 자원유형 특성사항 – (㉡) – (㉢) – 총서사항 – 주기사항 – 표준번호사항

① ㉠ 발행사항　　㉡ 형태기술사항　　㉢ 판사항

② ㉠ 발행사항　　㉡ 판사항　　㉢ 형태기술사항

③ ㉠ 형태기술사항　　㉡ 발행사항　　㉢ 판사항

④ ㉠ 판사항　　㉡ 발행사항　　㉢ 형태기술사항

> **| 해설 |** ④. 서지기술의 요소와 순서는 1) 표제와 책임표시사항 2) 판사항 3) 자료 또는 자원유형 특성사항 4) 발행사항 5) 형태기술사항 6) 총서사항 7) 주기사항 8) 표준번호사항이다.

12. 다음 빈칸에 알맞은 말은?

> (A)은/는 카드목록에서 저록의 맨 위에 기재된 단어나 기호이며, KCR4에서는 이것이 발전하여 온라인에서는 여러 조건으로 검색할 수 있다는 의미로 (A) 대신에 (B)의 개념으로 쓰이고 있다.

　　　A　　　　　B　　　　　　　　A　　　　　B

① 접근점　-　표목　　　　② 청구기호　-　접근점

③ 표목　-　접근점　　　　④ 표목　-　청구기호

> **| 해설 |** ③. 표목은 대표적인 키워드가 선정되어 카드목록에서 저록의 배열과 검색수단이 되고 있으며 현재는 접근점이라는 개념으로 목록에서 저록의 검색과 식별도구로 사용되고 있다. 접근점은 대표 키워드 없이도 여러 조건으로 검색할 수 있도록 만들어진 개념이다.

13. 다음에서 설명하는 용어에 대해 옳은 것은?

다른 포괄적인 표목이 이미 작성된 하나의 전집이나 총서, 하나의 연속간행물이나 기타의 서지적인 단위 속에 수록된 한 저작이나 저작의 한 부분을 위한다.

① 큰 저작에 대한 목록의 한 부분이 되는 합쳐진 목록이 될 수 있다.
② 저록을 검색하기 위한 여러 유형의 접근점 중 하나로 이해하고 부출표목인 7XX 필드에 기술하면 된다.
③ 기본 표목이외의 공저자명, 번역자명 등을 표목으로 하는 목록을 말한다.
④ 특정 문헌이나 합집에 수록된 개별저작을 대상으로 한 분출저록의 표목을 뜻한다.

| 해설 | ④. 분출표목에 대한 설명이다. ① 큰 저작에 대한 목록의 한 부분이 되는 분리된 독자적인 목록이 될 수 있다. ②는 기본표목에 대한 설명이다. ③은 부출표목에 관한 설명이다.

14. 다음에서 설명하는 표목을 가리키는 용어는?

기록이나 문헌의 내용을 표현하는 색인어로서, 색인어 작성 시 이미 몇 개의 주제어나 개념어가 조합되는 매우 통제된 형식을 가진다. 즉, 전조합 색인의 일종이다. 주제어와 함께 시기나 지역 범주를 표현하는 색인어가 조합되기도 한다.

① 기본표목   ② 부출표목   ③ 분출표목   ④ 주제명표목

| 해설 | ④. 주제명표목이다. ① 기본표목은 한 자료의 내용에 대해서 책임을 질 수 있는 저자나 3인 이하의 저자인 경우 저자명을 자료검색에 기본이 되는 사항으로 채택하여 이를 중심으로 목록을 작성하는 규칙이다. ② 부출표목은 기본표목 이외의 공저자명, 번역자명, 표제, 주제명 등을 표목으로 하는 목록을 말한다. ③ 분출표목은 다른 포괄적인 표목이 이미 작성된 하나의 전집이나 총서, 하나의 연속간행물이나 기타의 서지적인 단위 속에 수록된 한 저작이나 저작의 한 부분을 위한 표목을 말한다.

15. 다음 중 딸림자료 앞에 표시하는 구두법으로 옳은 것은?

① =   ② +   ③ -   ④ :

| 해설 | ②. ① 등호는 대등표제 앞에 사용한다. ③ 붙임표는 권차, 회차, 연차의 범위를 나타내는데 사용한다. ④ 쌍점은 표제관련정보나 저자명, 가격표시사항 앞에 사용한다.

16. 다음 중 표목에 대한 설명으로 옳은 것은?

① 표목은 목록의 배열 위치를 결정해 주는 기준이 된다.

② 오늘날 온라인 목록이 활용되면서 기본표목의 필요성은 점점 높아지고 있다.

③ 분출표목이란 기본표목 이외의 공저자명, 번역자명, 표제, 주제명 등을 표목으로 하는 목록을 말한다.

④ 표제기본저록의 경우 별도의 기본 표목필드에 기술 후 245 필드에 기술한다.

> **|해설|** ①. ② 온라인 목록이 활용되며 기본표목의 의미는 많이 퇴색되었다. ③ 부출표목에 대한 설명이다. ④ 별도의 기본 표목필드에 기술할 필요가 없다.

17. 개인명의 기본표목에 대한 설명으로 옳지 않은 것은?

① 100 필드에 기술한다.

② 단일저자에 의한 저서는 개인명을 기본표목으로 한다.

③ 개작하거나 각색한 경우, 원저자가 표목이 되며, 개작자·각색자가 부출표목이 된다.

④ 번역도서의 경우, 원저자를 기본표목이 되며 번역자는 부출한다.

> **|해설|** ③ 개작하거나 각색한 경우, 개작자·각색자가 표목이 되며 원저자가 부출표목이 된다.

18. 통일표제가 기본표목이 되는 경우로 올바른 것은?

① 단체의 집단적인 사상을 기록해 놓은 위원회의 보고서

② 합집 또는 편집자의 지휘 하에 이루어진 저작물

③ 지역사회 학교운동 세미나 보고서

④ 저자가 알려져 있지 않은 고전작품

> **|해설|** ④. ① 단체명 ② 표제 ③ 단체명이 기본표목이 된다.

19. 다음 설명과 단어가 올바르게 짝지어진 것은?

> ㉠ 한 자료의 내용에 대해서 책임을 질 수 있는 저자를 자료검색에 기본이 되는 사항으로 채택하는 방법.
> ㉡ 공저자명, 번역자명, 표제, 주제명 등을 표목으로 하는 목록
> ㉢ 다른 포괄적인 표목이 이미 작성된 하나의 전집이나 총서 등 기타의 서지적인 단위 속에 수록된 한 저작을 위한 표목.

① ㉠ 기본표목 ㉡ 부출표목 ㉢ 분출표목
② ㉠ 기본표목 ㉡ 분출표목 ㉢ 부출표목
③ ㉠ 부출표목 ㉡ 기본표목 ㉢ 분출표목
④ ㉠ 부출표목 ㉡ 분출표목 ㉢ 기본표목

| 해설 | ① ㉠ 기본표목 ㉡ 부출표목 ㉢ 분출표목이다.

20. 다음 중 표목의 기능으로 옳지 않은 것을 고르시오.

① 목록의 첫머리에 위치하여 배열과 검색도구로 사용되는 이름, 낱말, 어구로서 마치 일반사전에서 항목의 표제어와 같은 역할을 한다고 볼 수 있다.
② 동일명칭이면서 다른 도서, 동명이인과 단체명 등의 혼동을 피하기 위해, 각각의 표목을 식별하게 한다.
③ 기본표목 아래 특정 저자의 저작들과 기본표제의 여러 가지 판을 한곳에 모이게 한다.
④ 문헌을 검색하는 수단이 된다.

| 해설 | ③ 통일표목 아래 특정 저자의 저작들과 통일표제의 여러 가지 판을 한곳에 모이게 한다.

21. 다음 중 목록 기술에 대한 설명으로 옳지 않은 것을 고르시오.

① 넓은 의미로는 표목을 포함한 서지적인 기재사항과 기타 목록상에 필요한 모든 내용들을 포괄한다.
② 좁은 의미로는 표목과 부출지시사항을 포함한 표제와 책임 표시사항, 판사항, 발행사항, 형태사항, 총서사항, 주기사항, ISBN과 구득 조건 등의 서지적인 사항만을 포함한다.
③ ISBD가 나타나면서 좁은 의미의 목록기술을 서지기술이라 말하며, 오늘날 대부분의 나라와 도서관에서 목록기술을 할 때 ISBD를 따르고 있다.

④ 대부분의 나라에서는 ISBD를 바탕으로 목록규칙을 정비하였으며, 이러한 목록 규칙을 근간으로 MARC를 제정하게 되었다. 그러므로 세계 서지제어에 결정적인 역할을 했다고 볼 수 있다.

|해설| ② 좁은 의미로는 표목과 부출지시 사항을 제외한 표제와 책임 표시사항, 판사항, 발행사항, 형태사항, 총서사상, 주기사항, ISBN과 구득 조건 등의 서지적인 사항만을 포함한다.

22. 목록기술에 대한 설명으로 옳은 것은?

① 모든 도서관은 목록을 기술할 때 반드시 완전수준으로 기술하여야 한다.
② 대등표제는 반복 기술할 수 있는 요소이다.
③ 성격이 다른 책임 표시는 쌍점으로 표시한다.
④ 발행사항은 발행처, 발행지, 발행년 순으로 기술한다.

|해설| ② 표제와 책임표시사항에서 대등표제, 표제관련정보, 성격이 다른 책임표시의 경우 반복 기술이 가능하다. ① 목록기술의 수준은 간략수준, 중간수준, 완전수준으로 나누어진다. 도서관은 각 도서관의 자료의 양, 장래의 증가량을 고려하여 수준을 적절하게 조정할 수 있다. ③ 성격이 다른 책임표시는 쌍반점(;)으로 표시한다. ④ 발행사항은 발행지, 발행처, 발행년 순으로 기술한다.

23. 표목에 대한 설명으로 옳은 것은?

① MARC 21에서는 1XX 필드와 246 필드의 내용이 중복 기술되는 경우가 많다.
② 한국목록규칙 제4판에서는 기본표목의 내용을 부출표목으로 기술하고 있다.
③ AACR2R은 KCR4와 마찬가지로 기본표목을 적용하지 않는다.
④ MARC 21에서 책임을 질 수 있는 저자가 4인 이하일 경우에는 저자명을 기본표목으로 한다.

|해설| ②. 한국목록규칙 제4판에서는 기본표목을 규정하지 않고 있다. 기본표목은 저록을 검색하기 위한 여러 유형의 접근점 중 하나로 1XX 필드에 기술하는 대신에 부출표목인 7XX 필드에 기술하고 있다. ① 기본표목이 저자명, 단체명, 회의명, 통일표제인 경우 MARC 21에서는 1XX 필드(기본표목)와 245 필드(표제와 책임시사항)의 내용이 중복 기술된다. 246 필드는 변형표제를 나타내므로 중복 기술되지 않는다. ③ AACR2R(영미목록규칙)에서는 기본표목의 개념이 계속 유지되고 있으며, MARC 21 형식에도 그대로 반영되어 있다. ④ MARC21에서 책임을 질 수 있는 저자가 3인 이하일 경우 저자명을 기본표목으로 하고, 4인 이상일 경우에는 표제를 기본표목으로 한다. 이때에는 별도의 기본표목필드에 기술할 필요 없이 245 필드에만 기술하면 된다.

24. AACR2R에서 표목의 선정에 대한 내용이 옳은 것은?

| ⊙ 개인명이 기본표목이 되는 경우 | ⓒ 통일표제가 기본표목이 되는 경우 |

① ⊙ - 개정서의 경우 원저자의 의견이 얼마나 담겨 있느냐에 따라 기본표목이 달라진다.
② ⊙ - 번역도서의 경우 번역자를 기본표목으로 하며, 원저자는 부출한다.
③ ⓒ - 조약집과 법령집의 경우 통일표제를 기본표목으로 한다.
④ ⓒ - 통일표제가 기본표목이 되는 경우 111 필드에 기술한다.

| 해설 | ②. 번역도서의 경우 원저자를 기본표목(100)으로 하며, 번역자는 700 필드에 부출한다. ① 개정서의 경우 원저자의 의견이 얼마나 담겨있느냐에 따라 개정자 또는 원저자가 기본표목이 된다. 원저자의 책임성을 고려한 경우 원저자를 기본표목으로 하고, 원저자의 책임성을 고려하지 않은 경우 개정자를 기본표목으로 한다. ③ 조약집과 법령집의 경우 통일표제를 작성하지만 기본표목은 저자나 단체명이 된다. 즉, 나라명이 기본표목이 된다. ④ 통일표제가 기본표목이 되는 경우 130 필드에 기술한다. 111 필드는 회의명이 기본표목이 되는 경우이다.

25. 목록규칙 기술의 대상으로 옳은 것을 고르시오.
① 복제물은 그 대본인 원자료를 기술의 대상으로 한다.
② 고유한 표제를 지닌 합집이나 총서 전체를 기술의 대상으로 할 수 있다.
③ 합집이나 총서에 수록된 개별저작은 기술의 대상으로 할 수 없다.
④ 원칙적으로 특정 유형의 자료를 기술의 대상으로 한다.

| 해설 | ②. ① 복제물은 그 대본인 원자료가 아니라 복제물 자체를 기술의 대상으로 한다. ③ 합집이나 총서에 수록된 개별저작은 기술의 대상으로 할 수 있다. ④ 원칙적으로 모든 유형의 자료를 기술의 대상으로 한다.

26. 다음에서 표제와 책임표시사항에 해당되는 것을 모두 고른 것은?

| ⊙ 본표제 ⓒ 판표시 ⓒ 자료유형표시 ⓔ 제작사항 ⓜ 등록표제 ⓗ 권차 ⓢ 책임표시 |

① ⊙ⓒⓒⓔ   ② ⊙ⓒⓒⓜ   ③ ⓒⓒⓔⓗ   ④ ⊙ⓒⓗⓢ

| 해설 | ④ 자료의 식별에 필요한 제요소 중, 표제와 책임표시사항에 해당하는 것은 다음과 같다. 1) 본표제, 별표제 2) 자료유형표시 3) 대등표제 4) 표제관련정보 5) 권차, 회차, 연차표시 6) 책임표시이다. 그 이외, 판표시는 판사항에 해당하는 제요소이고 제작사항은 발행사항에 해당하는 제요소이며 등록표제는 표준번호 및 입수조건사항에 해당하는 제요소이다.

27. 다음의 오기, 오식, 탈자를 기재하는 방법에 대한 설명 중 옳은 것을 고르시오.

오기와 오식은 ① 있는 그대로 기재하고 ② 그 다음에 (!) 또는 (sic)를 부기하거나, ③ '사실은' 또는 'i.e.'를 관기하여 그의 바른 꼴을 ④ 원괄호( )로 묶어 부기한다. 다만, 탈자를 식별할 수 없는 경우에는 그 위치에 물음표(?)를 탈자의 수만큼 각괄호([])로 묶어 보기한다.

| 해설 | ① 오기와 오식은 있는 그대로 기재하고 그 다음에 [!] 또는 [sic]를 부기하거나, '실은' 또는 'i.e.'를 관기하여 그의 바른 꼴을 각괄호([ ])로 묶어 부기한다. 다만, 탈자를 식별할 수 없는 경우에는 그 위치에 물음표(?)를 탈자의 수만큼 각괄호([])로 묶어 보기한다.

28. 목록규칙에 사용되는 구두법 중 다음 설명에 해당하는 것을 고르시오.

책임표시를 제외하고는 정보원에 나타난 그대로 사용한다.

① 쌍점(:)　　　　② 쌍반점(;)　　　　③ 쉼표(,)　　　　④ 가운뎃점(·)

| 해설 | ④. 가운뎃점은 책임표시를 제외하고는 정보원에 나타난 그대로 사용한다. ① 쌍점은 표제관련정보, 발행처, 삽화표시, 총서의 표제관련정보, 가격표시사항 앞에 사용한다. ② 쌍반점은 동일 책임표시의 두 번째 이하의 표제, 역할이 다른 책임표시, 특정판(해당판)에 관련된 역할이 다른 책임표시, 두 번째 이하의 발행지, 크기, 총서의 권호 앞에 사용된다. ③ 쉼표는 권차표제, 역할이 동일한 두 번째 이하의 책임표시, 발행년이나 ISSN번호 앞과 별표제 앞에 적은 '일명'이나 'or'의 앞과 뒤, 내용주기의 권차, 회차, 연차 뒤에 사용된다.

29. 책임표시 작성 시 석점줄임표(...)없이 생략 가능한 경우를 고르시오.
① 책임표시 앞 또는 뒤에 부기되어 있는 학위인 경우 (by Dr. Harry Smith)
② 식별에 필요한 칭호나 경칭인 경우 (by Mrs. Charles H. Gibson)
③ 서양인의 작위가 칭호에 들어간 경우 (by Sir Richard Acland)
④ 성 또는 명의 한 요소만 있는 경우 (by Miss Jane)

| 해설 | ①. 책임표시의 앞 또는 뒤에 부기되어 있는 학위나 직함 및 이와 유사한 칭호, 경칭과 성과 명을 갖춘 이름으로 그 앞 또는 뒤에 표시된 국명, 본관, 자, 호, 단체명의 앞이나 뒤에 표시된 법인형태나 업종명을 나타내는 어구는 석점줄임표(...)없이 그의 기재를 생략한다. 단, 다음의 경우는 예외적으로 포함하여 기재한다. 1) 문법적으로 칭호나 경칭이 필요한 경우, 2) 생략하면 성 또는 명의 한 요소만 남게 되는 경우, 3) 칭호나 경칭이 식별에 필요한 경우, 4) 칭호가 서양인의 작위 또는 이에 준하는 것일 경우.

30. 다음 괄호안에서 발행처 기술에 대한 설명 중 옳은 것끼리 골라 짝지으시오.

> 1) 양서에서 발행처의 표시가 준문장형식으로 표현되어 있을 경우에는 (published by / published for / printed for)로 시작되는 것만 제외하고 있는 그대로 기술한다.
> 2) 발행처명이 불명인 경우 각괄호([ ])에 '발행처불명' 또는 (s.n. / s.i.)를(을) 묶어 기재한다.

① published by - s.n.　　　② published by - s.i.
③ published for - s.n.　　　④ published for - s.i.

> **| 해설 |**　① 양서에서 발행처의 표시가 준문장형식으로 표현되어 있을 경우에는 "published by"로 시작되는 것만 제외하고 있는 그대로 기술한다. 발행처명이 불명인 경우 각괄호([ ])에 '발행처불명' 또는 '發行處不明'이나 's.n.'을 묶어 기재한다.

31. 다음의 빈 칸에 들어갈 단어로 제작사항의 기술방법을 기술한 것을 고르시오.

> 미간행자료의 경우에는 (㉠)와 (㉡), (㉢)의 순으로 기재하되 (㉡) 다음에 (㉣)(이)라는 어구를 각괄호([ ])로 묶어 부기한다.

① 발행지: 발행처, 발행년　　　② 발행지: 발행처 [발행]. 발행년
③ 제작지: 제작처. 제작년　　　④ 제작지: 제작처 [제작], 제작년

> **| 해설 |**　④. 미간행자료의 경우에는 제작지와 제작처, 제작년의 순으로 기재하되, 제작처 다음에 '제작'이라는 어구를 각괄호([ ])로 묶어 부기한다.(제작지: 제작처 [제작], 제작년)

32. 특정자료종별과 수량에 대한 예시 중 올바르지 않은 것을 고르시오.
① 슬라이드 53매　　　② 지도 2매
③ 327 p.　　　④ 327 장

> **| 해설 |**　④. 형태사항 중, 특정자료종별과 자료의 수량에 대한 표기는 기술대상자료가 속한 특정자료종별과 자료의 수량(개수)을 범위로 한다. 다만 인쇄자료의 경우에는 자료의 구성단위(예: 쪽수)의 수량만을 기재한다. 자료의 종별에 따라 자료의 수량 이외에 구성단위의 수량이나 연주시간, 재생시간 등을 기재할 수 있다. 보기 ④ '327 장'은 '327장'으로 기재하여야 한다.

33. 다음에서 딸림자료 기재사항으로 옳은 것을 고르시오.

① 딸림자료의 형태사항을 자세히 기술할 필요가 있는 것은 자료의 유형 다음에 각괄호([ ])로 묶어 기재한다.

② 딸림자료의 기술내용이 길 경우에는 생략하고 상세한 내용을 주기할 수 있다.

③ 딸림자료가 그 모체물의 표지 안쪽 포켓 등에 들어 있는 것은 주기사항에 그 소재위치를 기술한다.

④ 형태사항 초입에 딸림자료의 유형과 수량 등을 기재한다.

| 해설 | ③ 딸림자료란 모체물과 함께 사용되도록 간행된 자료로서 예컨대 교과서의 해답서나 지도책, 인쇄물에 첨부된 전자자료 등이 해당된다. 딸림자료의 기술방법은 형태사항 말미에 유형과 수량 등을 다음과 같이 기재한다. 1) 딸림자료의 형태사항을 자세히 기술할 필요가 있는 것은 자료의 유형 다음에 원괄호(())로 묶어 기재한다. 2) 딸림자료의 기술내용이 길 경우에 간략히 기술하고, 상세한 내용을 주기할 수 있다. 3) 딸림자료가 그 모체물의 표지 안쪽 포켓 등에 들어 있는 것은 주기사항에 그 소재위치를 기술한다. 4) 딸림자료를 독립된 저록으로 작성할 수도 있다.

34. 보기에서 설명하는 것이 무엇인지 고르시오.

저록을 구성하는 기본요소로서, 문헌에 기재된 표제나 책임표시, 판사항, 발행사항 등 구체적인 인쇄물로서의 외형에 관한 데이터를 일컫는다. 이는 특정 저작이나 특정 저작의 한 판을 다른 저작이나 다른 판과 식별하는데 필요한 여러 가지 요소로 구성된다.

① 표목   ② 접근점
③ 기술   ④ 청구기호

35. ISSN을 포함하는 서지기술 요소는?

① 판사항   ② 자료 또는 자원유형 특성사항
③ 발행사항   ④ 총서사항

| 해설 | ④. ISSN은 국제표준연속간행물번호로 "계속자료(Continuing resources)"를 식별하기 위하여 국제적으로 부여하는 고유번호이다. 우리나라의 경우 국립중앙도서관에서 발급이 가능하며 총서사항에 기입되어야 한다.

36. 다음 중 AACR2R에 따라 기본표목이 되는 것은?

> (ㄱ) 국제통상론 / 박태호, 강인수, 김태준, 박성훈, 송유철 공저
>
> (ㄴ) 제3인류 II / 베르나르 베르베르 지음 ; 이세욱 옮김
>
> (ㄷ) The Constitution of the USA.

	(ㄱ)	(ㄴ)	(ㄷ)
①	국제통상론	제3인류 II	The Constitution
②	송유철	베르나르 베르베르	United States
③	박태호	이세욱	United States
④	국제통상론	베르나르 베르베르	United States

| 해설 | ④. (ㄱ)은 저자가 4인 이상이므로 표제를 기본표목으로 하고 대표저자를 부출표목으로 한다. (ㄴ)은 번역도서이므로 원저자를 기본표목으로 하며 번역자는 부출표목으로 한다. (ㄷ)의 헌법은 국가명을 기본표목으로 한다.

37. 다음에서 AACR2R에 따라 개인명이 기본 표목이 되는 경우가 아닌 것은?

① 원문과 주석이 함께 수록된 저작

② 저자가 3명인 공저서

③ 개작하거나 각색한 경우

④ 편집자의 지휘 하에 이루어진 저작

| 해설 | ④ 합집 또는 편집자에 의해 만들어진 저작물은 표제를 기본표목으로 한다.

38. 목록기술 요소 중 ISBD에 대한 설명으로 옳지 않은 것은?

① 1974년 단행본용 ISBD((M)이 최초로 제정되었다.

② 1977년 일반공통용 ISBD(G)가 제정된 이후 모든 매체들에 ISBD 기본규칙이 적용되었다.

③ 기술수준에는 간략, 중간, 완전수준으로 구분되어 진다.

④ 구두법은 기술요소의 성격을 정의하며 기술요소의 뒤에 표기한다.

| 해설 | ④ 구두법은 기술요소의 성격과 구분을 위한 것이며, 기술요소의 앞에 표기한다.

39. 다음은 단행자료에 대한 목록기술의 수준 제3단계(완전수준)에 대한 설명이다. 빈칸에 들어
    갈 용어가 올바르게 짝지어진 것을 고르시오.

본표제 [일반자료표시] = ㉠: 표제관련정보 / 책임표시 ; 성격이 다른 책임표시, 판표시 / 판에 대한 책임표시 ; 기
타 판사항. 자료특성사항. ㉡: 발행처, 발행년 (인쇄지: 인쇄자, 인쇄년). 특정자료표시 및 수량: 기타 형태세목 ;
크기 + 딸림자료. (총서의 본표제 = ㉢: 총서의 표제관련정보 / 총서의 책임표시, 총서의 표준번호 ; 총서권호). 주
기(자료의 성격, 범위 또는 예술적 표현양식을 첫 번째로 기재). ㉣: 구득조건

① 대등표제 - 발행지 - 총서의 대등표제 - 표준번호
② 대등표제 - 표준번호 - 총서의 대등표제 - 총서의 대등표제
③ 대등표제 - 표준번호 - 표준번호 - 표준번호
④ 총서의 대등표제 - 발행지 - 대등표제 - 발행지
⑤ 총서의 대등표제 - 표준번호 - 대등표제 - 표준번호

| 해설 | ① 대등표제 - 발행지 - 총서의 대등표제 - 표준번호

본표제 [일반자료표시] = 대등표제: 표제관련정보 / 책임표시 ; 성격이 다른 책임표시, 판표시 / 판에 대한 책임표시 ; 기타
판사항. 자료특성사항. 발행지: 발행처, 발행년 (인쇄지: 인쇄자, 인쇄년). 특정자료표시 및 수량: 기타 형태세목 ; 크기 +
딸림자료. (총서의 본표제 = 총서의 대등표제: 총서의 표제관련정보 / 총서의 책임표시, 총서의 표준번호 ; 총서권호). 주기
(자료의 성격, 범위 또는 예술적 표현양식을 첫 번째로 기재). 표준번호: 구득조건

40. 다음은 표목의 기능에 대한 설명이다. 옳은 것으로 짝지어진 것을 고르시오.

가. 문헌을 검색하는 수단이 된다.(검색수단)
나. 목록의 배열위치를 결정해 주는 기준이 된다.(배열기준의 요소)
다. 통일표목 아래 특정 저자의 저작들과 통일표제의 여러 가지 판을 한 곳에 모이게 한다.(표목의 집중성)
라. 동일명칭이면서 다른 도서, 동명이인과 단체명 등의 혼동을 피하기 위해 각각의 표목이 식별되게 한다.(표목의
    중첩성)

① 가   ② 가, 나   ③ 가, 나, 다   ④ 나, 다, 라

| 해설 | ③ 라. 동일명칭이면서 다른 도서, 동명이인과 단체명 등의 혼동을 피하기 위해 각각의 표목이 식별되게 한다는 것
은 표목의 배타성이다.

41. 다음 빈칸에 들어갈 알맞은 말은?

⊙은 다른 포괄적인 표목이 이미 작성된 하나의 전집이나 총서, 하나의 연속간행물이나 기타의 서지적인 단위 속에 수록된 한 저작이나 저작의 한 부분을 위한 표목을 말하며
ⓛ은 한 자료의 내용에 대해서 책임을 질 수 있는 저자나 2~3인의 저자인 경우 저자명을 자료검색에 기본이 되는 사항으로 채택하여 이를 중심으로 목록을 작성하는 규칙
ⓒ은 ⓛ이외의 공저자명, 번역자명, 표제 주제명 등을 표목으로 하는 목록을 말한다.

	⊙	ⓛ	ⓒ
①	기본표목	부출표목	분출표목
②	기본표목	분출표목	부출표몰
③	분출표목	부출표목	기본표목
④	분출표목	기본표목	부출표목

| 해설 | ④. 분출표목은 다른 포괄적인 표목이 이미 작성된 하나의 전집이나 총서, 또는 하나의 연속간행물이나 기타의 서지적인 단위 속에 수록된 한 저작이나 저작의 한 부분을 위한 표목을 말한다. 기본표목은 한 자료의 내용에 대해서 책임을 질 수 있는 저자나 3인 이하의 저자인 경우 저자명을 자료검색에 기본이 되는 사항으로 채택하여 이를 중심으로 목록을 작성하는 규칙이다. 부출표목은 기본표목 이외의 공저자명, 번역자명, 표제 주제명 등을 표목으로 하는 목록을 말한다.

42. 다음은 ISBD 예비통합판 서지기술 요소이다. 그 기술순서가 옳은 것은?

a. 표제와 책임표시사항	b. 판사항	c. 자료 또는 자원유형 특성사항	d. 발행사항
e. 총서사항	f. 표준번호사항	g. 주기사항	h. 형태기술사항

① a.b.c.d.e.f.g.h   ② a.b.c.d.h.g.f.e   ③ a.b.c.e.d.g.f.h   ④ a.b.c.d.h.e.g.f

| 해설 | ④. ISBD 서지기술 요소의 순서는 다음과 같다. 1) 표제와 책임표시사항 2) 판사항 3) 자료 또는 자원유형 특성사항 4) 발행사항 5) 형태기술사항 6) 총서사항 7) 주기사항 8) 표준번호사항

43. 다음에서 AACR2R에 따른 기본표목과 부출표목으로 옳은 것은?

목록조직의 이론과 실제 / 최정태, 양재한, 도태현 공저

① 기본표목-목록조직의 이론과 실제, 부출표목-최정태
② 기본표목-최정태, 부출표목-목록조직의 이론과 실제

③ 기본표목-최정태, 부출표목-양재한, 부출표목-도태현, 부출표목-목록조직의 이론과 실제

④ 기본표목-목록조직의 이론과 실제, 부출표목-최정태, 부출표목-양재한, 부출표목-도태현

| **해설** | ③, 공저서 3인까지는 대표저자 또는 먼저 기술된 저자를 기본표목으로 하고, 나머지 저자와 표제를 부출표목으로 한다.

44. 다음은 서지기술의 요소와 순서 중 일부이다. 이에 해당되는 것은?

본표제
[일반자료표시]
= 대등표제
: 표제관련정보
책임표시
/ 첫 번째 책임표시
; 성격이 다른 책임표시

① 판사항   ② 표제와 책임표시사항   ③ 발행사항   ④ 형태기술사항

| **해설** | ②. ① 판사항은   판표시
                                    = 대등판표시
                                    판에 대한 책임표시
                                    / 첫 번째 책임표시
                                    ; 성격이 다른 책임표시
                                    , 부차적 판표시
                                    부차적 판표시에 대한 책임표지
                                    / 첫 번째 책임표시
                                    ; 성격이 다른 책임표시

            ③ 발행사항은   발행지
                                    첫 번째 발행지
                                    ; 두 번째 발행지
                                    : 발행처
                                    [배포처의 기능표시]
                                    , 발행년

            ④ 형태기술사항은   특정자료표시 및 수량
                                    : 기타 형태세목
                                    ; 크기
                                    + 딸림자료표시

45. 다음 개념에 알맞은 것은?

> ① 문헌을 검색하는 수단이 된다.
> ② 목록의 배열위치를 결정해 주는 기준이 된다.
> ③ 통일표목 아래 특정 저자의 저작들과 통일표제의 여러 가지 판을 한 곳에 모이게 한다.
> ④ 동일명칭이면서 다른 도서, 동성이인과 단체명 등의 혼동을 피하기 위해 그 각각을 식별되게 한다.

　① 표목　　　　② 형태사항　　　　③ 주기사항　　　　④ 책임표시

46. 다음 밑줄 친 부분 중 기본표목이 아닌 것을 고르시오.

① 현대프랑스 문학을 찾아서 / <u>김현</u> 지음.
② 목록조직의 이론과 실제 / <u>최정태</u>, 양재한, 도태현 공저
③ 야시 / 김지헌 각본, <u>김용성</u> 원작.
④ <u>자동차공학</u> / 이성렬, 임병오, 하종률, 김원배 공저

| **해설** | ③, 개작하거나 각색한 경우에는 개작자나 각색자가 기본표목이 되며, 원저자는 부출표목으로 한다.

47. 다음 중 성격이 다른 하나를 고르시오.

① 쪽수 혹은 권책수　　　② 삽화　　　③ 발행지　　　④ 딸림자료

| **해설** | ③번을 제외한 나머지는 모두 300 필드, 형태기술사항에 해당된다.

48. 다음에서 설명하는 RDA(Resource Description and Access)의 특성 중 옳지 않은 것은?

① 전반적으로 자료의 물리적 측면과 내용적 측면을 구분하지 않고 기술하고 있다.
② AACR과 비교할 때 AACR은 자원유형이 혼재되어 있었지만, RDA에서는 물리적 측면인 매체유형과 수록매체유형, 내용적 측면인 내용유형으로 구분하여 기술하고 있다.
③ RDA에서는 목록기능에 있어 기술과 접근의 분리를 하지 않고 있다.
④ 종래의 목록규칙에 있어 기본표목의 선택과 표목 형식의 복잡성을 배제하여 저작의 속성과 관계를 적절하게 기술함으로써 저작의 집중 및 자원식별과 발견이라는 이용자 과업을 지원할 수 있게 의도하고 있다.

49. 영미목록규칙 제2판 2002개정판의 표목에 대한 설명으로 옳은 것은?

① 목록의 첫머리에 위치하여 배열과 검색도구로 사용되는 이름, 낱말 또는 어구로서 마치 일반 사전에서 항목을 배열할 때의 표제어와 같은 역할을 한다.

② 전통적인 카드목록에서는 그 의미가 무색하였지만, 오늘날 온라인 목록이 활용되면서 기본 표목이 중요해졌다.

③ 기본표목은 공저자명, 역자명, 표제, 주제명 등을 표목으로 하는 목록을 일컫는다.

④ 부출표목은 다른 포괄적인 표목이 이미 작성된 하나의 전집이나 총서, 하나의 연속간행물이나 기타의 서지적인 단위 속에 수록된 한 저작이나 저작의 한 부분을 위한 표목을 일컫는다.

50. 다음 중 표목에 대한 설명으로 옳은 것을 고르시오.

① 기본표목 개념은 온라인 환경에서의 기술단위시스템에서의 호환성이 떨어져 MARC 21, AACR2R에서 제외된 개념이다.

② 표목의 기능은 검색수단, 배열기준의 요소, 표목의 분산성, 표목의 동질성으로 설명될 수 있다.

③ 표목의 종류는 표목의 대상에 따라 기본표목, 부출표목, 분출표목으로 구분 할 수 있다.

④ 분출표목이란 기본표목 이외의 공저자명, 번역자명, 표제, 주제명 등을 표목으로 하는 표목을 말한다.

51. AACR2R 중 '개인명이 기본표목이 되는 경우'에 대한 내용 중 옳지 않은 것을 고르시오.

① 단일저자에 대한 저서는 개인명을 기본표목으로 선정하며, 100 필드에 기술하게 된다.

② 원문과 주석이 함께 수록된 저작의 경우엔 무조건 원저자(또는 원표제)를 기본표목으로 하고 주석자는 부출표목으로 선정한다.

③ 공저서의 경우는 3인까지는 대표저자 혹은 먼저 기술된 저자를 기본표목으로 선정한다.

④ 번역도서의 경우에 원저자를 기본표목으로 선정하고 번역자를 부출한다.

> **|해설|** ② 원문과 주석이 함께 수록된 저작의 경우, 원문이 강조될 경우 원저자를 기본표목으로 하고, 주석이나 해석이 강조될 경우 주석자나 해석자를 기본표목으로 하여 표목을 선정한다.

52. 다음의 기술방법에 대한 설명으로 옳은 것은?

> 韓美大辭典 = New Korean-English Dictionary

① 표제관련정보로 본표제를 설명하거나 보완하는 성격의 부차적 내용이다.

② 별표제로 각기 독립된 표제로 간주 될 수 있는 두 부분으로 구성되어 있고, 이사이를 '=' 상등어로 연결되었을 때 다음의 표제로서 본표제의 일부로 취급된다.

③ 대등표제로써 본표제의 언어와 다른 언어나 문자로 기재된 표제이다.

④ 책임표시로 저작의 지적, 예술적 내용의 창조, 또는 구현에 책임이 있거나 기여한 개인이나 단체를 표시한다.

> **|해설|** ③. 대등표제에 대한 설명이다. ② 별표제의 경우 '일명'('一名' 또는 'or')혹은 이의 상등어로 연결될 때 일명 다음의 표제로서 본표제의 일부로 취급된다.

53. 다음 표목에 대한 설명으로 옳지 않은 것은?

① 표목이란 저록의 상단에 위치하여 배열과 검색도구로 사용되는 단어나 구, 기호를 지칭하는 말이다.

② 최근에는 표목이란 용어대신 접근점 이란 말이 주로 사용되고 있다.

③ 접근점이란 의미상으로는 표목과 대등하지만 적용범위는 전통적인 표목보다 확장되었다.

④ 참조나 주기와 같은 기술요소들은 저작 간의 연결기능을 담당하고 있는데 이러한 점에서 표목으로서의 그 중요성을 인정받아 왔다.

54. 보기 중 다음 ⓐ에 들어갈 용어와 용어에 대한 설명이 올바른 것을 고르시오.

ⓐ은 해당 출판물의 그 판에 대한 유일한 번호로써 도서에 대한 주민등록번호와 같은 것으로 각국의 국가 (ⓐ)기관에서 부여하며, 우리나라의 경우 국립중앙도서관의 한국문헌번호센터에서 그 역할을 맡고 있다.

① ISSN으로 영문 대문자 'ISSN'을 앞세워 13자리의 숫자로 나타내는 고유번호이다.
② ISSN으로 바코드를 인쇄하는 경우에는 ISSN외에 권호를 나타내는 2자리 부가기호를 덧붙인다.
③ ISBN으로 부여대상 자료에 계속자료, 인쇄악보, 전자게시판, 전자우편, 게임 등이 포함된다.
④ ISBN으로 숫자는 접두부 3자리를 필두로, 국별번호, 발행자번호, 서명식별번호, 체크번호로 구성된다.

55. 다음 중 괄호 안에 들어갈 단어의 기능끼리 모두 짝지어진 것을 고르시오.

도서관에서는 저자명, 편자명, 역자명, 서명, 총서명, 주제명 등 이들 가운데 무엇에 의해서든 동일한 정보자료를 검색할 수 있도록 하기 위해서, 이들을 각각의 표출 항목으로 하여 그에 따른 저작사항을 남색할 수 있도록 데이터베이스화되어 있다. 여기에서 검색의 접근점이 되는 표출항목을 (   )이라고 한다.

ⓐ 검색수단   ⓑ 배열기준의 요소   ⓒ 집중성   ⓓ 최신성

① ⓐ ⓑ   ② ⓑ ⓓ   ③ ⓒ ⓓ   ④ ⓐ ⓑ ⓒ

56. 다음의 용법에 해당하는 ISBD(M)(2002)의 구두점을 순서대로 나열한 것을 고르시오.

> – 서명의 잡정보 앞, 발행처 앞, 입수조건 및 가격정보 앞에 사용한다.
> – 역할이 다른 저자 앞, 형태기술영역의 크기 앞, 총서번호 앞에 사용한다.
> – 동일한 정보가 둘 이상의 언어 및 문자로 나타날 경우, 즉 대등서명, 대등총서명 앞에 사용한다.
> – 동일 역할의 저자명 사이, 발행년 앞, 동일 형태기술사항, 즉 면수와 면수 사이, 삽도와 삽도 사이에 사용한다.

① : ; = , (콜론 세미콜론 등호 반점)   ② ; : = , (세미콜론 콜론 등호 반점)

③ : ; , = (콜론 세미콜론 반점 등호)   ④ = : , . (등호 콜론 반점 마침표)

| **해설** | ①. 지문의 용법에 해당하는 구두점을 순서대로 올바르게 나열하였다.

57. 각 표 안의 내용과 기술방법의 이름이 알맞게 이어진 것을 고르시오.

①	Detective Dale, or, Conflicting testimonies	본표제
②	단행본(book) 지도자료(cartographic material) 전자자료(electronic resource)	대등표제
③	韓美大辭典 = New Korean-English Dictionary	표제관련정보
④	Call of love / translated from the Danish	책임표시

| **해설** | ④. ①은 별표제로 본표제가 각기 독립된 표제로 간주될 수 있는 두 부분으로 구성되어 있고, 이 사이에 일명 또는 or 혹은 이의 상등어로 연결한다. ②는 자료유형으로 기술대상 자료의 유형을 제시하기 위한 것이다. ③은 대등표제로 본표제의 언어와 다른 언어나 문자로 기재된 표제이다.

58. 다음에서 목록 기술에 대한 내용이 옳은 것을 고르시오.

① 좁은 의미로는 표제와 책임표시사항, 판사항, 발행사항, ISBN 등이 있다.

② 과거에는 ISBD를 사용했으나 오늘날 대부분 사용하지 않고 있다.

③ ISBD가 나타나면서 넓은 의미의 목록기술을 서지기술이라 부르고 있다.

④ 1977년 일반공통용 ISBD(G)가 제정되어 ISBD(M)이 개정되었으나 모든 매체들의 ISBD에 기본규칙이 되기에는 무리가 많았다.

59. 서지기술의 순서를 알맞게 나열한 것을 고르시오.

㉠ 표제와 책임표시사항	㉡ 판사항
㉢ 표준번호사항	㉣ 자료 또는 자원유형 특성사항
㉤ 형태기술사항	㉥ 총서사항
㉦ 발행사항	㉧ 주기사항

① ㉠-㉡-㉤-㉣-㉢-㉥-㉧-㉦

② ㉣-㉦-㉤-㉠-㉢-㉥-㉧-㉡

③ ㉡-㉣-㉦-㉧-㉢-㉠-㉥-㉤

④ ㉠-㉡-㉣-㉦-㉤-㉥-㉧-㉢

60. 다음에서 설명하는 '(이것)'과 그의 기능을 고르시오.

기술부문은 문헌에 기재된 표제나 책임표시, 판차, 발행사항, 형태사항, 주기사항 등 구체적인 인쇄물로서의 외형에 관한 데이터를 일정한 형식에 따라 기술하는 것을 말하며, (이것)부문은 이러한 기술부문을 가장 대표한다고 볼 수 있는 용어, 즉 (이것)을 말한다. (이것)은 첫머리에 위치하여 배열과 검색도구로 사용되는 이름, 낱말 또는 어구로서 마치 일반사전에서 항목을 배열할 때의 올림말과 같은 역할을 한다.

㉠ 검색수단	㉡ 배열기준의 요소
㉢ 표목의 분산성	㉣ 표목의 배타성

① 표목 -㉠, ㉡, ㉢

② 기술 -㉠, ㉡, ㉢

③ 표목 -㉠, ㉡, ㉣

④ 기술 -㉠, ㉡, ㉣

61. 다음에서 표목의 종류와 설명이 알맞게 짝지어진 것을 고르시오.

① 분출표목: 다른 포괄적인 표목이 이미 작성된 하나의 전집이나 총서, 하나의 연속간행물이나 기타의 서지적인 단위 속에 수록된 한 저작이나 지작의 힌 부분을 위한 표목을 밀한다.

② 기본표목: 기본표목이외의 공저자명, 번역자명, 표제, 주제명 등을 표목으로 하는 목록을 말한다.

③ 분출표목: 한 자료의 내용에 대해서 책임일 질 수 있는 저자나 3인 이하의 저자인 경우 저자명을 자료검색에 기본이 되는 사항으로 채택하여 이를 중심으로 목록을 작성하는 규칙이다.

④ 부출표목: 좀 더 큰 저작에 대한 목록의 한 부분이 되는 분리된 독자적인 목록이 될 수도 있고, 그 부출저록이 될 수도 있다.

| 해설 | ①. ②는 부출표목 ③은 기본표목 ④는 분출표목에 대한 설명이다.

62. 구두법의 사용 용법으로 틀린 것을 고르시오.

① 마침표(.): 표제의 권차, 회차, 연차표시, 역할이 다른 두 번째 이하의 표제와 책임표시사항 및 총서사항의 하위총서표제

② 쉼표(,): 권차표제, 역할이 다른 책임표시, 발행년이나 ISSN 번호

③ 쌍반점(;): 동일 책임표시의 두 번째 이하의 표제, 특정판에 관련된 역할이 다른 책임표시, 두 번째 이하의 발행지, 크기, 총서의 권호

④ 쌍점(:): 표제관련정보, 발행처, 삽화표시, 총서의 표제관련정보, 가격표시사항

| 해설 | ②. 역할이 다른 책임표시는 쉼표가 아니라 쌍반점을 사용하고 쉼표는 역할이 동일한 두 번째 이하의 책임표시 뒤에 사용한다.

63. 다음은 목록기술의 수준 중 어떤 수준인가?

```
The mystery of Edwin Drood / Charles Dickens. -- Oxford University Press, 1996.
xi, 278 p.
ISBN 0-19-254516-7

020 $a0192545167
245 $aThe mystery of Edwin Drood /$cCharles Dickens.
260 $bOxford University,$c1996.
300 $axi, 278 p.
```

① 불완전수준 ② 간략수준
③ 중간수준 ④ 완전수준

64. 다음의 정의에 대해 알맞게 설명한 것을 고르시오.

특정 문헌이나 합집에 수록된 개별저작을 대상으로 한 분출저록의 표목

① 한 자료의 내용에 대해서 책임을 질 수 있는 저자나 2~3인의 저자인 경우 저자명을 자료검색에 기본이 되는 사항으로 채택하여 이를 중심으로 목록을 작성
② 기본표목이외의 공저자명, 번역자명, 표제, 주제명 등을 표목으로 하는 목록
③ 다른 포괄적인 표목이 이미 작성된 하나의 전집이나 총서, 하나의 연속간행물이나 기타의 서지적인 단위속에 수록된 한 저작이나 저작의 한 부분을 위한 표목
④ 기본표목을 선정하면 기타 공저자나 표제, 주제명, 분류기호를 표목으로 한 부출저록을 작성하게 되고, 이 부출저록에 사용된 표목

65. 표목의 선정에 있어서 다음은 어떤 경우를 나타내는가?

- 단일저자에 의한 저서, 공저서, 개작하거나 각색한 경우
- 원문과 주석이 함께 수록된 저작, 번역도서, 전기서 또는 비평서, 개정서

① 단체명이 기본표목이 되는 경우 ② 개인명이 기본표목이 되는 경우
③ 표제가 기본표목이 되는 경우 ④ 통일표제가 기본표목이 되는 경우

66. 보기의 내용은 발행사항의 기술요목중 하나를 설명한 것이다. 보기의 형태와 설명이 알맞은 것은 무엇인가?

고려대학교대학원요람, 2004 / 고려대학교 대학원 편집. -- 서울: 고려대학교 대학원, 2004

① 자료의 발행이나 배포, 제작과 관련된 개인이나 단체를 제시하기 위한 것이다.
② 발행지를 통해 주제의 취급관점이나 출판의도를 읽을 수 있다.
③ 자료의 제작과 관련된 사항을 제시하기 위한 것으로 제작자와 제작처, 제작년을 포함한다.
④ 자료의 발행이나 배포, 제작과 관련된 일자를 제시하기 위한 것이다.

| 해설 | ①. 보기의 내용은 발행처, 배포처에 대한 설명으로 발행처명이 표제와 책임표시사항에 포함된 경우에도 발행처명을 반복해서 기술한다. ②는 발행지, 배포지에 대한 설명 ③은 제작사항에 대한 설명 ④는 발행년에 대한 설명이다.

67. 표목을 선정할 때 표제가 기본표목이 되는 경우를 고르시오.
① 저자(단체)가 4인 이상인 경우　　② 개작하거나 각색한 경우
③ 주석이나 해석이 강조된 책　　　　④ 각 종교의 경전

| 해설 | ①. ② 개작하거나 각색한 경우는 개작자나 각색자가 기본표목이 된다. ③ 주석이나 해석이 강조된 책은 주석자나 해석자를 기본표목으로 한다. ④ 각 종교의 경전은 통일표제를 기본표목으로 한다.

68. AACR2R의 기본표목의 선정기준 중 옳은 것을 고르시오.
① 개작하거나 각색한 경우, 개작자나 각색자가 표목이 되며 원저자는 부출표목으로 한다.
② 번역서일 경우 번역자가 기본표목이 된다.
③ 개정서는 원저자를 기본표목으로 하고 개정자는 부출표목으로 한다.
④ 저자가 4인 이상인 경우 대표저자 또는 먼저 기술된 저자를 기본표목으로 한다.

| 해설 | ①. ② 번역도서인 경우 원저자를 기본표목으로, 번역자는 부출한다. ③ 개정서의 경우 원저자의 의견이 얼마나 담겨있느냐에 따라 달라진다. 원저자의 책임성을 고려한 경우 원저자를 기본표목으로, 원저자의 책임성을 고려하지 않는 경우 개정자를 기본표목으로 한다. ④ 대표저자 또는 먼저 기술된 저자를 기본표목으로 하는 경우는 3인까지이고, 4인 이상의 저자인 경우 표제가 기본표목이 된다.

69. 다음 실례를 보고 AACR2R을 올바르게 적용한 것을 모두 고르시오.

Computerized Financial and Management Accounting.
(by S. Roverts, R. Cuthbert, L. Comley)

㉠ 3명 이하의 저자인 경우이므로 첫 번째 저자를 기본표목으로 한다.
㉡ Roverts를 100 필드에 쓰고 나머지 저자들은 700 필드에 부출한다.
㉢ 입력할 때는 100 1 $aS. Roverts 이런 식으로 기술한다.
㉣ 나머지 저자들은 700 1 $cby R. Cuthber, L. Comley 라고 기술한다.

① ㉡, ㉢   ② ㉠, ㉡   ③ ㉡, ㉣   ④ ㉠, ㉣

| 해설 | ②. ㉢ 100 1 $aRoverts, S. ㉣ 700 1 $a. Cuthber, R. 700 1 $a. Comley, L.로 기술한다.

70. 서지기술의 요소와 순서가 옳은 것은?

① 본표제 =별표제 :표제관련정보 /책임표시 ;성격이 다른 책임표시

② 자원식별자 =등록표제 /책임표시

③ 특정자료표시 및 수량 :기타 형태세목 ;크기 +딸림자료표시

④ 총서의 본표제 =총서의 대등표제 :총서 표제관련정보 /책임표시 ,총서의 ISBN

| 해설 | ③. ①은 표제와 책임표시사항에 관한 것으로 등호(=) 뒤에는 대등표제가 온다. ②는 표준번호사항에 관한 것으로 자원식별자 =등록표제 :입수조건 및 가격이다. ④는 총서사항에 관한 것으로, 총서의 ISBN이 아닌 총서의 ISSN이다.

71. 다음에서 개인명이 기본표목이 되는 경우로 옳은 것은?

① 개작하거나 각색한 경우 원저자가 표목이 되며 개작자나 각색자를 부출표목으로 한다.

② 공저서 4명까지는 대표저자 또는 먼저 기술된 저자를 기본표목으로 한다.

③ 전기서 또는 비평서의 경우 저자가 없이 편찬자 등이 있는 경우 저작에 포함된 적절한 것, 편자를 기본표목으로 하고 피비평자를 부출표목으로 한다.

④ 개정서의 경우 원저자의 책임성을 고려했을 시에는 원저자를 기본표목으로 하고 개정자는 부출표목으로 한다.

| 해설 | ④. ① 개작하거나 각색할 경우 개작자나 각색자가 표목이 되며, 원저자는 부출한다. ② 공저서의 경우 3명까지는 대표저자나 먼저 기술된 저자를 기본표목으로 한다. ③ 전기서 또는 비평서의 경우 저자가 없이 편찬자 등이 있는 경우 저작에 포함된 적절한 것, 피비평자를 기본표목으로, 편자는 부출표목으로 한다.

72. 다음에서 표목의 선정과 그 적용이 바르게 연결된 것을 고르시오.

① 독일시집/ 장만영 편: 독일시집을 기본표목으로 하고, 장만영을 부출표목으로 한다.

② 춘원이광수: 그의 생애, 문학, 사상 / 이계주, 곽학송 공저: 이계주와 곽학송을 기본표목으로 하고, 이광수를 부출표목으로 한다.

③ 춘향전 / 조상원 편: 조상원을 기본표목으로 하고, 춘향전은 부출표목으로 한다.

④ 杜時批解 / 두보 저 ; 이식 비평: 두보를 기본표목으로 하고 이식을 부출표목으로 한다.

| **해설** | ①. ② 전기서임으로 이광수를 기본표목으로 하고, 이계주와 곽학송은 부출표목으로 한다. ③ 저작자 미상의 고전임으로 춘향전을 기본표목으로 하고, 조상원은 부출표목으로 한다. ④ 원문과 평주(評註)를 함께 수록한 주석서임으로 이식을 기본표목으로 하고 두보는 부출표목으로 한다.

73. 다음 설명에 해당하는 사항에 대해 옳은 것을 고르시오.

본표제와 상이한 언어나 문자로 기재된 표제로, 다원적 검색을 지원하기 위해 기술한다.

① 로마자의 대문자와 구두법을 모두 포함하여 기술한다.

② 두 번째 이하 표제는 '대등표제'란 도입어구를 사용하여 주기사항에 기재한다.

③ 로마자로 번자된 대등표제는 이를 기재하지 않는다.

④ 표제의 길이가 길어서 기술하기 부적당한 경우엔 기재할 수 없다.

| **해설** | ②. 대등표제에 대한 설명이다. ① 로마자의 대문자법과 구두법을 제외하고는 있는 그대로 기술한다. ③ 로마자로 번자된 대등표제는 이를 주기사항에 기재한다. ④ 주기사항에 '대등표제'란 도입어구를 앞세워 기재할 수 있다.

74. ISBN이 부여되는 자료로 짝지어진 것을 고르시오.

a. 팜플렛   b. e-book   c. 인쇄악보   d. 게임   e. 오디오북   f. 전자게시판   g. 디지털파일

① a, c, e, f   ② b, c, d, f   ③ b, d, e, g   ④ a, b, e, g

| **해설** | ④. ISBN이 부여되는 자료는 인쇄도서뿐 아니라 팜플렛, 점자자료, 지도, e-book, 디지털 파일, 마이크로형태자료, 교육용 소프트웨어, POD(주문형출판물), 카세트나 CD, DVD를 매체로 한 오디오북 등을 포함한다. 인쇄악보, 전자게시판, 전자우편, 게임 등은 대상자료가 아니다.

75. 다음 괄호에 들어가는 것으로 옳은 것은?

> IFLA의 주관으로 서지기술의 국제적 표준화와 목록의 기계화를 고려하여 제정된 것을
> (   )라고 할 수 있다. 이는 과학기술의 발달이 도서관 목록에 미치는 영향을 참작하여 다른 출판물로부터 서지적
> 기록에 효율성을 유지하게 하고, 언어의 장벽을 초월한 서지기록의 해석을 도우며, 서지기록의 기계가독형으로의
> 전환을 용이하게 한다는 것을 목적으로 하고 있다.

① ISBN   ② ISBD   ③ MARC   ④ ISSN

| 해설 | ②. 국제표준서지기술인 ISBD이다. ① ISBN은 국제표준 도서번호이다. ③ MARC는 도서관의 자동화된 목록 작성에 사용되는 대표적인 메타데이터 형식 표준으로 도서관 간에 목록 레코드를 상호 교환하기 위해 미국의회도서관(Library of Congress, LC)이 개발하였다. ④ ISSN은 국제표준연속간행물번호이다.

76. 다음에서 정보원선택의 우선순위가 올바르게 된 것은?

ⓐ 표제면   ⓑ 이표제면   ⓒ 서문   ⓓ 본문   ⓔ 부록   ⓕ 판권지

① ⓐ, ⓑ - ⓒ, ⓓ - ⓔ, ⓕ   ② ⓐ, ⓒ - ⓑ, ⓓ - ⓔ, ⓕ
③ ⓒ, ⓕ - ⓐ, ⓑ, ⓓ - ⓔ   ④ ⓐ - ⓑ, ⓕ - ⓒ, ⓓ, ⓔ

| 해설 | ④. 정보원선택의 우선순위는 다음과 같다. 1) 표제면 2) 그 밖의 권두지면(약표제면, 이표제면, 판권지) 3) 해당 출판물의 나머지 부분 (서문, 머리말, 본문, 부록, 표지, 책 등) 4) 해당 출판물 이외의 정보원 순이다.

77. 다음 중 서지기술의 요소가 올바르게 된 것은?

	서지기술	요 소
①	표제와 책임표시 사항	: 성격이 다른 책임 표시 = 대등표제
②	판사항	= 대등판 표시 -- 판에 대한 책임 표시
③	발행사항	-- 발행지 : 발행년
④	총서사항	: 총서권호 = 총서의 대등표제

서지기술	요 소
1. 표제와 책임표시 사항	= 대등표제
	: 표제관련정보
	/ 책임표시
	; 성격이 다른 책임표시
2. 판사항	-- 판표시
	= 대등판표시
	/ 판에 대한 책임표시
	, 부차적 판표시
4. 발행사항	-- 발행지
	: 발행자
	, 발행년
5. 형태기술사항	: 삽화
	; 크기
	+딸림자료
6. 총서사항	-- 총서의 본표제
	= 총서의 대등표제
	:하위총서표제
	, 총서의 ISSN
	; 총서권호

그 외에 3. 자료특성영역 7. 주기사항 8. 표준번호사항 : 입수조건 및 가격이 있다.

78. ISBD의 구두법 중 쓰일 수 없는 기호는 무엇인가?

① :　　　　② ?　　　　③ { }　　　　④ ( )

79. 다음 중 옳은 것은 몇 개인가?

300 $a364p. :$b삽화 (㉮)$c(㉯)

㉮에 들어가는 기호는 : 이다.
㉮에 들어가는 기호는 총서의 권호표시에 쓰이는 것과 동일하다.
㉯의 측정기준은 '버림'이다.
㉯에서 숫자와 단위는 띄어쓴다.

① 1개   ② 2개   ③ 3개   ④ 4개

| 해설 | ②. ㉮에 들어가는 기호는 ; 이며, 총서의 권호표시에 쓰이는 것과 동일하다. ㉯의 측정기준은 '올림'이며, 숫자와 단위는 띄어 쓴다.

80. 다음의 ㉠, ㉡, ㉢에 알맞은 것은?

전통적인 목록에서는 표목의 대상을 저자와 표제, 주제명, 분류기호로 제한하고, 이 가운데 주제명과 분류기호는 부출표목으로 취급하였다. ㉠이란 기본저록에 사용된 표목으로서 이 표목이 선정되고 나면 기타 공저자나 표제, 주제명, 분류기호를 표목으로 한 저록을 작성하게 되고 이 저록에 사용된 표목을 ㉡이라 한다. 아울러 특정 문헌이나 합집에 수록된 개별저작을 대상으로 한 저록의 표목을 ㉢이라 한다.

① ㉠ 기본표목 ㉡ 부출표목 ㉢ 분출저록
② ㉠ 기본표목 ㉡ 부출표목 ㉢ 분출표목
③ ㉠ 부출저록 ㉡ 분출표목 ㉢ 부출저록
④ ㉠ 부출저록 ㉡ 분출표목 ㉢ 분출저록

81. 다음에서 보기가 설명하는 것의 특징으로 옳지 않은 것은?

…은 AACR2(영미목록규칙 제2판)가 전면 개정되어 발간된 것으로 FRBR과 FRAD를 이론적 배경으로 두고 있다.

① 전반적으로 자료의 물리적 측면과 내용적 측면을 구분하여 기술하였다.
② 종래의 목록규칙에 있어 기본표목의 선택과 표목 형식의 복잡성을 배제하여 저작의 속성과 관계를 적절하게 기술함으로써 저작의 집중 및 자원 식별과 발견이라는 이용자 과업을 지원할 수 있게 하였다.
③ 물리적 측면인 매체 유형과 수록매체유형, 내용적 측면인 내용유형으로 구분하여 기술하였다.
④ 제1부 기술에서 물리적 자료만을 대상으로 하여 도서 및 팜플렛(제2장), 마이크로자료(제11장) 등의 자료 형태와 지도자료(제3장), 녹음물(제6장), 영화 및 비디오녹화(제7장), 정지화 자료(제8장) 등의 내용유형, 게다가 연속간행물(제12장) 등의 간행형태가 혼재하였다.

| 해설 | ④. 설명은 RDA(자원기술과접근)에 대한 내용으로 ④는 AACR2(영미목록규칙 제2판)에 대한 내용이다.

82. 다음의 괄호 속에 들어갈 알맞은 단어가 바르게 짝지어진 것은?

> 기술(記述, description)이란 특정 자료를 기술하고 식별하기 위한 일단의 서지데이터이다. 특정 자료와 이와 다른 자료, 또는 동일 저작의 다른 판과의 식별을 위해 (㉠)와 (㉡)과 판사항 등 일련의 (㉢)을 조직하여 기록하는 것. 또는 이렇게 기록된 일련의 서지사항이다.

① ㉠ 표제, ㉡ 책임표시사항, ㉢ 서지사항　　② ㉠ 표제, ㉡ 저자, ㉢ 서지사항

③ ㉠ 서명, ㉡ 저자, ㉢ 출판사항　　④ ㉠ 서명, ㉡ 책임표시사항, ㉢ 출판사항

83. 다음의 괄호 속에 들어갈 단어로 옳은 것은?

> ( )란 본서명이 각기 독립된 서명으로 간주될 수 있는 두 부분으로 되어 있고, 이 사이를 '일명'이나 이와 상등어(영어의 'or' 등)에 의해 연결된 표제에서 '일명'이나 'or' 다음의 표제이다.

① 부표제　　　② 별표제　　　③ 원표제　　　④ 종합표제

| 해설 | ②. 별표제(別標題, alternative title)이다. ① 부표제(副標題, subtitle)는 본표제를 한정하거나 설명한 표제관련 정보이다. ③ 원표제(原標題, original title)는 번역서나 복제물, 개정, 대역간행물 등에서 원본의 표제이다. ④ 종합표제(綜合標題, collective title)는 몇 개의 저작으로 구성된 자료에서 각 저작마다 독립된 표제가 있고, 동시에 이들 자료 전체에 부여된 포괄적인 표제이다.

84. 다음 중 목록을 작성할 때 개방기입(open entry)을 해야 하는 자료는?

① 기념논문집　　　② 연구보고서　　　③ 연속간행물　　　④ 특수자료

85. 다음은 영미목록규칙(AACR)에 대한 설명이다. 옳지 않은 것은?

① 영미목록규칙의 적용대상은 대규모 도서관으로 정하였다.

② 영국과 미국이 협력하여 제작한 목록규칙이다.

③ 영국판과 미국판이 동일하게 발행되었다.

④ ALA 목록규칙에 결정적 영향을 끼쳤다.

| 해설 | ③. 영미목록규칙이지만 영국판과 미국판이 상이하게 발행되었다.

86. 다음은 영미목록규칙 제2판(AACR2)에 대한 특징을 기술한 것이다. 그 내용이 옳지 않은 것은?

① AACR1의 북미판과 영국판을 단권으로 일치시키고 규칙을 간단하고 직접적인 방식으로 재조직하고 표현하였다.

② 기술부의 구두점은 ISBD를 적용하였다.

③ 기술부에서 서지기술의 수준을 3단계로 제시하였다.

④ 구성체계는 제1부에 기술, 제2부에 표목을 배치하고 도서와 비도서의 규정을 별도로 사용토록 하였다.

> **| 해설 |** ④. 구성체계는 제1부에 기술, 제2부에 표목을 배치하고 도서와 비도서의 규정을 공통으로 사용토록 하였다.

87. 다음에서 AACR2R의 설명으로 옳지 않은 것은?

① AACR2의 1988 revision의 약자이다.

② ALA, BL, CLA, LA, LC 등 5개 단체가 AACR2를 개정하기 위해서 협의한 것을 일컫는 말이다.

③ AACR2의 기본적인 구조와 규정이 크게 변하지 않았기 때문에, 완전 개정판이 아니라 보다 강화된 판이라고 할 수 있다.

④ AACR2에 MARC 개념이 도입된 것을 표현하기 위함이다.

> **| 해설 |** ④는 전혀 관계가 없는 내용이다.

88. AACR2R을 적용하여 다음의 자료를 목록할 경우, 그 기술이 옳은 것은?

War and peace
/by Leo Tolstoy ; translation revised by Princess A. Kropotkin

① Leo Tolstoy를 기본표목으로 하고 Princess A. Kropotkin를 부출표목으로 한다.

② War and peace를 기본표목으로 하고 Leo Tolstoy와 Princess A. Kropotkin를 부출표목으로 한다.

③ Tolstoy, Leo를 기본표목으로 하고 Kropotkin, Princess A.를 부출표목으로 한다.

④ War and peace/Leo Tolstoy를 기본표목으로 하고 Leo Tolstoy와 Princess A. Kropotkin를 부출표목으로 한다.

89. 다음의 자료를 AACR2R을 적용하여 목록할 경우, 기본표목으로 옳은 것은?

현대기호학의 발전
김치수·김성도·박인철·박일우

① 현대기호학의 발전　　　　② 김치수
③ 현대기호학의 발전/김치수　④ 김치수...[등저]

90. 다음의 자료를 AACR2R을 적용하여 목록할 경우, 기본표목으로 옳은 것은?

ABRAHAM LINCOLN
A Biography
By Benjamin A. Thomas

① Lincoln, Abraham　　　② Thomas, Benjamin A.
③ Abraham Lincoln　　　④ Benjamin A. Thomas

91. 다음의 자료를 AACR2R을 적용하여 목록할 경우, 부출표목이 되는 것은?

도서관의 전략과 미래
김정신, 윤성로, 이형구 지음
한국학술정보(주)

① 김정신　　② 도서관의 전략과 미래　　③ 윤성로, 이형구　　④ 윤성로

92. 다음은 AACR2R 2002년판의 전자자료(제9장)에 대한 설명이다. 가장 거리가 먼 것은?

① 장 제목이 '컴퓨터파일'에서 '전자자료'로 수정되었다.

② '파일특성영역'이라는 용어 대신 '자료유형 및 크기 영역'으로 수정하였다.

③ 전자자료의 적용범위는 '데이터', '프로그램', '데이터 및 프로그램' 3가지이다.

④ 전자자료의 주된 정보원은 표제화면이다.

93. 다음 중 서지기술에서 고려해야 할 사항으로 옳은 것은?

① 기술의 범위, 기술의 논리성, 기술의 정의, 기술의 순서

② 기술의 범위, 기술의 경제성, 기술의 용어, 기술의 순서

③ 기술의 정의, 기술의 다양성, 기술의 혁신성, 기술의 순서

④ 기술의 한계, 기술의 단순성, 기술의 정의, 기술의 순서

94. 다음은 AACR2R에서 규정하고 있는 다단계기술법에 대한 설명이다. 옳은 것은?

① 서지기술을 표목과 기술로 나누어 기술하는 방법이다.

② 서시기술사항에서 기본표목과 부출표목, 참고 세 부분으로 나누어 기술하는 것이다.

③ 서지정보를 둘 이상의 단계로 구분하는 방식에 근거한 서지기술 방법으로 첫 단계는 전체적이거나 주된 출판물에 대한 공통적인 정보를 포함한다.

④ 서지정보를 둘 이상의 단계로 구분하는 방식에 근거한 서지기술 방법으로 첫 단계는 개개 부분 또는 다른 단위에 관련되는 정보를 포함한다.

95. 다음은 ISBD(M)을 적용하여 판사항을 기입한 것이다. 도서상의 표시와 기술상의 연결이 잘못 짝지어진 것은?

① 增補改訂版 – 增補改訂版
② 제삼판 – 제3판
③ Second Edition – 2nd ed.
④ 개정판 – 제2판

| 해설 | ④. 그 도서의 표제면, 판권기, 약표제면, 권두, 책등, 표지 등의 으뜸정보원에 표시되어 있는 용자(用字) 그대로 기재한다. 모든 숫자는 아라비아 숫자로 기재한다. 그러므로 '개정판 – 개정판'이어야 한다.

96. 다음의 표목 중 성격이 다른 하나를 고르시오.

① 부출표목
② 분출표목
③ 참조
④ 저자명표목

| 해설 | ④. 저자명표목은 표목내용에 의한 종류이고, ①,②,③은 기재형식에 의한 종류로 볼 수 있다.

97. 다음은 표목선정방법에 대한 설명이다. 그 내용이 옳지 않은 것은?

① 2인 공저서의 경우에는 주된 책임을 갖는 저자명을 기본표목으로 하고 나머지 저자명을 부출표목 한다.
② 주된 책임이 표시되어 있지 않은 4인 이상의 공저서의 경우에는 서명을 기본표목으로 한다.
③ 일반 단체가 책임을 가지는 저작은 그 서명을 기본표목으로 한다.
④ 한 개인에 의한 저작의 합집 또는 전집은 그 개인명을 기본표목으로 한다.

| 해설 | ③. 일반 단체가 책임을 가지는 저작은 그 단체명을 기본표목으로 한다.

98. 다음은 '홍길동전 / 박종화 편'의 표목선정에 대한 기술이다. 그 기술이 옳은 것은?

① 홍길동전 – 기본표목, 박종화 – 부출표목
② 박종화 – 기본표목, 홍길동전 – 부출표목
③ 박종화 – 기본표목, 홍길동전 – 분출표목
④ 홍길동전 – 기본표목, 박종화 – 분출표목

| 해설 | ①. 무저자명고전은 관습적으로 사용되는 서명을 기본표목으로 하고 편자나 역자, 주석자 등은 부출표목으로 한다.

99. 다음은 발행사항의 기술에 사용하는 약어들이다. 올바르게 짝지어진 것은?

① S.l. – s.n.
② s.l. – ill.
③ et al. – ill.
④ et al. – s.n.

100. 다음에서 설명하는 '그 무엇'으로 옳은 것은?

ISBD(M)에 따르면 오자(誤字)나 오식(誤植)은 정보원에 나타난 그대로 옮겨 적고 [sic]를 덧붙이거나, 별법으로 그 정정내용을 무엇을 앞세워 보기하고 각괄호([ ])로 묶어 적을 수 있다. 영어로 된 자료의 경우 사용하는 그 무엇은?

① et al.　　　　② i.e.　　　　③ s.l.　　　　④ s.n.

101. 다음 중 ISBD(M)와 AACR2R에서 다른 언어나 문자로 표현된 본서명을 가리키는 것은?
① 별서명　　　　② 부서명　　　　③ 번역서명　　　　④ 대등서명

102. ISBD(M)와 AACR2R에서 서명저자표시사항의 첫 번째 기술요목으로 옳은 것은?
① 저자명　　　　② 본서명　　　　③ 대등서명　　　　④ 부서명

103. 다음은 ISBD(M)의 총서사항의 구두법에 대한 설명이다. 그 내용이 옳지 않은 것은?
① 각각의 대등서명은 빈칸, 등호, 빈칸(=)을 앞세워 적는다.
② 각각의 총서표시는 원괄호(( ))로 묶어 적는다.
③ 두 번째 이하 총서표시는 빈칸을 앞세워 적는다.
④ 서명잡정보에 대한 각각의 표시는 빈칸, 사선, 빈칸(/)을 앞세워 적는다.

104. 다음의 자료를 ISBD(M)에 따라 기술할 경우, 옳은 것은?

서명: The Library in the 21st Century	저자: Brophy, Peter
출판사: Neal Schuman Pub	출판년도: 2007
책크기: 23.4 cm.	페이지: 248 p.

① The library in the twenty-first century / Brophy, Peter. - London: Neal Schuman, 2007. - 248 p. ; 24 cm.

② The library in the twenty-first century / Peter Brophy. - London: Neal Schuman pub, 2007. - 248 p. ; 24 cm.

③ The library in the twenty-first century / Peter Brophy. - London: Neal Schuman, 2007. - 248 p. ; 24 cm.

④ The library in the twenty-first century / Peter Brophy. - London: Neal Schuman, 2007. - 248 p. ; 23 cm.

| 해설 | ③. 서명저자표시사항은 '본서명 / 저자표시'의 순서이며, 발행사항은 '. - 발행지: 발행처, 발행일자'의 순이고 형태기술사항은'. - 특정자료표시 및 자료의 수량: 삽도표시 ; 크기'와 같은 방식으로 기술된다. ①은 Brophy, Peter.가 ②는 Neal Schuman pub,이 ④는 23 cm. 부분이 잘못 되었다.

105. 다음은 AACR2R 2002에 나타난 저자표시에 대한 규정이다. 옳지 않은 것은?

① 동일한 기능을 수행하는 넷 이상의 개인명이나 단체명이 나타날 경우에는, 각 그룹의 첫 번째 경우를 제외하고는 모두 생략한다.

② 서로 다른 성격을 갖는 둘 이상의 저자표시가 있을 경우에는 주요정보원에 나타난 순서대로 옮겨 적는다.

③ 저자표시는 해당 자료에 나타나 있는 용어로 적되, 주요정보원 이외의 정보원에서 채기한 저자표시는 주기사항에 기재한다.

④ 해당 자료에 뚜렷하게 나타나 있지 않은 저자표시는 서명저자표시사항에 포함시키지 않고, 필요한 경우 주기사항에 기재한다.

| 해설 | ③. 주요정보원 이외의 정보원에서 채기한 저자표시는 각괄호([ ])로 묶어 적는다.

106. 다음의 자료를 AACR2R 2002의 기술규칙에 따라 기술할 경우, 옳은 것은?

> 서명: University libraries and digital learning environments
> 저자: Penny Dale, Jill Beard, Robyn Debell and Matt Holland

① University libraries and digital learning environments / Penny Dale ⋯ [et al.]

② University libraries and digital learning environments / Penny Dale, Jill Beard, Robyn Debell, Matt Holland

③ University libraries and digital learning environments / Penny Dale ; Jill Beard ; Robyn Debell ; Matt Holland

④ University libraries and digital learning environments / Dale, Penny ; Beard, Jill ; Debell, Robyn ; Holland, Matt

> **| 해설 |** ①. 단일저자표시에 동일한 기능을 수행하는 넷 이상의 개인명이나 단체명이 나타날 경우에는, 각 그룹의 첫 번째 경우를 제외하고는 모두 생략한다. 아울러 생략은 생략부호(⋯)로 표시하고 [et al.](비로마자의 경우는 그 해당어구)을 각괄호([ ])로 묶어 부기한다.

107. 다음은 AACR2R 2002의 딸림자료(accompanying materials)에 대한 기술규정이다. 그 기술방법이 옳지 않은 것은?

① 다단계기술법(multilevel description)을 사용한다.   ② 딸림자료에 대한 기술은 생략한다.
③ 별도의 기입(저록)을 작성한다.   ④ 주기를 작성한다.

> **| 해설 |** ②. 딸림자료는 별도의 기입(저록)을 작성하거나 주기로 기재하거나, 다단계기술법(multilevel description)을 사용하거나, 형태기술사항에 물리적 단위의 수를 아라비아의 숫자로 기재하고 딸림자료의 이름을 적는다.

108. 다음은 ISBD(M)의 표준번호와 입수조건사항의 구두법을 예시한 것이다. 옳지 않은 것은?

① . - ISBN: price

② . - ISBN (qualification): price. - ISBN (qualification): price

③ . - ISBN: price (qualification)

④ . - Terms of availability

> **| 해설 |** ①. . - ISBN (qualification): price

109. 다음은 ISBD(M)의 표준번호와 입수조건사항의 구두법을 기술하는 방법에 대한 설명이다. 그 내용이 옳지 않은 것은?

① 서명저자표시사항 이외의 각 사항은 마침표, 빈칸, 줄표, 빈칸(. -)을 앞세워 적는다. 다만, 해당사항이 새로운 단락으로 시작되는 경우에는 예외로 한다.

② 도서에 둘 이상의 표준번호가 있을 경우에는 맨 앞에 있는 표준번호를 기재한다.

③ 총서의 경우에는, 총서에 대한 표준번호는 서명과 함께 기재하지 않고 각 권에 대한 표준번호와 함께 표준번호와 입수조건사항에 기재한다.

④ 입수조건사항은 '마침표, 빈칸, 줄표, 빈칸(. -) Terms of availability'를 앞세워 기재한다.

| **해설** | ②. 도서에 둘 이상의 표준번호가 있을 경우에는 이 사항은 반복할 수도 있다.

110. 다음은 AACR2R의 연속간행물에 대한 기술방법을 설명한 것이다. 그 내용이 옳지 않은 것은?

① 첫 호를 입수할 수 있고 해당 자료가 아직도 입수중이면 개방기입(open entry)으로 기재한다. 예를 들어 '2015-   ' 같은 형식이다.

② 첫 호는 입수할 수 없으나 최종호를 입수할 수 있을 경우에는 최종호의 발행연도를 하이픈(-)을 앞세워 기재한다. 예를 들어 ' -2015' 같은 형식이다.

③ 종간된 경우에는 시작일자와 종료일자를 하이픈(-)으로 연결하여 기재한다. 예를 들어 '1990-2015' 같은 형식이다.

④ 첫 호와 최종호에 대한 정보를 입수할 수 없을 경우에는 다른 자료를 참고하여 시작일자와 최종일자를 각괄호([ ])로 묶어 기재한다.

| **해설** | ④. 첫 호와 최종호에 대한 정보를 입수할 수 없을 경우에는 시작일자와 최종일자를 기재하지 않는다. 이를 쉽게 확인할 수 있을 경우에는 그에 대한 정보를 주기에 기재한다.

111. 다음에서 검색의 접근점이 되는 표출항목을 가리키는 용어를 고르시오.

① 서지기술   ② 기입(저록)   ③ 표목   ④ 참조

| **해설** | ③. 표목(heading)은 검색의 접근점이 되는 표출항목이다.

112. 다음의 자료를 AACR2R에 따라 기본표목을 선정할 경우로 옳은 것은?

> 안중근을 보다: 100년 만에 드러난 새 얼굴 / 황병훈 PD 지음

① 안중근   ② 황병훈   ③ 황병훈 PD   ④ 안중근을 보다

| **해설** | ②. 책임저자 있는 전기자료는 그 저자를 기본표목으로 하고 피전자는 부출한다. 표목에서는 역할어를 기재하지 않는다.

113. 다음의 자료를 AACR2R에 따라 기본표목을 선정할 경우로 옳은 것은?

> Maison Martin Margiela / edited by Ian Luna

① Maison Martin Margiela   ② Margiela   ③ Ian Luna   ④ Luna, Ian

| **해설** | ①. 편자(editor)의 자료는 서명을 기본표목으로 한다. 단, 편찬자(compiler)의 자료는 편찬자를 기본표목으로 한다. 이 자료는 메종 마틴 마르지엘라(Maison Martin Margiela)라는 상표에 대한 도서이다.

114. 다음에서 AACR2R 2002에 따른 개인표목의 선정방법으로 옳지 않은 것은?

① 개인표목은 기본적으로 그 개인의 잘 알려져 있는 이름을 선정한다.

② 개인의 저작이 하나의 필명으로 나타나 있거나 개인이 참고정보원에서 하나의 필명으로 특정되고 있을 경우에는, 그 필명을 선정한다.

③ 로마자 이외의 문자로 작성된 언어의 이름에 대해서는, 영어의 참고정보원에서 확정된 형식을 선정한다.

④ 어느 이름의 형식이 완전성에서 서로 다를 경우에는, 가장 완전한 형식을 선정한다.

| **해설** | ④. 어느 이름의 형식이 완전성에서 서로 다를 경우에는, 가장 자주 나타나는 형식을 선정한다.

115. 다음에서 AACR2R에 따라 통일서명을 기본표목으로 하는 것으로, 옳지 않은 것은?

① 종교경전   ② 연속간행물

③ 조약 등   ④ 저자가 없는 고전자료

| **해설** | ②. 연속간행물은 대체로 서명을 기본표목으로 한다.

116. 다음은 표목(heading)과 접근점(access point)에 대한 설명이다. 가장 거리가 먼 것은?

① 일반적으로 표목이 접근점에 비해 더 광의의 용어라고 할 수 있다.

② 표목의 유형으로는 표제표목, 저자표목, 분류표목, 주제명표목 등이 있다.

③ 접근점은 통상 목록에서 자료의 검색과 식별도구로 사용되는 용어를 말한다.

④ 일반적으로 표목과 접근점에 대해서는 전거통제(authority control) 과정을 계속한다.

> **|해설|** ①. 일반적으로 접근점은 표목 외에도 각종의 코드화정보, 검색 가능한 기술 중의 표현어구 등을 포함하고 있어, 더 광의의 용어라고 할 수 있다.

117. 다음은 AACR2R 간략판에 따라 통일서명을 기본표목으로 한 용례이다. 그 용법이 옳지 않은 것은?

① Maugham, W. Somerset
    [Plays, Selections]
    Six comedies

② Shakespeare, William
    [Hamlet]
    The tragical histories of Hamlet, Prince of Denmark

③ Bible, English. O.T. Genesis

④ United States
    [Laws, etc]
    United States code

> **|해설|** ③. 통일서명은 각괄호([ ])로 묶어 적는다. 성경에 대한 통일서명은 'Bible'을 사용하며, 성경의 일부를 편목할 경우에는 신약성경은, N.T. 구약성경은 O.T. 그리고 해당하는 각 편명을 부기한다. 아울러 기술대상자료의 언어명을 부기한다. 따라서 이 용례는 'Bible. O.T. Genesis. English'로 기재해야 한다. ①은 저자와 개별표제가 있는 희곡 선집의 용례이다. ②는 저자와 개별표제가 있는 고전자료의 용례이다. ④는 특정주제에 대하여 편찬된 것 이외의 미국 법령의 용례이다.

118. 다음의 자료를 AACR2R에 따라 기술할 경우, 부출의 대상이 되는 것은?

노동법연습 / 김희성, 김기용 공저

① 김희성   ② 김기용   ③ 노동법연습   ④ 김기용, 노동법연습

119. 다음은 AACR2R에서의 단체명이 변경되었을 경우의 표목선정방법에 대한 기술이다. 그 설명이 옳은 것은?

① 새로운 단체명으로 새로운 표목을 설정하고 이전표목으로부터 새로운 표목으로 참조를 작성한다.

② 새로운 단체명으로 새로운 표목을 설정하고 새로운 표목으로부터 이전 표목으로 참조를 작성한다.

③ 새로운 이름으로 부출표목을 작성한다.

④ 서명을 기본표목으로 설정하고 이전표목과 새로운 표목을 부출한다.

120. 다음은 AACR2R 2002에 의해 각 종교의 경전과 그에 대한 통일서명을 연결한 것이다. 잘못 짝지어진 것은?

① 불경 - Tipitaka ② 베다 - Vedas

③ 신약성경 - Bible. Old Testament ④ 코란 - Koran

121. 다음은 AACR2R 2002에 의해 각 자료유형과 그에 대한 통일서명을 연결한 것이다. 잘못 짝지어진 것은?

① 선집 - Selections ② 전집 - Collections

③ 법률 등 - Laws, etc. ④ 조약 등 - Treaties

122. 다음은 RDA(Resource Description and Access)에 대한 설명이다. 그 내용이 옳지 않은 것은?

① 2010년 AACR을 전면 개정한 새로운 목록규칙이다.
② 웹 기반 환경에서 사용할 수 있다.
③ 전자 매체만의 서지기술과 접근점을 제공한다.
④ 다국적 내용의 표준을 지향하고 있다.

> **|해설|** ③. 모든 매체에 대한 서지기술과 접근점을 제공한다.

123. 다음은 RDA(Resource Description and Access)의 특징을 서술한 것이다. 그 내용이 옳지 않은 것은?

① 전반적으로 자료의 물리적 측면과 내용적 측면을 구분하여 기술하고 있다.
② 목록의 기능을 기술과 접근으로 나누었다.
③ 표목(heading)이라는 말을 대신하여 접근점(access point)이라는 용어를 사용하고 있다.
④ 채택표제나 채택저자명을 전거형 접근점으로 기술하여 저작의 집중을 가능하게 한다.

> **|해설|** ②. 목록의 기능을 기술과 접근으로 나누지 않았다. 즉, FRBR 모형에서의 구현형과 개별자료의 속성을 기록하는 것으로 자료 발견, 식별, 선택, 입수 기능을 할 수 있게 하였다.

124. 다음은 2009년 IFLA에서 발표한 국제목록원칙규범(Cataloging Section: Statement of International Cataloging Principles)의 제어형 접근점이다. 가장 거리가 먼 것은?

① 개인　　　　② 가족　　　　③ 개념　　　　④ 구현형에 나타난 본표제

> **|해설|** ④. 국제목록원칙규범은 서지데이터와 전거데이터를 검색하기 위한 접근점을 제어형 접근점(controlled access point)과 비제어형 접근점(uncontrolled access point)으로 크게 구분한다. 제어형 접근점에서는 개인, 가족, 단체, 저작, 표현형, 구현형, 개별자료, 개념, 대상, 사건, 장소와 같은 개체에 대한 전거형식의 이름과 이형(異形)의 이름을 제공하고, 비제어형 접근점에서는 전거레코드에서 제어되지 않는 이름이나 표제(예, 구현형에 나타난 본표제), 부호, 키워드 등으로 서지데이터도 제공될 수 있다.

125. 다음은 RDA에서 사용하는 접근점에 대한 설명이다. 가장 거리가 먼 것은?

① 기본표목이라는 용어를 사용하고 있다.
② 접근점이란 특정 저작, 표현형, 개인, 가족, 단체를 나타내는 이름, 용어, 부호 등을 말한다.

③ 전거형 접근점(authorized access point)과 이형 접근점(variant access point)으로 구분한다.

④ 전거형 접근점은 하나의 개체를 나타내기 위한 .이형 접근점은 하나의 개체를 나타내는 전거형 접근점에 대한 다른 형식의 접근점이다.

| **해설** | ①. 기본표목이라는 용어를 사용하고 있지 않다.

126. 다음은 기본표목에 대한 설명이다. 그 내용이 옳지 않은 것은?

① 합집 또는 편집자의 지휘 하에 이루어진 합집은 표제를 기본표목, 저자들은 부출표목으로 한다.

② 종합표제가 있는 두 사람 이상의 합집은 첫 번째 저자를 기본표목으로 한다.

③ 종합표제가 없는 두 사람 이상의 합집은 저작의 첫 번째 저자를 기본표목, 개별표제와 저자들은 분출표목으로 한다.

④ 각 종교의 경전은 통일표제를 기본표목으로 한다.

| **해설** | ②. 종합표제가 있는 두 사람 이상의 합집은 종합표제를 기본표목, 개별표제와 저자들은 분출표목으로 한다.

127. 다음은 통일표제를 작성하지만 기본표목은 저자나 단체명이 되는 자료에 대한 설명이다. 그 내용이 옳지 않은 것은?

① Hamlet, Macbeth, Odyssey, Iliad 등과 같이 저자가 알려져 있지만 작품은 하나인데 여러 가지 이름으로 불릴 경우 저자를 기본표목, [저작]을 통일표제, 법제처는 부출표목으로 하며 통일표제로는 '저작명'을 기술한다.

② 우리나라 법제처에서 발행 한 법령십은 한국을 기본표목, 법제처는 부출표목으로 하며 통일표제로는 '조약집'으로 기술한다.

③ 우리나라와 일본 간에 체결한 조약집은 한국을 기본표목으로 하고, 통일표제로는 [조약. 일본, 체결 년월일]을 기술한다.

④ 일반적으로 어떤 개인전집에 대해서는 저자를 기본표목으로 하며 통일표제로는 '종합표제명'을 기술한다.

| **해설** | ④. 일반적으로 어떤 개인전집에 대해서는 저자를 기본표목으로 하며, 통일표제로는 'works'라고 기술한다.

128. 다음 중 저록을 구성하는 기본 요소는?

① 표목   ② 기술(記述)   ③ 표목지시   ④ 청구기호

> ┃해설┃ ② ①표목은 저록의 배열위치를 결정하는 요소이고, ③표목지시는 저록의 표목을 지시하는 기능을 지니고, ④청구기호는 문헌의 소재를 제시하는 요소이다.

129. 다음에서 설명하는 표목을 가리키는 용어는?

특정 문헌이나 합집에 수록된 개별저작을 대상으로 한 분출저록의 표목

① 기본표목   ② 부출표목   ③ 분출표목   ④ 총서부출표목

> ┃해설┃ ③ ① 기본표목이란 기본저록에 사용된 표목으로 기본표목의 대상으로 저자(단체)와 표제가 있다. ②기본표목이 정해지고 나서 나머지 기타 공저자나 표제, 주제명, 분류기호를 표목으로 한 것이 부출표목이다. ④총서에 대해서 부출표목을 한 것이 총서부출표목이다.

130. 개인명이 기본표목이 되는 경우가 아닌 것은?

① 단일 저자에 의한 저서   ② 4인 이하의 공저서
③ 개작, 각색의 경우   ④ 원문과 주석이 함께 수록된 저작

> ┃해설┃ ② 개인명이 기본표목이 되는 경우는 3인 이하의 공저서가 되는 경우이다. 4인의 공저서는 표제가 기본표목이 되는 경우이다.

131. ISBN이 부여되는 자료가 아닌 것은?

① 인쇄악보   ② 팜플렛   ③ 전자자료   ④ 오디오북

> ┃해설┃ ① ISBN이 부여되는 자료는 인쇄 도서뿐 아니라 팜플렛, 점자자료, 지도, e-book, 디지털 파일, 마이크로형태자료, 교육용 소프트웨어, POD(주문형출판물), 카세트나 CD, DVD를 매체로 한 오디오북 등을 포함한다. 인쇄악보, 전자게시판, 전자우편, 게임 등은 대상자료가 아니다.

132. 표제가 기본표목이 되는 경우는?

① 법률관계서적, 정부간행물, 종교서적

② 개작하거나 각색한 경우, 원문과 주석이 함께 수록된 저작

③ 회의, 의사록, 논문집 등

④ 저자(단체 포함)가 4인 이상인 경우

| 해설 | ④. ① ③은 단체명이 기본표목이 되는 경우이고, ②는 개인명이 기본표목이 되는 경우이다.

133. 다음 중 기본표목에 관한 설명으로 옳지 않은 것은?

① 한 자료의 내용에 대해서 책임을 질 수 있는 저자(단체명 포함)나 2~3인의 저자인 경우 저자명을 자료검색에 기본이 되는 사항으로 채택하여 이를 중심으로 목록을 작성한다.

② 기본표목이 저자명이냐 표제냐에 따라 목록의 양식도 달라진다.

③ MARC 21에서 일반적으로 기본표목이 표제기본저록의 경우 1XX 필드에 기술하고 있어 245 필드의 내용과 중복기술되는 측면이 있다.

④ 한국목록규칙 제4판에서는 AACR2R과 달리 기본표목을 규정하고 있지 않다.

| 해설 | ③. MARC 21에서는 일반적으로 기본표목이 저자명, 단체명, 회의명, 통일표제인 경우 1XX 필드에 기술하고 있어 245 필드의 내용과 중복 기술되는 측면이 있다.

134. 표목선정 시 개인명이 기본표목이 되는 경우에 관한 설명으로 옳지 않은 것은?

① 공저서의 경우, 3인까지는 대표저자 또는 먼저 기술된 저자를 기본표목으로 한다.

② 개작하거나 각색한 경우, 원저자를 기본표목으로 하고 개작자나 각색자를 부출한다.

③ 원문과 주석이 함께 수록된 경우, 주석이나 해석이 강조되었으면 주석자나 해석자를 기본표목으로 한다.

④ 번역도서의 경우, 원저자(또는 원표제)를 기본표목으로 하고 번역자를 부출한다.

| 해설 | ② 개작하거나 각색한 경우, 개작자나 각색자를 표목으로 하고 원저자는 부출표목으로 한다.

135. 통일표제가 기본표목이 되는 경우로 올바른 것은?

① 저자가 알려져 있지 않은 고전작품

② 지역사회 학교운동 세미나 보고서

③ 원문과 주석이 함께 수록된 원문이 강조된 책

④ 단체의 집단적인 사상을 기록해 놓은 대외정책에 관한 공식보고서

136. 통일표제를 작성하지만 기본표목은 저자나 단체명이 되는 경우로 옳지 않은 것은?

① Hamlet, Macbeth, Odyssey, Iliad 등과 같이 저자가 알려져 있지만 작품은 하나인데 여러 가지 이름으로 불릴 경우

② 합집 또는 편집자의 지휘 하에 이루어진 경우

③ 법령집이나 조약집의 경우

④ 어떤 개인의 전집 선집, 단일형식의 저작, 번역도서의 경우

137. KCR4에서 새로이 사용하고 있는 용어 중 옳지 않은 것은?

① 일반자료표시 또는 GMD → 자료종별

② 구득조건사항 → 입수조건사항

③ 본서명, 대등서명, 별서명 ... → 본표제, 대등표제, 별표제 ...

④ 복판점 → 가운뎃점

138. 목록기술 수준에 대한 설명으로 옳은 것을 고르시오.

① 목록기술은 언제나 완전수준을 유지하여야 한다.

② 본표제, 책임표시, 판표시, 발행사항, 형태사항, 주기, 표준번호만 넣으면 중간수준이다.

③ 계속자료의 완전기술에서 판표시와 발행사항 항목에 창간(종간) 권호 및 연월일을 표시해주어야 한다.

④ 총서의 표준번호를 적어준 경우 단행자료의 표준번호를 생략가능하다.

139. 부출표목(added entry)과 분출표목(analytical entry)에 대한 설명이다. 옳지 않을 것을 고르시오.

① 기본표목을 제외한 기타 공저자명, 번역자명, 표제, 주제명, 분류기호로 작성한 표목을 부출표목이라 한다.

② 특정 문헌이나 합집에 수록된 개별저작을 대상으로 한 분출저록의 표목을 분출표목이라 한다.

③ 분출표목은 좀 더 큰 저작에 대한 목록의 한 부분이 되는 분리된 독자적 목록이 된다. 이런 경우 부출저록은 되지 않는다.

④ 한국목록규칙 제4판에서와 같이 기본표목을 적용하지 않으면, 지금까지 기본표목에 기술하던 내용을 모두 부출표목으로 기술하면 된다.

| 해설 | ③. 분출표목은 좀 더 큰 저작에 대한 목록의 한 부분을 분리된 독자적 목록이 될 수도 있고, 그 부출저록이 될 수도 있다.

140. 기본표목의 선정으로 옳은 것을 고르시오.

① 개작하거나 각색한 경우 원저자를 기본표목으로 하고, 개작자나 각색자는 부출표목으로 정한다.

② 번역도서인 경우 원저자를 기본표목으로 하며 번역자를 부출표목으로 한다.

③ 원문과 주석이 함께 수록된 경우 항상 원저자는 기본표목으로, 주석자나 해석자는 부출표목으로 한다.

④ 전기서 또는 비평서의 경우 항상 피전자나 피비평자를 기본표목으로 한다.

| 해설 | ②. ①번은 개작하거나 각색한 경우 개작자나 각색자가 표목이 되며, 원저자는 부출표목으로 한다. ②번은 원문과 주석이 함께 수록된 저작에서 주석이나 해석이 강조되면 주석자나 해석자를 기본표목으로 하고, 원저자(원표제)는 부출표목으로 한다. 원문이 강조되면, 원저자(원표제)를 기본표목으로 하고, 주석자는 부출표목으로 한다. ③번은 전기서 또는 비평서의 경우 주정보원에 책임저자가 있으면 해당 저자를 기본표목으로 하고, 피전자나 피비평자는 부출표목으로 한다. 저자가 없이 편자나 편찬자 등이 있는 경우, 저작에 포함된 적절한 사항(피전자나 피비평자 등)을 기본표목으로 하고, 편자는 부출표목으로 한다.

141. 표목 선정에 대한 설명으로 옳지 않은 것을 고르시오.

① 온라인 환경에서는 기본표목 개념이 사라진 기술단위시스템을 적용하는 것이 더욱 효과적이다.

② 한국목록규칙 제3판과 제4판은 서지 데이터베이스의 구체적 호환을 용이하게 하고자 기본표목 개념을 유지하고 있다.

③ AACR2R의 개념이 MARC21에 그대로 반영되어 기본표목을 사용하고 있다.

④ 1XX 필드는 반복하여 사용할 수 없다.

142. 다음 설명 중 빈 칸에 해당하는 사항을 고르시오.

AACR2R은 '제1부 기술, 제2부 표목(접근점)'이라는 규칙을 갖고, '기술 = (a)'과 '표목 = (b)'이라는 기능분담을 하고 있다.

① 자료의 배열 - 자료의 식별 ② 자료의 검색 및 문헌집중 - 자료의 접근

③ 표목의 지시 - 자료의 집중 ④ 자료의 식별 - 자료의 검색 수단 또는 문헌집중

| 해설 | ④. 기술 = 자료의 식별, 표목(접근점) = 자료의 검색수단 또는 문헌집중.

143. 다음 보기에서 설명하는 것에 가장 알맞은 용어는?

1961년 ICCP에서 승인되었으며, 크게 1. 적용범위, 2. 일반 원칙, 3. 개체, 속성, 관계, 4. 목록의 정의와 기능, 5. 서지기술, 6. 접근점, 7. 탐색능력 기반의 7개 조항으로 이루어져 있다. 일반적으로 파리원칙(Paris Principles)으로 알려져 있다.

① 국제표준서지기술 ② 국제목록원칙규범

③ 영미목록규칙 ④ 국제표준연속간행물번호

| 해설 | ②. ① ISBD(국제표준서지기술)은 IFLA의 주관으로 서지기술의 국제적 표준화와 목록의 기계화를 고려하여 제정된 것이다. ③ AACR(영미목록규칙)은 영국과 미국이 하나의 목록규칙을 제정하기 위해 기구를 따로 만들었지만, 각 국가의 관행 차이가 있어서 결국 영국판과 북미판으로 따로 발간되었다. ④ISSN(국제표준연속간행물번호)는 "계속자료(Continuing resources)"를 식별하기 위하여 국제적으로 부여하는 고유번호이다.

144. 표목에 대한 설명으로 옳지 않은 것은?

① 목록의 첫머리에 위치하여 배열과 낱말, 또는 어구로서의 기능을 하고 있다.

② 전통적인 카드 목록의 시대와 달리 오늘날 온라인 목록의 시대에서는 기본표목의 의미가 퇴색되었다.

③ 표목의 기능으로 통일표목아래 여러 저자의 저작들과 통일표제의 여러 가지 판을 한 곳에 모이게 한다.

④ 표목의 종류에는 기본표목, 부출표목, 분출표목이 있다.

> **| 해설 |** ③ 통일표목 아래 특정 저자의 저작들과 통일표제의 여러 가지 판을 한곳에 모이게 한다. 이것을 표목의 집중성이라 한다.

145. 다음 중 통일표제를 작성하지 않는 경우는?

① 홍길동전과 같이 저자가 알려져 있지 않는 고전작품

② 한국문헌정보학회지 등의 연속간행물

③ 성경, 불경 등의 종교경전

④ 대한민국과 중국간의 조약 및 협정해설 등의 조약집

> **| 해설 |** ② 연속간행물은 대체로 표제를 기본표목으로 저록을 작성한다.

146. 다음 중 한국목록규칙 제4판의 특징으로 옳지 않은 것은?

① 목록의 기능을 처음으로 제시하였다.

② 접근점 대신에 표목이라는 용어를 사용하였다.

③ 기본표목과 통일표목을 적용하지 않았다.

④ 저록에 포함되는 책임표시수에 제한을 가하지 않았다.

> **| 해설 |** ② 표목대신 접근점이라는 용어를 사용히였다.

147. 다음 정보원의 우선순위 중에서 옳은 것은?

① 표제와 책임표시사항: 그 도서 자체에서

② 주기사항: 그 도서 자체에서

③ 발행사항: 표제면, 판권지. 표지, 약표제면, 권두, 책등

④ 총서사항: 표제면, 판권지, 표지

> **| 해설 |** ③ 기술사항은 다음과 같이 사항별로 으뜸정보원을 잡아 기술한다. 1. 표제와 책임표시사항: 표제면, 판권기, 표지 2. 판사항: 표제면, 판권기, 표지, 약표제면, 권두, 책등 3. 발행사항: 표제면, 판권기, 표지, 약표제면, 권두, 책등 4. 형태사항: 그 도서 자체에서 5. 그 도서 자체에서 6. 주기사항: 어디에서나 7. 표준번호 및 입수조건사항: 어디에서나

148. 통일표제가 기본표목이 되는 것은?

① 저자가 알려져 있지 않는 고전작품

② 합집 또는 편집자의 지휘하에 이루어진 저작

③ 저자가 알려져 있지만 작품은 하나인데 여러 가지 이름으로 불릴 경우

④ 어떤 개인의 전집, 선집, 단일형식의 저작, 번역도서

| 해설 | ①. ②는 표제가 기본표목이 되는 경우이다. ③은 240필드에 기술한다. ④는 243필드에 기술한다.

149. 다음 [   ]안에 들어갈 용어를 순서대로 나열한 것은?

[㉠]은 기본표목이외의 공저자명, 번역자명, 표제, 주제명 등을 표목으로 하는 목록을 말한다. 즉, 공저자명을 표목으로 한 부출저록을 [㉡]이라고 하고, 표제를 부출표목으로 한 것은 [㉢], 주제명을 표목으로 한 것은 [㉣]이라고 한다.

① 부출표목 – 저자부출표목 – 표제부출표목 – 주제명부출표목

② 부출표목 – 저자부출저록 – 표제부출표목 – 주제명부출표목

③ 부출표목 – 저자부출표목 – 표제부출저록 – 주제명부출표목

④ 부출표목 – 저자부출저록 – 표제부출저록 – 주제명부출표목

| 해설 | ② 부출표목은 기본표목이외의 공저자명, 번역자명, 표제, 주제명 등을 표목으로 하는 목록을 말한다. 즉, 공저자명을 표목으로 한 부출저록을 저자부출저록이라고 하고, 표제를 부출표목으로 한 것은 표제부출표목, 주제명을 표목으로 한 것은 주제명부출표목이라고 한다.

150. 표제가 기본표목이 되는 경우는?

① 저자(단체)가 3인 이상인 경우

② 합집, 또는 편집자의 지휘하에 이루어진 저작

③ 집단적인 활동을 보고한 저작

④ 단체의 집단적인 사상을 기록해 놓은 것

| 해설 | ②. ①은 저자(단체)가 4인 이상인 경우에만 표제가 기본표목이 될 수 있고, ③과 ④는 단체명이 기본표목이 되는 경우이다.

151. 다음 중 구두점 사용이 올바르지 않은 것은?

① 본표제 = 대등표제 / 첫 번째 저자, 두 번째 이하 저자: 역할이 다른 저자

② 판표시 / 해당 판의 저자표시

③ 특정자료종별과 자료의 수량 : 삽화표시 ; 크기 + 딸림자료

④ 학위논문의 종류 -- 학위수여기관, 학과 및 전공, 학위년도

| 해설 | ① 정답은 '본표제 = 대등표제 / 첫 번째 저자, 두 번째 이하 저자 ; 역할이 다른 저자'이다.

152. 다음은 발행처와 배포처에 관한 설명이다. 옳지 않은 것은?

① 복수의 발행처가 기재된 경우에는 중요하게 표시되었거나 맨 처음 기재된 발행처명을 기재함을 원칙으로 한다. 둘 이상의 언어로 표시된 발행처명은 본문의 언어와 일치하는 발행처명을 기재한다.

② 발행처명이 표제와 책임표시사항에 포함된 경우에도 발행처명을 반복해서 기재한다.

③ 발행처명이 불명인 경우에는 '발행처불명' 또는 'S.I.'를 각괄호([ ])로 묶어 기재한다.

④ 복제본에서는 복제처를 발행처로 기술한다.

| 해설 | ③ 발행처명이 불명인 경우 '발행처불명' 또는 's.n.'을 각괄호([ ])로 묶어 기재한다.

153. AACR2R에서 개인명이 기본 표목이 되는 경우로 옳은 것은?

① 합집 또는 편집자의 지휘 하에 이루어진 저작

② 회의 또는 단체에서 개최한 저작

③ 저자가 알려져 있지 않은 고전작품

④ 개정서의 경우

| 해설 | ④. ①은 표제가 기본표목이 되는 경우, ②는 단체명이 기본표목이 되는 경우, ③은 통일표제가 기본표목이 되는 경우에 해당한다.

1. ③　　2. ③　　3. ②　　4. ①　　5. ③　　6. ②　　7. ④　　8. ③　　9. ④　　10. ③

11. ④　12. ③　13. ④　14. ④　15. ②　16. ①　17. ③　18. ④　19. ①　20. ③

21. ②　22. ②　23. ②　24. ①　25. ②　26. ④　27. ①　28. ④　29. ①　30. ①

31. ④　32. ④　33. ③　34. ③　35. ④　36. ④　37. ④　38. ④　39. ①　40. ③

41. ④　42. ④　43. ③　44. ②　45. ①　46. ③　47. ③　48. ①　49. ①　50. ③

51. ②　52. ③　53. ④　54. ④　55. ④　56. ①　57. ④　58. ①　59. ④　60. ③

61. ①　62. ②　63. ②　64. ③　65. ②　66. ①　67. ①　68. ①　69. ②　70. ③

71. ④　72. ①　73. ②　74. ④　75. ②　76. ④　77. ④　78. ③　79. ②　80. ②

81. ④　82. ①　83. ②　84. ③　85. ③　86. ④　87. ④　88. ③　89. ①　90. ②

91. ③　92. ④　93. ②　94. ③　95. ④　96. ④　97. ③　98. ①　99. ①　100. ②

101. ④　102. ②　103. ④　104. ③　105. ③　106. ①　107. ②　108. ①　109. ②　110. ④

111. ③　112. ②　113. ①　114. ④　115. ②　116. ①　117. ③　118. ④　119. ①　120. ③

121. ②　122. ③　123. ②　124. ④　125. ①　126. ②　127. ④　128. ②　129. ③　130. ②

131. ①　132. ④　133. ③　134. ②　135. ①　136. ②　137. ①　138. ②　139. ③　140. ②

141. ②　142. ④　143. ②　144. ③　145. ②　146. ②　147. ③　148. ①　149. ②　150. ②

151. ①　152. ③　153. ④

제3장

한국목록규칙
제4판(KCR4)

1. 다음에서 한국목록규칙 제4판(KCR4)의 특성으로 옳은 것은?

  ① 통일표목을 적용한다.

  ② 단행본만을 대상으로 한다.

  ③ 화상 자료와 영상 자료를 분리하여 규칙을 제정했다.

  ④ 기본표목을 규정하지 않았다.

> **|해설|** ④. 기본표목을 규정하지 않았다. 그 주된 이유는 기본표목의 선정을 위한 절대기준을 규정하기 어렵고, 또 기계가
> 독목록에서는 특정 서지자료에 대해 대부분 단일 저록만을 작성하기 때문에 실제로 기본표목이라는 개념을 적용할 수 없
> 으며, 목록의 기능수행에서 다른 접근점과의 기능상 차이를 발견할 수 없다는 점 등이 있다. ① 통일표목을 적용하지 않는
> 다. ② 단행본 중심에서 벗어나 다양한 유형의 자료를 수용한다. ③ 화상 자료와 영상 자료를 통합하여 규칙을 제정하였다.

2. 한국목록규칙 제4판 기술총칙에서 사용되는 구두법의 용법으로 옳은 것은?

  ① 쉼표(,)는 권차표제, 역할이 동일한 두 번째 이하의 책임표시, 발행년이나 ISSN번호 앞과 별
     표제 앞에 적은 '일명'이나 'or'의 앞과 뒤 사용된다.

  ② 쌍반점(;)은 표제관련정보, 발행처, 삽화표시, 총서의 표제관련정보, 가격표시사항 앞에 사
     용된다.

  ③ 쌍점(:)은 동일 책임표시의 두 번째 이하의 표제, 역할이 다른 책임표시, 특정판(해당판)에 관
     련된 역할이 다른 책임표시, 두 번째 이하의 발행지, 크기, 총서의 권호 앞에 사용된다.

  ④ 가운뎃점(·)은 표제의 권차, 회차, 연차표시와 책임표시가 각기 다른 두 번째 이하의 표제와
     책임표시사항 및 총서사항의 하위총서표제 앞에 사용된다.

> **|해설|** ①. ② 표제관련정보, 발행처, 삽화표시, 총서의 표제관련정보, 가격표시사항 앞에 사용하는 것은 쌍점(:)이다.
> ③ 동일 책임표시의 두 번째 이하의 표제, 역할이 다른 책임표시, 특정판(해당판)에 관련된 역할이 다른 책임표시, 두 번째 이
> 하의 발행지, 크기, 총서의 권호 앞에 사용되는 것은 쌍반점(;)이다. ④ 표제의 권차, 회차, 연차표시와 책임표시가 각기 다른
> 두 번째 이하의 표제와 책임표시사항 및 총서사항의 하위총서표제 앞에 사용되는 것은 마침표(.)이다.

3. 한국목록규칙 제4판 기술총칙에서 사용되는 구두법의 용법으로 옳지 않은 것은?

  ① 원괄호(( ))는 그 정보가 으뜸정보원 이외에서 얻어진 것임을 나타내는데 사용된다.

  ② 쌍점(:)은 표제관련정보, 발행처, 삽화표시, 총서의 표제관련정보, 가격표시사항 앞에 사용
     된다.

  ③ 쌍반점(;)은 동일 책임표시의 두 번째 이하의 표제, 역할이 다른 책임표시, 특정판(해당판)
     에 관련된 역할이 다른 책임표시, 두 번째 이하의 발행지, 크기, 총서의 권호 앞에 사용된다.

④ 마침표(.)는 표제의 권차, 회차, 연차표시와 책임표시가 각기 다른 두 번째 이하의 표제와 책임표시사항 및 총서사항의 하위총서표제 앞에 사용된다.

| 해설 | ①. 그 정보가 으뜸정보원 이외에서 얻어진 것임을 나타내는데 사용되는 것은 각괄호([ ])이다.

4. 한국목록규칙 제4판의 본표제 기술방법으로 옳은 것은?
① 한국어와 외국어로 된 대역간행물인 경우에는 한국어표제를 원표제로 하고 외국어표제를 본표제로 한다.
② 표제면상에 책임표시가 표제로 된 고전물이거나 본표제가 인명이나 단체명만으로 구성된 경우에는 이를 원표제로 기술한다.
③ 한국어표제와 외국어표제가 기재되어 있는 경우, 원칙적으로 한국어표제를 원표제로 기술한다.
④ 저작자명이나 발행처명 등이 본표제 속에 포함되어 문법적으로나 형태적으로 본표제를 이루는 불가분의 요소인 경우에는 이 전체를 본표제로 기술한다.

| 해설 | ④. ① 한국어와 외국어로 된 대역간행물인 경우에는 한국어표제를 본표제로 하고 외국어표제를 원표제로 한다. ② 표제면상에 책임표시가 표제로 된 고전물이거나 본표제가 인명이나 단체명만으로 구성된 경우에는 이를 본표제로 기술한다. ③ 한국어표제와 외국어표제가 기재되어 있는 경우, 원칙적으로 한국어표제를 본표제로 기술한다.

5. 한국목록규칙 제4판의 본표제 기술방법으로 옳지 않은 것은?
① 한국어와 외국어로 된 대역간행물인 경우에는 한국어표제를 본표제로 하고 외국어표제를 원표제로 한다.
② 양서의 표제에 마침표(.)없이 특정 문자나 두문자(initial)가 표제에 포함된 경우, 이들 문자 사이에 빈칸을 두고 기술한다.
③ 한국어표제와 외국어표제가 기재되어 있는 경우, 원칙적으로 한국어표제를 본표제로 기술한다.
④ 저작자명이나 발행처명 등이 본표제 속에 포함되어 문법적으로나 형태적으로 본표제를 이루는 불가분의 요소인 경우에는 이 전체를 본표제로 기술한다.

| 해설 | ②. 양서의 표제에 마침표(.)없이 특정 문자나 두문자(initial)가 표제에 포함된 경우, 이들 문자 사이에 빈칸을 두지 않고 연결하여 기술한다.

6. 한국목록규칙 제4판(KCR4)이 지닌 특징으로 옳은 것은?

① 다양한 유형의 자료 중심에서 단행본 중심으로 확장하여 수용한다.

② 저록의 배열은 표목과의 관계로 결정된다.

③ 기본표목은 원칙적으로 목록에서 제외하기로 하였다.

④ KCR4에서 새로이 사용하고 있는 용어 중 책임표시는 저자사항으로 변경하였다.

> **|해설|** ③. ① 단행본 중심에서 벗어나 다양한 유형의 자료를 수용한다. ② 저록의 배열은 표목과 관계없이 결정된다. ④ 저자사항 또는 저자표시는 책임표시로 변경하였다.

7. 한국목록규칙 제4판(KCR4)이 지닌 특징으로 옳지 않은 것은?

① 단행본 중심에서 벗어나 다양한 유형의 자료를 수용한다.

② 컴퓨터에 의해 처리되는 모든 자료는 영상자료의 범주에 포함하고, 그 밖의 자료는 전자자료의 범주로 구분하였다.

③ 저록의 배열은 표목과 관계없이 결정된다.

④ 저자사항 또는 저자표시는 책임표시로 변경하였다.

> **|해설|** ②. 컴퓨터에 의해 처리되는 모든 자료는 전자자료의 범주에 포함하고, 그 밖의 자료는 화상과 영상자료로 통합하였다.

8. 다음에서 한국목록규칙 제4판의 특성으로 옳은 것은?

① 화상자료와 영상자료에 대한 각각의 규칙을 제정하였다.

② 접근점 대신 표목이라는 용어를 사용하였다.

③ 기본표목을 규정하여 제시하였다.

④ 통일표목을 적용하지 않았다.

> **|해설|** ④. 특정표목에 대해 하나의 특정 형식을 표준형식으로 고려하지 않는다. ① 화상자료와 영상자료를 통합하여 규칙을 제정하였다. ② 표목대신 접근점이라는 용어를 사용하였다. ③ 기본표목의 선정을 위한 절대기준을 규정하기 어렵고 기계가독목록에서는 특정 서지자료에 대해 대부분 단일저록만을 작성하기 때문에 실제로 기본표목이라는 개념을 적용할 수 없어서 기본표목을 규정에서 제외하였다.

9. 한국목록규칙 제4판의 특성으로 옳지 않은 것은?

① 표목대신 접근점이라는 용어를 사용하였다.

② 화상자료와 영상자료를 통합하여 규칙을 제정하였다.

③ 기본표목을 규정하여 제시하였다.

④ 단행본 중심에서 벗어나 다양한 유형의 자료를 수용하였다.

| 해설 | ③. 기본표목의 선정을 위한 절대기준을 규정하기 어렵고 기계가독목록에서는 특정 서지자료에 대해 대부분 단일저록만을 작성하기 때문에 실제로 기본표목이라는 개념을 적용할 수 없어서 기본표목을 규정에서 제외하였다.

10. 한국목록규칙 제4판의 특성으로 옳은 것을 모두 고르시오.

㉠ 목록의 기능을 처음으로 제시함
㉡ 단행본만 대상으로 함
㉢ 화상 자료와 영상자료를 통합하여 규칙을 제정함
㉣ 표목대신 접근점이라는 용어를 사용함
㉤ 저록에 포함되는 책임표시 수에 제한이 있음
㉥ 기본표목을 규정함
㉦ 통일표목을 적용함
㉧ 우리의 사고와 언어 습관에 맞는 형식을 다수 도입함

① ㉠㉢㉣㉧   ② ㉠㉣㉥㉦   ③ ㉡㉢㉣㉤   ④ ㉢㉣㉥㉦

| 해설 | ①. 한국목록규칙 제 4판의 주요 특징을 요약하면 다음과 같다. 1. 목록의 기능을 처음으로 제시함 2. 단행본 중심에서 벗어나 다양한 유형의 자료를 수용함 3. 화상 자료와 영상자료를 통합하여 규칙을 제정 4. 표목대신 접근점이라는 용어를 사용함 5. 저록에 포함되는 책임표시 수에 원칙적으로 제한을 가하지 않음 6. 기본표목을 규정하지 않음 7. 통일표목을 석용하지 않음 8. 우리의 사고와 언어 습관에 맞는 형식을 다수 도입함.

11. 한국목록규칙 제4판의 구두법에서 쌍점(:)에 대한 설명으로 옳지 않은 것은?

① 발행처 앞에 사용한다.

② 총서의 표제관련정보 앞에 사용한다.

③ 삽화표시 앞에 사용한다.

④ 총서의 권호 앞에 사용한다.

| 해설 | ④. 총서의 권호 앞에 사용하는 것은 쌍반점(;)이다.

12. 한국목록규칙 제4판의 본표제에 대한 설명으로 옳은 것은?

① 본표제는 축약할 수 있다.

② 표제의 일부분이 '두줄쓰기'로 되어있는 것도 기재된 형식 그대로 작성한다.

③ 단일 언어나 문자로 된 표제는 으뜸정보원에 나타난 표제의 기재순서를 1순위, 활자크기를 2순위로 삼아 본표제를 채택한다.

④ 본표제가 인명이나 단체명만으로 구성된 경우에는 이를 본표제로 기술한다.

| 해설 | ④. 표제면상에 책임표시가 표제로 된 고전물이거나 본표제가 인명이나 단체명만으로 구성된 경우 이를 본표제로 기술한다. ① 본표제는 축약할 수 없다. ② 본표제는 해당자료의 으뜸정보원에 기재된 형식 그대로 기재하며 표제의 일부분이 '두줄쓰기'로 되어있는 것은 '한줄쓰기'로 고쳐 쓴다. ③ 단일 언어나 문자로 된 표제는 으뜸정보원에 나타난 표제의 활자크기를 1순위, 기재순서를 2순위로 삼아 본표제를 채택한다.

13. 한국목록규칙 제4판의 본표제에 대한 설명으로 옳지 않은 것은?

① 별표제는 본표제의 일부분으로 간주하여 별도의 표기 없이 그대로 기재한다.

② 본표제는 해당자료의 으뜸정보원에 기재된 형식 그대로 기재하며 표제의 일부분이 '두줄쓰기'로 되어있는 것은 '한줄쓰기'로 고쳐쓴다.

③ 단일 언어나 문자로 된 표제는 으뜸정보원에 나타난 표제의 활자크기를 1순위, 기재순서를 2순위로 삼아 본표제를 채택한다.

④ 본표제는 축약할 수 없다.

| 해설 | ①. 별표제는 본표제의 일부분으로 간주하여 그 말미에 '일명', 'or' 또는 이의 상등어를 앞세워 적는다.

14. 다음은 KCR4의 총칙에서 기술 정보원의 우선순위를 중요한 순서대로 나열한 것이다. 옳은 것은?

| ㉠ 딸림자료 | ㉡ 자료 자체와 분리 가능한 용기(상자나 함)나 표지 등 |
| ㉢ 자료 자체(카세트, 카트리지 포함) | ㉣ 자료 이외의 정보원 |

①㉢㉠㉡㉣   ②㉢㉠㉣㉡   ③㉢㉡㉣㉠   ④㉢㉣㉠㉡

| 해설 | ①. 기술은 원칙적으로 자료 자체에 나타난 정보 그대로 기재하며, 그 준거는 해당 자료에 따라 다음의 우선순위로 기재한다. 1) 자료자체(카세트, 카트리지 포함) 2) 딸림자료 3) 자료 자체와 분리 가능한 용기(상자나 함)나 표지 등 4) 자료 이외의 정보원 순이다.

15. 한국목록규칙 제4판에 대한 설명으로 옳은 것은?

① 2010년에 한국목록규칙 제4판이 발행되었다.

② 통일표목을 적용하지 않는다.

③ 대표저자가 기재되지 않은 4인 이상 저작물은 첫 번째 저자만 기재한다.

④ 목록에서 사용하던 용어 '삽화'를 '삽도'로 바꾸었다.

| 해설 | ②. ① 2010년이 아니라 2003년 발행되었다. ③ 첫 번째 저자만이 아니라 원칙적으로 대상 자료에 기재된 모든 저자를 기재하도록 규정을 바꾸었다. ④ 삽도를 삽화로 바꾸었다.

16. KCR4를 적용했을 때, 바르게 기술된 것을 고르시오.

① 155면
② S.C.Glover
③ 이기홍지음
④ 고려대학교부설 아세아문제연구소

| 해설 | ①. 형태사항에서 면·장·권·책의 수와 크기의 단위명칭을 로마자로 표시할 경우에는 숫자와 그 단위명칭 사이를 띄어 쓴다. 한글로 '면', '장', '책', '센치', '밀리' 등으로 표시할 경우는 그 양자 사이를 붙여 쓴다. ② 서양인명이 두문자로 표시된 경우에는 온점(.) 다음에 띄어쓰기를 하되, 두문자가 연속하여 이어진 경우에는 띄어 쓰지 않는다. ③ 저작자명과 저작 역할어 사이는 띄어 쓴다. ④ 책임표시와 발행사항에서의 단체명은 조직 단위별로 띄어 쓴다.

17. KCR4를 기준으로 할 때 발행지명이 잘못 기술된 것을 고르시오.

① 경기
② 고성군(강원도)
③ [부산?]
④ 양양군

| 해설 | ①. 시의 경우는 행정구역의 단위명칭(예: '시', '광역시', '특별시' 등)을 제외하고, 그 밖의 경우(예: '읍', '군', '도' 등)는 단위명칭을 포함하여 기술한다. 고로 '경기도'로 표기해야 한나. ② 동명이지를 구분하거나, 식별상 필요한 경우에는, 그보다 상위단위의 도명이나 국명을 그 지명 다음에 부기한다. 이때 부기되는 지명을 동서는 원괄호로 묶어 기재하고 양서는 쉼표를 앞세워 기재한다. ③ 발행지가 표시되지 않은 경우에는 추정되는 지명을 각괄호로 묶어 보기하고, 그 추정된 발행지가 불확실한 것일 경우에는 그 지명에 물음표를 덧붙여 이를 각괄호로 묶어 기재한다. ④ 시의 경우는 행정구역의 단위명칭(예: '시', '광역시', '특별시' 등)을 제외하고, 그 밖의 경우(예: '읍', '군', '도' 등)는 단위명칭을 포함하여 기술한다.

18. 한국목록규칙 제4판에 의거하여 발행년(인쇄년)과 판권년의 표시가 없는 것을 서문, 발문, 후기 등에 날짜 표시가 없는 경우, 발행년 표기 방법으로 옳은 것은?

	기술	추정의 상황
①	, 1981	그 해가 확실하다고 볼 때
②	, [1979]?	추정되는 해
③	, [1965~1966사이]]	그 년간의 해라고 볼 때
④	, [197-?]	그 십년대의 어느 해로 추정할 때

| 해설 | ④. ① 연도수 양 끝에 각괄호([ ])가 있어야 한다. ② [****?]가 옳은 표현이다. ③ 물결'~' 표시가 아닌 붙임표'-' 표시로 해야 한다.

19. KCR3와 KCR4의 차이점으로 옳은 것은?

	KCR3	KCR4
①	삽화	삽도
②	저자사항 또는 저자표시	책임표시
③	입수조건사항	구득조건사항
④	온점(.)	마침점(.)

| 해설 | ②. 나머지 ① ③ ④ 보기는 서로 기술이 바뀐 경우이다.

20. KCR4에 의거한 '표제와 책임표시사항'의 제요소 중 올바른 것은?

① 판표시   ② 제작사항   ③ 딸림자료   ④ 표제관련정보

| 해설 | ④. ①판표시는 판사항의 제요소이다. ② 제작사항은 발행사항의 제요소이다. ③ 딸림자료는 형태사항의 제요소이다.

21. KCR4에서 다음 중 외국인명 표기 원칙으로 옳은 것은?

① 중국인명이 한자로만 기재된 경우 한자를 모국음으로 읽어서 표목으로 삼고 표제저자사항에는 한자를 그대로 기술한다.

② 일본인명이 한자로만 기재된 경우에는 한자를 모국음으로 읽어서 표목으로 삼고 표제저자사항에는 한자를 그대로 기술한다.

③ 서양인명이 한글로만 기재된 경우에는 영문자로 번자(翻字)하여 표목과 표제저자사항에 기술한다.

④ 서양인명이 모국 문자로만 기재되어 영문자로 표기할 수 없을 경우 영문자로 번자(翻字)하여 표목과 표제저자사항에 기술한다.

| 해설 | ④. ①과 ②의 경우, 모국음으로 읽는 것이 아니라 우리음으로 읽어서 표목으로 삼는다. ③ 서양인명이 한글로만 기재된 경우에는 한글을 표목과 표제저자사항에 기술한다.

22. 한국목록규칙 제4판에 대한 설명 중 옳은 것은?

① 2003년 처음으로 한국목록규칙 초판을 발행하였다.

② 기본적으로 단행본 중심의 자료를 대상으로 목록규칙을 수용하였다.

③ 화상자료와 영상자료를 구분하여 규칙을 제정하였다.

④ 구득조건사항 대신 입수조건 사항이라는 용어를 사용하였다.

| 해설 | ④. ① 초판 발행은 1964년 1월, 1966년 수정판(제2판)발행, 1983년 제3판 발행, 1990년 제3.1판 발행, 2003년 제4판이 발행되었다. ② 단행본 중심에서 벗어나 다양한 유형의 자료를 수용하였다. ③ 객관적인 구분기준을 설정하기 위해 화상자료와 영상자료를 통합하여 규칙을 제정하였다.

23. 한국목록규칙 제4판의 구두법 중에서 '쌍점'에 대한 설명으로 옳지 않은 것은?

① 표제관련정보 앞에 사용한다.　　② 두 번째 발행지 앞에 사용한다.

③ 입수조건사항 앞에 사용한다.　　④ 기타형태세목 앞에 사용한다.

| 해설 | ②. 두 번째 발행지 앞에는 : 를 사용한다.

24. 한국목록규칙 제4판에서 기술정보원의 우선순위를 올바르게 기재한 것은?

가. 자료자체(카세트, 카트리지 포함)　　나. 딸림자료
다. 자료 자체와 분리 가능한 용기(상자나 함)나 표지 등　　라. 자료 이외의 정보원

① 가 - 나 - 라 - 다　　② 가 - 나 - 다 - 라
③ 가 - 다 - 나 - 라　　④ 가 - 다 - 라 - 나

25. 한국목록규칙 제4판의 기술방법에 대한 설명 중 옳지 않은 것은?

① 형태사항, 주기사항, 입수조건사항의 기술은, 그 자료에 쓰인 언어나 문자와 관계없이 한국어로 표기함을 원칙으로 한다.

② 한국토박이말의 서수(첫째, 둘째, 셋째…)는 쓰여진 그대로 기술한다.

③ 오기와 오식은 있는 그대로 기재하고 그 다음에 [!] 또는 [sic]를 부기하거나, '실은' 또는 'i.e.'를 관기하여 그의 바른 꼴을 각괄호([ ])로 묶어 부기한다.

④ 책임표시와 발행사항에서의 단체명은 붙여 쓴다.

26. 한국목록규칙 제4판의 표제와 책임표시사항에 대한 설명 중 옳은 것은?

① 단일언어나 문자로 된 표제는 으뜸정보원에 나타난 표제의 기재순서를 1순위, 활자크기를 2순위로 삼아 본표제를 채택한다.

② 기술요목과 순서는 본표제-별표제-대등표제-표제관련정보-자료유형표시-권차, 회차, 연차표시-책임표시이다.

③ 기술대상이 복제본인 경우에는 복제본 자체의 표제나 책임표시를 기재한다.

④ 한국어표제와 외국어표제가 기재되어 있는 경우, 언어에 상관없이 먼저 기재된 표제를 본표제로 기술한다.

27. 다음 중 KCR 제4판에서 총서사항의 구두점 기술방법으로 옳은 것은?

① 빗금(/): 총서의 책임표시 사항   ② 등호(=): 총서의 본표제
③ 쌍반점(;): 총서의 ISSN   ④ 쌍점(:): 총서의 본표제

28. 다음 중 KCR4의 기술총칙에서 발행사항 관련 기술규칙의 설명으로 옳지 않은 것은?

① 발행지명은 자료에 쓰인 문자, 철자, 문법적 격이나 활용형을 그대로 기술하며, 식별이 필요한 경우 현재 통용되는 다른 명칭을 각괄호([ ])로 묶어 그 다음에 보기한다.

② 배포년과 발행년이 다를 경우, 발행년, 배포년 순으로 기술한다.

③ 판권년을 기술할 경우에는 햇수 앞에 'c'자를 붙여 기술한다.

④ 동명이지를 구분하거나, 식별이 필요한 경우, 한 단계 상위단위의 도명, 국명을 해당 지명 다음에 부기하며, 부기되는 지명을 동양서의 경우, 각괄호([ ])로 묶어 그 다음에 기술하고, 서양서의 경우, 쉼표(,)를 그 앞에 기술한다.

| 해설 | ④. 맞는 설명이나, 동양서의 경우에는 원괄호(( ))로 묶어 기술한다.

29. KCR4에서 서수를 기술할 때, 기술상의 표기가 옳은 것은?

	자료상의 표기	기술상의 표기
한·중·일어	제일, 제이, 제삼 …	① 제1, 제2, 제3 …
	第一, 第二, 第三 …	② 第一, 第二, 第三 …
	첫째, 둘째, 셋째 …	③ 1., 2., 3. …
영어	first, second, third …	④ first, second, third …

| 해설 | ①. 서수는 표제와 책임표시사항에서 권차, 회차, 연차표기를 제외하고 자료에 쓰인 그대로 기재하며, 그 외의 기술사항의 경우, 발행처명 등의 고유명사를 빼놓고 아라비아 숫자에 서수를 나타내는 문자를 앞 또는 두에 적절히 붙여 기술함을 원칙으로 한다. ② 第1, 第2, 第3으로 기술한다. ③ 순 우리말의 서수는 자료에 쓰인 그대로 기술한다(첫째, 둘째, 셋째 …). ④ 영어 서수는 아라비아 숫자에 영어로 서수임을 나타내는 문자를 덧붙여 기술한다(1st, 2nd, 3rd …). 영어 이외의 서양어 서수는 서수임을 나타내는 문자를 마침표(.)로 대신하여 기술한다(1., 2., 3. …).

30. KCR4에서 사용되는 구두점과 그 용법이 바르게 설명된 것을 고르시오.

① 가운뎃점(·): 책임표시를 포함해 정보원에 나타난 그대로 사용한다.

② 쌍점(:): 대등표제, 총서의 대등표제, 등록표제 앞에 사용한다.

③ 빗금(/): 딸림자료표시 앞에 사용한다.

④ 각괄호([ ]): 그 정보가 으뜸정보원 이외에서 얻어진 것임을 나타내는데 사용한다.

31. KCR4에서 자료의 식별에 필요한 제요소 중 형태사항에 포함되는 것을 모두 고른 것은?

| ㄱ. 크기 | ㄴ. 딸림자료 | ㄷ. 자료특성사항 |
| ㄹ. 특정자료종별 | ㅁ. 자료의 수량 | ㅂ. 자료유형표시 |

① ㄱ, ㄴ, ㄷ, ㄹ　　② ㄱ, ㄴ, ㄷ, ㅂ　　③ ㄱ, ㄴ, ㄹ, ㅁ　　④ ㄱ, ㄴ, ㄷ, ㄹ, ㅁ, ㅂ

32. 다음 중 한국목록규칙 제4판의 내용으로 옳은 것은?

① 화상자료와 영상자료를 구분하여 규칙을 제정하였다.
② 저록에 포함되는 책임표시 수에 원칙적으로 제한을 두지 않았다.
③ 기본표목을 규정하여 접근점을 확대하였다.
④ 통일표목을 적용하여 목록 기술 내용의 일관성을 강화하였다.

33. 다음의 KCR4에 대한 설명 중 옳은 것은?

① 개작하거나 각색한 저작의 경우에는 원작자가 기본표목, 개작자나 각색자가 부출표목이 된다.
② 저자가 5인일 경우 먼저 기술된 저자를 기본표목으로 한다.
③ 종교경전의 경우 통일표제가 기본표목이 된다.
④ 종합표제가 없는 두 사람 이상의 합집은 첫 번째 저작의 표제를 기본표목으로 한다.

34. 한국목록규칙 제4판의 기술 방법 중 옳은 것은?

① 등호(=)는 첫 번째 책임표시 앞에 사용한다.

② 빗금(/)은 딸림자료표시 앞에 사용한다.

③ 쉼표(,)는 권차표제, 역할이 동등한 두 번째 이하의 책임표시, 발행년이나 ISSN번호 앞과 별 표제 앞에 적은 '일명'이나 'or'의 앞과 뒤에 사용된다.

④ 쌍점(:)은 동일 책임표시의 두 번째 이하의 표제, 역할이 다른 책임표시, 특정판에 관련된 역할이 다른 책임표시, 두 번째 이하의 발행지, 크기, 총서의 권호 앞에 사용된다.

┃해설┃ ③. ①은 빗금(/)에 관한 설명이다. ②는 덧셈표(+)에 관한 설명이다. ④는 쌍반점(;)의 관한 설명이다.

35. 한국목록규칙 제4판에 대한 설명으로 옳지 않은 것을 고르시오.

① 종래의 목록규칙이 단행본만을 대상으로 하고 있었지만, 단행본은 물론 지도자료 고서와 고문서, 악보, 녹음자료 화상자료와 영상자료, 전자자료, 입체자료, 마이크로자료, 연속간행물, 점자자료 등으로 확대하여 대부분의 자료를 목록규칙에 수용할 수 있게 하였다.

② 일부 외국의 목록규칙은 화상자료와 영상자료를 구분하고 있지 않으며, 컴퓨터를 이용한 전자자료의 출현으로 객관적인 구분기준을 설정하기가 어렵게 되어 화상/영상/전자 자료는 목록규칙 대상에서 제외하였다.

③ 기존 규칙에 대한 단순한 자구 수정이나 증보차원이 아니라 규칙의 전개방식이나 체제, 표현 등에서 우리의 사고와 언어관습에 맞는 형식을 다수 도입하였다.

④ 동일 접근점의 상이한 형식간의 연결기법을 통하여 전통적인 표목의 검색기능과 동일한 효과를 얻을 수 있으며, 이에 따라 통일표목의 개념을 목록에서 배제하였다.

┃해설┃ ②. 일부 외국의 목록규칙에서 화상자료와 영상자료를 구분하고 있으나 이러한 구분의 경계가 불분명하고, 컴퓨터를 이용한 전자자료의 출현으로 객관적인 구분기준을 설정하기가 어렵게 되었다. 이에 따라 컴퓨터에 의해 처리되는 모든 자료는 전자자료의 범주에 포함하고, 그 밖의 자료는 화상과 영상자료로 통합하였다.

36. 한국목록규칙 제4판(KCR4)에 대한 설명으로 옳은 것은?

① 목록의 기능을 탐색, 집중, 식별, 접근으로 제시하고 있다.

② 4인 이상의 저작물에서는 첫 번째 저자를 제외한 나머지 저자를 기술하지 않는다.

③ 통일표목의 개념을 목록에서 배제하였다.

④ KCR4에서는 삽도를 삽화로, 접근점을 표목으로 표현하였다.

┃해설┃ ③. ① 목록의 기능을 처음으로 제시하면서 탐색, 집중이라는 기능을 명시적으로 제시하고 있다. ② 대상자료에 기재된 모든 저자를 기재하도록 규정하고 있다. ④ 삽도는 삽화로, 표목을 접근점으로 바꿔 표현하였다.

37. 한국목록규칙이 제정된 년도가 옳지 않은 것은?

① 1964년 1월 - 한국목록규칙 초판 발행　　② 1966년 4월 - 한국목록규칙 수정판 발행

③ 1990년 1월 - 한국목록규칙 제3.1판 발행　　④ 2002년 8월 - 한국목록규칙 제4판 발행

| 해설 | ④. 한국목록규칙 제4판은 2003년 8월에 발행하였다.

38. KCR4에 따를 경우 다음 기술 사항의 기재순서가 올바르게 나열되어 있는 것은?

ⓐ 판사항	ⓑ 발행사항	ⓒ 총서사항	ⓓ 표준번호 및 입수조건사항
ⓔ 표제와 책임표시사항	ⓕ 자료특성사항	ⓖ 형태사항	ⓗ 주기사항

① ⓕ-ⓔ-ⓐ-ⓑ-ⓓ-ⓖ-ⓗ-ⓒ　　　② ⓔ-ⓐ-ⓕ-ⓑ-ⓖ-ⓒ-ⓗ-ⓓ

③ ⓕ-ⓔ-ⓓ-ⓑ-ⓐ-ⓖ-ⓗ-ⓒ　　　④ ⓔ-ⓕ-ⓐ-ⓑ-ⓖ-ⓗ-ⓒ-ⓓ

| 해설 | ②. 표제와 책임표시사항 → 판사항 → 자료특성사항 → 발행사항 → 형태사항 → 총서사항 → 주기사항 → 표준번호 및 입수조건사항 순이다.

39. 한국목록규칙 제4판의 특징이 아닌 것은?

① 특정 저자의 특정 표제의 저작, 또는 특정 주제의 표제를 탐색한다.

② 정보의 재생수단인 컴퓨터의 사용여부를 구분의 기준으로 적용한 방법이다.

③ 통일표목의 개념을 목록에서 배제하였다.

④ 입체자료, 마이크로자료, 연속간행물, 점자자료 등으로 확대하여 대부분의 자료를 목록규칙에 수용할 수 있도록 하였다.

| 해설 | ②. 정보의 재생수단인 컴퓨터의 사용여부를 구분의 기준으로 적용한 기존의 방법보다 화상자료와 영상자료를 통합하여 규칙을 제정하였다.

40. KCR4에서 기술구조와 그에 따른 주기가 알맞게 기재된 것을 고르시오.

① 학위논문주기 "학위논문 - 경기대학교 대학원(박사), 문헌정보학과, 2014"

② 참고서목, 연보, 연표, 색인 주기 "참고문헌: p.699-702"

③ 표준번호 이외의 번호에 관한 주기 "보고서번호: KRISS-91-154"

④ 합철물에 관한 주기 "With: Of the sister arts / H. Jacob. New York: [s.n.]. 1970"

41. 다음 중 한국목록규칙 제4판의 화상자료 기술 대상에 해당되지 않는 것은?

① 입체사진　　　② 마이크로피시　　　③ 슬라이드　　　④ 필름스트립

42. 다음은 한국목록규칙 제4판에서 규정하고 있는 전자자료의 판사항 기술범위에 해당되지 않는 사항을 나타낸 것이다. 이 가운데 새로운 판의 기술범위에 해당될 수 있는 것을 고르시오.

① 본문 언어의 변경　　　　　　② 출력형식의 변경
③ 물리적 특성의 변경　　　　　④ 출력 매체의 변경

43. 다음은 한국목록규칙 제4판에서 규정하고 있는 주기사항의 종류이다. 이 가운데 기재순서가 가장 빠른 것을 고르시오.

① 본문의 언어에 관한 주기　　　② 자료의 예술적 표현양식에 관한 주기
③ 본표제의 정보원에 관한 주기　④ 상이한 표제에 관한 주기

44. 한국목록규칙 제4판에서는 목록의 기능을 탐색기능과 집중기능의 두 가지로 구분하여 정의하고 있는데, 이 중 집중기능에 해당되는 요소를 올바르게 나타낸 것을 고르시오.

① 특정 형식의 모든 저작, 특정 주제의 모든 저작
② 특정 표제의 저작, 특정 저작의 모든 상이한 판
③ 특정 저자의 모든 저작, 특정 저작의 모든 상이한 판
④ 특정 저자의 모든 저작, 특정 주제의 모든 저작

| 해설 | ③. 목록의 탐색 기능이란 특정 저자의 저작과 특정 표제(서명)의 저작, 또는 특정 주제의 저작을 탐색하는 것이다. 목록의 집중 기능이란 특정 저자의 모든 저작과 특정 저작의 모든 상이한 판을 목록상에서 집중하는 것이다.

45. 다음은 한국목록규칙 제4판의 일부를 발췌한 것으로 이 설명에 부합되는 것을 고르시오.

특정 자료의 서지적 특성을 체계적으로 기록한 것으로, 특정 자료를 다른 자료와 구분하고 식별하기 위한 서지사항 전체를 말한다.

① 목록   ② 기술   ③ 참조   ④ 저록

| 해설 | ②. (KCR4 0.7.1)

46. 한국목록규칙 제4판(KCR4-기술총칙)에 따른 구두법 기술방법으로 옳지 않은 것은?

① 마침표·빈칸·붙임표·빈칸(. --)은 문단 바꿈 등에 의해 사항사이가 뚜렷이 구분될 경우 사용한다.
② 가운뎃점(·)은 책임표시를 제외하고는 정보원에 나타난 그대로 사용한다.
③ 각괄호([ ])는 그 정보가 으뜸정보원 이외에서 얻어진 것임을 나타내는데 사용한다.
④ 쌍점(:)은 표제관련정보, 발행처, 삽화표시, 총서의 표제관련정보, 가격표시사항 앞에 사용한다.

| 해설 | ①. 마침표·빈칸·붙임표·빈칸(. --)은 기술의 첫 번째 사항인 표제와 책임표시사항을 제외한 각 사항의 첫 요소 앞에 사용한다. 다만, 문단 바꿈 등에 의해 사항사이가 뚜렷이 구분될 경우에는 이를 생략한다.

47. 자료특성사항(KCR4-기술총칙)을 기재할 때, 해당되는 자료의 기재사항으로 옳지 않은 것을 고르시오.

자료유형	자료특성사항
① 지도자료	축척 및 좌표에 관한 사항
② 입체자료	축소 및 확대에 관한 사항
③ 전자자료	데이터 유형에 관한 사항
④ 연속간행물	권호차, 연월차에 관한 사항

| 해설 | ③. 전자자료의 자료특성사항은 자료내용 및 크기사항이다.

48. 형태사항(KCR4-기술총칙)의 기술요목 순서로 옳은 것을 고르시오.
  ① 특정자료종별과 자료의 수량→ 기타 형태사항→ 크기→ 딸림자료
  ② 특정자료종별과 자료의 수량→ 크기→ 딸림자료→ 기타 형태사항
  ③ 크기→ 딸림자료→ 기타형태사항→ 특정자료종별과 자료의 수량
  ④ 크기→ 딸림자료→ 특정자료종별과 자료의 수량→ 기타 형태사항

| 해설 | ①. 형태사항의 기술요목 순서는 특정자료종별과 자료의 수량→ 기타 형태사항→ 크기→ 딸림자료이다.

49. 주기사항(KCR4-기술총칙)의 기술방법으로 옳은 것을 고르시오.
  ① 특정한 시지사항에 속하지 않는 주기는 맨 뒤에 기재한다.
  ② 주기는 가급적 통일된 표준형식의 도입어구나 공통어구를 비정형의 형식으로 기재한다.
  ③ 해당 자료나 다른 정보원으로부터 인용한 어구는 주기에서 이를 겹따옴표(" ")로 묶어 기재하고 그의 출처를 쌍점(:)을 앞세워 부기한다.
  ④ 제시하고자 하는 정보가 손쉽게 얻을 수 있는 다른 정보원에 자세히 적혀있을 경우에는 반복 기술을 피하고 그 출처와 연결시켜주는 간략한 참조기술만 한다.

| 해설 | ④. ① 특정한 서지사항에 속하지 않는 주기는 맨 앞에 기재한다. ② 주기는 가급적 통일된 표준형식의 도입어구나 공통어구를 정해진 형식으로 기재한다. ③ 해당 자료나 다른 정보원으로부터 인용한 어구는 주기에서 이를 겹따옴표(" ")로 묶어 기재하고 그의 출처를 짧은 붙임표(–)를 앞세워 부기한다.

50. KCR3과 KCR4의 차이점으로 틀린 것은?

	KCR3	KCR4
①	삽화	삽도
②	표목	접근점
③	구득조건사항	입수조건사항
④	본서명	본표제

| **해설** | ①. KCR3에서는 삽도, KCR4에서는 삽화라는 용어를 사용하였다.

51. 다음은 KCR4에서 규정한 목록에 대한 설명이다. 그 내용이 옳은 것은?

(ㄱ) 특정 저자의 저작과 특정 표제(서명)의 저작, 또는 특정 주제의 저작을 탐색한다.
(ㄴ) 특정 저자의 모든 저작과 특정 저작의 모든 상이한 판을 목록상에서 집중한다.

① 같은 내용에 다른 제목을 가진 자료의 경우 통일표목을 적용한다.
② 저록에 포함되는 책임표시 수에 제한을 가하지 않는다.
③ 본표제는 본서명으로, 대등표제는 대등서명으로 용어를 변경하여 사용한다.
④ 화상자료와 영상자료를 구분하여 규칙을 제정하였다.

| **해설** | ②. 한국목록규칙 제4판의 특징의 일부를 기술한 것으로 그 특징은 다음과 같다. 1) 목록의 기능을 처음으로 제시함 2) 단행본 중심에서 벗어나 다양한 유형의 자료를 수용함 3) 화상자료와 영상자료를 통합하여 규칙을 제정함 4) 새로운 용어의 사용 (본서명, 대등서명 →본표제, 대등표제) 5) 저록에 포함되는 책임표시 수에 제한을 가하지 않음 6) 기본표목을 규정하지 않음 7) 통일표목을 적용하지 않음, 즉 하나의 특정 형식을 표준형식으로 고려하지 않았다.

52. KCR4에서 사용하는 용어로만 묶인 것은?

① 잡제, 표제관련정보　　　　　② 일반자료표시, 책임표시
③ 특정자료종별, 입수조건사항　　④ 본표제, 표목

| **해설** | ③. KCR3에서 사용된 용어가 KCR4에서는 다음과 같이 변경되었다 ① 잡제 또는 부표제 → 표제관련정보 ② 일반자료표시 또는 GMD → 자료유형 ④ 표목 → 접근점 - 저자사항 또는 저자표시 → 책임표시

53. 한국목록규칙 제4판에서 규정하고 있는 자료특성사항을 자료별로 올바르게 연결 한 것은?

① 정지화상자료 → 축척에 관한 사항　　② 입체자료 → 자료유형별 특성

③ 연속간행물 → 자료내용 및 크기사항   ④ 악보 → 크기, 중량에 관한 사항

| 해설 | ①. ② 입체자료 → 크기, 중량에 관한사항 ③ 연속간행물 → 권호차, 연월차에 관한 사항 ④ 악보 → 악보의 종류에 관한 사항

54. 한국목록규칙 제4판의 구두법 중 ;(쌍반점) 뒤에 올 수 있는 내용으로 옳은 것을 고르시오.
① 첫번째 책임표시   ② 성격이 다른 책임표시
③ 발행처   ④ 딸림자료 표시

| 해설 | ②. 각각의 내용 앞에 붙는 구두점은 다음과 같다. ① 첫 번째 책임표시: / (빗금) ③ 발행처: : (쌍점) ④ 딸림자료: +(덧셈표)

55. KCR4에서는 우리의 사고와 언어습관에 맞는 형식을 다수 도입하였다. 그 예로 옳은 것은 무엇인가?
① 접근점 → 표목   ② 구득조건사항 → 입수조건사항
③ 삽화 → 삽도   ④ 온점(.) → 마침점(.)

| 해설 | ②를 제외한 ① ③ ④의 보기는 모두 반대로 쓰여졌다.

56. 한국목록규칙 제4판에서 규정하고 있는 자료특성사항을 자료별로 올바르게 연결하지 못한 것을 고르시오.
① 입체사료: 자료유형별 특성   ② 익보: 익보의 종류에 관한 사항
③ 지도사료: 축척 및 좌표에 관한 사항   ④ 전자자료: 자료내용 및 크기사항

| 해설 | ①. 입체자료: 크기, 중량에 관한 사항이며, 자료유형별 특성은 마이크로자료이다.

57. 한국목록규칙 제4판의 구두법에 관한 설명 중 옳은 것을 고르시오.
① 쌍점은 두 번째 이하의 발행지 앞에 사용한다.
② 가운뎃점은 책임표시를 포함하여 정보원에 나타난 그대로 사용한다.
③ 쌍반점은 총서의 표제관련정보 앞에 사용한다.
④ 온점은 총서사항의 하위총서표제 앞에 사용한다.

58. 다음은 한국목록규칙 제4판의 일부를 발췌한 것으로, 이 설명에 해당하는 것을 고르시오.

목록에서 관련된 접근점 간을 연결하기 위한 기록이다. 일반적으로 주제명목록에서 하나의 주제명을 특정 형식의 주제명으로 연결하기 위한 것과, 그리고 관련된 접근점 상호간을 연결하기 위한 것이 있다.

① 참조   ② 저록   ③ 표목   ④ 기술

59. 다음의 한국목록규칙 제4판의 표제와 책임표시사항에 대한 내용 중 옳은 것은?
  ① 본표제는 축약할 수 있다.
  ② 표제의 일부분만 '두줄쓰기'로 되어 있는 것은 그대로 기재한다.
  ③ 한국어표제와 외국어표제가 기재되어 있는 경우, 원칙적으로 한국어 표제를 본표제로 기술한다.
  ④ 대등표제는 본표제 다음에 기재하되, 있는 그대로 기술한다.

60. 다음에서 설명하는 규칙의 특징으로 옳은 것은?

이 규칙은 기본적으로 KCR3의 기술체계를 수용하되, 자료의 서지적 특성을 제시하기 위한 기술요소를 추가하였으며, 한국문헌자동화목록형식(KORMARC)의 사용 환경을 고려하였다. 또 규칙의 전개방식이나 체제, 용어의 표현 등에서 우리의 사고와 언어관습에 맞는 형식과 용례를 다수 도입하였다.

① 목록의 기능을 명시적으로 제시한 첫 번째 규칙이다.

② 기술대상을 인쇄자료로 축소하였다.

③ 화상자료와 영상자료를 경계지어 구분하였다.

④ 기본표목에 대한 다양한 이론과 해석을 검토한 후, 원칙적으로 이 개념을 목록에서 추가하였다.

> **｜해설｜** ①. KCR4에 대한 설명으로 목록의 기능을 명시적으로 제시한 첫 번째 규칙이다. ② 기술대상의 범위를 마이크로자료, 연속간행물, 점자자료 등까지 크게 확장시켰다. ③ 화상자료와 영상자료의 경계가 불분명해짐에 따라 통합시켰다. ④ 책임표시의 한계를 해소하였다.

61. 한국목록규칙 제4판에서 '목록에서 저록의 검색 수단으로 사용되는 모든 요소'라고 설명하는 개념은 무엇인가?

① 접근점   ② 표목   ③ 표목지시   ④ 기술

> **｜해설｜** ①. 목록에서 저록의 검색수단으로 사용되는 모든 요소를 access point, 즉 접근점이라 칭한다. ② 표목은 저록의 배열을 결정하는 제 1요소를 일컬으며 ③ 표목지시는 복수의 저록 작성 시 저록의 표목을 지시하는 기능이다. ④ 기술은 저록을 구성하는 기본요소로서 문헌에 기재된 각종 사항 등의 외형에 대한 데이터를 지칭하는 요소이다.

62. 한국목록규칙 제4판에서 구두법의 기술방법으로 옳은 것을 고르시오.

① 빗금(/)은 기술의 첫 번째 사항인 표제와 책임표시사항을 제외한 각 사항의 첫 요소 앞에 사용한다.

② 쌍반점(;)은 동일 책임표시의 두 번째 이하의 표제, 역할이 다른 책임표시, 특정판(해당판)에 관련된 역할이 다른 책임표시, 두 번째 이하의 발행지, 크기, 총서의 권호 앞에 사용된다.

③ 쉼표(,)는 표제의 권차, 회차, 연차표시와 책임표시가 각기 다른 두 번째 이하의 표제와 책임표시사항, 총서사항의 하위총서표제 앞에, 내용주기의 권차, 회차, 연차표시 다음에 사용된다.

④ 각괄호([ ])는 본표제 앞에 기술되는 관제, 제작사항, 총서사항, 총서의 관제, 서력기념을 포함하는 두 종 이상의 발행년의 기념이 병기되어 있는 것의 서기 이외의 기념을 묶는 데나 상위단위의 지명에 의해 동명이지를 구별하는데, 장정표시에 사용된다.

> **｜해설｜** ②. ①은 온점·빈칸·이중붙임표·빈칸(. --)에 관한 내용이다. ③은 온점(.)에 관한 설명이다. ④는 원괄호(( ))에 관한 설명이다.

63. 다음 중 한국목록규칙 제4판에서 연속간행물의 기술 방법에 관한 설명으로 옳은 것을 고르시오.

① 창간호의 경우, '창간호'라는 표시가 있다 하더라도 본문의 언어에 따라 [1호] 또는 [No.1]이라 기술한다.

② 간행물에 책임을 진 단체가 본표제나 기타 표제에 포함되어 있어 이를 표제로 채택했을 경우에는 책임표시에는 원칙적으로 기술하지 않는다.

③ 간행물에 표시된 간행빈도가 실제의 간행빈도와 다를 경우에는 실제의 간행빈도를 표기하고 간행물에 표시된 간행빈도를 각괄호([ ])로 묶어 부기한다.

④ 간행물의 크기를 기술할 때, 간행물의 폭이 높이의 절반 이하이거나 높이와 같거나 클 경우에는 높이 다음에 폭의 길이를 곱셈표(×)로 연결하여 기술한다.

> **| 해설 |** ④. ① 창간호라는 표시가 있을 경우, 창간권호차로 기술해야 한다. ② 간행물에 책임을 진 단체가 본표제나 기타 표제에 포함되어 있어 이를 표제로 채택했을 경우에도 책임표시에서 이를 반복하여 기술한다. ③ 간행물에 표시된 간행빈도가 실제의 간행빈도와 다를 경우에는 간행물에 기재된 대로 기술하고, 실제 간행빈도는 '실은'이란 어구와 함께 각괄호([ ])로 묶어 부기한다.

64. 한국목록규칙 제4판(KCR4)의 특성으로 알맞은 것을 고르시오.

① 목록의 기능을 처음으로 제시한 규칙이다.

② 단행본이나 고서와 같은 인쇄매체로 기술대상을 제한하였다.

③ 1983년에 간행되었다.

④ 기술만으로 저록을 완결하는 기법을 채택한 규칙이다.

> **| 해설 |** ①. 목록의 기능을 처음으로 제시한 규칙이다. 종래 목록규칙에서는 규칙의 제정의도가 분명하게 제시되지 않았던 점을 고려하여 목록의 기능을 명시적으로 제시하였다. ②, ③, ④는 KCR3의 특성이다.

65. 다음의 한국목록규칙의 내용을 읽고, 올바른 특징을 고르시오.

> 이 규칙은 기본적으로 KCR3의 기술체계를 수용하되, 자료의 서지적 특성을 제시하기 위한 기술요소(자료 특성사항 및 특정자료종별과 자료의 수량)를 추가하였으며, 한국문헌자동화목록형식(KORMARC)의 사용 환경을 고려하였다. (생략) 규칙의 전개방식이나 체제, 용어의 표현 등에서 우리의 사고와 언어관습에 맞는 형식과 용례를 다수 도입하였으며, 저록작성과정에서 사용되는 일부 전문 용어에 대한 해설을 비롯하여 표준국명부호나 언어부호를 제시하고 있다.

① 기본표목에 대한 다양한 이론과 해석을 검토한 후, 원칙적으로 이 개념을 목록에서 제외하였다. 표목의 선정과 형식은 전거에서 처리하도록 규정하고, 본 목록규칙에서는 이를 제외하였다.

② 이 규칙에서는 표목의 선정과 형식, 기술목록규칙(단행본과 연속간행물)을 내용으로 하여 기본표목의 선정과 형식을 기술목록보다 우선하였다.

③ 이 규칙은 규칙조문의 중복을 피하고 이해를 돕기 위해 많은 용례를 삽입하고, 저자표시와 관련된 사항을 수정하고, 표기법과 약어표를 보완하여 수정판을 간행했다.

④ 국제표준서지기술법에서 규정한 기술방식을 수용하여, 서지기술의 표준화를 기하고 저록의 국제교환과 기계가독목록에 적용할 수 있으며, 도서를 비롯한 모든 매체의 자료를 저록의 대상으로 수용하였다.

> | 해설 | ①. 보기의 내용은 한국목록규칙 제4판의 내용이다. ①은 기본표목의 배제에 관한 내용이다. ② ③은 한국목록규칙 초판(1964) 및 수정판(1966), ④는 한국목록규칙 제3판의 내용이다.

66. 한국목록규칙 제4판(KCR4)의 기술원칙에 대한 설명으로 옳은 것은?

① 오기와 오식은 있는 그대로 기재하고 그 다음에 [!] 또는 [sic]를 부기하거나 "바른꼴" 또는 "e, I"를 관기하여 그의 바른 꼴을 각괄호[]로 묶어 부기한다.

② 구두점은 그 앞과 뒤를 띄어 쓴다. 다만 마침표(.)와 쉼표(,) 주기사항에서 설명적 기능을 갖는 쌍점(:)만은 앞만을 띄어 쓴다.

③ 표제와 책임표시사항, 권차, 회차, 연차표시의 숫자는 자료에 쓰여진 그대로 기재한다. 한국토박이말의 서수는 쓰여진 그대로 기술한다.

④ 서양인명의 이름과 성 사이는 띄어 쓴다. 서양인명이 두문자로 표시된 경우에는 온점(.) 다음에 띄어쓰기를 하되, 두 문자가 연속으로 이어진 경우는 띄어 쓰지 않는다.

> | 해설 | ④. ① [!] 또는 [sic]를 부기하거나 "실은" 또는 "i.e."를 관기한다. ② 마침표와 쉼표 주기사항에서 설명적 기능을 갖는 쌍점만은 뒤만 띄어 쓴다. ③ 표제와 책임표시사항의 숫자는 자료에 쓰여진 그대로 기재하고 권차, 회차, 연차표시는 아라비아숫자로 통일해서 사용한다. ④ 한자는 정자와 약자 간의 상호 사용을 허용한다.

67. 한국목록규칙 제4판(KCR4)의 특징으로 옳은 것은?

① 통일표목을 적용하였다.

② 접근점 대신 표목이란 용어를 사용하였다.

③ 저록에 포함되는 책임표시(저자 등)의 수에 원칙적으로 제한을 두지 않았다.

④ 화상자료와 영상자료를 분리한 규칙을 제정하였다.

| 해설 | ③. ① 통일표목을 적용하지 않는다. ② 표목대신 접근점이란 용어를 사용하였다. ④ 화상자료와 영상자료를 통합한 규칙을 제정하였다. 이 밖에도 KCR4의 특징은 다음과 같다. 1) 동서는 물론 동서와 양서 공용의 목록규칙이다. 2) 목록의 기능을 처음으로 제시한 규칙이다. 3) 전판에 비해 기술의 대상을 크게 확장하였다. 4) 기본표목을 규정하지 않았다. 5) 규칙의 전개방식이나 체제, 표현 등에서 우리의 사고와 언어습관에 맞는 형식을 도입하였다.

68. 한국목록규칙 제4판(KCR4)의 표제와 책임표시사항에 관한 내용으로 옳지 않은 것은 무엇인가?

① 한국어표제와 외국어 표제가 기재되어 있는 경우, 원칙적으로 외국어 표제를 본 표제로 기술한다.

② 저작자명이나 판표시, 발행처명 등이 본표제 속에 포함되어 문법적으로나 형태적으로 본 표제를 이루는 불가분의 요소인 경우에는 이 전체를 본표제로 기술한다.

③ 종합표제나 대표표제가 기재된 자료에서는 이 종합표제나 대표표제를 본 표제로 기재하고, 수록된 각 저작의 표제는 주기한다.

④ 두 권 이상으로 구성된 자료에서 권책에 따라 표제가 다른 것은 같은 것끼리 묶어 독립저록을 한다. 권책에 따라 표제의 변동이 있다는 사실을 주기한다.

| 해설 | ①. 한국어 표제와 외국어 표제가 기재되어 있는 경우는 한국어 표제를 본표제로 기술한다.

69. 다음은 한국목록규칙 제4판(KCR4)의 본표제에 대한 설명이다. 본표제에 해당되지 않는 것은?

① 자료에 기재된 유일한 표제

② 종합표제나 대표표제를 지닌 합집에서 종합표제나 대표표제

③ 종합적인 어구나 책임표시(단체명 포함)만으로 구성된 표제

④ 언어가 다른 두 가지 외국어 표제를 지니고 있는 경우에는 처음에 기술된 언어나 문자와 일치되는 표제

70. 다음은 한국목록규칙 제4판(KCR4)에 나오는 본표제의 기술방법에 대한 설명이다. 옳지 않은 것은?

① 단일 언어나 문자로 된 표제는 으뜸정보원에 나타난 표제의 활자크기를 1순위, 기재순서를 2순위로 삼아 본표제를 채택한다.

② 본표제가 소정의 으뜸정보원에 기재되지 않은 자료에서는 해당 자료의 다른 부분이나 참고자료 등의 다른 정보원에서 이를 찾아내어 각괄호([ ])로 묶어 보기한다.

③ 종합표제나 대표표제가 기재된 자료에서는 이 종합표제나 대표표제를 본표제로 기재하고, 수록된 각 저작의 표제는 주기한다.

④ 신판이나 별책으로 나온 속편이나 보유, 색인 등의 표제가 전판이나 정편, 본편의 표제와 다를 경우에는 전판이나 정편, 본편의 표제를 본표제로 한다. 이때 별책의 표제는 주기한다.

71. 다음은 한국목록규칙 제4판에 나오는 발행지의 기술방법에 대한 설명이다. 옳지 않은 것은?

① 발행지명은 그 자료에 쓰여진 문자나 철자나 문법적 격이나 활용형 그대로 기재하고, 식별상 필요한 경우에는 현재 통용되는 다른 이름을 각괄호([ ])로 묶어 보기한다.

② 시의 경우는 행정구역의 단위명칭(예: '시', '광역시', '특별시' 등)을 제외하고, 그 밖의 경우(예: '읍', '郡', '道' 등)는 단위명칭을 포함하여 기술한다.

③ 동명이지를 구분하거나, 식별상 필요한 경우에는, 그보다 상위단위의 도명이나 국명을 그 지명 다음에 부기한다. 이때 부기되는 지명을 동서는 각괄호([ ])로 묶어 기재하고 양서는 쉼표(,)를 앞세워 기재한다.

④ 하나의 발행처에 둘 이상의 발행지명이 표시된 경우에는, 중요하게 기재되었거나 맨 처음에 표시된 발행지명을 기재한다. 외국지명이 먼저 기재되어 있고 우리나라의 지명이 그 다음에 기재된 것은 첫 번째 발행지에 이어 우리나라의 지명을 병기한다.

72. 다음은 한국목록규칙 제4판(KCR4)에 의해 발행년을 추정하여 기술한 것이다. 그 기술과 추정의 상황이 잘못 짝지어진 것은?

① [1979] - 그 해로 추정할 때

② [197-?] - 그 십년대의 어느 해로 추정할 때

③ [19--] - 그 세기의 어느 해가 확실하다고 볼 때

④ [19--?] - 그 세기의 어느 해로 추정할 때

73. 다음은 한국목록규칙 제4판(KCR4)에 의해 형태사항 말미에 딸림자료의 유형과 수량 등을 기재한 것이다. 옳지 않은 것은?

① 350 p.: 삽도 ; 19 cm + 해답서 1책

② 384 p.: 삽화 ; 20 cm + 디스크 2매

③ 260 p.: ill. ; 27 cm + teacher's notes

④ 악보 1매 (32 p.) ; 26 cm + 녹음 카세트 3개

74. 다음은 한국목록규칙 제4판(KCR4)에 나오는 총서사항의 기술요목과 순서를 기술한 것이다. 옳은 것은?

① 총서의 본표제 - 총서의 대등표제 - 총서의 표제관련정보 - 총서의 책임표시 - 총서의 ISSN - 총서의 권호 - 하위총서

② 총서의 본표제 - 총서의 대등표제 - 총서의 표제관련정보 - 총서의 책임표시 - 총서의 권호 - 하위총서 - 총서의 ISSN

③ 총서의 본표제 - 총서의 대등표제 - 총서의 표제관련정보 - 총서의 책임표시 - 총서의 권호 - 총서의 ISSN - 하위총서

④ 총서의 본표제 - 총서의 표제관련정보 - 총서의 대등표제 - 총서의 책임표시 - 총서의 ISSN
- 총서의 권호 - 하위총서

75. 다음은 한국목록규칙 제4판(KCR4)에 나오는 내용주기에 대한 설명이다. 그 설명이 옳지 않은 것은?

① 종합표제나 대표표제 아래 수록된 저작의 전체 또는 중요한 것 또는 선발된 부분의 내역을, 전체에 대한 것은 '내용' 또는 'Contents', 중요한 것에 대한 것은 '중요 내용' 또는 'Incomplete contents', 선별된 부분에 대한 것은 '부분 내용' 또는 'Partial contents'란 도입어구를 관기하여 주기한다.

② 종합표제나 대표표제가 기재되지 않은 저작에서 첫 저작 또는 첫 저작자의 저작만 기술하고 나머지는 '외' 또는 '外' 또는 'et al.' 자로 대신하여 생략한다.

③ 두 권 이상으로 이루어진 다권본은 각 권 책마다 권차, 표제, 책임표시를 그 순서대로 기재하며, 필요에 따라 각 권책 단위로 줄을 달리해서 적을 수 있다.

④ 권차의 단위명칭과 그 표현은, 숫자를 아라비아 숫자로 통일해서 적는 것 외에는 그 자료의 용자 그대로 따른다.

> **| 해설 |** ①. 종합표제나 대표표제 아래 수록된 저작의 전체 또는 중요한 것 또는 선발된 부분의 내역을, 전체에 대한 것은 '내용' 또는 'Contents', 중요한 것에 대한 것은 '불완전 내용' 또는 'Incomplete contents', 선별된 부분에 대한 것은 '부분 내용' 또는 'Partial contents'란 도입어구를 관기하여 주기한다.

76. 다음은 한국목록규칙 제4판(KCR4) 단행본의 기술에 대한 규정이다. 그 설명이 옳지 않은 것은?

① 정보원의 우선순위는 1) 표제면, 이표제면(裏標題面), 판권면, 표지 2) 약표제면, 권두 3) 책등(書背), 레이블 4) 서문, 후기, 본문, 부록 등 그 도서의 나머지 부분 5) 그 도서 이외의 정보원 순이다.

② 판사항의 으뜸정보원은 표제면, 판권면, 표지, 약표제면, 권두, 책등에서 얻는다.

③ 복제본의 정보원은 원칙적으로 원본 자체를 대상으로 하여 기술한다.

④ 면장수 매김의 단위명칭은, 각 장의 양쪽 면에 순차가 매겨져 있는 도서는 그 순차의 명칭을 'p'로 표시한다. 다만 동서의 경우는 'p.' 대신 '면'이나 '쪽'으로 표시할 수 있다. 만약 한쪽 면에만 인쇄된 도서인 경우에는 '장' 또는 'leaves'로 표시하고 사실을 주기사항에 적어준다.

> **| 해설 |** ③. 복제본의 정보원은 원칙적으로 복제본 자체를 정보원으로 하며 원본을 대상으로 기술하지 않는다.

77. 다음은 한국목록규칙 제4판(KCR4) 단행본의 기술에 대한 규정이다. 그 설명이 옳지 않은 것은?

① 도서의 삽화류는 '삽화' 또는 'ill.'란 말로 이를 대표하여 기재한다. 이 경우 본문 내의 표 (tables)는 본문의 일부로 간주하여 삽화로 취급하지 않는다.

② 견본(samples), 계보(genealogical tables), 도표(charts), 문장(紋章: coats of arms), 사진(photographs), 설계도(plans), 악보(music), 양식(forms), 영인도판(facsimile), 지도(maps), 초상(portraits), 해도(charts)를 수록하고 있는 도서로서 이들 이외의 삽화가 함께 수록되어 있을 경우에는 '삽화' 또는 'ill.'란 말을 우선 기재한 다음 이들을 책에 나오는 순으로 기재한다.

③ 도서의 전부 또는 대부분이 삽화류로 구성되어 있는 것은, '전부 삽화' 또는 'all ill.', '주로 삽화' 또는 'chiefly ill.'와 같이 적절한 말로 표시한다. 특수한 종류의 삽화류일 경우에는 '전부[삽화류의 종류명]', 또는 'all [name of type]', '주로[삽화류의 종류명]' 또는 'chiefly [name of type]'과 같이 표시한다.

④ 도서의 크기는 표지의 높이(즉, 세로)를 센티미터 단위(센티미터 미만의 끝투리는 위로 올려서 기재한다. 높이가 10센티미터 미만의 것은 밀리미터 단위로 기재한다. 센티미터는 'cm', 밀리미터 단위는 'mm'로 표시함을 원칙으로 한다.

| 해설 | ②. 견본(samples), 계보(genealogical tables), 도표(charts), 문장(紋章: coats of arms), 사진(photographs), 설계도(plans), 악보(music), 양식(forms), 영인도판(facsimile), 지도(maps), 초상(portraits), 해도(charts)를 수록하고 있는 도서로서 이들 이외의 삽화가 함께 수록되어 있을 경우에는 '삽화' 또는 'ill.'란 말을 우선 기재한 다음 이들을 자모순으로 기재한다.

78. KCR4에서는 표제와 책임표시사항을 제외한 각 사항의 첫 요소 앞에 구두점을 사용하도록 규정하고 있는데, 다음 중 옳은 것은?

① . --   ② =   ③ /   ④ :

| 해설 | ①. . -- (온점·빈칸·이중붙임표·빈칸)을 사용토록 규정한다.

79. 다음은 한국목록규칙 제4판(KCR4)에 의한 전사문구의 띄어쓰기에 대한 규정의 용례이다. 그 용법이 옳지 않은 것은?

① Henry C. DeMille   ② S. C. Glover
③ 최현배 지음   ④ 한국능력개발사 편집부 편

80. 다음 중 KCR4에서 쌍반점(;)을 사용하는 경우로 옳지 않은 것은?

① 표제와 책임표시사항에서 표제관련정보 앞

② 판사항에서 특정 판의 역할이 다른 책임표시 앞

③ 발행사항에서 두번째 이하의 발행지 앞

④ 형태사항에서 크기 앞

81. 다음은 한국목록규칙 제4판(KCR4)에 의한 오기, 오식, 탈자에 대한 규정의 용례이다. 그 용법이 옳지 않은 것은?

① 1997 [실은 1979]

② Chansons créés et interprétés [sic]

③ Looser [sic. Loser] takes all

④ [???]

82. 다음은 한국목록규칙 제4판(KCR4)의 표제관련정보의 기술방법에 대한 규정이다. 그 설명이 옳지 않은 것은?

① 표제관련정보는 대등표제 다음에 기재한다. 대등표제가 없는 경우에는 본표제 다음에 기재하며 본표제가 별표제를 수반하고 있는 경우에는 별표제 다음에 기재한다.

② 저작의 성격이나 양식, 내용을 표현하는 사항(예: 시집, 수필집, 장편소설, 회고록, 자서전 등)이 저자명에 덧붙여 복합어구를 구성하는 경우, 이를 본표제로 채택하지 않은 경우에는 그 전체를 하나로 보아 표제관련정보로 기재한다.

③ 표제관련정보의 기재순서는 으뜸정보원에 기재된 순서나 활자의 크기에 따라 기재하되, 책임표시의 성격을 띤 표제를 맨 나중에 기재한다.

④ 너무 긴 표제관련정보는 주기사항에 옮겨 적거나, 적당히 줄여 적을 수 있다. 이때 축약은 본래의 의미를 잃지 않는 범위 내에서 표제 뒷부분을 줄일 수 있다.

83. 다음은 한국목록규칙 제4판(KCR4)의 판사항에 대한 규정이다. 그 설명이 옳지 않은 것은?

① 판사항은 표제와 책임표시사항만으로는 식별되지 않는 자료를 판표시를 통해 개별화하기 위한 것이다.

② 인쇄원판은 동일하지만 축쇄판, 장서판, 보급판 등 특정판으로 표시된 것은 판표시의 범위에 포함하지 않는다.

③ 판표시는 해당 자료의 으뜸정보원에 표시되어 있는 용자 그대로 기재한다.

④ 쇄차표시는 원칙적으로 기재하지 아니한다. 그러나 쇄차를 밝힐 필요가 있을 경우에는 이를 기재하되, 판표시가 있으면, 그 다음에 이어서 기재한다.

84. 한국목록규칙 제4판(KCR4)에서는 단행본이나 필사자료, 영상자료를 제외한 자료에서 자료특성사항을 기재하도록 규정하고 있다. 자료와 그 특이한 사항을 기재하는 것이 잘못 짝지어진 것은?

① 지도자료 - 축척 및 좌표에 관한 사항

② 악보 - 자료유형별 특성

③ 전자자료 - 자료내용 및 크기사항

④ 연속간행물 - 권호차, 연월차에 관한 사항

85. 다음은 한국목록규칙 제4판(KCR4)에서 적용되는 표제와 책임표시사항의 요소별 구두점을 나열한 것이다. 옳지 않은 것은?

① = 대등표제

② ; 표제관련정보

③ , 동일 역할의 두 번째 이하 책임표시

④ ; 역할이 다른 책임표시

86. 다음은 한국목록규칙 제4판(KCR4)에서 적용되는 발행사항의 요소별 구두점을 나열한 것이다. 옳지 않은 것은?

① . -- 첫 번째 발행지　　　　② ; 두번째 이하의 발행지
③ , 발행처　　　　　　　　　④ , 발행년

87. 다음은 한국목록규칙 제4판(KCR4)에서 적용되는 형태사항의 요소별 구두점을 나열한 것이다. 옳지 않은 것은?

① . - 특정자료종별과 자료의 수량　　② : 기타 형태사항　　③ ; 크기　　④ + 딸림자료

88. 다음은 한국목록규칙 제4판(KCR4)에서 적용되는 총서사항의 요소별 구두점을 나열한 것이다. 옳지 않은 것은?

① = 총서의 대등표제   ② , 총서의 ISSN

③ ; 총서의 권호   ④ : 하위총서

> **| 해설 |** ④. 총서사항의 구두점을 요소별로 나열하면 다음과 같다.
>
>   . -- (총서의 본표제
>   = 총서의 대등표제
>   : 총서의 표제관련정보
>   / 총서의 책임표시
>   , 총서의 ISSN
>   ; 총서의 권호
>   . 하위총서)
>   (둘 이상의 독립총서의 두 번째 이하의 총서)

89. 다음은 한국목록규칙 제4판(KCR4)에서 적용되는 표준번호 및 입수조건사항의 요소별 구두점을 나열한 것이다. 옳지 않은 것은?

① . -- 표준번호   ② = 등록표제

③ : 가격   ④ ; 장정

> **| 해설 |** ④. 표준번호 및 입수조건사항의 구두점을 요소별로 나열하면 다음과 같다.
>
>   . -- 표준번호
>   = 등록표제
>   : 입수조건표시 (가격, 장정 등 표시)

90. 다음은 한국목록규칙 제4판(KCR4)에 의해 작성한 학위논문주기에 대한 용례이다. 그 용법이 옳지 않은 것은?

① Thesis(M.A.) - Columbia University, School of Library Science, 2004

② Thesis - University of Michigan, Dept. of Computer Science, 2010

③ 학위논문(박사) - 서울대학교 대학원, 원자핵공학과, 2008

④ 학위논문(석사) - 한양대학교 교육대학원, 사서교육전공, 2001

②. 학위논문은 다음과 같은 형식으로 주기한다. "학위논문(학위구분) – 학위수여대학, 전공학과명, 학위수여연도" 서양서의 경우는 'Thesis'란 말 다음에 'M.A.' 또는 'Ph.D.' 등의 학위명의 약칭(만약 이들 약칭이 부적합할 경우에는 'doctoral' 또는 'master' 등의 완전철자)을 원괄호(( ))로 묶어 부기한다. 따라서 정답은 'Thesis(Ph.D.) – University of Michigan, Dept. of Computer Science, 2010'이다.

91. 다음은 한국목록규칙 제4판(KCR4)의 합철물에 관한 주기를 설명한 것이다. 괄호 속에 들어갈 용어로 옳은 것은?

독립된 표제면을 지닌 자료가 다른 자료에 합철되어 있고, 이들 저작을 포괄하는 종합표제가 없는 경우에는, 주기술부에 기술되지 않은 자료를 '합철' 또는 '(   )'란 도입어구를 관기하여 주기한다.

① With
② Contents
③ Incomplete contents
④ Partial contents

| 해설 | ①. ②,.③,.④는 종합표제나 대표표제 아래 수록된 저작의 내역을 주기하는 내용주기에 사용되는 도입어구로 Contents(내용)는 전체에 대한 것, Incomplete contents(불완전 내용)는 중요한 것에 대한 것, Partial contents(부분 내용)는 선별된 부분에 대한 것에 사용한다.

92. 다음은 한국목록규칙 제4판(KCR4)에서 규정한 전자자료에 대한 각 사항별 으뜸정보원을 기술한 것이다. 성격이 다른 사항을 고르시오.

① 형태사항
② 주기사항
③ 판사항
④ 표준번호 및 입수조건사항

| 해설 | ③. 판사항은 내부정보원, 매체나 레이블, 도큐멘테이션, 용기에서 으뜸정보원을 취하나 ①,②,④는 어디에서나 가능하다. 참고로 각 서지사항의 정보원은 다음과 같다.

1) 표제와 책임표시사항: 내부정보원, 매체나 레이블, 도큐멘테이션, 용기
2) 판사항: 내부정보원, 매체나 레이블, 도큐멘테이션, 용기
3) 자료특성사항: 어디에서나
4) 발행사항: 내부정보원, 매체나 레이블, 도큐멘테이션, 용기
5) 형태사항: 어디에서나
6) 총서사항: 내부정보원, 매체나 레이블, 도큐멘테이션, 용기
7) 주기사항: 어디에서나
8) 표준번호 및 입수조건사항: 어디에서나

93. 다음은 한국목록규칙 제4판(KCR4)에서 연속간행물의 권호차, 연월차사항에 적용하는 구두법을 기술한 것이다. 옳지 않은 것은?

① . -- 창간권호차 또는 연월차   ② ( ) 창간년월일, 종간년월일
③ - 종간권호차 또는 연월차   ④ ; 변경된 권호차나 연월차

| 해설 | ④. : 변경된 권호차나 연월차

94. 다음은 한국목록규칙 제4판(KCR4)에서 규정한 연속간행물에 대한 각 사항별 으뜸정보원을 기술한 것이다. 성격이 다른 사항을 고르시오.

① 총서사항   ② 표제와 책임표시사항   ③ 판사항   ④ 발행사항

| 해설 | ①. 각 서지사항의 정보원은 다음과 같다.

1) 표제와 책임표시사항
 가) 표지나 표제면이 있는 경우: 표지, 표제면, 책등, 판권면
 나) 표지나 표제면이 없는 경우: 제자란, 발행인란
2) 판사항: 1)과 동일
3) 권호차, 연월차사항: 해당 연속간행물 자체에서
4) 발행사항: 1)과 동일
5) 형태사항: 해당 연속간행물 자체에서
6) 총서사항: 해당 연속간행물 자체에서
7) 주기사항: 해당 연속간행물 자체, 또는 그 밖의 정보원
8) 표준번호 및 입수조건사항: 해당 연속간행물 자체, 또는 그 밖의 정보원

95. 다음은 한국목록규칙 제4판(KCR4) 연속간행물의 표제와 책임표시사항에 대한 기술요목이다. 옳지 않은 것은?

① 본표제   ② 판차표시   ③ 대등표제   ④ 표제관련정보

| 해설 | ②. 권호차, 연월차표시를 기술한다.

96. 다음은 한국목록규칙 제4판(KCR4) 연속간행물의 표제와 책임표시사항의 기술방법에 대한 내용이다. 그 내용이 옳지 않은 것은?

① 간행빈도를 나타내는 어구가 표제의 활자와 같은 크기로 표제에 나타나 있을 때에는 간행빈

도를 포함하여 본표제로 기술한다. 간행빈도를 나타내는 어구가 표제의 활자 크기와 다른 경우에는 본표제에서 제외한다.

② 호마다 변경되는 회차 또는 연월차가 포함된 표제는 그 회차 또는 연월차를 제외하고 본표제로 채기한다. 회차 또는 연월차가 본표제의 첫머리나 끝에 표시된 경우에는 생략부호 없이 생략하고, 본표제의 중간에 표시된 경우에는 석점줄임표(...)로 이를 대신한다.

③ 회보나 월보, 학술지, 보고, 연구보고, 기술보고, 논문집 등과 같이 개별화가 곤란한 어구로만되어 있는 표제인 경우에도 이를 그대로 본표제로 한다. 식별을 위해 책임표시나 발행처명이포함된 기타 표제를 사용할 수 있다.

④ 간행물의 정보원에 기재된 표제가 각각 다른 경우에는 맨 처음에 나오는 정보원에서 본표제를채기하고, 상이한 형식의 표제는 해당 정보원과 함께 주기사항에 기술한다.

| 해설 | ④. 간행물의 정보원에 기재된 표제가 각각 다른 경우에는 정보원의 우선순위에 따라 본표제를 채기하고, 상이한 형식의 표제는 해당 정보원과 함께 주기사항에 기술한다.

97. 다음은 한국목록규칙 제4판(KCR4) 연속간행물의 표제와 책임표시사항의 기술방법에 대한내용이다. 그 내용이 옳지 않은 것은?

① 본표제가 변경된 경우에는 변경된 표제 아래 독립된 저록을 작성한다. 변경전 저록에서는 새로운 표제를, 그리고 변경후 저록에서는 변경전표제를 주기사항에 기술하고, 여기에 해당 권호차와 연월차, ISSN을 부가하여 기재한다. 표제가 두 번 이상 변경된 경우는 해당 자료와 직접 관계된 직전표제와 직후표제의 변경사항을 주기사항에 기술한다.

② 합철지는 합철된 각각의 간행물을 대상으로 저록을 작성한다. 합철지에 종합표제가 있는 경우에는, 종합표제를 본표제로 채기하고, 합철된 각 표제는 주기한다.

③ 본표제가 축약형으로 기재되어 있는 경우에는 축약형을 본표제로 채기한다. 축약형과 완전형이 함께 기재된 경우에는 완전형 표제를 본표제로 기술하고, 본표제로 채기되지 않은 표제는 표제관련정보로 기술한다.

④ 하나의 연속간행물이 부(部)나 편(編), 계로 나뉘어 간행되고, 그 부, 편, 계에 따른 순차와 표제가 있는 경우 이를 편차와 편제로 기술한다. 편차와 편제는 공통되는 표제에 연이어 기술한다. 편차가 아라비아숫자 이외의 수를 의미하는 로마숫자, 한자, 한글어구 등으로 쓰여진 경우에는 그에 상응하는 아라비아숫자로 기술한다.

| 해설 | ③. 본표제가 축약형으로 기재되어 있는 경우에는 축약형을 본표제로 채기한다. 축약형과 완전형이 함께 기재된 경우에는 활자의 크기나 기재순서에 따라 더 분명하게 기재된 표제를 본표제로 기술하고, 본표제로 채기되지 않은 표제는 표제관련정보로 기술한다.

98. 다음은 서수의 자료상 표기와 기술사의 표기에 관한 내용이다. 옳지 않은 것은?

	자료상의 표기	기술상의 표기
①	제일, 제이, 제삼, 제사 ...	제1, 제2, 제3, 제4 ...
②	第一, 第二, 第三, 第四 ...	第1, 第2, 第3, 第4 ...
③	first, second, third, fourth ...	1st, 2nd, 3rd, 4th ...
④	erst-, zweist-, dritt-, viert ...	1, 2, 3, 4 ...

| 해설 | ④ 영어 이외의 서양어 서수는 서수를 가리키는 문자(t, st-, er, e 등)를 온점으로 대체하여 기술한다. → 기술상의 표기: 1., 2., 3., 4., ...

99. 다음은 한국목록규칙 제4판(KCR4)에서 연속간행물의 책임표시를 기술하는 방법에 대한 내용이다. 그 내용이 옳지 않은 것은?

① 으뜸정보원에 저작의 역할을 달리하는 두 종 이상의 책임표시가 기재되어 있는 것은, 저자를 우선 기술하고 나머지는 그 정보원에 표시되어 있는 활자의 크기나 기재순서에 따라 기술한다.

② 으뜸정보원에 축약형으로 책임표시가 기재되어 있는 경우에는 완전형으로 변환하여 기술하고, 필요에 따라 축약형을 주기사항에 기술할 수 있다.

③ 발행처가 간행물에 대한 책임을 가진 경우에는 이를 책임표시로 기술하고, 역할어는 각괄호로 묶어 기술한다.

④ 저작에 대한 역할과 성격을 나타내는 어구는 책임표시 다음에 정보원에 기재된 대로 기술한다. 역할어가 으뜸정보원 이외에서 확인된 경우에는 이를 각괄호([ ])로 묶어 기술하고, 편자를 의미하는 역할어(編, 編集, 編輯, 編纂 등)는 간단히 '편'(또는 '編')으로 기술한다.

| 해설 | ②. 으뜸정보원에 축약형으로 책임표시가 기재되어 있는 경우에는 정보원에 기재된 형식대로 기술하고, 필요에 따라 완전형을 주기사항에 기술할 수 있다.

100. 다음은 한국목록규칙 제4판(KCR4)에서 연속간행물의 권호차, 연월차사항에 대한 내용을 기술한 것이다. 그 내용이 옳지 않은 것은?

① 복제물이나 점역(點譯)된 자료의 경우는 대본인 연속간행물의 권호차와 연월차를 기술한다. 복제물이나 점자자료에 별도의 권호차나 연월차가 있는 경우에는 이를 주기한다.

② 권호차와 연월차는 창간호(본표제가 변경된 연속간행물에서 권호를 승계한 경우는 변경된 첫 호)와 종간호를 범위로 기술한다. 다만 계속 간행되고 있는 연속간행물에서는 창간호에 관한 사항만을 기술한다.

③ 권호차, 연월차표시는 연속간행물의 간행기간을 나타내는 것으로 창간권호나 창간년월일을 기술한 다음 종간권호나 종간년월일을 짧은 붙임표(-)로 연결하여 기술한다. 단 권호차의 날짜를 나타내는 연월차표시는 각각 원괄호로 묶어 기술한다.

④ 창간호에 권호차나 연월차표시가 없이 '창간호'라고만 되어 있는 경우에는 이를 아라비아 숫자 1로 기술한다.

> **|해설|** ④. 창간호에 권호차나 연월차표시가 없이 '창간호'라고만 되어 있는 경우에는 이를 창간권호차로 기술한다.

101. 다음은 한국목록규칙 제4판(KCR4)에서 연속간행물의 권호차, 연월차사항에 대한 내용을 기술한 것이다. 그 내용이 옳지 않은 것은?

① 권호차나 연월차가 언어나 문자를 달리해서 두 종 이상 있는 경우에는 본표제의 언어나 문자와 일치하는 권호차와 연월차를 기술한다. 채기되지 않은 권호차와 연월차표시는 필요한 경우 주기사항에 기술한다.

② 권호차는 원칙적으로 아라비아 숫자로 기술한다. 아라비아 숫자 이외의 로마숫자, 한자, 한글 어구, 수를 의미하지 않는 문자 등으로 쓰여진 경우에는 그에 상응하는 아라비아 숫자로 기술한다. 수를 의미하지 않는 문자로 된 권호차표시는 숫자로 바꿔 기술한다.

③ 권호차표시 없이 연월차만 표시되어 있는 경우에는 연월차를 권호차로 대신하여 기술한다. 일간지 등과 같이 권호차 없이 날짜만 기재된 경우에는 연월일 전부를 권호차로 간주하여 기술한다.

④ 창간호의 권호차가 순차적(제1권1호, 제1호 등)으로 시작되지 않고, 중간부터 시작되는 경우, 권호차, 연월차표시는 있는 그대로 기술하고 주기사항에 이 사실을 기술한다.

> **|해설|** ②. 권호차는 원칙적으로 아라비아 숫자로 기술한다. 아라비아 숫자 이외의 로마숫자, 한자, 한글어구 등으로 쓰여진 경우에는 그에 상응하는 아라비아 숫자로 기술한다. 수를 의미하지 않는 문자로 된 권호차표시는 표시된 그대로 기술한다.

102. 다음은 한국목록규칙 제4판(KCR4)에 의해 작성한 연속간행물에 대한 용례이다. 그 용법이 잘못된 것은?

① 권호차나 연월차 매김이 둘 이상으로 나타나 있는 경우:

　제1권 제1호 (1990년 가을)-

　주기에 → 권호차·연월차: 통권호도 기재되어 있음

② 합병호로 간행된 경우:

　통권1호 (1988년 9월)-통권 23/24호 (1990년 8월)

③ 휴간되었다 복간된 경우: 창작과 비평.

　-- 제1권 제1호 (1966년 겨울)-제15권 제5호 (1980년 여름), 복간 제16권 제1호 (1988년 봄)-

　주기에 → 휴간: 1980년 가을-1987년 겨울

④ 권호차나 연월차표시가 다른 정보원으로부터 확인된 경우:

　주기에 → 권호차·연월차: 1996년 창간. 한국잡지총람

| 해설 | ②. 통권1호 (1988년 9월)-통권 23·24호 (1990년 8월)이 정답이다. 이유는 창간호나 종간호가 합병호로 간행된 경우에는 합병된 권호 사이를 가운뎃점(·)으로 표시하기 때문이다. ① 권호차나 연월차 매김이 둘 이상으로 나타나 있는 경우에는 권호, 통권, 연월차의 순으로 채기한다. 채기되지 않은 권호차표시는 필요한 경우 주기사항에 기술한다. ③ 휴간된 경우에는 종간호의 기재위치에 휴간권호차와 연월차를 기술한다. 복간된 경우에는 '복간'이란 어구를 앞세워 복간된 권호차와 연월차를 기술한다. 단, 간행물에 '복간'이란 어구가 없는 경우에는 이를 각괄호([ ])로 묶어 기술한다. 휴간된 기간의 권호차나 연월차는 주기사항에 기술한다. ④ 권호차나 연월차표시가 다른 정보원으로부터 확인된 경우에는 권호차, 연월차사항에 기술하지 않고, 그 정보원과 함께 주기사항에 기술한다.

---

103. 다음은 한국목록규칙 제4판(KCR4)에서 연속간행물의 주기사항을 기술하는 방법에 대한 내용이다. 그 내용이 옳지 않은 것은?

① 간행빈도는 주기사항의 두 번째 요소로, 식별이 가능한 범위 내에서 '주3회'와 같이 간략히 기술한다.

② 간행빈도가 변경된 경우, 변경전후의 간행빈도를 '빈칸, 반쌍점, 빈칸'(;)으로 구분하여 기술하되, 각각 해당 간행빈도의 권호차·연월차를 '쉼표, 빈칸'(,)을 앞세워 기술한다.

③ 간행물의 정보원에 서로 다르게 나타난 표제나 주기술부에 채기되지 않은 표제가 있는 경우 이를 주기한다.

④ 개별표제는 매권 또는 매호마다 나타나는 고유표제 이외의 특별한 표제로, 주로 연차간행물, 연감 또는 특별한 주제와 관련된 회의록에서 볼 수 있는 것으로서, 그 간행물을 개별표제로 구분해야 할 필요가 있을 때 한하여 주기한다.

104. 다음은 한국목록규칙 제4판(KCR4)에서 연속간행물의 주기사항을 기술하는 방법에 대한 내용이다. 그 내용이 옳지 않은 것은?

① 본표제 이외 대등표제나 표제관련정보, 관제등이 간행 중 변경되거나 새로 나타나는 경우 변경된 표제를 권호차, 연월차와 함께 주기한다.

② 표제와 책임표시사항에 축약형으로 기재된 책임표시는 그 완전한 형식을 주기한다.

③ 연속간행물의 책임표시에 기재된 단체가 변경된 경우에는 '변경된 저작자'라는 도입어구를 앞세워 변경된 이름을 해당 권호차나 연월차와 함께 기술한다.

④ 다른 연속간행물과의 관계나 특정 간행물과 그 간행물의 다른 판과의 관계를 가지는 경우 이를 주기한다.

105. 다음은 한국목록규칙 제4판(KCR4)에서 연속간행물의 주기사항을 기술하는 데 사용되는 도입어구이다. 잘못 짝지어진 것은?

① 간행물이 둘 이상의 언어로 동시에 간행되는 경우 – 이용가능한 다른판

② 당해 연속간행물이 다른 연속간행물의 보유판, 부록, 특별호인 경우 – 모체자료

③ 해당 연속간행물의 복제본이 있는 경우 – 복제

④ 색인지에 수록되는 연속간행물인 경우 – 색인지 수록

106. 다음은 한국목록규칙 제4판(KCR4)에서 연속간행물의 주기사항을 기술하는 방법에 대한 내용이다. 그 내용이 옳지 않은 것은?

① 기존의 간행물을 승계한 경우(권호차나 연월차의 승계와 무관하게)에는 변경전과 변경후 저록에 각기 대응되는 표제와 ISSN을 주기한다. 따라서 변경된 표제는 변경전 저록의 주기사항에, 변경전 표제는 변경후 저록의 주기사항에 각각 기술하되, 표제 다음에 해당 권호차나 연월차, ISSN을 부기한다.

② 당해 연속간행물이 다른 연속간행물을 부록으로 갖고 있는 경우에는 부록의 표제와 ISSN을 주기한다. 별도의 표제가 없으면, 주기하지 않는다. 단, 부록이나 보유판이 특정호에 관련된 경우에는 해당호의 권호차·연월차를 함께 기술한다.

③ 다른 간행물의 복제판인 경우 대본인 연속간행물의 발행지와 발행처를 주기한다.

④ 간행을 일시 중단(휴간)한 경우에는 휴간 연월차를 기술하고, 속간되었을 경우에는 휴간된 기간의 연월차를 주기한다. 폐간된 경우에는 폐간된 연월차를 주기한다.

| **해설** | ②. 당해 연속간행물이 다른 연속간행물을 부록으로 갖고 있는 경우에는 부록의 표제와 ISSN을 주기한다. 별도의 표제가 없으면, 부록이나 보유판이 있다는 사실만 주기한다. 단, 부록이나 보유판이 특정호에 관련된 경우에는 해당호의 권호차·연월차를 함께 기술한다.

107. 다음은 한국목록규칙 제4판(KCR4)에서 전자자료의 형태사항을 기술하기 위해 사용되는 용어이다. 특정자료종별을 기술하는 용어로 옳은 것은?

① 전자 디스크 카트리지　　　② 전자 데이터 및 프로그램
③ 전자 데이터　　　　　　　④ 전자 프로그램

| **해설** | ①. ②,③,④는 자료특성사항에서 자료의 내용을 기술하기 위한 용어이다.

108. 다음은 한국목록규칙 제4판(KCR4)으로 연속간행물의 권호차와 연월차를 기술한 것이다. 그 기술이 옳지 않은 것은?

① 제일권 제일호 → 제1권 제1호 (1975년 1월)-
② 제1권 제1호, 1989년 봄호 → 제1권 제1호 (1989년 봄)-
③ 1980年 → 1980년
④ 단기 4290년 10월 → 1957년 10월

109. 다음은 한국목록규칙 제4판(KCR4)의 형태사항에서 특정자료종별과 자료의 수량을 기술 하는 방법에 대한 내용이다. 그 내용이 옳은 것은?

① 40분짜리 녹음 카세트 하나를 기술한 경우 - 녹음 카세트 1개: 40분

② 본문에 몇 개의 천연색 그림이 있는 경우 - 321 p.: ill. (some col.)

③ 8.2 cm짜리 자료의 경우 = 80 mm

④ 10인치와 12인치 음반 2매 - 음반 2매 (1시간 15분): 10/12 in.

110. 다음은 한국목록규칙 제4판(KCR4)의 형태사항에서 딸림자료의 유형과 수량 등을 기술하 는 방법에 대한 내용이다. 그 내용이 옳지 않은 것은?

① 형태사항 말미에 딸림자료의 유형과 수량 등을 기재한다. 예를 들어 '340 p.: 삽도 ; 19 cm + 지도책 1책'

② 딸림자료의 형태사항을 자세히 기술할 필요가 있는 것은 자료의 유형 다음에 각괄호([ ])로 묶어 기재한다. 예를 들어 '271 p.: 삽도 ; 21 cm + 지도책 1책 [37 p., 19장: 천연색 지도 ; 37 cm]'

③ 딸림자료의 기술내용이 길 경우에 간략히 기술하고, 상세한 내용을 주기할 수 있다. 예를 들 어 ' 340 p. ; 23 cm + 지침서 1책 (24 p.: 삽도 ; 19 cm)

　　　주기에 → 딸림자료는 고등학교 3학년 수학교사를 위한 지침서임.'

④ 딸림자료가 그 모체물의 표지안쪽 포켓 등에 들어 있는 것은 주기사항에 그 소재위치를 기술 한다. 예를 들어 '슬라이드가 포켓에 들어 있음'

111. 다음은 한국목록규칙에 대한 설명이다. 가장 거리가 먼 것은?

① 한국목록규칙 초판은 1964년에, 제2판은 1966년에 발간되었다.

② 한국목록규칙 제3판은 1983년에, 제4판은 2003년에 발간되었다.

③ 한국목록규칙 제4판은 한국문헌자동화목록기술규칙을 적용하였다.

④ 한국목록규칙 제4판은 KORMARC과는 별개의 독립된 목록규칙이다.

| 해설 | ④. 한국목록규칙(KCR)과 한국문헌자동화목록기술규칙(KORMARC)은 별개의 독립된 목록규칙으로 존재하였으나 KCR4가 발행되면서 상호보완적 관계로 발전되었다.

112. 다음은 한국목록규칙 제4판(KCR4) 총칙에서 접근점의 유형에 따라 구분된 목록의 종류를 나열한 것이다. 옳지 않은 것은?

① 서가목록　　　　　　　② 주제명목록

③ 발행처목록　　　　　　④ 표준번호목록

| 해설 | ①. 한국목록규칙 제4판 기술총칙에서 목록의 종류를 접근점의 유형에 따라 1) 표제목록 2) 저자목록 3) 주제명목록 4) 분류목록 5) 발행처목록 6) 표준번호목록 7) 기타 목록으로 구분하였다.

113. 다음은 한국목록규칙 제4판(KCR4)의 특징을 기술한 것이다. 옳지 않은 것은?

① 표목이라는 개념을 사용하지 않았다.

② 기본표목을 규정하지 않았다.

③ 통일표목을 적용하였다.

④ 일부 용어에 대한 해설을 부록으로 제시하였다.

| 해설 | ③. 통일표목을 적용하지 않았다. 즉, 특정 표목에 대해 하나의 특정 형식을 표준형식으로 고려하지 않았다. 이에 따라 전통적인 통일표목의 개념을 목록에서 배제하고, 동일 접근점의 상이한 형식 간을 서로 연결하게 되면 동일한 검색효과를 기대할 수 있다.

114. 다음은 한국목록규칙 제4판(KCR4)의 총칙에 대한 설명이다. 가장 거리가 먼 것은?

① 이 규칙의 목적은 도서관이 소장하고 있는 자료의 검색도구인 저록을 국가 수준에서 일관되게 작성함으로써 기술의 표준화를 도모하기 위한 것이다.

② 이 규칙의 적용범위는 목록을 구성하는 저록을 작성하고 접근점의 형식과 연결방법을 규정

한다. 단, 기계가독목록(MAchine-Readable Catalog: MARC)에 사용되는 데이터 요소는 적용범위에서 제외한다.

③ 목록의 기능은 특정 저자의 저작과 특정 표제(서명)의 저작, 또는 특정 주제의 저작을 탐색한다.

④ 목록의 기능은 특정 저자의 모든 저작과 특정 저작의 모든 상이한 판을 목록 상에서 집중한다.

| 해설 | ②. 이 규칙의 적용범위는 목록을 구성하는 저록을 작성하고 접근점의 형식과 연결방법을 규정한다. 여기에는 기계가독목록(MAchine-Readable Catalog: MARC)에 사용되는 데이터 요소도 그 범위로 한다.

---

115. 한국목록규칙 제4판(KCR4)의 기술총칙을 적용할 경우, 기술의 정보원 중에서 세 번째 순위에 해당하는 것은?

① 자료자체
② 딸림자료
③ 자료 이외의 정보원
④ 분리 가능한 용기(상자나 함)나 표지

| 해설 | ④. 정보원의 우선순위는 1) 자료자체(카세트, 카트리지 포함) 2) 딸림자료 3) 자료 자체와 분리 가능한 용기(상자나 함)나 표지 등 4) 자료 이외의 정보원 순이다.

---

116. 다음은 KCR4의 서지기술사항을 나열한 것이다. 가장 거리가 먼 것은?

① 서명과 저자사항
② 자료특성사항
③ 형태사항
④ 주기사항

| 해설 | ①. KCR4에서는 서명과 저자라는 용어를 사용하지 않는다. 기술사항은 1) 표제와 책임표시사항 2) 판사항 3) 자료특성사항 4) 발행사항 5) 형태사항 6) 총서사항 7) 주기사항 8) 표준번호 및 입수조건사항이다.

---

117. 다음은 KCR3에서 사용한 용어가 KCR4에서 바뀐 용어의 표현이다. 그 연결이 잘못 짝지어진 것은?

① 삽도 → 삽화
② 입수조건사항 → 구득조건사항
③ 잡제 → 표제관련 정보
④ 표목 → 접근점

| 해설 | ②. 구득조건사항 → 입수조건사항

118. 다음은 한국목록규칙 제4판(KCR4)에서 규정한 단행본을 나열한 것이다. 가장 거리가 먼 것은?

① 물리적으로 두 책 이상으로 구성되어 있으면서 각 책에 독립된 표제가 없는 도서

② 물리적으로는 독립적으로 간행되었으나 고유한 표제가 없는 부록이나 보유

③ 연속간행물의 일부를 구성하면서 고유한 표제를 지닌 별책

④ 복합매체자료가 주된 구성요소인 도서

|해설| ④. 단행본은 고유한 표제를 지니면서 독립적으로 간행된 도서로서, 다음 자료도 단행본에 준한다. 1) 물리적으로 두 책 이상으로 구성되어 있으면서 각 책에 독립된 표제가 없는 도서 2) 물리적으로는 독립적으로 간행되었으나 고유한 표제가 없는 부록이나 보유 3) 전질의 구성요소가 되는 도서 4) 총서의 일부를 구성하는 도서 5) 연속간행물의 일부를 구성하면서 고유한 표제를 지닌 별책 6) 합철본 7) 종합표제를 지닌 합집 8) 도서가 주된 구성요소인 복합매체자료 9) 도서의 구성요소(장이나 절)

119. 다음은 KCR4의 서지기술사항을 나열한 것이다. 단행본에 적용되지 않는 기술사항은?

① 표제와 책임표시사항　　　② 판사항

③ 자료특성사항　　　　　　④ 딸림자료에 대한 주기

|해설| ③. 자료특성사항은 단행본이나 필사자료, 영상자료를 제외한 자료에서 다음과 같은 사항을 자료특성사항으로 한다. 지도자료의 경우 축척 및 좌표에 관한 사항, 악보의 경우 악보의 종류에 관한 사항, 정지화상자료의 경우 축척에 관한 사항, 전자자료의 경우 자료내용 및 크기사항, 마이크로자료의 경우 자료유형별 특성, 연속간행물의 경우 권호차 및 연월차에 관한 사항, 입체자료의 경우 크기 및 중량에 관한 사항이다.

120. 다음은 KCR4의 규정에 의해 자료특성사항을 기재하는 내용이다. 자료와 기재내용의 연결이 옳지 않은 것은?

① 지도자료 - 축척 및 좌표에 관한 사항

② 악보 - 연주하는 악기의 종류에 관한 사항

③ 정지화상자료 - 축척에 관한 사항

④ 전자자료 - 자료내용 및 크기사항

|해설| ②. 악보 - 악보의 종류에 관한 사항

121. 다음은 KCR4의 규정에 의해 자료특성사항을 기재하는 내용이다. 자료와 기재내용의 연결이 옳지 않은 것은?

① 영상자료 - 크기 및 화질
② 마이크로자료 - 자료유형별 특성
③ 연속간행물 - 권호차 및 연월차에 관한 사항
④ 입체자료 - 크기 및 중량에 관한 사항

| 해설 | ①. 자료특성사항은 단행본이나 필사자료, 영상자료에서는 적용하지 않는다.

122. 다음 자료를 한국목록규칙 제4판으로 기술할 경우, 옳지 않은 것은?

가짜 감정
김용태 지음.
(주) 알피코프: 서울 강남구 삼성동 163-3
271쪽 크기 21.4cm 2014

① 271 p.
② 22 ㎝
③ 가짜 감정 /김용태 지음
④ 서울: (주) 알피코프, 2014

| 해설 | ④. 발행처명의 앞에 붙어 있는 법인형태 또는 업종명 등을 가리키는 말은 식별상 모호성이 없는 한 빼고 기재한다. 따라서 '서울: 알피코프, 2014'이어야 한다.

123. 다음은 한국목록규칙 제4판(KCR4)의 전자자료에 대한 기술규정이다. 그 내용과 가장 거리가 먼 것은?

① 기술대상은 컴퓨터나 워드 프로세서가 읽을 수 있는 데이터파일과, 특정 작업을 실행하기 위한 프로그램 파일 및 여기에 포함된 딸림자료이다.
② 정보원의 우선순위는 원칙적으로 기술대상 자료에 표시된 정보 그대로 기술한다.
③ 표제와 책임표시사항, 판사항, 발행사항, 총서사항 등의 정보원은 내부정보원, 매체나 레이블, 도큐멘테이션, 용기 순으로 채기한다.
④ 기술대상자료에 적절한 정보원이 없는 경우에는 기술을 생략한다.

| 해설 | ④. 기술대상자료에 적절한 정보원이 없는 경우에는 참고자료를 통해 가능한 한 정보원을 조사하여 필요한 사항을 기술한다.

124. 다음은 한국목록규칙 제4판(KCR4)의 전자자료의 기술사항별 정보원에 대한 규정이다. 그 내용과 가장 거리가 먼 것은?

① 자료특성사항의 정보원은 어디에서나 채기할 수 있다.

② 형태사항의 정보원은 매체나 레이블, 용기에서만 채기할 수 있다.

③ 주기사항의 정보원은 어디에서나 채기할 수 있다.

④ 표준번호 및 입수조건사항의 정보원은 어디에서나 채기할 수 있다.

> | 해설 | ②. 형태사항의 정보원은 어디에서나 채기할 수 있다.

125. 다음은 한국목록규칙 제4판(KCR4)의 전자자료에 대한 기술규정이다. 그 내용과 가장 거리가 먼 것은?

① 으뜸정보원에 파일명이나 데이터명이 유일한 이름이 아닌 경우 이 파일명이나 데이터명을 본표제로 기술하지 않는다.

② 판표시의 기술방법은 자료에 기재된 버전 번호와 함께 해당자료에 기재된 어구(양서에서는 version, edition, issue, release, level, update 등) 그대로 기술한다. 다만 호환성을 지닌 상위 버전을 명시할 필요가 있는 경우에는 버전 다음에 '이상'이라는 어구를 부기한다.

③ 자료의 유형은 '전자자료' 또는 'Electronic Data'나 '전자프로그램' 또는 'Electronic program(s)'로 기술한다.

④ 복수로 구성된 파일은 레코드나 바이트, 명령문의 수를 각 요소별로 기술한다.

> | 해설 | ③. 자료의 유형이 아니고 자료의 내용이다. 자료의 유형은 '전자자료' 또는 'Electronic resource'로 기술한다.

126. 다음은 한국목록규칙 제4판(KCR4) 전자자료의 기술규정에 따라 매체의 유형별 크기를 기술한 용례이다. 그 내용과 가장 거리가 먼 것은?

① 전자 광디스크 (CD-ROM) 1매 ; 13 cm

② 1 electronic chip cartridge ; 3 1/2 in.

③ 전자 테이프 카세트 2개 ; 3 7/8 × 2 1/2인치

④ reel 10 in.

> | 해설 | ④. 릴의 크기는 기술하지 않는다. ①은 디스크로 디스크의 직경을 센티미터 단위로 기술한다. 다만 단위로서 인치 또는 피트를 관용으로 사용하는 경우에는 이를 사용한다. ②는 카트리지로 카트리지의 길이를 인치 단위로 기술한다. ③은 카세트로 카세트의 길이와 높이를 인치 단위로 기술한다.

127. 다음에서 국제표준서지기술법 단행본용(ISBD(M)) 초판의 발행연도로 옳은 것은?

① 1969년　　　② 1974년　　　③ 1876년　　　④ 1933년

128. 다음에서 국제표준서지기술법 단행본용(ISBD(M))의 발행취지와 가장 거리가 먼 것은?

① 한 국가 내에서 작성한 서지기술을 다른 나라에서도 쉽게 이용할 수 있도록 만들기 위함이다.

② 세계 각국에서 작성한 서지기록들이 여러 종류의 목록과 파일속에 통합할 수 있도록 만들기 위함이다.

③ 단행본의 서지기술에서 표목의 기록방법에 대하여 국제적으로 통용할 수 있도록 만들기 위함이다.

④ 출판물들의 국제유통을 효과적으로 촉진시키기 위함이다.

| 해설 |　③. 단행본의 서지기술에서 기술사항의 표시방법에 대하여 국제적으로 통용할 수 있도록 만들기 위함이다.

129. 국제표준서지기술법 단행본용(ISBD(M))에서 기술상 언어와 문자를 사용할 때의 주의사항으로 가장 거리가 먼 것은?

① 대문자 사용법은 출판 자료에 수록된 대로 옮겨 적는 것이 원칙이다.

② 각 사항에 나타나는 첫 낱말의 첫 문자는 대문자로 적어야 한다.

③ 오자와 오식이 있는 경우 그의 정자를 각괄호로 묶어 기록할 수 있다.

④ 주기사항은 당해 서지작성기관의 언어를 따르는 것이 좋다.

| 해설 |　①. ISBD(M)의 대문자법은 일반적으로 ISBD(M)의 각 사항에 나타나는 첫 낱말의 첫 문자(예를 들면, 본서명, 시리즈명, 주기 등)는 대문자로 적어야 한다. 서명저자표시사항, 판사항, 출판사항, 시리즈표시사항 등의 대문자법은 정보가 주어진 자료에 쓰인 언어의 관용법에 따른다. 한편, 대조사항, 주기사항, ISBN·장정·가격 등은 당해 서지기관의 언어를 따른다.

130. 다음의 ISBD에 대한 설명 중 옳지 않은 것은?

① 출판물의 국제유통이 촉진될 것이다.

② 인쇄된 자료들이 최소한의 편집을 거쳐 MARC으로 전환이 가능하게 함이다.

③ 서지기술의 개발보다는 정보의 교환에 역점을 두었다.

④ 표목과 기술부를 함께 다루었다.

| 해설 |　④. 목록기술을 다루었다.

131. 다음에서 제일 앞에 사용하는 구두점이 다른 사항을 고르시오.

① 형태기술사항   ② 서명저자표시사항   ③ 판사항   ④ 시리즈사항

| 해설 | ②. ①,③,④의 각 사항 앞에는 마침표-빈칸-붙임표-빈칸(. -)을 사용하지만, 표제와 책임표시사항 앞에서는 사용하지 않는다.

132. KCR4에 의하여 다음의 자료를 목록할 때, 정보원을 선정하는 곳은?

『조선왕조실록』영인본

서울: 동방미디어, 1997

① 『조선왕조실록』의 원판본에서   ② 『조선왕조실록』의 표제면에서
③ 『조선왕조실록』의 영인본 자체에서   ④ 『조선왕조실록』의 필사본에서

| 해설 | ③. 영인본, 복제본 같은 복제물의 정보원은 원칙적으로 원자료가 아닌 복제본 자체에서 정보원을 선정한다.

133. 다음은 e-book의 표제화면이다. 한국목록규칙 제4판의 규칙을 적용하여 '표제와 책임표시사항'을 올바르게 기술한 것을 고르시오. (단, 구두법은 적용하지만 띄어쓰기는 적용하지 않음.)

TOEIC
토 익
취업 준비생을 위한 필독서
최우수 박사 지음
Halla.com

① 토익 [전자자료] = TOEIC: 취업 준비생을 위한 필독서 / 최우수 지음
② 토익 [e-book] = TOEIC: 취업 준비생을 위한 필독서 / 최우수 지음
③ TOEIC = 토익 [전자책]: 취업 준비생을 위한 필독서 / 최우수 지음
④ TOEIC = 토익 [전자자료]: 취업 준비생을 위한 필독서 / 최우수 박사 지음

| 해설 | ①. 문제에서 표제와 책임표시사항의 기재순서는 '본표제' - '[자료유형표시]' - '= 대등표제' - ': 표제관련정보' 순으로 기재한다. 활자 크기로 볼 때, 본표제는 '토익'이며 e-book의 자료유형표시는 전자자료로 표기하며 책임표시 뒤에 부기되어 있는 학위의 기재는 생략해야 한다.

134. 다음은 한국목록규칙 제4판의 표준번호 및 입수조건사항에 대한 설명이다. 그 내용이 옳지 않은 것은?

① ISBN, ISSN 등 번호의 내용을 나타내는 어구를 기재한 다음 해당 자료에 표시된 표준번호를 기재한다.

② 기술대상자료에 복수의 표준번호가 표시되어 있는 경우 그 모든 표준번호를 기술한다.

③ 가격은 자료에 표시된 정가를 기재하며, 정가와 특가가 아울러 표시되어 있는 것은 특가를 원괄호(( ))로 묶어 정가 다음에 부기한다.

④ 가격의 화폐단위명칭은 공식적인 표준부호를 사용하여 가격 앞에 기재한다.

> **|해설|** ②. 기술대상자료에 복수의 표준번호가 표시되어 있는 경우 그 자료에 해당되는 표준번호 만을 기술한다. 다만 두 번째 이하의 표준번호를 나타낼 필요가 있는 경우에는 마침표 빈칸 붙임표 빈칸(. --)을 앞세워 기술한다.

135. 한국목록규칙 제4판(KCR4)에 따라 자료특성사항을 기술하고자할 때, 자료의 유형과 그 자료에 대하여 기술되는 자료특성사항의 연결이 잘못 짝지어진 것은?

① 정지화상자료-예술적 표현양식에 관한 사항

② 입체자료-크기, 중량에 관한 사항

③ 지도자료-축척 및 좌표에 관한 사항

④ 전자자료-자료내용 및 크기사항

> **|해설|** ①. 정지화상자료-축척에 관한 사항

136. 다음은 한국목록규칙 제4판(KCR4)에서 적용되는 판사항의 요소별 구두점을 나열한 것이다. 옳지 않은 것은?

① . -- 판표시   ② / 특정 판의 첫 번째 책임표시

③ , 동일 역할의 두 번째 이하 책임표시   ④ : 특정 판의 역할이 다른 책임표시

> **|해설|** ④. 판사항의 구두점을 요소별로 나열하면 다음과 같다.
>
> . -- 판표시
> / 특정 판의 첫 번째 책임표시
> , 동일 역할의 두 번째 이하 책임표시
> : 특정 판의 역할이 다른 책임표시

137. 한국목록규칙 제4판이 지닌 주요 특징이 아닌 것은?

① 목록의 기능을 처음으로 제시한 규칙이다.

② 화상자료와 영상자료를 통합하여 규칙을 제정하였다.

③ 표목 대신 접근점이라는 용어를 사용하였다.

④ 전판에 비해 기술의 대상을 보다 크게 축소하였다.

> **|해설|** ④ 오히려 이전에는 단행본 중심의 목록규칙에서 벗어나 다양한 매체로 발표되는 여러 유형의 자료를 수용하여 전판에 비해 기술의 대상을 크게 확장하였다.

138. 한국목록규칙 제4판에서 발행사항에 포함되는 것은?

① 판표시   ② 제작사항   ③ 책임표시   ④ 딸림자료

> **|해설|** ② 발행사항에는 발행지, 발행처, 발행년, 제작사항이 들어간다. ① 판표시는 '판사항', ③ 책임표시는 '표제와 책임표시사항', ④ 딸림자료는 '형태사항'에 들어간다.

139. 한국목록규칙 제4판에서 표제와 책임표시사항에 포함되지 않는 것은?

① 제작사항   ② 권차, 회차, 연차표시

③ 자료유형(단행본에서는 미적용)   ④ 본표제, 별 표제

> **|해설|** ① 제작사항은 '발행사항'에 들어간다.

140. 다음 중 한국목록규칙 제3판에서 제4판으로 올바르게 개정된 것은?

① 삽화 → 삽도   ② 특정자료종별 → 특정자료표시 또는 SMD

③ 표목 → 접근점   ④ 온점 → 마침점

> **|해설|** ③ KCR3에서는 표목이라는 용어를 사용하였으나, KCR4에서는 접근점이라는 용어로 개정되었다. ① 삽도 → 삽화, ② 특정자료표시 또는 SMD → 특정자료종별, ④ 마침점 → 온점

141. 한국목록규칙 제4판에서 자료와 자료특성사항을 알맞게 짝지은 것은?

① 입체자료 - 축소 및 확대비율에 관한 사항   ② 지도자료 - 자료내용 및 크기사항

③ 마이크로자료 - 축척 및 좌표에 관한 사항   ④ 연속간행물 - 자료유형별 특성

142. 다음 중 단행본이 아닌 것은?

① 물리적으로 두 책 이상으로 구성되어 있으면서 각 책에 독립된 표제가 없는 도서

② 물리적으로 일정하게 간행되고, 동일한 표제를 지닌 부록이나 보유

③ 연속간행물의 일부로 고유한 표제를 지닌 부록이나 보유

④ 도서가 주된 구성요소인 복합매체자료

143. 한국목록규칙 제4판이 지닌 주요 특징으로 옳지 않은 것은?

① 화상자료와 영상자료를 통합하여 규칙을 제정하였다.

② 특정 표목에 대해 하나의 특정 형식을 표준형식으로 고려하지 않는다.

③ 저록에 포함되는 책임표시의 수를 4인으로 규정하여 명확성을 높였다.

④ 우리의 사고와 언어 습관에 맞는 형식을 다수 도입하였다.

144. 한국목록규칙 제4판 -단행본 기술의 정보원에 관한 설명으로 옳은 것은?

① 목록의 정보원 우선순위는 표제면 → 약표제면 → 판권기 → 표지 → 권두 순이다.

② 표제면이 없는 도서는 표지의 내용을 표제면 대신 사용하여 기술한다.

③ 기술사항에 대응되는 으뜸정보원 이외에 얻은 정보는 괄호로 묶어 기재한다.

④ 접역된 자료를 제외한 영인본이나 복제본은 원칙적으로 원자료가 아닌 복제본 자체에서 정보원을 선정하여 기술한다.

145. 한국목록규칙 제4판에 따른 기술방법으로 옳지 않은 것은?

① MARC 21과 달리 KORMARC에서는 필드 마지막에 온점을 입력하지 않는다.

② 성격이 같은 책임표시는 가운뎃점을 쉼표로 대체하여 사용할 수 있다.

③ 권차, 회차, 연차표시의 숫자는 그 자료에 쓰여진 그대로 기재한다.

④ 정보원에서 옮겨 적은 것 이외에 목록자가 서술하는 모든 문구의 띄어쓰기는 일반 관용에 따른다.

| 해설 | ③ 표제와 책임표시사항의 숫자는 그 자료에 쓰여진 그대로 기재한다. 단, 권차나 회차, 연차표시는 아라비아 숫자로 통일해서 사용한다.

146. 다음 중 기술이 올바르게 된 것은? (단, 띄어쓰기는 고려하지 않는다.)

① 245 10▼a (알기쉬운) 음악통론 / ▼d 조요임 ; ▼e이동남, ▼e 주대창 공저

② 260 __▼a 서울 : ▼b 태림출판사, ▼c 2002

③ 300 __▼a 2,321 p. : ▼b 삽화, ▼c 26 cm

④ 700 1_▼a 조요임 : 이동남 : 주대창

| 해설 | ②.
① 245 20▼a (알기쉬운) 음악통론 / ▼d 조요임, ▼e 이동남, ▼e주대창 공저
③ 300 __▼a 2321 p. : ▼b 삽화 ; ▼c 26 cm
④ 700 1_▼a 조요임
　　700 1_▼a 이동남
　　700 1_▼a 주대창

147. 한국목록규칙 제4판의 기술방법에 따라 바르게 기술한 것을 고르시오.

① 아라비안나이트, [일명] 千一夜話[영상자료]

② 배따라기, 감자, 광염소나타 / 김동인

③ 유년시대, 소년시대, 청년시대, 까지끄 / L.N. 톨스토이 지음 ; 동완 옮김

④ 서울: 신원문화사, 2007

| 해설 | ④. ① 별표제는 본표제의 일부분으로 간주하여 그 말미에 '일명'을 적는다. '일명'을 목록자가 채기한 경우 각괄호([])로 묶어 보기한다. 문제에서는 [일명]뒤에 표제와 구분 짓기 위해 ','를 붙여야 한다. → 아라비안나이트, [일명], 千一夜話[영상자료] ②표제가 2개 이상인 경우 표제 사이에는 ';'가 들어가야 한다. → 배따라기 ; 감자 ; 광염소나타 / 김동인 ③표제가 4개 이상의 작품이 있는 경우 동양서의 경우 석점줄임표(...)없이 '외'또는 '外'를 각괄호([])로 묶어 표시한다. → 유년시대[외] / L.N. 톨스토이 지음 ; 동완 옮김

148. 한국목록규칙 제4판에서 표제와 책임표시사항의 기술요목을 순서대로 나열한 것을 고르시오.

① 본표제 - 표제관련정보 - 대등표제 - 자료유형 - 별표제 - 권차, 회차, 연차 표시 - 책임표시
② 본표제 - 자료유형 - 별표제 - 표제관련정보 - 대등표제 - 권차, 회차, 연차 표시 - 책임표시
③ 본표제 - 별표제 - 자료유형 - 표제관련정보 - 대등표제 - 권차, 회차, 연차 표시 - 책임표시
④ 본표제 - 별표제 - 자료유형 - 대등표제 - 표제관련정보 - 권차, 회차, 연차 표시 - 책임표시

| **해설** | ④ 표제와 책임표시사항의 기술요목으로 '본표제 - 별표제 - 자료유형 - 대등표제 - 표제관련정보 - 권차, 회차, 연차표시 - 책임표시' 순이다.

149. 한국목록규칙 제4판의 판사항 기술을 바르지 않게 한 것을 고르시오.

자료상의 표시	기술상의 표시
① 改正三版	改正3板
② 再版	再版
③ Second Edition	ed. 2nd
④ 三訂版	3訂版

| **해설** | ③ 판표시는 해당 자료의 으뜸정보원에 표시되어 있는 용자 그대로 기재한다. 다만 한국토박이말의 셈수를 제외한 모든 숫자는 아라비아숫자로 통일하여 기재하며, 서양어의 일반어구는 소정의 표준약어형식으로 고쳐 기재한다. 정답은 'Second Edition → 2nd ed.'이 된다.

150. 한국목록규칙 제4판에서 대등표제에 대한기술사항으로 옳지 않은 것은?

① 본문이 한글(또는 국한문 혼용)인 간행물에 한글표제와 그에 상응하는 한자표제가 기재된 경우, 한자표제를 대등표제로 기재한다.
② 대등표제가 둘 이상인 경우에는 활자의 크기나 기재순서에 따라 첫 번째 대등표제만 기재하고, 두 번째 이하의 대등표제는 '대등표제'란 도입어구를 사용하여 주기사항에 기재한다.
③ 대등표제가 완전형과 축약형으로 동시에 기재된 경우에는 활자의 크기와 기재순서에 따라 채기한다.
④ 대등표제가 길어서 표제와 책임표시사항에 기술하기 부적당한 경우에는 주기사항에 '대등표제'란 도입어구를 앞세워 기재할 수 있다.

| **해설** | ① 본문이 한글(또는 국한문 혼용)인 간행물에 한글표제와 그에 상응하는 한자표제가 기재되어 있는 경우, 한자표제는 대등표제로 기재하지 않는다. 다만, 두 표제가 서로 달리 발음되는 경우에는 한자표제를 대등표제로 본다.

151. 한국목록규칙 제4판이 지닌 특징으로 틀린 것은?

① 국제표준서지기술규범(ISBD)와 기계가독목록형식(MARC)를 받아들여 저록에 수록되는 정보의 표준화를 달성하려고 하였다.

② 복제물의 경우, 기술규칙의 적용은 원본의 자료 유형에 따라 결정되는 것이 기본원칙이다.

③ 모든 접근점은 동등한 역할을 하며, 이에 따라 특정 접근점을 대표표목이나 기본표목으로 규정하지 않는다.

④ 도서관이 소장하고 있는 모든 유형의 자료를 대상으로 한국목록규칙을 적용한다.

| 해설 | ② 복제물의 경우, 기술규칙의 적용은 해당 기술대상 자료의 유형에 따라 결정되는 것이 기본원칙이다. 즉, 원본의 형식이나 원형이 아니라 기술대상자료의 물리적 형태에 따라 적용규칙을 결정해야 한다는 것이다.

152. 한국목록규칙 제4판에서 용어와 그 뜻이 잘못 연결된 것은?

① 저록: 일반적으로 특정자료가 지닌 일정한 기술요소(서지사항)를 일정한 기록매체에 기록한 것이다.

② 참조: 목록에서 관련된 접근점간을 연결하기 위한 기록으로, 대표적으로 '보라'와 '도보라' 참조가 있다.

③ 기술: 특정 자료의 서지적 특성을 체계적으로 기록한 것으로, 특정 자료를 다른 자료와 구분하고, 식별하기 위한 서지사항 전체를 말한다.

④ 접근점: 목록에서 저록의 검색수단으로 사용되는 모든 요소를 말하며, KCR4에서는 '표목'으로도 쓰인다.

| 해설 | ④ KCR4에서는 '접근점'으로 쓰이며, 이전 KCR3에서 '표목'으로 사용하였다.

153. 한국목록규칙 제4판의 기술방법 중 틀린 것은?

① 표제와 책임표시사항의 숫자는 그 자료에 쓰여진 그대로 기재하되, 권차나 회차, 연차표시는 아라비아 숫자로 통일해서 사용한다.

② 오기와 오식은 있는 그대로 기재하고 그 다음에 [!] 또는 [sic]을 부기하거나, '실은' 또는 'i.e.'를 관기하여 바른 꼴을 각괄호([ ])로 묶어 보기한다.

③ 서양인명의 각 요소(이름과 성) 사이는 띄어쓰되, 서양인명이 두문자로 쓰이면 온점(.) 다음에 붙여 쓴다.

④ 형태사항에서 면, 장, 권, 책의 수와 크기의 단위명칭을 로마자로 'p.', 'v.', 'cm', 'mm' 등으로

표시할 경우는 숫자와 그 단위명칭 사이를 띄어 쓴다.

> **| 해설 |** ④ 형태사항에서 면, 장, 권, 책의 수와 크기의 단위명칭을 로마자로 'p.', 'v.', 'leaves', 'cm', 'mm' 등으로 표시할 경우는 숫자와 그 단위명칭 사이를 띄어쓰고, 한글로 '면', '장', '책', '센치' 등으로 표시할 경우는 그 양자 사이를 붙여쓴다.

154. 한국목록규칙 제4판의 본표제에 대한 설명 중 옳은 것은?

① 독립적으로 간행된 속편, 색인의 표제가 전판, 본편의 표제와 동일하게 개제된 표제는 본표제로 삼을 수 있다.

② 본표제는 해당 자료의 으뜸정보원에 기재된 형식 그대로 기재하며 만약 표제가 '두줄쓰기'로 되어 있으면 그대로 쓴다.

③ 단일 언어나 문자로 된 표제는 으뜸정보원에 나타난 표제의 기재순서를 1순위, 다음으로 활자크기를 2순위로 하여 본표제로 쓴다.

④ 한국어 표제와 외국어 표제가 기재되어 있는 경우, 원칙적으로 한국어표제를 본표제로 기술한다.

> **| 해설 |** ④. ①독립적으로 간행된 속편, 보유, 색인의 표제가 전판, 정편, 본편의 표제와 달리 개제된 표제의 경우 본표제로 삼을 수 있다. ②본표제는 해당 자료의 으뜸정보원에 기재된 형식 그대로 기재한다. 다만, 표제의 일부분이 '두줄쓰기'로 되어 있는 것은 '한줄쓰기'로 고쳐 쓴다. ③단일 언어나 문자로 된 표제는 으뜸정보원에 나타난 표제의 활자크기를 1순위, 기재 순서를 2순위로 삼아 본표제를 채택한다.

155. 한국목록규칙 제4판의 발행사항에 대한 설명 중 틀린 것은?

① 발행사항 기술순서는 '발행지, 배포지' - '발행처, 배포처' - '발행년. 배포년' - '제작사항' 순이다.

② 시의 경우 행정구역의 단위명칭(예: '시', '광역시', '특별시', '邑', '郡', '道')을 제외하고 기술한다.

③ 별표제는 본표제의 일부분으로 간주하여 본표제 앞에 '일명', 'or' 또는 이의 상등어를 붙여 적는다.

④ 두 권이상으로 구성된 자료에서 권책에 따라 표제가 다른 것은 같은 것끼리 묶어 독립저록을 한다.

> **| 해설 |** ② 시의 경우 행정구역의 단위명칭(예: '시', '광역시', '특별시' 등)을 제외하고, 그 밖의 경우(예: '邑', '郡', '道')는 단위명칭을 포함하여 기술한다.

156. KCR4가 지닌 특징으로 옳지 않은 것은?

① 기본표목은 원칙적으로 목록에서 제외한다.

② 단행본 중심에서 벗어나 다양한 유형의 자료를 수용한다.

③ 저자사항 또는 저자표시는 책임표시로 변경하였다.

④ 저록의 배열은 표목과의 관계로 결정된다.

> **| 해설 |** ④ 저록의 배열은 표목과 관계없이 배열된다.

157. 다음은 본표제의 기술방법에 관한 설명이다. 이중 옳은 것을 고르시오.

① 한국어표제로 한글형과 한자형의 양자가 있을 경우에는 본문의 문자와 일치되는 것을 본표제로 채택하고 그 판별이 어려울 경우에는 한자의 형식으로 기술한다.

② 본표제가 소정의 으뜸정보원에 기재되지 않은 자료에서는 해당 자료의 다른 부분이나 참고자료 등의 다른 정보원에서 이를 찾아내어 원괄호로 묶어 보기한다.

③ 종합표제는 대표표제가 기재된 자료에서는 이 종합표제나 대표표제를 본표제로 기재하고, 수록된 각 저작의 표제는 주기한다.

④ 양서의 표제에 이들 문자나 두문자 사이를 온점으로 구분한 경우에는 이 온점을 포함해서 기술하며, 온점 다음에는 빈칸을 둔다.

> **| 해설 |** ③. ① 한국어표제로 한글형과 한자형의 양자가 있을 경우에는 본문의 문자와 일치되는 것을 것을 본표제로 채택하고, 그 판별이 어려울 경우에는 한글의 형식으로 기술한다. ② 본표제가 소정의 으뜸정보원에 기재되지 않은 자료에서는 해당 자료의 다른 부분이나 참고자료 등의 다른 정보원에서 이를 찾아내어 각괄호([])로 묶어 보기한다. ④ 양서의 표제에 이들 문자나 두문자 사이를 마침표로 구분한 경우에는 이 마침표를 포함해서 기술하되, 마침표 다음에는 빈칸을 두지 않는다.

158. 다음 기술정보의 우선순위중 제일 먼저 봐야 할 것은?

① 책등   ② 표제면   ③ 본문   ④ 부록

> **| 해설 |** ② 기술정보의 우선순위는 '표제면, 판권기, 이표제면, 표지 – 약표제면, 권두 – 책등 – 서문, 후기, 본문, 부록 등 그 도서의 나머지 부분 – 그 도서 이외의 정보원' 순으로 봐야 한다.

159. 다음은 총서사항에 들어갈 요소로 옳지 않은 것은?

① 총서의 책임표시   ② 총서의 ISBN   ③ 총서의 권호   ④ 하위총서

160. 다음은 한국목록규칙 제4판(KCR4)의 고서와 고문서의 기술사항별 정보원에 대한 규정이다. 각 사항과 정보원의 연결이 잘못 짝지어진 것은?

① 표제(標題) – 권수제면(卷首題面), 표제면(標題面), 제첨(題簽), 이제면(裏題面), 판심제(版心題)

② 책임표시 – 권수제면, 표제면, 이제면, 판권기, 진전문(進箋文), 서문, 발문 등 해당자료 자체

③ 형태사항 – 표제면, 판권기, 간사면(刊寫面), 주자발(鑄字跋), 서문, 발문, 간기(刊記), 인기(印記), 사기(寫記), 목기(木記)

④ 발행사항 – 간기, 인기, 사기, 목기, 권말제면(卷末題面), 권수제면, 표제면, 이제면, 판권기, 진전문, 서문, 발문 등 해당자료 자체

| 해설 | ③은 판사항에 대한 정보원이다. 형태사항의 정보원은 해당자료 자체에서 찾는다.

161. 다음은 KCR4의 고서와 고문서에 대한 기술대상이다. 그 내용이 옳지 않은 것은?

① 대한제국(1910) 이전에 간인(刊印)된 동장본(東裝本)

② 대한제국(1910) 이후에 필사(筆寫)된 동장본(東裝本)

③ 대한제국(1910) 이전에 간인(刊印)된 고문서

④ 대한제국(1910) 이후에 간사(刊寫)된 고서의 영인본

| 해설 | ②. 원칙적으로 대한제국(1910) 이전에 간인(刊印)되거나 필사(筆寫)된 동장본(東裝本)과 고문서를 주 대상으로 한다. 그러나 대한제국(1910) 이후에 간사(刊寫)된 고서의 영인본이나 동장본(東裝本)에도 적용할 수 있다.

162. 다음은 KCR4의 고서와 고문서의 자료유형별 판종표시이다. 그 연결이 옳지 않은 것은?

① 목판(木板)으로 간인(刊印)된 자료 – '木板本'

② 석판(石版)으로 인출(印出)된 자료 – '石版本'

③ 등사판(謄寫版)으로 인쇄한 자료 – '謄寫本'

④ 금석문(金石文)을 박아낸 자료 – '拓本'

| 해설 | ③ 등사판(謄寫版)으로 인쇄한 자료는 '油印本'으로 표시한다. 이외에 동판(銅版)으로 인쇄한 자료는 '銅版本'으로, 인장류(印章類)를 찍어낸 자료는 鈐印本으로 표시한다.

163. 다음은 KCR4의 고서와 고문서의 장정형태 및 기술단위이다. 그 연결이 옳지 않은 것은?

① 卷軸裝 - 軸　　　　　　　　② 折帖裝 - 張과 折

③ 蝴蝶裝 - 張　　　　　　　　④ 낱장 - 鋪

> **| 해설 |** ④. 낱장은 張으로 기술하고, 鋪는 摺鋪(접포: 지도류와 같은 첩물)에 사용하는 기술단위이다.

164. 다음은 KCR4의 고서와 고문서의 표제의 으뜸정보원이다. 옳지 않은 것은?

① 권수제면(卷首題面)　　　　② 간사면(刊寫面)

③ 제첨(題簽)　　　　　　　　④ 판심제(版心題)

> **| 해설 |** ②. 간사면(刊寫面)은 판사항의 으뜸정보원이고, 표제의 으뜸정보원은 권수제면(卷首題面), 표제면(標題面), 제첨(題簽), 이제면(裏題面), 판심제(版心題)이다.

165. 다음은 KCR4의 고서와 고문서의 판식(版式)표시의 순서이다. 그 순서가 옳지 않은 것은?

① 行字數-版口-魚尾-界線

② 匡郭(種類크기)-界線-行字數-版口

③ 界線-行字數-版口-魚尾

④ 匡郭(種類크기)-行字數-版口-魚尾

> **| 해설 |** ①. 판식(版式)의 기술순서는 匡郭(種類크기)-界線-行字數-版口-魚尾 순이다.

166. KCR4의 고서와 고문서에 관한 서지기술영역은 7개 영역으로 나누고 있다. 다음 중 그 영역으로 옳지 않은 것은?

① 서명저자사항　　　　　　　② 판사항

③ 간사사항　　　　　　　　　④ 출판 및 입수조건에 관한사항

> **| 해설 |** ④. 7개 영역은 ①, ②, ③을 포함하여 형태사항, 총서사항, 주기사항, 국제표준자료번호 및 입수조건에 관한 사항이다.

167. 표제 및 책임표시사항의 출처로서 신간서는 흔히 표제지를 근거로 삼고 있으나, 고서는 권수지면(卷首紙面)에서 권수제를 채기(採記)하여 으뜸 정보원으로 삼는다. 그 이유로 적합하지 않은 것은?

① 고서는 표제지가 없는 것이 대부분이기 때문이다.
② 권수제가 다른 곳에 기술된 서명보다 가장 완전한 정식 서명이기 때문이다.
③ 동일서라면 어느 판을 막론하고 권수제명이 일정하기 때문이다.
④ 권수제는 표제지 표제와 반드시 일치하기 때문이다.

| 해설 | ④. 권수제는 표제지 표제와 일치하는 것도 있으나 표제와 상이한 것도 많다.

168. 다음은 고서의 책임표시, 즉 저작사항에 관한 설명이다. 옳지 않은 것은?

① 고서의 저작사항의 체계는 복잡하다.
② 저(著), 찬(撰), 편(編), 역(譯), 교(校·校訂), 현토(懸吐) 등의 역할어는 구체적으로 명시해야한다.
③ 개인저자 다음에 역조(歷朝)표시는 일반적으로 생략한다.
④ 저작사항이 잘 나타나지 않은 경우는 권수제, 표제, 판권기, 서문, 발문, 행장, 묘호명 등을 자세히 살펴보아야 하고, 이들 정보원에서 알아낼 수 없는 경우는 다른 고서목록이나 문헌 등을 참고해야 한다.

| 해설 | ③. 개인저자 다음에 역조(歷朝)표시는 반드시 해주어야 한다. 역조표시는 저자의 국적을 표시하는데 필수적이기도 하지만, 동양에서는 학술 전반에 걸쳐 역조를 기준으로 연구하는 경향이 있어서 편리성을 도모할 수 있기 때문이다.

169. 다음은 고서의 판사항에 관한 설명이다. 옳지 않은 것은?

① 고서의 판사항은 판차(版次)와 판종(版種)을 기술해야 한다.
② 판차(版次)와 판종(版種)은 이판(異版)의 식별과 간행순서에 의한 간행년도 추정에 있어서 필수불가결한 사항이다.
③ 판차는 근간된 고서의 경우에는 초판, 재판, 증보판을 의미하고, 그 이전의 고서에서는 원각·원간(元刻·元刊) 또는 초각·초간(初刻·初刊), 중각·중간(重刻·重刊) 또는 후각·후간(後刻·後刊), 증보(增補), 번각(飜刻)등의 용어를 사용할 수 있다.
④ 판종을 기술할 때 목판본, 목활자본, 금속활자본, 필사본으로만 구분한다.

| 해설 | ④. 판종을 기술할 때 목판본, 목활자본, 금속활자본, 필사본, 외국간행본, 영인 또는 복제본, 사진판본 등으로 나누고 각 명칭을 더 구체화하여 사용할 수 있다.

170. 다음은 고서의 간사(刊寫)사항에 관한 설명이다. 옳지 않은 것은?

① 간사사항은 간사지, 간사자, 간사년으로 구분하며, 간사지는 행정단위를 으뜸정보로 채기(採記)한다. (예: '충주월악산'은 '충주'로)

② 한국 고서의 대부분은 간사사항의 기록이 기술되어있다.

③ 근간된 고서는 표제지와 판권지, 그 이전에 간행된 고서는 목기(木記), 간기(刊記), 인기(印記), 사기(寫記), 서문(序文), 발문(跋文) 등을 근거로 하여 기술한다.

④ 간행년도의 표시방법은 연호에 익한 기년, 즉위기년, 건국기년, 둘 이상의 간행년, 서·발년, 추정연도, 후쇄 문제, 필사연도 등의 문제를 고려하여 기술해야 한다.

| 해설 | ②. 한국 고서의 대부분은 간사사항의 기록이 기술되어있지 않아서 ③과 같은 방법으로 기술한다.

1. ④   2. ①   3. ①   4. ④   5. ②   6. ③   7. ②   8. ④   9. ③   10. ①

11. ④   12. ④   13. ①   14. ①   15. ②   16. ①   17. ①   18. ④   19. ②   20. ④

21. ④   22. ④   23. ②   24. ②   25. ④   26. ③   27. ①   28. ④   29. ①   30. ④

31. ③   32. ②   33. ③   34. ③   35. ②   36. ③   37. ④   38. ②   39. ②   40. ③

41. ②   42. ①   43. ②   44. ③   45. ②   46. ①   47. ③   48. ①   49. ④   50. ①

51. ②   52. ③   53. ①   54. ②   55. ②   56. ①   57. ④   58. ①   59. ③   60. ①

61. ①   62. ②   63. ④   64. ①   65. ②   66. ④   67. ③   68. ①   69. ④   70. ④

71. ③   72. ①   73. ①   74. ①   75. ①   76. ③   77. ②   78. ①   79. ②   80. ①

81. ③   82. ④   83. ②   84. ②   85. ②   86. ③   87. ①   88. ④   89. ④   90. ②

91. ①   92. ③   93. ④   94. ①   95. ②   96. ④   97. ③   98. ④   99. ②   100. ④

101. ② 102. ② 103. ① 104. ③ 105. ④ 106. ② 107. ① 108. ③ 109. ② 110. ②

111. ④ 112. ① 113. ③ 114. ② 115. ④ 116. ① 117. ② 118. ④ 119. ③ 120. ②

121. ① 122. ④ 123. ④ 124. ② 125. ③ 126. ④ 127. ② 128. ③ 129. ① 130. ④

131. ② 132. ③ 133. ① 134. ② 135. ① 136. ④ 137. ④ 138. ② 139. ① 140. ③

141. ① 142. ② 143. ③ 144. ④ 145. ③ 146. ② 147. ④ 148. ④ 149. ③ 150. ①

151. ② 152. ④ 153. ④ 154. ④ 155. ② 156. ④ 157. ③ 158. ② 159. ② 160. ③

161. ② 162. ③ 163. ④ 164. ② 165. ① 166. ④ 167. ④ 168. ③ 169. ④ 170. ②

제4장

KORMARC
통합서지용

1. 다음은 KORMARC(한국문헌자동화목록법)의 개발 목적이다. 옳은 것으로 짝지어진 것을 고르시오.

> 가. 국가발전의 기틀인 지적 정보를 컴퓨터기법으로 처리하여 국내학술의 진흥과 사회개발을 위한 정보를 신속 정확히 공급한다.
> 나. 전국 대학 및 공공도서관을 오프라인으로 연결하여 문헌정보의 네트워크를 편성한다.
> 다. 정보의 표준형식을 제정하여 유통망 형성의 기반을 조성한다.
> 라. 국내문헌의 전산화를 통하여 국립중앙도서관의 중앙집중형 방식으로부터 탈피하여 그 기능을 현대화한다.

  ① 가   ② 가, 다   ③ 가, 나, 다   ④ 나, 다   ⑤ 나, 다, 라

> | 해설 | ②. 나. 전국 대학 및 공공도서관을 온라인으로 연결하여 문헌정보의 네트워크를 편성한다. 라. 국내문헌의 전산화를 통하여 국립중앙도서관의 중앙 대표성을 부각하고 그 기능을 현대화한다.

2. 다음은 한국문헌자동화목록형식(KORMARC, 통합서지용)의 필드이다. 반복사용이 가능한 필드는?

  ① 020   ② 056   ③ 100   ④ 300

> | 해설 | ①. 020은 국제표준도서번호(ISBN)로 반복사용이 가능하다. ② 056은 한국십진분류기호(KDC)로 반복이 불가하다. ③ 100은 기본표목-개인명으로 반복이 불가하다. ④ 300은 형태사항으로 반복이 불가하다.

3. 다음은 KORMARC형식 통합서지용의 일부이다. 빈칸에 들어갈 내용으로 알맞은 것은?

> 창세기에서 배우는 창조적 인생 = The Creative Life with Genesis / 이동원.
>
> 245 00▼a창세기에서 배우는 창조적 인생=▼x(The) Creative Life with Genesis /▼d이동원
> 246 31
> 650 4▼a창세기▼v해설
> 700 1 ▼a이동원

  ① ▼aThe creative life with genesis   ② ▼a(The) creative life with genesis
  ③ ▼aCreative life with genesis   ④ ▼x(The) creative life with genesis

> | 해설 | ③. 246필드는 여러 형태의 표제 필드로 제2지시기호 1은 대등표제를 적는다. 이때 관사(The, La, Der 등)가 오는 경우에는 이를 생략하고 기술한다.

4. 다음의 자료를 한국문헌자동화목록형식(KORMARC, 통합서지용)으로 정리할 때, 표목이 옳지 않게 기술된 것은? (단, 식별기호는 무시한다.)

> · 대한민국과 일본국간의 조약 및 협정 해설
> − 1965년 6월 22일 일본국 토오쿄오에서 서명 −

① 110 ▼a한국.
② 243 0▼a조약.▼g일본,▼d1965. 6. 22.
③ 245 10▼a대한민국과 일본국간의 조약 및 협정해설 :▼b1965년 6월 22일 일본국 토오쿄오에서 서명 /▼d대한민국정부.
④ 710 ▼a대한민국정부.

| 해설 | ②. 240 ▼a조약.▼g일본,▼d1965. 6. 22.: 조약집은 통일표제를 작성하지만 기본표목은 저자나 단체명이 된다. 이 때 통일표제는 240 필드에 기술하고, 기본표목이 저자명인 경우 100 필드, 단체명인 경우 110 필드에 기술한다. 따라서 [조약. 일본, 1965. 6. 22]를 통일표제로 한 것은 옳지만, 필드를 243이 아닌 240으로 기술해야 한다.

5. 다음은 KORMARC 통합서지용 형식의 예시이다. 괄호 안에 들어갈 것으로 알맞은 것은?

> • 기본표목과 통일표제를 적용함.
> (㉠) 1 ▼a이광수
> 243 10▼a소설집
> 245 10▼a이광수 소설전집 /▼d이광수 저
>
> • 기본표목과 통일표제를 적용하지 않음.
> 245 00▼a이광수 소설전집 /▼d이광수 저
> 600 8▼a이광수
> 610 (㉡)
> 650 (㉢)
> (㉣) 1 ▼a이광수

① ㉠ - 110
② ㉡ - 8▼a한국▼v소설집
③ ㉢ - 8▼a한국▼v소설집
④ ㉣ - 730

6. 다음의 레코드 구조에서, 빈칸에 대한 설명으로 옳은 것은?

리더	㉠	제어필드	㉡
(고정길이필드)		(가변길이 필드)	

① ㉠은 숫자 또는 부호값을 나타내며, 관련 자리수에 의해 구분된다.
② ㉠은 레코드내에 있는 가변길이필드마다 하나씩 배정된 고정길이필드로 구성된다.
③ ㉡은 각각의 필드를 유형별 또는 기능별로 표시하는 표시기호가 부여된다.
④ ㉡은 디렉토리의 필드 표시기호로 식별이 가능하지만 지시기호나 식별기호를 갖지 않는다.

7. 다음의 가변길이필드에 대한 내용 중 옳은 것은?

① 01X-09X 필드는 각종 숫자와 부호로 구성되는 정보를 나타내며, 지시기호와 식별기호를 사용한다.
② 2XX 필드는 기본표목으로 채택된 개인명, 단체명, 회의명, 통일표제를 기술한다.
③ 가변길이필드의 내용은 표시기호와 식별기호를 앞세워 기술한다.
④ 941-99X 필드는 KORMARC 통합서지용 형식의 필수부분인 데이터요소와 각각의 MARC 소장레코드나 서지레코드에 나타난 데이터요소를 기술한다.

(8~9) 아래 표제면을 바탕으로 한국목록규칙 제4판과 KORMARC 형식에 의해 목록레코드를 작성하려고 한다.

개정3판

정보서비스론

박준식

대구 계명대학교출판부

2011

---

8. 위의 예시에 대해 245 필드와 260 필드를 올바르게 기술한 것은?

① 245　00▼a정보서비스론 :▼d박준식

② 245　01▼a정보서비스론 /▼d박준식

③ 245　00▼a정보서비스론 /▼d박준식

④ 260　00▼a대구, ▼b계명대학교 출판부,▼c2011

> **┃해설┃** ③. 올바른 기술은 245　00▼a정보서비스론 /▼d박준식, 260 ▼a대구 :▼b계명대학교 출판부,▼c2011이다.

9. 위의 자료에 선행저록이 있는 경우, 관련되는 필드번호로 옳은 것은?

① 785　　　　　　② 787　　　　　　③ 780　　　　　　④ 772

> **┃해설┃** ③. ① 785는 해당자료에 후속저록이 있는 경우 ② 787은 해당자료와 760~786 필드에 적용하기가 적당하지 않은 연관 관계를 가진 자료가 있는 경우 ④ 772는 해당자료가 모체레코드의 보유판, 별책부록, 특별호인 경우에 사용되는 필드번호이다.

10. 다음의 KORMARC 레코드 구조에 관한 설명으로 옳지 않은 것은?

① 기본표목-개인명: 100　　　　　② 국립중앙도서관 제어번호: 020

③ 소장본 주기: 590　　　　　　　④ 합철본 주기: 501

> **┃해설┃** ②. 국립중앙도서관 제어번호는 012이고 020은 국제표준도서번호이다.

11. 레코드의 구조와 그 설명이 바르게 짝지어진 것은?

① 가변길이필드는 리더와 디렉토리로 구성된다.

② 리더는 한 레코드에서 각 가변길이필드의 표시기호, 필드길이, 필드시작위치를 나타내는 일련의 항목이다.

③ 디렉토리는 레코드 처리를 위한 정보를 제공하는 데이터요소이다.

④ 가변길이필드는 제어필드와 데이터필드로 구성된다.

> **│해설│** ④. ① 가변길이 필드는 제어필드와 데이터필드로 구성된다. ② 리더는 레코드 처리를 위한 정보를 제공하는 데이터 요소이다. ③ 디렉토리는 한 레코드에서 각 가변길이 필드의 표시기호, 필드길이, 필드시작위치를 나타내는 일련의 항목이다.

12. KORMARC의 통합서지용의 특징으로 옳은 것은?

① KORMARC의 설계원칙에 따르면 한 번 입력한 데이터는 언제든지 수정할 수 있다는 원칙을 우선으로 한다.

② KORMARC 형식 중 서지정보용은 매체별로 단행본용, 연속간행물용, 비도서 자료용, 고서용으로 각각 발간되어 있어 도서관현장에서 사용하기가 유용하다.

③ KORMARC 형식 통합서지용을 제정하면서 한국목록규칙 제4판의 기술원칙 및 내용을 수용하여 기존의 KORMARC 기술규칙과 혼용하여 사용하고 있다.

④ KORMARC에서 KCR4를 수용하면서 기본표목과 통일표목을 적용하지 않고 있다.

> **│해설│** ④. ① KORMARC의 설계원칙에 따르면 한 번 입력한 데이터는 재입력 하지 않는다는 원칙을 우선으로 하고 있다. ② KORMARC 형식 중 서지정보용은 매체별로 단행본용, 연속간행물용, 비도서자료용, 고서용으로 각각 발간되어 있어 도서관현장에서 사용상 불편한 점이 많았다. 따라서 이러한 서지정보용 형식을 이번에 하나로 통합함으로써 그 동안의 불편한 점을 해소하게 되었다. ③ KORMARC 형식 통합서지용을 제정하면서 한국목록규칙 제4판의 기술원칙 및 내용을 수용하여 기존의 KORMARC 기술규칙을 폐기하였다.

13. KORMARC 통합서지용의 특징으로 옳지 않은 것은?

① 서지형식을 통합하면서 KORMARC 형식에서는 기존의 필드만 사용하고 있다.

② KORMARC의 설계원칙에 따르면 한 번 입력한 재입력하지 않는다는 원칙을 우선으로 하고 있다.

③ KORMARC 통합서지용 형식을 제정하면서 한국목록규칙 제4판의 기술원칙 및 내용을 수용하여 기존의 KORMARC 기술규칙을 폐기하였다.

④ KORMARC 형식 중 서지정보용은 매체별로 단행본용, 연속간행물용, 비도서자료용, 고서용

으로 각각 발간되어 있어 도서관현장에서 사용상 불편한 점이 많았다. 따라서 이러한 서지정
보용 형식을 이번에 하나로 통합함으로써 그 동안의 불편한 짐을 해소하게 되었다.

| 해설 | ①. 서지형식을 통합하면서 KORMARC 형식에 몇몇 필드들이 신설 및 변경되었다.

14. KORMARC의 레코드 구조에 대한 설명으로 옳지 않은 것은?

① 00X 제어필드에는 기계가 읽을 수 있는 서지레코드의 처리에 필요한 제어번호와 다른 종류의
제어 및 부호화된 정보를 기술한다.

② 표제와 책임표시관련사항에서는 레코드에 기술되는 개별자료의 표제와 그 개별자료에 해당
하는 다른 형태의 표제 및 이전 표제를 기술한다.

③ 통일표제(240) 필드는 서지레코드에 100, 110, 111 필드가 없을 때 사용된다.

④ 형태사항 필드에서는 물리적 특성, 영상재현, 발행 빈도, 물리적 배열, 보안정보 등을 기술한다.

| 해설 | ③. 통일표제(240) 필드는 서지레코드에 100, 110, 111 필드가 있더라도 저작에 대한 통일표제를 기술하는 경우
사용된다.

15. KORMARC에서 설명하는 다음의 개념에 대한 내용으로 옳지 않은 것은?

40자리로 고정된 필드로써 레코드 전반과 서지적인 특성에 대한 정보를 데이터관리와 검색에 편리하도록 부호화
하여 기재된다.

① 지시기호, 식별기호는 사용하지 않는다.

② 전자자료의 경우 전자자료의 유형, 압축수준, 이용대상자 수준 등을 기술한다.

③ 목록전거와 발행년도 요소는 모든 자료에 공통으로 적용된다.

④ 고서자료의 경우 한국대학부호와 한국정부기관부호는 별도로 정의한다.

| 해설 | ②. 제시된 지문은 부호화정보필드에 대한 설명으로, 전자자료의 압축수준은 007 형태기술필드에 기술한다.

16. KORMARC의 주기사항에 대한 설명 중 옳은 것은?

① 505 필드: 자료가 학위논문일 경우 학위 종류, 학위 수여기관, 전공학과명 등을 기술한다.

② 510 필드: 연주자, 해설자, 배역진, 채록자, 구술자 등 그 저작에 참여한 사람에 관한 사항을 기술한다.

③ 520 필드: 해당 자료에 대한 요약, 해제, 초록 등을 기술한다.

④ 525 필드: 이용 가능한 다른 물리적 형태의 자료로도 간행되고 있는 경우 기술한다.

| **해설** | ③. 520 필드는 요약 등 주기 필드이다. ① 505 필드는 내용주기로, 종합서명 또는 대표서명 아래 두 개 이상의 저작이 수록된 경우 그 수록된 저작들의 내용을 기술한다. 보기의 설명은 502 학위논문주기에 대한 설명이다. ② 보기에 대한 설명은 511 연주자와 배역진 주기에 대한 설명이다. ④ 525 필드는 부록주기로 연관저록 필드인 770 필드(보유판 및 특별호 저록)에 기술되지 않았거나 별도의 레코드 목록을 작성하지 않은 경우 부록이나 특별호에 관한 사항을 기술한다. 보기에서 말하는 것은 530 필드로, 이용 가능한 다른 형태자료 주기이다.

17. 다음의 서지사항을 KORMARC 형식에 따라 기술하였을 때 틀리게 작성한 것은?

지성에서 영성으로	[지시기호 생략]
초 판 1쇄 발행 2010년 3월 10일	
개정판 30쇄 발행 2010년 5월 10일	
지은이 이어령	
그린이 키타미 타카시	
펴낸이 정중모	
펴낸곳 도서출판 열림원	
주 소 파주시 교하읍 문발리 파주출판도시 513-15	
ISBN 978-89-7063-651-1 03840	
값 17,000원	
307페이지 천연색삽화 23.1cm	

① 020 ▼a9788970636511 ▼g03840 :▼c\17000   ② 260 ▼a파주 :▼b열림원, ▼c2010

③ 300 ▼a307 p. :▼b천연색삽화 ;▼c23 cm   ④ 700 ▼a이어령

| **해설** | ③. 300 필드는 형태사항을 기술하는데 ▼c에서 크기가 23이 아니라, 소수점 이하는 무조건 올려야 하므로 24 cm 라고 적어야 함.

18. KORMARC에서 다음 설명과 관계없는 필드를 고르시오.

다른 언어, 형식, 매체 등과 같이 하나의 서지자료에서 파생된 상이한 판(version) 간의 관계가 여기에 해당된다.

① 762 필드   ② 765 필드   ③ 767 필드   ④ 775 필드

| 해설 | ①. 파생관계에 대한 설명이다. ①을 제외하고 모두 파생관계에 해당한다. 762 필드는 하위총서저록으로 계층관계에 해당한다. 참고로 765는 원저저록, 767은 번역저록, 775는 이판저록이다.

19. 다음은 KORMARC로 작성된 레코드의 일부이다. 빈칸에 알맞은 필드를 순서대로 나열한 것을 고르시오.

( ) 00 ▼a마틴 루터 킹 :▼b세상을 바꾼 위대한 인물 /▼d제니퍼 팬델 지음; ▼e오주영 옮김

( ) 19 ▼aMartin Luther King

( ) 14 ▼a킹, 마틴 루터 ▼v전기

① 245 - 247 - 500   ② 245 - 247 - 505

③ 245 - 247 - 610   ④ 245 - 246 - 600

| 해설 | ④. 245는 표제와 책임표시 사항, 246은 여러 형태의 표제, 600은 주제명부출표목-개인명에 해당한다. 전기서의 경우 피전자의 이름을 중심으로 자료를 모을 수 있게 한다.

20. 다음에서 KORMARC의 각 필드에 대한 설명으로 옳은 것은?

① 210: 개별 자료와 관련된 표제를 기술하는 것으로 본 표제와 다르게 부출하고 싶은 표제가 있으면 기술한다.

② 240: 한 저작의 여러 판 등이 여러 가지 다른 표제로 나타나 있는 저록을 한자리에 모으기 위해 기술된다.

③ 242: 다작 저자의 저작을 집중하기 위해 사용되는 필드이다.

④ 246: ISSN과 관련되어 연속간행물에 부여되는 표제이다.

| 해설 | ②. ① 개별 자료와 관련된 표제를 기술하는 것으로 본 표제와 다르게 부출하고 싶은 표제가 있으면 기술하는 것은 246: 여러 형태의 표제이다. ③ 다작 저자의 저작을 집중하기 위해 사용되는 필드는 243: 종합통일표제이다. ④ ISSN과 관련되어 연속간행물에 부여되는 표제는 222: 등록표제이다.

21. 다음에서 KORMARC의 각 필드에 대한 설명으로 옳지 않은 것은?

① 246: 개별 자료와 관련된 표제를 기술하는 것으로 본 표제와 다르게 부출하고 싶은 표제가 있으면 기술한다.

② 243: 다작 저자의 저작을 집중하기 위해 사용되는 필드이다.

③ 240: 본 표제를 목록작성기관에서 번역한 표제를 기술한다.

④ 222: ISSN과 관련되어 연속간행물에 부여되는 등록표제를 기술한다.

| 해설 | ③. 본 표제를 목록작성기관에서 번역한 표제를 기술하는 필드는 242: 목록작성기관에서 번역한 표제이다. 240은 한 저작의 여러 판 등이 여러 가지 다른 표제로 나타나있는 저록을 한자리에 모으기 위해 기술되는 통일표제이다.

22. 다음에서 KCR4에 대한 설명으로 옳은 것은?

① 기본표목을 규정하지 않는다.

② 화상자료와 영상자료를 구분하여 기술하도록 규칙을 제정했다.

③ 저록에 포함되는 책임표시 수에 제한을 둔다.

④ 기존의 접근점이라는 용어 대신 표목이라는 개념을 사용한다.

| 해설 | ①. ② 화상자료와 영상자료의 경계가 불분명해 구분기준을 설정하기가 어렵기 때문에 컴퓨터에 의해 처리되는 자료는 전자자료에, 그 밖의 자료는 화상과 영상자료로 통합했다. ③ 기존에는 책임표시 수에 제한이 있었으나 목록의 기능이 완전하게 수행되지 않는다는 점에서 원칙적으로 자료에 기재된 모든 저자를 기재하도록 규정했다. ④ 저록의 검색과정에서 접근점의 기능이 중요시 됨에 따라 표목이란 개념 대신 접근점이란 용어를 사용한다.

23. 다음에서 KCR4에 대한 설명으로 옳지 않은 것은?

① 단행본 중심에서 벗어나 다양한 유형의 자료를 수용할 수 있게 됐다.

② 저록에 포함되는 책임표시 수에 제한을 둔다.

③ 저록의 검색과정에서 접근점의 기능이 중요시됨에 따라 표목이란 개념 대신 접근점이란 용어를 사용한다.

④ 화상자료와 영상자료의 경계가 불분명해 구분기준을 설정하기가 어렵기 때문에 컴퓨터에 의해 처리되는 자료는 전자자료에, 그 밖의 자료는 화상과 영상자료로 통합했다.

| 해설 | ②. 기존에는 책임표시 수에 제한이 있었으나 목록의 기능이 완전하게 수행되지 않는다는 점에서 원칙적으로 자료에 기재된 모든 저자를 기재하도록 규정했다.

24. 다음에서 KCR4와 KORMARC을 적용했을 때, 적합하지 않은 필드를 고르시오.

① 020 ▼a9788983924469

② 100 ▼aDashner, James

   245 00 ▼a메이즈 러너 /▼d제임스 대시너 지음 ;▼e공보경 옮김

   246 19 ▼a(The)maze runner

③ 260 ▼a파주 :▼b문학수첩,▼c2012

④ 300 ▼a542 p. ;▼c21 cm

   653 ▼a미국소설▼a스릴러소설

   700 1 ▼aDashner, James,▼d1972-

   950 0 ▼b\14800

> **| 해설 |** ②. KCR4에서는 기본표목을 규정하지 않기 때문에 1XX 필드를 원칙적으로 사용하지 않는다. 따라서 1XX 필드 대신 7XX 필드에 기술하는 것이 옳다.

25. KORMARC 통합서지용에서 연관저록에 대한 정보가 수록되어야 할 필드를 고르시오.

① 4XX   ② 5XX   ③ 7XX   ④ 8XX

> **| 해설 |** ③. 연관저록에 대한 정보를 수록하고 있는 필드는 76X-78X이다. 7XX 필드는 크게 부출표목(70X-75X)과 연관저록(76X-78X)으로 구분된다. ① 총서사항(4XX) ② 주기사항(5XX) ④ 총서부출표목(80X-830) / 소장, 변형문자 등 (841-88X)

26. KORMARC 레코드의 구성요소에 대한 설명 중 옳은 것은?

① 리더는 레코드 처리를 위한 정보를 제공하는 데이터요소로 24자리로 고정되어 있다.

② 디렉토리는 한 레코드에서 각 가변길이 필드의 표시기호, 필드길이, 필드시작위치를 나타내는 일련의 항목으로 24번째 자수위치부터 시작된다.

③ 제어필드는 단일 데이터요소이거나 각각의 상대위치에 변함없이 성격이 결정되는 고정길이데이터요소로 구성된다.

④ 데이터필드는 디렉토리의 필드 표시기호로 식별되지 않지만 지시기호와 식별기호를 갖는다.

> **| 해설 |** ①. ② 디렉토리는 25번째 자수위치부터 시작된다. ③ 제어필드는 단일 데이터요소이거나 각각의 상대위치에 따라 성격이 결정되는 고정길이데이터요소로 구성된다. ④ 데이터필드는 디렉토리의 필드 표시기호로 식별되며, 지시기호와 식별기호를 갖는다.

27. KORMARC의 245 필드의 식별기호 중 옳은 것을 고르시오.

① ▼b 본표제　　② ▼e 첫 번째 책임표시　　③ ▼k 판(version)　　④▼x 대등표제

> **| 해설 |** ④. KORMARC 245 필드는 '표제와 책임표시사항' 필드로 ▼x는 대등표제이다. ① ▼b는 표제관련정보이며, 본표제는 ▼a이다. ② ▼e는 두 번째 이하의 책임표시이며 첫 번째 책임표시는 ▼d이다. ③ ▼k는 형식이며 판(version)은 ▼s이다.

28. 다음 KORMARC 중 바르게 입력된 것을 고르시오.

```
020  ▼a9788961960762
040  ▼a국회도서관 ( ① )
090  ▼a811.8 ▼b-11-1
245 00 ▼a토닥토닥 그림편지 :▼b행복을 그리는 화가 이수동이 전하는 80통의 위로 /
        ( ② )
( ③ )  ▼a파주 :▼b아트북스,▼c2010
300  ▼a239 p.: ( ④ ) ;▼c20 cm
740  ▼a행복을 그리는 화가 이수동이 전하는 팔십통의 위로
950 0 ▼b\12000……
```

① ▼b311041　　② ▼e이수동 글·그림　　③ 260　　④ ▼f사진

> **| 해설 |** ③. 발행, 배포, 간사 사항이므로 260 필드에 해당하는 내용이다. ① 040 목록작성기관. ▼b는 목록언어를 의미한다. 따라서 ▼c(입력기관)가 들어가야 한다. ② 245 표제와 책임표시사항. ▼e는 두 번째 이하의 책임표시이다. 보기의 도서는 단독저자이므로 ▼d(첫 번째 책임표시) 기호를 사용해야 한다. ④ 300 형태사항. ▼f는 단위의 유형을 나타내는 기호이다. 자료의 기타 물리적 특성을 표시하기 위해서는 ▼b 기호를 사용해야 한다.

29. KORMARC 형식 중 가변길이필드에 대한 의미로 옳은 것은?

① 0XX - 기본표목　　　　② 3XX - 총서사항
③ 4XX - 형태사항　　　　④ 6XX - 주제명부출표목

> **| 해설 |** ④. ① 1XX - 기본표목, ② 4XX - 총서사항, ③ 3XX - 형태사항이다.

30. 다음에서 KORMARC 레코드에 대한 설명으로 옳은 것은?

① 레코드는 고정길이필드와 가변길이필드로 구성되어 있다.

② 리더는 한 레코드에서 각 가변길이필드의 표시기호, 필드길이, 필드시작위치를 나타내는 일련의 항목이다.

③ 디렉토리는 해당레코드의 24번째 자수위치부터 시작된다.

④ 00X 필드는 디렉토리의 필드표시기호로 식별이 가능하고, 지시기호와 식별기호를 갖는다.

| **해설** | ①. ② 디렉토리에 대한 설명이다. ③ 디렉토리는 25번째 자수위치부터 시작한다. ④ 00X 필드는 지시기호와 식별기호를 갖지 않는다.

31. KORMARC의 1XX, 4XX, 6XX, 7XX, 8XX 블록 내에서 표시기호 뒷부분의 두 자리 숫자의 일반적인 의미로 알맞은 것은?

① X00 개인명　　② X10 회의명　　③ X11 단체명　　④ X40 통일표제

| **해설** | ①. ② X10 단체명, ③ X11 회의명, ④ X30 표제명이다.

32. KORMARC 통합서지용 형식의 레코드구조에 있어 레코드 처리를 위한 정보를 제공하는 데이터요소의 구성요소가 아닌 것은?

① 데이터기본번지　　② 목록기술형식　　③ 연관레코드조건　　④ 입력일자

| **해설** | ④. 레코드 처리를 위한 정보를 제공하는 데이터요소인 리더는 00-04 레코드길이, 05 레코드상태, 06 레코드유형, 07 서지수준, 08 제어유형, 09 문자부호화체계, 10 지시기호자리수, 11 식별기호자리수, 12-16 데이터기본번지, 17 입력수준, 18 목록기술형식, 19 연관레코드조건, 20-24 엔트리 맵으로 구성된다.

33. KORMARC 통합서지용 형식에서 기본표목에 대한 설명 중 옳은 것은?

① 회의명을 기본표목으로 레코드를 작성했을 때 표제와 책임표시사항 필드 245에서 회의기간, 회차, 회의명, 회의장소 등은 표제관련정보로 취급하여 기술한다.

② 여러 작곡가의 악보를 모아서 편찬한 자료는 작곡가의 이름순으로 정렬하여 가장 앞에 있는 작곡가를 기본표목으로 한다.

③ 표제관련정보는 기재된 순서나 활자의 크기에 따라 기재하되, 책임표시의 성격을 띤 표제를 가장 먼저 기재한다.

④ 단체가 저작한 자료는 단체명을 111 필드에 기본저록으로 기술한다.

| **해설** | ①. ② 표제를 기본표목으로 하고, 편자는 부출한다. ③ 책임표시의 성격을 띤 표제를 맨 나중에 기재한다. ④ 단체명은 110필드에, 111은 회의명을 기술하는 필드이다.

34. KORMARC 통합서지용 형식에서 기본표목에 대한 설명 중 옳지 않은 것은?

① 단체가 저작한 자료는 단체명을 110 필드에 기본저록으로 기술한다.

② 여러 작곡가의 악보를 모아서 편찬한 자료는 표제를 기본표목으로 하고, 편자는 부출한다.

③ 기본표목을 적용하지 않은 경우 100 필드에 기술하던 기본표목의 저자명은 기술하지 않는다.

④ 회의명을 기본표목으로 레코드를 작성했을 때 표제와 책임표시사항 필드 245에서 회의기간, 회차, 회의명, 회의장소 등은 표제관련정보로 취급하여 기술한다.

> **| 해설 |** ③. 부출표목으로 700 필드에 기술한다.

35. KORMARC에 의해 다음 빈칸에 들어갈 TAG에 대한 설명 중 옳은 것은?

008		030422c200u9999ulkwr kor
(가)		▼a1599-5941
(나)	00	▼a매경이코노미=▼x매경 Economy
(다)		▼a서울:▼b매일경제신문사,▼c[200u]-
(라)		▼a주간

① (가)에는 국립중앙도서관에서 부여한 출판시도서목록(CIP) 레코드의 제어번호를 기술한다.

② (나)에서 관제를 포함해서 표제를 부출하는 경우 제1지시기호에 1을 제2지시기호에는 0을 기입한다.

③ (다)는 반복불가능한 필드이다.

④ (라)는 현재간행빈도를 기술한 필드로 발행이 중지된 자료의 경우, 현재 가능빈도는 마감되었지만 해당필드에는 남겨둔다.

> **| 해설 |** ④. (가): 022 국제표준연속간행물번호, (나): 245 표제및책임표시사항, (다): 260 발행사항, (라): 310 간행빈도 태그로, ① 023 출판시도서목록제어번호에 대한 설명이다. ② 245 표제와 책임표시사항 관제를 포함하여 표제를 부출하는 경우 제1지시기호는 2를 기입한다. ③ 260 발행, 배포, 간사 사항은 반복가능하다.

36. 다음 중 KORMARC을 구성하는 가변길이 데이터필드의 번호와 내용이 올바르게 짝지어진 것은?

① 041 - 목록작성기관　　　　② 082 - 한국십진분류기호

③ 270 - 자료관련주소　　　　④ 536 - 원본주기

37. 다음 중 KCR4의 기술총칙에서 기술방법 중 구두법에 관한 설명으로 옳지 않은 것은?

① 온점(.)은 내용주기의 권차, 회차, 연차 뒤에 사용된다.

② 등호(=)는 대등표제, 총서의 대등표제, 등록표제 앞에 사용한다.

③ 쌍점(:)은 표제관련정보, 발행처, 삽화표시, 총서의 표제관련정보, 가격표시사항 앞에 사용한다.

④ 서양어의 약어표시로 기재된 마침표(.)와 원괄호(( )), 각괄호([ ]), 석점줄임표(...)가 다른 구두점과 겹칠지라도 이중 구두점을 사용한다.

38. 다음의 KORMARC 가변길이 데이터필드 중 표제와 관련 없는 필드는?

① 246   ② 490   ③ 547   ④ 776

39. 다음 중 KORMARC 가변길이 데이터필드 중 연속간행물과 관련 없는 필드는?

① 022   ② 256   ③ 310   ④ 362

40. KCR4를 적용한 KORMARC 통합서지용의 521 태그에 들어갈 어구로 적절한 것을 고르시오.

① 중학교 1학년 이상   ② 1952년 10월 1일 녹음

③ Geographic coverage: Canada   ④ 학술진흥재단 연구기금에 의해 출판

41. KORMARC에서 표제와 책임표시사항의 식별기호를 바르게 연결한 것을 고르시오.

① ▼a 표제관련정보   ② ▼b 본표제   ③ ▼h 권차 또는 편차   ④ ▼x 대등표제

| 해설 | ④. ① ▼a는 본표제, ② ▼b는 표제관련정보, ③ ▼h는 자료유형표시에 사용하는 식별기호이다.

42. 서지 레코드에서 리더의 구조와 자리수가 바르게 연결된 것은?

① 00-04 레코드 유형
② 09 문자 부호화 체계
③ 10 식별기호 자리수
④ 11 지시기호 자리수

| 해설 | ②. ① 00-04는 레코드 길이, ③ 10은 지시기호 자리수, ④ 11은 식별기호 자리수이다.

43. 빈 칸에 들어갈 KORMARC 태그로 옳은 것은?

___ 0 ▼a학위논문(석사) -▼b경기대학교 대학원, ▼c문헌정보학과, ▼d2005

① 300   ② 321   ③ 502   ④ 506

| 해설 | ③. 빈 칸에는 502 학위논문주기의 태그가 들어가야 한다. ① 300은 형태사항, ② 321은 이전 간행빈도 (연속간행물), ④ 506은 이용제한주기이다.

44. 다음 중 KORMARC 통합서지용 형식에 대한 설명으로 옳은 것은?

① 국내 뿐 만 아니라 해외의 문헌까지 우리식으로 전산화를 하여 국립중앙도서관의 대표성을 부각시키기 위해서 만들어졌다.
② 식별기호를 규정하는 데에 있어서는 LC MARC을 따르고 있고, UK MARC도 부분적으로 수용하고 있다.
③ LC MARC과 공통적으로 호환될 수 있는 구조로 레코드가 설계되어 있다.
④ 목록기술은 ISBD에 준거하여 한국도서관협회에서 제정한 한국문헌자동화목록법 기술규칙을 따르고 있다.

| 해설 | ③. ① 국내문헌의 전산화를 위해서이다. ② UK MARC을 따르고 있고, UNIMARC도 부분적으로 수용하고 있다. ④ 한국도서관협회에서 제정한 것이 아니라 국립중앙도서관에서 제정했다.

45. 다음에서 KORMARC의 레코드 구조로 옳은 것은?

① 제어필드 – 국가서지번호 (012)

② 기본표목 – 회의명 (110)

③ 표제와 책임표시사항 – 여러 형태의 표제 (240)

④ 형태사항 – 현재 간행빈도 (310)

| 해설 | ④. ① 국가서지번호는 숫자와 부호필드인 01X-09X에 해당되며, 015 필드에 입력된다. ② 기본표목 회의명은 111 필드에 입력된다. ③ 여러 형태의 표제는 246 필드에 입력된다.

46. 다음 보기 중 빈칸에 들어갈 것으로 옳지 않은 것은?

정보서비스론

1998년 3월 10일 인쇄

1998년 3월 15일 발행

저자: 박준식

발행인: 신일희

발행처: 계명대학교출판부

　　　　등록 1970년9월1일 대구 제4-28호 대구시

　　　　달서구 신당동 1000번지

ISBN (①) 930230

값 12,000원

430 페이지 22.3cm

(KORMARC)

(②) ▼a897585132X▼g93020 :▼c\12000

245 00 (③)

260 ▼a대구 :▼b계명대학교출판부,▼c1998

(④) ▼a430 p. ;▼c23 cm

650 8▼a정보봉사

700 1 ▼a 박준식

① 897585132X　　② 020　　③ ▼a정보서비스론 /▼d박준식　　④ 310

| 해설 | ④. 발행사항 태그 300이 들어가야 한다.

47. KORMARC의 가변길이필드 중 숫자와 부호필드에 대한 설명으로 옳지 않은 것은?

① 020 – 국제표준도서번호　　② 023 – 국제표준연속간행물번호

③ 040 – 목록작성기관　　④ 049 – 소장사항

| 해설 | ②. 023은 출판시도서목록제어번호이며 국제표준연속간행물번호는 022이다.

48. KORMARC의 245 표제와 책임표시사항에 대한 설명으로 옳은 것은?

　① 245 필드는 반복해서 사용 할 수 있다.

　② 식별 기호의 ▼p는 대등표제를 말한다.

　③ 식별 기호의 ▼h는 자료유형표시를 말한다.

　④ 제1지시기호에서는 그대로 인쇄, 원괄호를 제외하고 인쇄를 결정한다.

| 해설 | ③. ① 245 필드는 반복불가이다. ② 식별기호의 ▼x는 대등표제, ▼p는 권차표제이다. ④ 제2지시기호에서는 그대로 인쇄 (0), 원괄호를 제외하고 인쇄 (1)을 결정한다. 제1지시기호에서는 표제부출 관련을 결정짓는다.

49. KORMARC에 대한 설명으로 옳지 않은 것은?

　① 표준형식의 기본구조는 LC MARC을 따르고 있다.

　② LC MARC와 공통적으로 호환될 수 있는 구조로 레코드가 설계되어 있다.

　③ 식별기호를 규정하는데 있어서는 AACR2R을 따르고 있다.

　④ 목록기술은 ISBD에 준거하여 국립중앙도서관에서 제정한 한국문헌자동화목록법 기술규칙을 따르고 있다.

| 해설 | ③. 식별기호를 규정하는데 있어서는 UK MARC을 따르고 있고, UNIMARC도 부분적으로 수용하고 있다.

50. KORMARC에서 설명하는 다음의 필드를 고르시오.

이 표제는 동일저자의 4편 이상의 저작이 포함되어 있는 경우에 적용하며 목록자에 의해 작성된다.

　① 243　　② 240　　③ 245　　④ 247

| 해설 | ①. 243 종합통일표제이다. ② 240은 서지레코드에 100, 110, 111 필드가 있더라도 저작에 대한 통일표제를 기술하는 경우 사용된다. 한 저작의 여러 판 등이 여러 가지 다른 표제로 나타나있는 그 모든 저록을 한 자리에 모으기 위하여 특정표제를 통일표제로 삼아 그 저작을 식별하기 위하여 기술된다. ③ 표제와 책임표시사항은 본표제를 구성하며 또한 자료유형표시, 표제의 나머지 부분, 기타 표제 관련 정보, 표제지 상의 나머지 부분 전기/책임표시로 구성되며 필드는 245이다. ④ 247은 변경전 표제나 표제 변동 필드로, 변경전 표제나 표제의 변동에 관한 사항을 기술한다.

51. 다음의 KORMARC 80X-830 필드에 대한 설명으로 옳은 것을 고르시오.

　① 자료에 나타나있는 총서사항을 기술함으로써 총서에 대한 부출표목을 제공한다.

② 서지적 주기를 기술하는 필드이다.

③ 저작과 다양한 관계에 있는 이름 또는 표제를 통해 서지레코드에 추가 접근점을 제공하기 위한 필드이다.

④ 총서사항에 나타난 형식이 총서부출표목으로 기능할 수 없을 경우 사용한다.

| 해설 | ④. ①은 4XX 총서사항 ②는 5XX 주기사항 ③은 70X-75X 부출표목에 대한 설명이다.

52. 다음 중 KORMARC 통합서지용 형식으로 옳게 기술한 것을 고르시오.

직업별 캐릭터 명함집
2008년 7월 14일 초판인쇄
2008년 7월 20일 초판 발행

그린이: 이경윤
제작자: 이순덕
편집자: 박형진, 한진경, 한태희
펴낸이: 한철회
발행처: 이미지메이킹 ㈜
　　　　서울시 중구 충무로 3가 26-2
　　　　전화 02) 277-8024

ISBN 89-4789-034-7　　값 55,000원

180 페이지, 천연색삽화
책의 크기: 가로 24.4cm, 세로 18.24cm

① 020 ▼a89-4789-034-7: ▼c₩55000
② 245 ▼a직업별 캐릭터명함집, ▼d이경윤 그림 ; ▼e이순덕 제작 ; ▼e박형진, ▼e한진경, ▼e한태희 편집
③ 260 ▼a서울: ▼b이미지메이킹, ▼c2008
④ 300 ▼a180 p.: ▼b천연색삽화 ; ▼c18.24X24.4 cm
　　 700 ▼a이경윤

| 해설 | ③. ① ISBN을 기술할 때는 '-'는 빼고 기입한다. ② 저자 앞에는 /를 붙여야 한다. ④ 책의 크기를 기입할 때는 소수점 자리를 올림하여 표기한다. 즉, 19x25cm이다.

53. KORMARC 통합서지용을 적용한 경우, 다음 중 옳게 기술한 것을 고르시오.

경상대 생활체육 연구소 스포츠문화총서 ①
영국 스포츠 연구 ㅣ

영국 엘리트 교육과 애틀레티시즘

인쇄 2014년 11월 20일
발행 2014년 11월 30일
저 자: 하남길, 오동섭
발행인: 이원길
발행처: 도서출판 21세기 교육사
        서울시 중구 인현동 2가 73-1
        전화 02) 269-6561
정가 20,000원
ISBN 89-86600-07-2
*잘못 만들어진 책은 바꾸어 드립니다.

294 페이지, 삽도, 22.4cm

① 022 ▼a8986600072 ▼c\10000
   245 ▼a영국 엘리트 교육과 애틀레티시즘 / ▼d하남길, ▼e오동섭
② 250 ▼a서울: ▼b21세기 교육사, ▼c2014
③ 300 ▼a294 p.: ▼b삽화 ; ▼c23 cm
④ 400 ▼경상대 생활체육 연구소 스포츠문화총서 ; ▼v1

| 해설 | ③. ① 022는 국제연속간행물번호이다. 020(국제표준도서번호)를 사용해야 한다. ② 250은 판사항이다. 260(발행, 배포 간사사항)을 사용해야 한다. ④ 490(총서사항-부출표목)을 사용해야 한다.

54. KORMARC에서 다음에 설명하는 내용과 관련된 필드로 옳은 것은?

해당 자료와 관련자료 사이의 각각 다른 서지적 관계를 보여주며, 주기를 생성할 것인지에 대한 정보가 표시된다.

① 상위총서저록 - 762 필드   ② 자료관련주소 - 270 필드
③ 기타형태저록 - 776 필드   ④ 번역저록 - 765 필드

55. 다음은 KORMARC 통합서지용 형식에 의해 작성된 레코드의 일부이다. 다음 빈칸에 들어 갈 필드를 MARC 21에서는 어느 필드에 기술하는가?

```
020   ▼a8984882712 ▼g77840 :c\9000
245 00 ▼a숲 속으로 /▼d앤서니 브라운 글·그림 ;▼허은미 옮김
(  ) 19 ▼aInto the forest
```

① 246 필드   ② 240 필드   ③ 505 필드   ④ 507 필드

56. 다음은 KORMARC 통합서지용 형식에 의해 작성된 연속간행물 레코드의 일부이다. 다음에 서 잘못된 내용을 올바르게 고친 것은?

```
020    ▼a1738-1800
245 00 ▼a독서치료연구 =▼x(The) Journal of bibliotherapy/▼d한국독서치료학회 [편]
260    ▼a서울 :▼b한국독서치료학회, ▼c2004-
300    ▼a 책 ;▼c26 cm
321    ▼a반년간
502 0  ▼a창간호(2004년2월)-
653    ▼a독서▼a독서치료
980    ▼a창간호(2004년2월)-제2권2호(2005년10월)
```

① 020 필드 대신에 국제연속간행물번호 필드인 023 필드를 사용해야 한다.
② 대등표제를 나타낼 경우에 "▼x"가 아닌 "▼b"를 사용해야 한다.
③ 321 필드가 아닌 반복사용이 가능한 310 필드를 사용해야 한다.
④ 502 필드는 제2지시기호가 빈칸인 362 필드로 수정해야 한다.

57. 다음에서 KORMARC이 개발된 목적으로 옳은 것은?

① 사회개발 과정에서의 정보를 독점하기 위해

② 정보의 독점화를 위한 표준을 지정하기 위해

③ 전산화를 통하여 기능 통제수단의 강화하기 위해

④ 정보의 표준형식을 제정하여 유통망 형성의 기반을 조성하기 위해

58. KORMARC 형식 중 데이터 필드가 옳게 짝지어진 것은?

① LC제어번호링크 - 013

② 소장사항 - 049

③ 표준기술보고서번호 - 024

④ 국제연속간행물번호 - 027

59. KORMARC 형식 중 데이터 필드가 옳게 연결된 것은?

① 원저저록 - 765

② 모체레코드저록 - 773

③ 기본자료저록 - 772

④ 이판저록 - 767

60. 다음 KORMARC 형식의 연관저록필드에 관한 설명 중 옳지 않은 것을 고르시오.

① 765 필드: 원저저록 필드로 해당 자료가 번역자료(수평적 관계)인 경우 원저자료에 관한 사항을 기술한다.

② 772 필드: 모체레코드저록 필드로 해당 자료가 모체레코드의 보유판, 별책부록, 특별호(수직적 관계)일 경우, 모체레코드에 관한 사항을 기술한다.

③ 775 필드: 이판저록 필드로 내용은 같으나 이용할 수 있는 다른 판본(수평적 관계)이 있는 경우, 이에 관한 사항을 기술한다.

④ 780 필드: 내용은 같으나 이용할 수 있는 다른 판본(수평적 관계)이 있는 경우, 이에 관한 사항을 기술한다.

> | 해설 | ④. 780 필드는 선행저록 필드로 해당 자료의 직접적인 선행자료가 있는 경우(선후관계)에 그 자료에 관한 사항을 기술한다.

61. 다음은 「도서관」과 그 별책부록인 「도서관계」에 대한 KORMARC 데이터의 일부를 나타낸 것이다. [ ]안에 들어갈 필드번호를 순서대로 올바르게 연결한 것을 고르시오.

[ ] 00▼a도서관 /▼d국립중앙도서관 편
[ ] ▼a월간(실은 격월간)
[ ] 0 ▼t도서관계▼g제1권제1호 (1991년 1/2월)–

① 245-260-770   ② 245-307-770
③ 245-310-776   ④ 245-310-770

> | 해설 | ④. 245 필드는 표제와 책임표시사항 필드로 서지레코드의 표제와 책임표시사항을 기술한다. 260 필드는 발행, 배포, 간사 사항 필드로 저작의 발행, 인쇄, 배포, 이슈, 발표, 제작 등과 관련된 정보를 기술한다. 307 필드는 이용시간 필드로 자료를 이용하거나 자료에 접근할 수 있는 요일과 시간에 관한 정보를 기술한다. 310 필드는 현재 간행빈도 필드. 해당 자료의 현재의 간행빈도를 기술한다. 770 필드는 보유판 및 특별호 저록 필드로 해당 자료가 별도의 레코드로 작성되거나 목록되는 보유판이나 특별호가 있는 경우(수직적 관계), 그 사항을 기술한다. 부록이 별도로 목록되어 데이터베이스 제어번호를 갖고 있는 경우는 770 필드(보유판 및 특별호 저록)에 기술한다. 246 필드에는 부록지명을 입력함으로써 부출표목이 되게 한다. 776 필드는 기타형태저록으로 해당 자료가 이용 가능한 다른 물리적 형태의 자료로 간행되고 있을 때(수평적 관계), 이에 관한 사항을 기술한다.

62. 다음 중 KORMARC 통합서지지용 형식에서 246 필드에 기술할 수 없는 정보를 고르시오.
① 권·연차 표시   ② 총서표제   ③ 자료유형표시   ④ 설명어구 표시

> | 해설 | ②. 246 필드는 제2지시기호로 검색을 위한 부분표제, 대등표제, 식별표제, 기타표제, 표지표제, 부표제지표제, 권두표제, 난외표제, 책등표제, 원표제로 표출어를 제어할 수 있다. 식별기호에 따라서는 본표제/간략표제, 표제관련정보, 권·연차표시, 기타정보, 자료유형표시, 설명어구 표시, 권차·편차, 권제·편제, 필드적용기관, 필드링크와 일련번호를 기술할 수 있다.

63. KORMARC 통합서지용 형식의 008 부호화정보필드에서 모든 매체에 공통으로 적용되는 요소를 고르시오.

① 자료의 형태
② 한국대학부호
③ 이용대상자 수준
④ 내용형식

|해설| ②를 제외한 나머지 보기는 도서 자료에 적용되는 요소이다. 008에서 기술하는 공통 적용 요소는 입력일자, 발행년유형, 발행년1·2, 발행국명, 한국대학부호, 수정레코드, 목록전거, 언어, 한국정부기관부호이다.

64. 다음 중 KORMARC 레코드 중 리더에 대한 설명으로 옳은 것은?

① 태그, 지시기호, 식별기호의 순으로 기술한다.
② ▼a, ▼b와 같은 식별기호는 입력정보 내에서 데이터를 구분해주는 역할을 한다.
③ MARC 레코드 가운데 가장 앞에 나타난다.
④ 00X로 시작하는 제어필드데이터는 지시기호와 식별기호 없이 바로 정보를 입력한다.

|해설| ③. ①, ②, ④는 목록데이터 입력에 관한 설명이다.

65. 다음에서 KORMARC 통합서지용 형식의 가변길이 데이터필드에 대한 설명으로 옳은 것은?

① 020 - 국제표준도서번호
② 022 - 한국십진분류기호
③ 041 - 자관 청구기호
④ 056 - 언어부호

|해설| ①. 가변필드 내 숫자부호필드를 설명하고 있는 것으로 022필드는 국제표준연속간행물번호, 041필드는 언어부호, 056필드는 한국십진분류기호를 뜻한다.

66. 다음의 KORMARC 통합서지용 형식 중 잘못 짝지어진 것은?

① 600 주제명부출표목-개인명
② 610 주제명부출표목-단체명
③ 611 주제명부출표목-회의명
④ 650 주제명부출표목-지명

|해설| ④ 650은 주제명부출표목-일반주제명이다.

67. 다음 중 KORMARC의 245 필드에 관한 내용이 아닌 것은?

① ▼a 본표제

② :▼b 권차나 회차나 연차

③ /▼d 첫 번째 저자

④ ;▼e 역할이 다른 책임표시

| 해설 | ②. :▼b는 표제관련정보이고. 권차나 회차나 연차는 .▼n이다.

68. KORMARC 통합서지용 형식에서 태그와 기술 내용이 바르게 짝지어진 것은?

ㄱ. 246 변경전 표제나 표제변동

ㄴ. 525 부록주기

ㄷ. 581 참조정보원 주기

ㄹ. 243 통일표제

ㅁ. 508 인용/참조주기

① ㄱ, ㄴ

② ㄹ, ㅁ

③ ㄴ, ㄷ

④ ㄱ, ㄴ, ㄹ

| 해설 | ③. ㄱ, 246은 여러 형태의 표제이고 ㄹ, 243은 종합통일표제이며 ㅁ, 508은 제작진 주기이다.

69. KORMARC에서 물리적 특성, 영상재현, 발행빈도, 보안정보 등을 기술할 수 있는 필드는?

① 250-28X

② 3XX

③ 4XX

④ 70X-75X

| 해설 | ②. 물리적 특성, 영상재현, 발행빈도, 물리적 배열, 보안정보 등을 기술하는 필드는 형태사항(3XX) 필드이다. ① 250-28X는 판차, 발행사항 필드, ③ 4XX는 총서사항 필드, ④ 70X-75X는 부출표목 필드이다.

70. 다음의 자료를 KORMARC 통합서지용 형식으로 레코드를 작성할 때 옳지 않은 것은?

운보 김기창
Un Bo, Kim Ki-Chang

1993년 10월 25일 초판 1쇄 발행
1994년 10월 30일 초판 4쇄 발행
편　자: 예술의 전당
　　　　운보김기창 팔순기념 전작도록발간 및
　　　　전시추진위원회
발행인: 김중돈
발행처: 도서출판 주식회사 에이피인터내셔널
　　　　서울시 강남구 신사동 512-3

125 페이지　천연색삽화　19.4×25.4 cm

① 100 1　▼a김기창, ▼d1913-2001
② 245 10 ▼a운보 김기창=▼xUn Bo, Kim Ki-Chang /▼d김기창 [그림] ; ▼e예술의 전당,
　　　　▼e운보김기창 팔순기념 전작도록발간 및 전시추진위원회[공편]
③ 260　　▼a서울: ▼b에이피인터내셔날, ▼c1993
④ 300　　▼a125 p.: ▼b천연색삽화 ; ▼c19 × 25 cm

| 해설 |　④. 소수점 뒤는 올림하고 만일 도서의 폭(가로)이 높이(세로)의 절반 이하거나 또는 높이보다 큰 특수한 형태의 도서는 크기를 세로×가로로 표시한다.

71. 다음의 보기에서 설명하는 KORMARC 레코드와 요소를 바르게 짝지은 것은?

다른 서지자료를 식별할 수 있는 정보를 기술한다. 즉, 각 필드는 해당 자료와 관련자료 사이의 각각 다른 서지적 관계를 보여주며, 주기를 생성할 것인지에 대한 정보가 표시된다. 이것은 이용자가 탐색을 더 할 수 있도록 도와줄 수 있지만 해당 자료를 얻는데 형태적으로 필요하지 않은 관련자료, 얻기 위해 형태적으로 필요한 관련자료, 전체를 구성하는 단위인 관련자료의 세가지 유형으로 구분할 수 있다.

① 주기사항 – 일반주기(500)　　　② 연관저록 – 상위총서저록(760)

③ 부출표목 – 단체명(710)　　　　④ 주기사항 – 합철본주기(501)

> **| 해설 |** ②. 보기는 MARC 레코드 중 연관저록(76X-78X)에 해당하는 설명이다. 연관저록에는 상위총서저록, 하위총서저록, 원저저록, 번역저록, 부록 및 특별호 저록, 모체레코드 저록 등 15개 요소가 포함된다.

72. KORMARC에 대한 설명으로 옳은 것은?

① 1999년 MARC 21로 통합 발행되었다.

② 1980년대 자동화추진위원회가 구성되어 개발이 시작되었다.

③ KSX 6006-2는 한국문헌자동화목록형식 중 단행본용에 해당한다.

④ 기존 형식의 비효율성을 개선하고자 통합서지용이 개발되었다.

> **| 해설 |** ④. KORMARC 형식은 2003년까지 서지정보용, 전거통제용, 소장정보용의 3가지 형식이 개발되었으며, 이 가운데 서지정보용은 다시 매체별로 단행본용, 연속간행물용, 비도서자료용, 고서용으로 각각 발간되었기 때문에 도서관 현장에서 사용상 불편한 점이 많았다고 할 수 있다. 따라서 이러한 서지정보용 형식을 하나로 통합함으로써 그 동안의 불편한 점을 해소하게 되었다. ① USMARC과 CAN/MARC는 1999년 MARC 21로 통합 발행되었다. ② 1977년 자동화추진위원회를 구성하고, 개발이 시작되었다. ③ '한국문헌자동화목록형식: 단행본용'은 'KSX 6006-2'에 해당한다.

73. 다음은 KORMARC형식 통합서지용에서 사용되는 새로운 용어들에 대한 설명이다. 옳지 않은 것을 고르시오.

① 관련자료: 해당 자료와 선후관계, 파생(수평적)관계, 계층(수직적)관계 등을 가지면서 연관저록필드를 생성하게 하는 자료이다.

② 선후관계: 시간순서에 따른 서지자료간의 관계, 즉 지명이 변경된 연속간행물의 선후관계 등이 여기에 해당된다.

③ 파생관계: 다른 언어, 형식 매체 등과 같이 복수의 서지자료에서 파생된 상이한 판(version) 간의 관계가 여기에 해당된다.

④ 종결자료: 계속자료의 대응개념으로 사용되고 있으며, 한번 또는 종결예정으로 여러 번 발간되는 서지자료이다.

> **| 해설 |** ③. 파생관계: 다른 언어, 형식 매체 등과 같이 하나의 서지자료에서 파생된 상이한 판(version) 간의 관계가 여기에 해당된다.

74. 다음은 KORMARC 레코드의 구조이다. 올바르게 짝지어진 것을 고르시오.

리더	ⓒ	ⓒ	ⓒ

(ㄱ)   (가변길이필드)

① ㉠ 고정길이필드 – ㉡ 디렉토리 – ㉢ 제어필드 – ㉣ 데이터필드
② ㉠ 디렉토리 – ㉡ 고정길이필드 – ㉢ 데이터필드 – ㉣ 제어필드
③ ㉠ 고정길이필드 – ㉡ 제어필드 – ㉢ 디렉토리 – ㉣ 데이터필드
④ ㉠ 디렉토리 – ㉡ 고정길이필드 – ㉢ 제어필드 – ㉣ 데이터필드

75. 다음의 KORMARC에서 설명하는 용어로 알맞은 것은?

이것은 다른 서지 자료를 식별할 수 있는 정보를 기술한다. 즉 해당 자료와 관련자료 사이의 각각 다른 서지적 관계를 보여주며, 관련 자료가 개별 레코드로 존재할 때 해당 자료의 서지레코드와 관련 자료의 서지레코드 간을 기계적으로 연결시켜주기 위해 사용된다.

① 연관저록 필드   ② 통합자료
③ 관련자료   ④ 서지자료

76. KORMARC 지시기호에 관한 설명으로 옳지 않은 것은?

① 표시기호가 나타내는 정보 이외의 정보를 추가하여 나타내고자 할 때 사용하는 기호이다.
② 가변길이 데이터필드에서 표시기호 다음에 처음 두 자리에 위치한다.
③ 가변길이 데이터필드의 각 데이터요소를 식별하기 위해 사용된다.
④ 지시기호의 두 자리 값은 각각 독립적인 의미를 가진다.

| 해설 | ③은 식별기호에 대한 설명이다.

77. 다음 내용에 해당하는 것은?

하나의 부분으로 완성되거나, 제한된 숫자의 부분으로 완성하려는 의도가 있는 서지자료

① 악보   ② 연차보고서   ③ 신문   ④ 회의자료

78. 다음의 KORMARC 가변길이필드에 대한 설명으로 옳은 것은?

① 00X 제어필드에는 지시기호와 식별기호가 사용된다.

② 1XX 기본표목 필드 중 111은 단체명을 나타낸다.

③ 240 통일표제는 100, 110, 111필드가 있을 경우 사용하지 않는다.

④ 242 목록작성기관에서 번역한 표제 필드의 대등표제는 245 필드에 기술된다.

79. 다음에서 KORMARC에 따른 레코드 작성으로 옳은 것은?

① 한 미술가의 미술작품은 작품명을 기본표목으로 한다.

② 종합표제나 대표표제가 없이 4개 저작 이상의 합집은 열기된 것 가운데 첫 저작만 245 필드에 기재하고 나머지는 생략할 수 있다.

③ 여러 작곡가의 악곡을 모아서 편찬한 자료는 첫 번째 작곡가를 기본표목으로 한다.

④ 특정개인을 위한 기념논문집은 일시적인 단체명을 표목으로 한다.

80. KORMARC에서 245 태그에 들어 갈수 없는 것은?

① 대등표제　　　　　　　② 생몰년

③ 첫 번째 책임표시　　　④ 표제관련정보

[81-85]. 다음 문제는 KCR4와 KORMARC형식(통합서지용)에 의해 레코드를 작성하려고 한다.(해설 통합)

개정판 장서관리론

Collection management

1999년 10월 25일 초판 발행

2007년 6월 10일 개정판 인쇄

2007년 6월 20일 개정판 발행

지은이 : 윤 희 윤

펴낸이 : 김 선 태

발행처 : 도서출판 태일사

주 소 : 대구광역시 중구 남산1동 893

전화 (053) 255-3602

팩스 (053) 255-4374

등 록 : 1991년 10월 10일 제6-37호

값 24,000 원

ISBN 978-89-89023-93-7

xxiv, 428페이지 삽화 26.4cm

---

81. 다음 중 들어갈 태그가 옳은 것은?

① 장서관리론 → 246 필드　　② 대구 → 250 필드

③ 윤희윤 → 700 필드　　④ xxiv → 400 필드

82. 다음 중 246 필드에 들어갈 수 있는 것은?

① 장서관리론　　② Collection management

③ 개정판　　④ ISBN

83. 다음 중 245 필드의 기술이 올바른 것은?

　① 245 00 ▼a장서관리론 =▼xCollection management /▼ d윤희윤 저

　② 245 01 ▼a장서관리론 =▼xCollection management /▼ d윤희윤 저

　③ 245 00 ▼a장서관리론 =▼xCollection management /▼ b윤희윤 저

　④ 245 01 ▼a장서관리론 =▼xCollection management /▼ b윤희윤 저

84. 다음 중 020 필드에 들어가는 것은?

　① 도서 출판 태일사　　② 윤희윤　　③ 김신태　　④ ISBN

85. 다음 중 300 필드의 기술이 올바른 것은?

　① 300　　▼axxiv, 428 :▼b삽화, ▼d27 cm

　② 300　　▼a24, 428 p. :▼b삽화 ;▼d27 cm

　③ 300　　▼axxiv, 428 p. :▼b삽화 ;▼c26 cm

　④ 300　　▼axxiv, 428 p. :▼b삽화 ;▼c27 cm

| 해설 | 81-85 문제를 하나의 형식으로 제시하면 다음과 같다.

　001

　020　　▼a9788989023937 :▼c₩24000

　245 00 ▼a장서관리론 =▼xCollection management /▼d윤희윤 저

　246 31 ▼aCollection management

　250　　▼a개정판

　260　　▼a대구 :▼b태일사,▼c2007

　300　　▼axxiv, 428 p. :▼b삽화 ;▼c27 cm

　700 1 ▼a윤희윤

---

86. 다음에서 KORMARC 245필드 내에서 반복하여 기술할 수 없는 요소로만 묶인 것을 고르시오.

a. 본표제　　b. 표제관련정보　　c. 자료유형표시　　d. 권차 또는 편차　　e. 판　　f. 대등표제

　① a, b　　　② a, c　　　③ c, e　　　④ d, f

| 해설 | ③. 245 필드 내에서는 [수집된 자료의 전체 포괄연도 / 자료유형표시 / 판]을 제외한 모든 요소를 반복하여 기술할 수 있다.

87. 아래 제공된 정보를 바탕으로 KORMARC 통합서지용 형식을 작성하고자 할 때 다음 중 옳지 않은 것을 고르시오.

지성에서 영성으로
이어령지음
열림원

지성에서 영성으로

초판 1쇄 발행 2010년 3월 10일

개정판 30쇄 발행 2010년 5월 10일

지은이 이어령

그린이 기타미 타카시

펴낸이 정중모

펴낸곳 도서출판 열림원

주소 파주시 교하읍 문발리

값 17,000원

307페이지 천연색 삽화 23.4cm

① 245 00　▼a지성에서 영성으로 / ▼d이어령 지음 : ▼e기타미 타카시 그림

② 260　　▼a파주 : ▼b열림원, ▼c2010

③ 300　　▼a307 p. : ▼b천연색삽화 ; ▼c24 cm

④ 700 1　▼a이어령

　　700 1　▼a키타미 타카시

| 해설 | ①. 성격이 다른 책임표시 앞에는 구두점 :(쌍반점)을 사용한다.

88. 다음은 KORMARC 형식에서 단체명 표목과 회의명 표목에 관련이 있는 필드이다. 이 가운데 해당 내용이 있을 경우 반복 가능한 필드가 아닌 것을 고르시오.

① 111　　　　　　　　　② 610

③ 611　　　　　　　　　④ 711

89. 다음은 KORMARC의 필드를 설명한 것이다. 해당되는 필드는?

이 필드는 자료의 서평 및 발행된 서지 기술에 대한 인용사항이나 참고문헌 주기를 기술하며 자료가 어디에서 인용되고, 서평 기사를 수록하고 있는지를 상술하는데 적용된다.

① 502 필드   ② 505 필드   ③ 507 필드   ④ 510 필드

90. 다음은 KORMARC 통합서지용 형식의 레코드구조이다. 리더부문의 구성요소를 고르시오.

① 제어번호   ② 자료범주표시   ③ 레코드 유형   ④ 특정자료종별

91. KORMARC 통합서지용 형식에서 종합표제 또는 대표표제 아래 두 개 이상의 저작이 수록된 경우, 그 수록된 저작들의 내용을 기술하는 필드를 고르시오.

① 245 필드   ② 246 필드   ③ 500 필드   ④ 505 필드

92. 다음은 「도서관목록의 이상과 우리의 현실」의 서지사항과 KORMARC 데이터의 일부를 나타낸 것이다. 괄호 안에 들어갈 필드번호를 올바르게 연결한 것을 고르시오.

〈서지 사항〉

한울아카데미 1114
도서관목록의 이상과 우리의 현실
2009년 2월 20일 인쇄
2009년 3월 5일 발행
지은이 : 노지현
발행자 : 박상인
발행처 : 도서출판 한울
이 저서는 2007년 정부(교육인적자원부)의 재원으로 한국학술진흥재단의 지원을 받아 출판되었으며, 2010년 대한민국학술원 기초문학육성 "우수학술도서" 선정됨.
ISBN 978-89-46051-140 ₩ 25,000
358 페이지 삽화 15.2 x 22.5㎝

〈KORMARC 데이터〉

245 00▼a도서관목록의 이상과 우리의 현실 /▼d노지현 지음
(㉠)   ▼a파주 :▼b한울,▼c2009
(㉡)00▼a한울아카데미 ;▼v1114
(㉢)   ▼a이 저서는 2007년 정부(교육인적자원부)의 재원으로 한국학술진흥재단의 지원을 받아 출판되었음

① ㉠ 260 - ㉡ 440 - ㉢ 536   ② ㉠ 260 - ㉡ 490 - ㉢ 536
③ ㉠ 246 - ㉡ 440 - ㉢ 545   ④ ㉠ 247 - ㉡ 490 - ㉢ 545

| 해설 | ②. 260 필드는 발행·배포·간사 사항 필드로 이에 관한 정보를 기술한다. 490 필드는 총서사항/부출표목-표제 필드로 총서사항과 총서표제의 부출표목이 같은 경우에 총서사항을 기술한다. 536 필드는 기금정보 주기 필드로 해당 자료가 단체의 후원으로 또는 연구비를 받아 발간된 경우, 그 후원단체나 연구비에 대한 사항을 기술한다. 그 외 246 필드는 여러 형태의 표제 필드, 247 필드는 변경전 표제나 표제변동 필드, 490필드는 총서사항/부출되지 않거나 다르게 부출되는 총서표제 필드, 545 필드는 전기적 또는 역사적 데이터필드이다.

93. KORMARC에서 주기사항을 나타내는 필드인 5XX 필드 중 그 역할이 옳게 짝지어진 것은?
  ① 합철본주기 - (502)   ② 학위논문주기 - (501)
  ③ 내용주기 - (505)   ④ 제작진주기 - (511)

94. 다음에 제시된 KCR4 및 KORMARC 통합서지용 형식에서 구분하고 있는 화상자료 중 성격이 다른 하나를 고르시오.

① 그림　　　　　② 설계도　　　　　③ 방사선 사진　　　　　④ 포스터

| 해설 | ③. ①②④는 평면비영사자료에 해당한다.

95. 다음에 제시된 레코드에 대한 설명으로 옳은 것은?

① 고정길이 데이터필드에 실질적인 해당 자료의 서지정보가 대부분 포함되어 있다.
② 리더는 레코드 처리를 위한 정보를 제공하는 데이터요소이다.
③ 디렉토리는 해당 레코드의 24번째 자수위치부터 시작한다.
④ 고정길이필드는 제어필드와 데이터필드로 구성된다.

| 해설 | ②. ①은 가변길이 데이터필드에 대한 설명이다. ③은 디렉토리의 시작 위치는 25번째이다. ④는 가변길이 데이터필드에 대한 설명이다.

96. 다음에 제시된 자료와 가장 관련이 깊은 필드를 고르시오.

245 00 ▼a북극의 눈물▼h[비디오녹화자료] = ▼x Tears in the Arctic : ▼b대한민국 최초의 북극 도전기 / ▼dMBC 제작 ; ▼e노경희 글·구성 ; ▼e허태정, ▼e조준묵 연출

① 020　　　　　② 111　　　　　③ 310　　　　　④ 518

| 해설 | ④. 제시된 자료는 영상자료에 해당한다. 고로 518 촬영/녹음 일시와 장소 주기이다. ①은 국제표준도서번호인 ISBN을 나타내는 필드, ②는 회의명, ③은 연속간행물의 간행빈도를 나타내는 필드이다.

97. KORMARC의 구성과 그에 대한 설명으로 옳은 것은?

① MARC 레코드 중 가장 먼저 나타나는 것은 디렉토리이다.
② 가변길이 데이터필드에 나타나는 대부분의 내용은 목록카드상에 나타나는 정보들이다.
③ 디렉토리부의 구성은 여러 개의 디렉토리로 구성되어 있으며, 디렉토리부 전체는 고정길이이다.
④ 제어필드는 지시기호와 식별기호를 입력해야 한다는 특징을 지니고 있다.

| 해설 | ②. ① MARC 레코드 가운데 가장 먼저 나타나는 것은 리더이다. ③ 각 디렉토리의 구성은 표시기호, 필드길이, 필드시작위치로 12개 캐릭터로 구성되어 고정길이이지만 디렉토리부 전체는 가변길이이다. ④ 제어필드의 특징은 데이터를 입력할 때 지시기호와 식별기호를 입력하지 않는 점이다.

98. 한국문헌자동화목록법(KORMARC)에 대한 설명으로 옳은 것을 고르시오.

① UK MARC과 공통적으로 호환될 수 있도록 구조가 설계되어 있으며, 세부편성 방침도 이를 준용하고 있다.

② MARC21 형식을 모델로 하여 개발되었으며, 한 번 입력했던 데이터 또한 재입력해야 되는 단점이 있다.

③ 기본표목을 저록 검색을 위한 여러 유형의 접근점 중 하나로 이해하여 기본표목을 규정하지 않는다.

④ 기존의 서지정보용, 전거통제용 등 분리되어 있던 형식을 통합서지용으로 통합하여 사용상의 편리성이 줄었다.

> **|해설|** ③. ① KORMARC은 LC MARC과 공통적으로 호환될 수 있는 구조로 설계되었으며, 세부편성 방침도 LC MARC을 준용하고 있다. 식별기호를 규정하는데 있어 UK MARC를 따르고, UNIMARC도 부분적으로 수용하고 있다. ② MARC 21 형식을 모델로 하여 일부 독자적 처리를 통해 개발하였으며, 한 번 입력한 데이터는 재입력하지 않는다는 원칙을 우선하고 있다. ④ 2005년 통합서지용 형식을 제정하여 서지정보용, 전거통제용, 소장정보용 등으로 나뉘어 현장에서 사용상 불편했던 점을 해소하였다.

99. KORMARC 통합서지용 형식에 의해 작성된 레코드의 일부이다. 해당하는 위치에 맞는 필드로 옳은 것을 고르시오.

020	▼a8934919760▼g03330:▼c\28900
ⓐ 1	▼akor▼heng
056	▼a331.4▼24
082 0	▼a304.28▼221
245 00	▼a문명의 붕괴:▼b과거의 위대했던 문명은 왜 몰락했는가?/▼d재레드 다이아몬드 지음;▼e강주헌 옮김
246 19	▼aCollapse : how societies choose to fail or succeed
ⓑ	▼a파주:▼b김영사,▼c2005
300	▼a787p.:▼b삽도, 지도;▼c24cm
500	▼aDiamond, Jared
ⓒ	▼a참고문헌: p.730-771, 색인수록
700 1	▼aDiamond, Jared,▼d1937-▼wKAC200105466

① ⓐ 040 - 목록작성기관   ② ⓐ 260 - 형태사항

③ ⓑ 260 - 발행, 배포, 간사 사항   ④ ⓒ 504 - 학위논문 주기

| 해설 | ③. ⓐ 언어부호(041) 필드, ⓑ 발행, 배포, 간사 사항(260) 필드, ⓒ 서지 등 주기(504) 필드이다. 언어부호 필드는 다수언어 자료나 번역물 포함 자료에 대해서 기술하는 필드이다. 발행, 배포, 간사 사항 필드는 저작의 발행, 인쇄, 배포, 이슈, 발표, 제작 등과 관련된 정보를 기술한다. 서지 등 주기 필드는 해당자료의 참고자료나 인용자료가 수록되어 있는 경우의 사항을 기술한다. ① 040은 목록작성기관 필드로 기관명을 국내도서관은 '부속서 7. 한국도서관부호표', 외국도서관은 MARC 21의 'MARC Code List for Organization'에 의거하여 기술한다. ② 300은 형태사항 필드로 수량, 특정자료종별, 물리적 특성, 크기 및 기타 형태적 정보, 딸림자료 등을 기술하는 필드이다. ④ 502는 학위논문 주기 필드로 학위 종류, 학위수여기관, 전공학과명, 학위수여연도 등을 기술한다.

100. 다음은 KORMARC 형식 레코드 구조의 리더 부문이다. 이 중 구성요소가 아닌 것을 고르시오.

① 서지 수준   ② 입력 수준   ③ 표시 기호   ④ 문자부호화 체계

| 해설 | ③. 리더 부문의 구성요소는 레코드 길이, 레코드 상태, 레코드 유형, 서지수준, 제어유형, 문자부호화체계, 지시기호 자리수, 식별기호 자리수, 데이터 기본번지, 입력수준, 목록기술형식, 연관레코드 조건, 엔트리 맵 등이 해당된다. 표시 기호는 디렉토리 항목 부문의 구성요소이며 디렉토리 항목은 표시기호, 필드길이, 필드시작위치, 필드종단구호로 구성된다.

101. 다음은 KORMARC에 의해 작성된 1인 개인저자 포맷이다. 올바르게 작성되지 않은 것은? (지시기호는 생략)

```
① 020   ▼a8984985511▼g03320:▼c\10000
② 049   ▼lEM3652522▼v1▼lEM3652523▼v1▼c2
   056   ▼a331.5▼24
③ 245   ▼a디지로그=▼xDigilog.▼n1,▼p선언/▼d이어령 지음
   246   ▼i표제관련정보:▼a한국인이 이끄는 첨단정보사회, 그 미래를 읽는 키워드 ; digital+analog
④ 250   ▼a서울:▼b생각의나무,▼c2006
   300   ▼a227 p.:▼b천연색삽화;▼c21 cm
```

① 020   ② 049   ③ 245   ④ 250

| 해설 | ④ KORMARC 포맷에 의해 020은 ISBN, 부가기호, 가격, 049는 등록번호 권책기호 등, 245는 서명 및 저자명, 250은 판사항이다, 발행지 및 출판사 등은 260에 포함된다.

102. 다음에 해당하는 필드에 관한 설명으로 옳은 것을 고르시오.

> 이 필드에는 주제명표목표, 시소러스, 전거파일 등에 의해 통제를 받지 않은 색인어가 주제명부출표목으로 채택될 경우에 기술한다. 서명, 총서명, 초록 등 주기사항에서 추출한 자연어키워드는 이 필드에 기술된다.

① 지시기호는 빈칸 또는 숫자가 사용된다.

② 목록 작성자가 주제명표목표를 참고하여 색인어를 추출할 경우에 사용된다.

③ 이 필드는 한 레코드 내에서 반복 작성이 불가능하다.

④ 한 필드 내에서 색인어를 나타내는 식별기호의 반복 사용이 가능하다.

> **| 해설 |** ④. 비통제주제명(index term-uncontrolled)에 해당하는 내용으로 KORMARC 통합서지용에서는 653 태그에 해당한다. 일반적으로 통제되지 않은 자연어를 검색이 가능하도록 이 필드에 기술한다. ① 이 필드에서는 지시기호는 사용하지 않고, ②는 650 필드 또는 651 필드등 부출표목에 사용한다. ③ ④ 비통제주제명은 레코드 내에서 필드나 식별기호의 반복 사용이 가능하다.

103. KORMARC 통합서지용 형식에서 번역서의 기술 방법으로 옳은 것은?

① 246 필드에 지시기호를 사용하여 원표제를 나타낼 수 있다.

② 507 필드에 부가적으로 원저자 및 원표제에 관한 주기를 기술할 수 있다.

③ 240 필드에 번역서의 원표제를 기재할 수 있다.

④ 041 필드에 번역된 언어만을 기술한다.

> **| 해설 |** ①. ② 507 필드는 원저자 및 원표제에 관한 주기에서 그래픽자료의 축척주기로 변경이 되었다. ③ 240 필드에 번역서의 원표제를 기재할 수 있는 것은 MARC 21에서 가능하다. ④ 041 필드에는 원저작물의 언어와 번역된 언어를 기술하고, 다수 언어일 경우 가장 중요한 언어부터 기재한다.

104. 다음 설명 중 밑줄에 해당하는 자동화목록의 설계원칙에 대한 설명으로 옳은 것을 고르시오.

> 미국의회도서관의 MARC 프로젝트가 MARCⅡ, LCMARC, USMARC로 발전하고 이것이 도서관 업무 및 서비스의 자동화를 촉진시키는 계기가 됨에 따라 다른 국가의 도서관들도 이에 영향을 받아 자국의 도서관 목록 환경에 맞는 자동화목록형식을 개발하였다. 우리나라의 국립중앙도서관도 이러한 추세에 맞춰 1970년대 후반부터 우리나라의 도서관환경에 적합한 자동화목록의 개발을 시작하였다.

① 고서와 혼합자료는 취급하지 않는다.

② 서지레코드의 구성요소는 MARC 레코드의 구조와 차이가 크다.

③ 모든 레코드는 레코드의 처리에 필요한 정보를 갖고 있는 고정길이필드인 디렉토리로 시작된다.

④ 표시기호의 적용은 '필수', '해당시 필수', '재량'의 3가지 유형으로 나누어 사용한다.

> **| 해설 |** ④. 밑줄에 해당하는 자동화목록은 KORMARC(한국문헌자동화목록)의 설계원칙이다. ① 고서와 혼합자료는 취급범위에 들어간다. ② 서지레코드의 구성요소는 MARC 레코드의 구조와 동일하다. ③ 모든 레코드는 레코드의 처리에 필요한 정보를 갖고 있는 고정길이필드인 리더로 시작된다.

105. 다음 빈칸에 들어갈 기호 및 숫자로 올바른 것을 고르시오.

> 목록조직의 이론과 실제 / 최정태, 양재한, 도태현 공저
>
> 100 1 [ⓛ]최정태
> 245 10[ⓛ]목록조직의 이론과 실제 /▼cby 최정태, 양재한, 도태현
> [ⓗ] 1 [ⓛ]양재한
> [ⓗ] 1 [ⓛ]도태현

	ⓗ	ⓛ		ⓗ	ⓛ
①	800	▼a	②	245	▼0
③	100	▼a	④	700	▼a

> **| 해설 |** ④. 3인 이하인 경우 대표저자 또는 먼저 기술된 저자를 기본표목으로 하여 100 필드에 기술하고 나머지 공저자명은 부출저록으로, 저자부출저록은 700 필드에 기술한다.

106. 다음에서 KORMARC의 필드들에 관한 설명으로 옳은 것을 고르시오.

① 240(통일표제), 243(종합통일표제) 등 통일표목과 관련된 필드는 KCR4에서와 같이 특정 표목에 대해 하나의 특정 형식을 표준형식으로 고려하지 않는다면, 반드시 필드를 기술해 주어야 한다.

② 기본표목을 기술할 수 있도록 설계한 1XX(100 개인명, 110 단체명 등) 필드는 모든 도서관에서 필수적으로 사용하고 있지는 않는다.

③ 800~830 필드는 440 필드와 연결되어 총서와 관련된 총서부출표목을 나타낸다.

④ 한 국가의 대통령이나 국가원수, 군주 등이 재임기간에 발간한 자료일 경우에는 공적자료·사적자료를 구분하지 않고 개인명을 표목으로 한다.

107. KORMARC 형식에서 기술이 올바르게 된 것은?

① 255 ▼a축척표시 ,▼b도법표시 /▼c좌표표시

② 260 ▼a발행지 :▼b발행처, ▼c발행년

③ 440 ▼a총서표제 .▼n총서의편차 =▼p총서의 편제 ,▼sISSN ;▼v총서권호

④ 490 ▼a총서표제(부출되지 않거나 다르게 부출되는 총서표제) /▼v총서권호

108. KORMARC 형식에서 태그가 바르게 연결된 것을 고르시오.

① 082 – 한국십진분류기호(KDC)　　② 049 – 국립중앙도서관 청구기호

③ 501 – 합철주기　　　　　　　　　④ 534 – 기금정보주기

109. 다음에 해당하는 데이터필드의 종류와 내용에 대한 설명으로 옳은 것은?

㉠ 3XX(형태사항필드)
㉡ 6XX(주제명부출표목필드)
㉢ 70X – 75X(부출표목필드)
㉣ 76X – 78X(연관저록필드)
ⓐ 자료의 물리적 특성이나 영상재현, 발행빈도, 물리적배열, 보안정보 등을 기술
ⓑ 저작과 관련된 이름이나 표제 등 서지레코드에 대한 부차적인 기술
ⓒ 대부분의 필드는 제2지시기호(주제명표/시소러스) 또는 식별기호 ▼2에 기초하여 기술
ⓓ 관련을 지닌 다른 서지자료를 식별하는 정보를 수록

① ㉠ - ⓐ　　　　② ㉡ - ⓑ　　　　③ ㉢ - ⓓ　　　　④ ㉣ - ⓒ

110. 다음에서 설명하고 있는 표목은 무엇인가?

700-730 필드는 저작과 다양한 관계에 있는 이름 또는 표제를 통해 서지레코드에 추가 접근점을 제공하기 위한 표목이다. 740필드는 전거통제 하에 있는 표제는 아니지만 해당 자료의 일부분 또는 연관 자료의 표제에 관한 사항을 기술한다.

① 총서부출표목　　② 부출표목　　③ 주제명부출표목　　④ 기본표목

111. 다음에서 설명하고 있는 KORMARC 형식(데이터 필드)를 고르시오.

이전 간행빈도(연속간행물) [반복]

제1, 2지시기호　　빈칸

식별기호　　▼a이전 간행빈도, ▼b이전 간행빈도 시행 연, 월

① 300　　　　② 310　　　　③ 321　　　　④ 362

112. KORMARC 형식에서 다음과 같이 설명하고 있는 필드는?

식별기호를 ▼a(일반주기)로 단순화함.

지시기호 – 미정의

식별기호

　▼a일반주기

예) ――――――▼a책등표제임

　　――――――▼a감수자: 남광우, 이응백, 이을환

① 246 필드　　　② 505 필드　　　③ 245 필드　　　④ 500 필드

113. KORMARC 통합서지용 형식에서는 다음과 같은 새로운 용어들이 사용되고 있다. 잘못 짝지어진 것은?

① 계속자료: 종기를 예정하지 않고 시간을 두고 발행되는 서지자료. 여기에는 연속간행물과 계속 통합자료가 포함된다.

② 관련자료: 시간순서에 따른 서지자료간의 관계, 즉 지명이 변경된 연속간행물의 선후관계 등이 여기에 해당된다.(777, 780, 785 필드)

③ 서지자료: 서지기술의 근거가 되고 있는 저작의 표현형이나 구현형, 또는 개별자료이다. 어떤 하나의 매체이거나 매체의 조합일 수 있으며, 실체가 있거나 없을 수도 있다.

④ 서지기술: 서지자료의 기록과 식별을 위한 서지데이터의 집합이다.

| 해설 | ②. 관련자료: 해당 자료와 선후관계, 파생(수평적)관계, 계층(수직적)관계 등을 가지면서 연관저록필드를 생성하게 하는 자료이다. 시간순서에 따른 서지자료간의 관계, 즉 지명이 변경된 연속간행물은 선후관계이다.

114. ISBD에서 KORMARC으로 바르게 변형된 것은?

	ISBD	KOMARC
①	사항2 (판사항)	245 ▼a판표시 /▼b판에대한 책임표시
②	사항4 (발행사항)	260 ▼a발행년 :▼b발행처,▼c발행지
③	사항6 (총서사항)	490 ▼a총서의 본표제,▼x총서의 ISSN ;▼v총서권호
④	사항7 (주기사항)	700 ▼a주기사항

| 해설 | ③. ① 판사항은 250이다. ② 260 ▼a발행지 :▼b발행처,▼c발행년 ④ 주기사항은 500이 옳다.

115. 한국목록규칙 제4판과 KORMARC 형식을 바탕으로, 영상자료의 목록에 대한 특징으로 옳지 않은 것을 고르시오.

① 007 필드는 007 필드에서 자료범주표시는 영상, 영상자료의 경우 영화(m)와 비디오 녹화자료(v)로 구분하여 표시한다.

② 245 필드에서 자료유형표시는 식별기호 ▼h 다음에 [영화], [motion picture], [비디오녹화자료], [videorecording], [DVD], [CATV]로 구분하여 기재한다.

③ 508 필드(제작진주기)에는 영화제작에 참여한 배우 이외의 개인이나 단체를 기술한다. 즉, 245 필드(책임표시사항)에 기재되지 않은 기획, 각본, 원작, 촬영, 음악, 편집 등에 참여한 사람들이 여기에 해당한다.

④ 538 필드(시스템사항에 관한 주기)에는 해당 자료의 시스템정보에 관한 사항을 기술한다. 즉, 사운드나 비디오녹화자료의 경우 상표명, 녹화방법(VHS, Beta), 해상도 등을 기술한다.

| 해설 | ②. DVD와 CATV는 해당되지 않는다.

116. 한국목록규칙 제4판과 KORMARC 형식을 바탕으로, 마이크로자료의 목록에 대한 특징으로 옳은 것을 고르시오.

① 마이크로자료에 수록된 지도자료나 악보, 연속간행물의 경우에는 각기 해당 장의 자료특성사항의 기술규정에 따른다.

② 007 필드에서 자료범주표시(007/00)는 마이크로자료의 경우 모두 'm'으로 표시한다.

③ 245 필드에서 자료유형은 식별기호 ▼m 다음에 [마이크로자료], [microform]으로 기재한다.

④ 260 필드에는 원자료의 발행사항(발행지, 발행처, 발행연도)을 기술한다.

| 해설 | ①. ② 007 필드에서 자료범주표시(007/00)는 마이크로자료의 경우 모두 'h'로 표시한다. ③ 245 필드에서 자료유형은 식별기호 ▼h 다음에 [마이크로자료], [microform]으로 기재한다. ④ 260 필드에는 마이크로자료의 발행사항을 기술한다. 원본에 관한 발행사항은 534 필드에 주기한다.

117. 다음에서 KORMARC 통합서지용 형식의 특성이 아닌 것은?

① 우리의 사고와 언어 습관에 맞는 형식을 다수 도입하였다.

② 서지정보용 형식을 하나로 통합함으로써 그 동안의 불편함 점을 해소하였다.

③ 한국목록규칙 제4판의 기술원칙 및 내용을 수용하고, 기존의 KORMARC 기술규칙을 폐기하였다.

④ 100, 600, 700, 245, 246, 500, 507 필드 등이 부분적으로 수정되었다.

118. 245 필드의 식별기호 내용 중 옳은 것은?

① ▼a본표제 [반복불가] ② ▼d첫 번째 책임표시 [반복불가]

③ ▼n판 [반복불가] ④ ▼h자료유형표시 [반복불가]

119. 다음 중 옳게 짝지어진 것은?

① 통일표제 - 260 ② 후속저록 - 780

③ 내용주기 - 505 ④ 원표제 주기필드 - 507

120. 다음을 KORMARC 통합서지용 형식으로 작성할 때 틀린 것은?

20세기 인물신서

찰리 채플린 나의 자서전

2007년 7월 10일 초판인쇄

2007년 7월 15일 초판발행

지은이 : 찰리 채플린

옮긴이 : 이 현

발행인 : 안종현

발행처 : 김영사

　　　경기 파주시 교하읍 문발리 505-1

정가 32.000원

ISBN : 978-89-34927-90-7 03990

My Autobiography / by Charles Spencer Chaplin

1,062 페이지　　　　　삽화, 도판　　　　20.4cm

권말에 "작가연표 (pp.1041-1048)" 수록

① 020 필드에 ISBN 및 가격을 적는다.

② My Autobiography(원표제)는 246 필드에 기입한다.

③ 505 필드에 20세기 인물신서를 적는다.

④ 056에 KDC를 적는다.

> **│해설│** ③. 자료에 나타나 있는 총서사항은 490 필드에 기입한다.

121. KORMARC형식 (통합서지용)의 5XX 필드에 대한 내용이 다른 것을 고르시오.

① 502 - 학위논문주기　　　　　　② 505 - 내용주기

③ 506 - 이용제한주기　　　　　　④ 535 - 원본주기

> **│해설│** ④. 535 - 원본/복제본 소재주기이고, 원본주기는 534이다.

122. 다음은 KORMARC형식 (통합서지용)을 이용하여 단행본 『한국인을 위한 중국사』의 레코드의 일부분을 작성한 것이다. 빈칸에 들어갈 필드로 바르게 짝지어진 것은?(지시기호는 생략)

245	▼a(한국인을 위한)중국사 / d신성곤 , ▼e윤혜영 [공]지음
260	▼a서울 : ▼b서해문집, ▼c2004
㉠	▼a국립중앙도서관 시각장애인용 원문정보 데이터베이스(database)로 구축됨
㉡	▼c컴퓨터파일. ▼t2006년 시각장애인용 원문정보 DB

　　㉠　　㉡　　　　　　　　㉠　　㉡
① 580, 776　　　　　　② 580, 773

③ 580, 76　　　　　　　④ 590, 767

> **│해설│** ①. 580은 연관저록 설명주기이고, 776은 기타형태저록이다. 590은 소장본 주기, 773은 기본자료저록, 767은 번역저록이다.

123. KORMARC에서 00X 제어필드의 표시기호와 짝이 잘못 이루어진 것을 고르시오.

① 001　제어번호 [반복불가]　　　② 003　제어번호 식별기호 [반복불가]

③ 005　최종 처리일시 [반복불가]　④ 006　형태기술필드 [반복]

> **│해설│** ④. 006은 부호화정보필드-부가적 자료특성 [반복]이다. 형태기술필드의 표시기호는 007이다.

124. 01X-09X 숫자와 부호필드의 KORMARC 태그 정리가 잘못된 것을 고르시오.

① 020　국제표준도서번호　　　　　② 022　국제표준연속간행물번호

③ 040　언어부호　　　　　　　　　④ 052　국립중앙도서관 청구기호

|해설|　③. 040은 목록작성기관이다. 언어부호는 041이다.

125. ISBD에서 KORMARC으로 올바르게 변환된 것은?

	ISBD	KORMARC
①	사항1 (표제와 책임표시사항)	250 ▼a 표제
②	사항2 (판사항)	300 ▼a 판사항
③	사항4 (발행사항)	440 ▼a 발행사항
④	사항8 (표준번호): 단행본	020 ▼a 표준번호

|해설|　④. 표제와 책임표시사항은 245, 판사항은 250, 발행사항은 260, 형태사항은 300, 440은 총서사항, 362는 자료특성사항: 계속자료로 변환되었다.

126. 다음에서 KORMARC 통합서지용 형식의 필드별 데이터 입력에 대한 설명으로 옳지 않은 것은?

① 052 필드는 국립중앙도서관 청구기호를 기술한다.

② 074 필드는 국가기관이나 지방자치단체에서 발간하는 간행물중 10쪽 미만의 단순 홍보용 간행물에 해당하지 않은 간행물로서 국가기록원에서 부여하는 한국정부간행물 발간등록번호 (GPRN)를 기술한다.

③ 027 필드는 기술보고서에 부여된 표준기술보고서번호를 기술한다.

④ 090 필드는 자료에 나타나 있는 해당국의 정부간행물 문서분류번호를 기술한다.

|해설|　④. 090 필드는 자관 청구기호로 국립중앙도서관과 LC를 제외한 각 도서관이 자관의 청구기호를 기술한다.

127. 다음에서 KORMARC 가변길이 필드의 숫자와 성격이 알맞게 연결되지 않은 것은 무엇인가?

① 0XX: 제어정보, 식별정보, 분류기호 등

② 2XX: 표제와 표제관련사항(표제, 책임표시, 판사항, 출판사항)

③ 4XX: 총서사항

④ 7XX: 총서부출표목 등

| 해설 | ④. 7XX는 주제명, 총서표제 이외의 부출표목, 연관저록필드를 나타낸다.

128. 다음 중 KORMARC의 개발 목적이 아닌 것은?

① 국가발전의 기틀인 지적정보를 컴퓨터 기법으로 처리하여 국내학술의 진흥과 사회개발을 위한 정보를 신속 정확히 공급한다.

② 전국대학 및 공공도서관을 온라인으로 연결하여 문헌정보의 네트워크를 편성한다.

③ 정보의 표준포맷을 제정하여 유통망 형성의 기반을 조성한다.

④ 다수이용자들이 이용하는 장서위주로 목록화하고 이용빈도가 저조한 장서의 경우 각 관에서 도맡아 한다.

| 해설 | ④

129. 다음 KORMARC 태그 중 '해당시 필수'인 것은?

① 020 국제표준도서번호   ② 040 목록작성기관

③ 082 듀이십진분류기호   ④ 760 상위총서저록

| 해설 | ①. 020 국제표준도서번호(ISBN)은 해당시 필수 항목이며, 040 목록작성기관은 필수, 082 듀이십진분류기호와 760 상위총서저록은 재량이다.

130. 다음 필드에서 바르게 입력된 부분을 고르시오.

700 ①3ㅂ ②▼aBonaparte, Napoleon.③:▼b3세,④▼c프랑스왕,

| 해설 | ④. 700 1b ▼aBonaparte, Napoleon, ▼b3세, ▼c프랑스왕. 식별기호의 순서는 ▼a개인명, ▼b이름에 포함되는 세계를 지칭하는 숫자, ▼c직위나 칭호 등과 같은 이름 관련 정보, ▼d생몰년이다. ①제1지시기호는 개인명이 가계명이 아니기 때문에 1을 사용한다.(1-성) ②▼aBonaparte, Napoleon. 끝이 온점이 아니라 쉼표이다. ③:▼b3세, 는 :(쌍점)이 없어야 한다.

131. 다음은 KORMARC 통합서지용 형식으로 목록작업을 한 예이다. 아래 빈칸에 들어갈 필드
와 그 이름이 바르게 연결된 것을 고르시오.

245	00	▼a감자/▼d김동인. [외]
260		▼a파주:▼b창비,▼c2005
300		▼a218 p. :▼b삽화 ;▼c25 cm
a	0	▼a감자 / 김동인 __ 배따라기 / 김동인 __ 어린 벗에게 / 이광수 __ 용과 용의 대격전 / 신채호
b	8	▼a한국 ▼x문학 ▼v소설
700	12	▼a김동인. ▼t감자

① a-502, 내용주기   ② a-506, 내용주기

③ b-651, 주제명부출표목-지명   ④ b-650, 주제명부출표목-일반주제명

| 해설 | ③. a-505(내용주기), b-651(주제명부출표목-지명), c-700(부출표목-개인명)이어야 한다. 502는 학위논문주
기, 506은 이용제한주기이다.

132. 다음 KORMARC에 대한 설명으로 옳은 것을 고르시오.

① 악보에 편곡자나 작사자가 있을 때는 표제와 책임표시사항에서 작곡가 다음에 식별기호 ▼e
를 앞세워 부기하고, 이를 부출한다. 형태사항에는 ▼e다음에 악보라는 용어를 기술한다.

②「헌법」이나「법령집」등의 법률명은 240 필드 또는 650 필드에 기술한다.

③ 표제와 책임표시사항에서 표제와 별표제와의 관계표시는 [일명]이란 말을 사용하여 표시한
다. 로마자 표제일 경우에는 별표제를 대문자로 적는다.

④ 자료가 모체레코드의 보유판, 별책부록, 특별호인 경우에는 760 필드에 그 모체자료에 관한
사항을 기술한다.

| 해설 | ②. 240 필드는 통일표제, 650 필드는 주제명부출표목-일반주제명(법령집 등을 일반적인 주제명으로 볼 수 있다.)
이다. KCR4로 개정되면서 통일표제을 적용하지 않게 되었다. 하지만 기존에 사용했던 240 필드 또한 하나의 접근점이 될
수 있다는 점에서 기술할 수 있다. ① 형태사항에서 악보는 ▼b 다음에 기술한다. ▼e는 딸림자료가 있을 때 사용한다. ③ 로
마자 표제일 경우 별표제의 첫 자를 대문자로 적는다. ④ 760 필드는 상위총서저록에 관한 필드이다. 모체자료에 관한 사항
은 772 필드에 기술한다.

133. 다음에서 KORMARC의 고정길이 데이터요소에 해당되지 않는 것은?

① 문학형식   ② 본표제 이외의 표제   ③ 삽화표시   ④ 입력일자

134. 다음에서 KORMARC의 기본표목(main entries)에 해당되는 필드는?

① 1XX   ② 2XX   ③ 6XX   ④ 7XX

135. 다음의 KORMARC 필드 중 검색기능과 가장 거리가 먼 것은?

① 1XX   ② 2XX   ③ 6XX   ④ 7XX

136. 통합서지용 KORMARC에서 본표제가 기본표목으로 될 경우, 다음의 어느 필드에 기입하는가?

① 100   ② 130   ③ 245   ④ 740

137. 다음은 한국문헌자동화목록형식(KORMARC, 통합서지용)의 76X-78X 연관저록에 대한 설명이다. 그 내용이 옳지 않은 것은?

① 연관저록필드는 다른 서지자료를 식별할 수 있는 정보를 기술한다.
② 각 연관저록필드는 해당자료와 관련자료 사이의 각각 다른 서지적 관계를 보여준다.
③ 연관저록필드에는 부출표목을 생성할 것인지에 대한 정보가 표시된다.
④ 연관저록 필드는 관련 자료가 개별 레코드로 존재할 때, 해당자료의 서지레코드와 관련 자료의 서지레코드 간을 기계적으로 연결시켜주기 위해 사용된다.

138. 다음은 한국문헌자동화목록형식(KORMARC, 통합서지용)의 76X-78X 연관저록의 유형에 대한 설명이다. 그 내용이 옳지 않은 것은?

① 이용자가 탐색을 더 할 수 있도록 도와줄 수 있지만, 해당자료를 얻는데 형태적으로 필요하지 않은 관련자료

② 해당자료를 얻기 위해 형태적으로 필요한 관련자료

③ 전체를 구성하는 단위인 관련자료

④ 정답 없음

> **l 해설 l** ④. 연관저록은 세 가지 유형으로 구분할 수 있는데, 위에서 제시된 ① ② ③ 모두 옳은 내용이다. ①의 예로는 연속간행물의 경우 선행저록, 해당자료의 번역본 ②의 예로는 구성요소의 경우 기본자료, 논문이 실린 저널의 호 ③의 예로는 시청각자료집에 포함된 개별 사진 등이다.

139. 다음은 한국문헌자동화목록형식(KORMARC, 통합서지용)의 76X-78X 연관저록에 대한 필드이다. 그 기호와 명칭이 잘못 연결된 것은?

① 765 - 원저저록　　　　　　　② 772 - 모체레코드저록

③ 775 - 이판저록　　　　　　　④ 785 - 선행저록

> **l 해설 l** ④. 785는 후속저록이다. 선행저록은 780이다.

140. KORMARC에서 목록레코드를 작성, 사용 또는 배포하는 기관에 의해 부여된 제어번호를 기술하는 필드는?

① 001　　　　　② 008　　　　　③ 056　　　　　④ 090

> **l 해설 l** ①. 001 제어번호이다. ② 008 부호화정보필드는 40자리로 고정된 필드로써 레코드 전반과 서지적인 특성에 대한 정보를 데이터관리와 검색에 편리하도록 부호화하여 기재된다. ③ 056은 한국십진분류기호를 ④ 090은 자관청구기호를 기재한다.

141. 한국문헌자동화목록형식(KORMARC, 통합서지용) 008 부호화정보필드에서 발행년 유형을 나타내는 기호와 발행년 유형이 잘못 연결된 것은?

① s - 단일년도　　　② m - 복수연도　　　③ d - 발행년불명　　　④ q - 추정연도

> **l 해설 l** ③. 발행년불명은 n으로 표기한다.

142. 다음 중 한국문헌자동화목록형식(KORMARC, 통합서지용)에서 단체명 기본표목필드(110필드)의 식별기호와 그 내용을 연결한 것으로, 잘못 연결된 것은?

① ▼a - 기본요소
② ▼b - 회의 개최지
③ ▼d - 회의일자나 조약체결일자
④ ▼n - 분과 및 부회 회의 회차

| **해설** | ②. 110 필드에서 ▼b에는 하위기관을 기입하며, 회의 개최지는 ▼c에 기입한다.

143. 다음 중 한국문헌자동화목록형식(KORMARC, 통합서지용)에서 표제와 책임표시사항필드(245 필드)의 식별기호와 그 내용을 연결한 것으로, 잘못 연결된 것은?

① ▼a - 본표제
② ▼b - 표제관련정보
③ ▼c - 첫 번째 책임표시
④ ▼e - 두 번째 이하의 책임표시

| **해설** | ③. 245 필드에서 ▼c는 없으며, 첫 번째 책임표시는 ▼d에 기입한다.

144. 다음 중 한국문헌자동화목록형식(KORMARC, 통합서지용)에서 표제와 책임표시사항필드(245 필드)의 식별기호와 그 내용을 연결한 것으로, 잘못 연결된 것은?

① ▼g - 자료유형표시
② ▼n - 권차 또는 편차
③ ▼p - 권제 또는 편제
④ ▼x - 대등표제

| **해설** | ①. 245 필드에서 ▼g에는 수집된 자료 중 대다수 자료의 포괄연도를 기입하며, 자료유형표시는 ▼h에 기입한다.

145. 『열녀춘향수절가』의 통일표제는 『춘향전』이다. KORMARC 통합서지용 형식에 따라 입력할 경우, 표목과 편저자명이 입력될 필드로 올바르게 짝지어진 것은?

① 100 - 245
② 110 - 246
③ 111 - 740
④ 130 - 700

| **해설** | ④. 무저자명고전은 통일표제(130 필드)를 기본기입으로 목록을 작성하며, 편저자는 700 필드에 부출한다.

146. 다음은 Adams, Brown이 지은 The march of democracy를 KORMARC 통합서지용 형식에 따라 245 필드에 입력한 것이다. 옳은 것은?

① 245 11 ▼a(The) march of democracy /▼dBrown Adams

② 245 11 ▼aThe march of democracy /▼dBrown Adams

③ 245 10 ▼a(The) march of democracy /▼dAdams, Brown

④ 245 10 ▼aThe march of democracy /▼dAdams, Brown

| 해설 | ①. 표제관련 필드(130, 240, 245, 440, 730, 740 등)에서 검색 시 배열에서 제외되어야 할 문자(The, A, An, La, Des 등)가 있는 경우, 이를 관칭의 취급방법과 연계하여 제2지시기호에 '1'(원괄호를 제외하고 인쇄)을 입력하고 제외대상 단어를 표제 첫머리에 원괄호로 묶어 기재한다.

147. 다음 중 한국문헌자동화목록형식(KORMARC, 통합서지용)에서 기본표목-개인명 필드 (100 필드)의 식별기호와 그 내용을 연결한 것으로, 잘못 연결된 것은?

① ▼a - 개인명(성과 이름)

② ▼b - 이름(名)에 포함되어 세계(世系)를 칭하는 숫자

③ ▼c - 이름과 관련 정보 (직위, 칭호 및 기타 명칭. 역조(歷朝), 국명(國名), 한국 및 중국의 世系)

④ ▼e - 생몰년

| 해설 | ④. 100 필드에서 ▼e에는 역할어를 기재하며, 생몰년은 ▼d에 기입한다.

148. 다음은 Abraham Lincoln이 직접 저술한 Biography에 대한 KORMARC 데이터의 일부 이다. 괄호 안에 들어갈 것들로 올바르게 짝지어진 것은?

100 1 ▼a(㉠)
245 10 ▼aBiography / ▼d[by](㉡)▼

① ㉠ Abraham Lincoln - ㉡ Abraham Lincoln

② ㉠ Lincoln, Abraham - ㉡ Abraham Lincoln

③ ㉠ Abraham Lincoln - ㉡ Lincoln, Abraham

④ ㉠ Lincoln, Abraham - ㉡ Lincoln, Abraham

| 해설 | ②. KORMARC에서 개인명을 기본표목으로 작성할 경우 100 필드에서는 표목이기 때문에 도치형(성, 이름)으로, 245 필드에서는 기술이기 때문에 직순(이름 성)의 형식을 사용한다.

149. 다음의 KORMARC 디렉토리에 대한 설명에서 옳지 않은 것은?

① 한 레코드에서 각 가변길이필드의 표시기호, 필드길이, 필드시작위치를 나타내는 일련의 항목이다.

② 디렉토리는 해당 레코드의 25번째 자수위치부터 시작되며, 가변길이 데이터필드에 대한 항목은 표시기호에 의해 순차대로 배열된다.

③ 디렉토리는 레코드 내에 있는 가변길이필드마다 하나씩 배정된 '데이터 항목'이라는 고정길이 필드로 구성된다.

④ 가변길이 제어필드에 대한 디렉토리 항목은 첫 번째로 나타나며 표시기호 순에 의해 순차대로 배열된다.

| **해설** | ③. 디렉토리는 레코드 내에 있는 가변길이필드마다 하나씩 배정된 '디렉토리 항목'이라는 고정길이 필드로 구성된다.

150. 다음의 KORMARC 부호화 정보필드(008 필드)에 대한 설명에서 옳지 않은 것은?

① 부호화정보필드는 40자리로 고정된 필드로서 레코드 전반과 서지적인 특성에 대한 정보를 데이터관리와 장서관리에 편리하도록 부호화하여 기재된다.

② 지시기호, 식별기호는 사용하지 않으며 00-17, 26-28, 32, 35-39의 자리는 모든 형태의 자료에 동일하게 적용되고 18-25, 29-31, 33-34 자리는 각 자료의 특성에 따라 상이하게 정의된다.

③ 008 필드의 18-25, 29-31, 33-34 자리는 리더/06의 레코드 유형과 리더/07의 서지수준에 따라 다양하게 정의된다.

④ 008/18-25, 29-31, 33-34 자리에서 도서에 대한 정의는 리더/06(레코드 유형)에 부호 a(문자자료)나 t(필사문자자료) 부호가 부여되고 리더/07(서지수준)에 부호 a(모본에서 분리된 단행자료 성격의 구성요소), c(집서), d(집서의 일부분), m(단행자료)이 있는 경우에 적용한다.

| **해설** | ①. 부호화정보필드는 40자리로 고정된 필드로써 레코드 전반과 서지적인 특성에 대한 정보를 데이터관리와 검색에 편리하도록 부호화하여 기재된다.

151. 다음의 KORMARC 통합서지용 형식에서 표목부에 해당하는 필드를 모두 모은 것은?

⊙ 1XX   ⓛ 5XX   ⓒ 6XX   ⓔ 7XX   ⓜ 8XX

① ⊙, ⓔ   ② ⊙, ⓒ, ⓔ   ③ ⊙, ⓔ, ⓜ   ④ ⊙, ⓒ, ⓔ, ⓜ

152. 다음은 KORMARC 통합서지용 형식에서 표시기호의 뒷부분 2자리의 숫자이다. 그 기호와 의미의 연결이 옳은 것을 고르시오.

| ㉠ X00 – 개인명 | ㉡ X10 – 회의명 | ㉢ X11 – 단체명 | ㉣ X30 – 통일표제 |

① ㉠, ㉡   ② ㉠, ㉣   ③ ㉠, ㉡, ㉢   ④ ㉠, ㉡, ㉢, ㉣

153 다음은 KORMARC 통합서지용에서 사용하는 용어이다. 그 뜻이 옳지 않은 것은?
① 표목은 목록기술의 첫머리에 있는 낱말, 성 또는 구, 절로서 배열의 기준이 되는 것으로, 기본표목은 기본기입카드목록의 표목을 말한다.
② 부출표목은 기본표목으로 채택된 표목 이외의 표목(공저자, 편자, 역자, 주제명, 총서명 등)을 말한다.
③ 관제는 본서명 앞에 기재된 10자 이상의 문구로서 다른 사항에서 채기한 문구는 제외한다.
④ 관칭은 본서명 이외의 서명 앞에 기재된 10자 미만의 문구로서 다른 사항에서 채기한 문구는 제외한다.

154. 다음은 KORMARC 통합서지용에서 사용하는 용어이다. 그 뜻이 옳지 않은 것은?
① 표제관련정보란 본서명으로 기술되지 않는 나머지 서명을 일컫는다.
② 주기사항은 출판물을 기술함에 있어서 기술의 본체(서명저자표시사항부터 총서명 사항까지)에서 기술하지 못한 정보를 기재하는 사항이다.
③ 서지주기란 저작에 참고자료 목록이나 인용자료 목록이 수록되어 있는 경우, 수록된 페이지를 나타내 주는 사항이다.
④ 표출어는 주기사항을 기술하고자 할 때 첫머리에 표시하는 어구이다.

155. 다음은 KORMARC 통합서지용 부호화정보필드(008 필드)에 입력되는 데이터 요소이다. 그 대상으로 옳지 않은 것이 포함된 것은?

① 입력일자, 발행년유형, 발행년 1, 발행년 2, 발행국명
② 삽화표시, 이용대상자 수준, 자료의 형태, 내용형식
③ 한국대학부호, 수정레코드, 연구보고서, 기념논문집, 색인
④ 목록전거, 문학형식, 전기, 언어, 한국정부기관부호

| 해설 | ③. 연구보고서가 아니라 회의간행물이다.

156. 다음은 MARC 21에는 없고, KORMARC 통합서지용 부호화정보필드(008 필드)에만 입력되는 데이터 요소이다. 그 대상으로 옳지 않은 것은?

① 한국대학부호   ② 목록전거   ③ 문학형식   ④ 한국정부기관부호

| 해설 | ②. KORMARC에서의 목록전거는 MARC 21에서는 목록정보원으로 명명되어 존치한다.

157. 한국문헌자동화목록형식(KORMARC, 통합서지용)을 적용하여 부호화정보필드(008 필드)에 데이터를 입력하기 위해서는 부록에 수록된 별도의 부호표를 사용해야 하는 경우가 있다. 다음 중 옳지 않은 부호표가 포함된 것은?

① 발행국부호표, 한국대학부호표
② 언어구분부호표, 한국정부기관부호표
③ 한국지역구분부호표, 외국지역구분부호표
④ 한국도서관부호표, 국제기관부호표

| 해설 | ④. 국제기관부호표가 아니라 국가부호표이다.

158. 다음은 KORMARC 통합서지용에서 분류기호에 관련된 필드의 표시기호와 해당필드명이다. 그 내용이 잘못 짝지어진 것은?

① 056 - 한국십진분류기호   ② 080   국제십진분류기호
③ 082   듀이십진분류기호   ④ 086   기타 분류기호

| 해설 | ④. 기타 분류기호는 085이고, 086은 정부문서분류기호이다.

159. 다음은 한국문헌자동화목록형식(KORMARC, 통합서지용)을 적용하여 작성한 '1956년 부터 2004년까지의 한국지방행정'이라는 자료의 일반주제명 부출표목필드의 일부이다. 괄호에 들어갈 요소들이 옳지 않은 것은? (단, 지시기호와 필드종단기호, 띄어쓰기는 적용하지 않는다.)

(㉠) ▼a행정학▼(㉡)지방행정▼(㉢)1956-2004▼(㉣)한국

① ㉠ - 650　　　　② ㉡ - p　　　　③ ㉢ - y　　　　④ ㉣ - z

| 해설 |　②. '지방행정'은 일반세목으로 ▼x에 기재한다. 즉, 650 주제명부출표목필드, ▼x일반세목, ▼y시대세목, ▼z지리세목의 형태이다.

160. 다음은 고서자료의 판구(板口)를 세분하는 용어이다. 설명이 옳지 않은 것은?
　① 상하흑어미(上下黑魚尾): 판심(版心)에 있는 어미(魚尾)가 흑지(黑紙)이며 상단과 하단에 있다.
　② 상하백어미(上下白魚尾): 판심(版心)에 있는 어미(魚尾)가 백지(白紙)이며 상단과 하단에 있다.
　③ 혼엽화문어미(混葉花紋魚尾): 판심(版心)에 있는 어미(魚尾)가 흑어미와 백어미가 혼입되어 있다.
　④ 흑혼입화문어미(黑混入花紋魚尾): 판심(版心)에 흑어미(黑魚尾)와 화문어미(花紋魚尾)가 혼입되어 있다.

| 해설 |　③. 판심(版心)에 있는 어미(魚尾)가 혼엽화문(混葉花紋)일 경우 혼엽화문어미(混葉花紋魚尾)라 한다. 어미(魚尾)란 판심(版心)의 중봉(中縫) 양쪽에 대조적으로 물고기의 꼬리 모양으로 표시된 것을 말한다.

161. 아래에 예시한 자료를 바탕으로 한국목록규칙 제4판(KCR4)과 한국문헌자동화목록형식 (KORMARC, 통합서지용)을 적용하여 목록레코드를 작성할 때, 바르게 입력된 필드는? (단, 지시기호와 필드종단기호, 띄어쓰기는 적용하지 않는다.)

신토불이 이야기 우리도 UR을 극복할 수 있다 최진호 지음 교문사 2004	신토불이 이야기 ---------------------------------- 1994년 11월 20일 초판인쇄 1994년 11월 26일 초판발행 지은이 : 崔珍浩 발행인 : 박순태 발행처 : 교문사 서울시 종로구 종로1가 92번지 값 8,000원 ISBN 89-363-0314-7 95390 * 저자의 허락 없이 무단 복제할 수 없습니다. ---------------------------------- 502페이지 삽도 22.4cm 이 책은 1998년 「身土不二, 自給なき國は減ふ」라는 이름으로 일본에서 번역 출판되었음.

① 020 ▼a8936303147▼g95390:▼c￦8,000

② 245 00▼a신토불이 이야기 :▼b우리도 UR을 극복 할 수 있다 /▼e최진호 지음

③ 300 ▼a502 p. :▼b삽도 ;▼c23 cm

④ 767 0 ▼a崔珍浩.▼t身土不二, 自給なき國は減ふ.▼d1998년

| 해설 | ④. 해당 자료가 외국어로 번역본이 있는 경우, 767 필드에 그 번역본에 관한 사항을 기술한다. 위의 예문은 최진호(崔珍浩)의 '신토불이 이야기'가 일본에서 '身土不二, 自給なき國は減ふ'라는 이름으로 다시 일본어로 번역 출판된 경우이다. ① 020 ▼a8936303147▼g93590▼c￦8000 ② 245 00▼a신토불이 이야기 :▼b우리도 UR을 극복할 수 있다 /▼d최진호 지음 ③ 300 ▼a294 p. :▼b삽화 ;▼c23 cm이어야 한다.

162. 다음은 KORMARC 통합서지용에서, 리더 부분의 서지수준을 나타내는 표시기호이다. 그 내용이 잘못 짝지어진 것은?

① a - 모본에서 분리된 단행자료 성격의 구성요소

② b - 모본에서 분리된 시청각자료 성격의 구성요소

③ c - 집서(集書, collection)

④ d - 집서의 하위단위(Subunit)

| 해설 | ②. b - 모본에서 분리된 연속간행자료 성격의 구성요소

163. 다음은 KORMARC 통합서지용에서, 리더 부분의 서지수준을 나타내는 표시기호이다. 그 내용이 잘못 짝지어진 것은?

① i - 갱신자료(integrating resources) 　② m - 단행자료/단일자료

③ s - 연속간행물 　④ r - 입체자료(실물)

| 해설 | ④. r - 입체자료(실물)는 존재하지 않는다.

164. 다음은 KORMARC 통합서지용 01X-09X 숫자와 부호필드에 대한 정의와 범위이다. 그 내용이 옳지 않은 것은?

① 020 국제표준도서번호(International Standard Book Number)에는 국제표준도서번호(ISBN), 입수조건, 부가기호 및 취소/사용하지 않는 국제표준도서번호를 기술한다.

② 040 목록작성기관에는 최초로 목록을 작성하였거나 MARC 데이터로 입력하였거나 또는 기존의 레코드를 수정한 기관의 부호를 기술한다.

③ 041 언어부호에는 다수언어로 된 자료나 번역물을 포함한 자료에 대하여 008/35-37(언어) 필드의 언어부호가 완전한 정보를 제공하지 못할 때 사용하는 3자리 문자부호이다.

④ 088 보고서번호(Report Number)에는 표준기술보고서번호(STRN)를 기술한다.

| 해설 | ④. 088 보고서번호에는 표준기술보고서번호(STRN)가 아닌 보고서번호를 기술한다. STRN은 027 필드에 기술한다.

165. 다음은 KORMARC 통합서지용 X00-X30 표목 필드에 대한 설명이다. 옳지 않은 것은?

① 기본표목으로 채택되거나 부출되는 개인명, 단체명, 회의명, 통일표제 필드에서 공통적으로 적용되는 내용을 기술한다.

② X00과 X10, X11, X30은 1XX(기본표목), 6XX(주제명 접근), 7XX(부출표목), 8XX(총서명 부출표목) 필드의 사용에 대한 데이터요소에 관한 개요를 정의한 것을 기술한다.

③ X10은 회의명 필드에 사용된다.

④ X30은 통일표제 필드에 사용된다.

| 해설 | ③. X10은 단체명에 사용된다. 회의명일 경우에는 X11을 사용한다.

166. 다음은 KORMARC 통합서지용 1XX 기본표목 필드에 대한 설명이다. 옳지 않은 것은?

① 이 필드에는 기본표목으로 채택된 개인명, 단체명, 회의명, 통일표제를 기술한다.

② 각 필드의 제1지시기호와 제2지시기호, 식별기호에 대한 사용지침은 표목공통사항의 해당필드(X00, X10, X11, X30)에 기술되어 있다.

③ 기본표목은 자료를 만드는데 책임을 지는 개인명, 가계명(family name) 등을 기술하나, 대안으로 집서를 수집한 사람의 이름 또는 집서에 붙여진 이름을 기술할 수도 있다.

④ 1XX 기본표목은 저자주기입 방식의 목록규칙(KCR2, AACR2)에서 사용하되 서명주기입 방식의 목록규칙(ISBD, KCR3, KCR4, KORMARC 기술규칙)에서는 원칙적으로 사용하지 않는다.

| 해설 | ②. 각 필드의 제1지시기호와 식별기호에 대한 사용지침은 표목공통사항의 해당필드(X00, X10, X11, X30)에 기술되어 있으며, 제2지시기호는 해당 필드에 각각 기술하였다.

167. 다음은 KORMARC 통합서지용 1XX 기본표목 필드에 대한 설명이다. 옳지 않은 것은?

① 110 필드(기본표목-단체명)에는 일반적으로 단체가 저작의 주된 책임을 가진 경우 그 단체명을 기술한다.

② 단체명 아래 오는 회의명은 111 필드(기본표목-회의명)에 기술한다.

③ 111 필드(기본표목-회의명)에는 회의명이나 집회명이 기본표목으로 채택된 경우에 사용하며 회의록, 보고서와 같은 저작에 부여된다.

④ 130 필드(기본표목-통일표제)에는 무저자명 저작의 경우 특정 저작의 여러 판이나 번역서 등이 여러 가지 다른 표제로 나타날 때 하나의 표제를 기본표목으로 선정, 이 저작의 레코드를 한 자리에 모으기 위하여 사용한다.

| 해설 | ②. 단체명 아래 오는 회의명은 111 필드(기본표목-회의명)가 아닌 110 필드에 기술한다.

168. 다음은 KORMARC 통합서지용 245 필드(표제와 책임표시사항)의 기재순서를 나열한 것이다. 옳은 것은? (띄어쓰기는 무시한다.)

① ▼a본표제,별표제[반복]▼h[자료유형]=▼x대등표제 :▼b표제관련정보.▼n권차 또는 편차[반복],▼p권제 또는 편제[반복] /▼d첫 번째 책임표시,▼e두 번째 이하의 책임표시[반복] ;▼e역할이 다른 저자[반복]

② ▼a본표제,별표제[반복]▼h[자료유형]=▼x대등표제 :▼b표제관련정보.▼p권제 또는 편제[반복]▼n권차 또는 편차[반복], /▼d첫 번째 책임표시,▼e두 번째 이하의 책임표시[반복] ;▼e역할이 다른 저자[반복]

③ ▼a본표제,별표제[반복]▼h[자료유형]=▼s대등표제 :▼b표제관련정보.▼n권차 또는 편차[반복],▼p권제 또는 편제[반복] /▼d첫 번째 책임표시,▼e두 번째 이하의 책임표시[반복] ;▼e역할이 다른 저자[반복]

④ ▼a본표제,별표제[반복]▼h[자료유형]=▼s대등표제 :▼b표제관련정보.▼n권차 또는 편차[반복],▼p권제 또는 편제[반복] /▼d첫 번째 책임표시,▼e두 번째 이하의 책임표시[반복] ;▼d역할이 다른 저자[반복]

| 해설 | ① KCR4 1.0.5.11(구두법)에 의해 모든 경우가 있다고 가정하여 작성한 순서이다.

169. KORMARC 통합서지용 246 필드(여러 형태의 표제)에 기술되는 여러 형태의 표제는 주기에 출력될 때 일반적으로 표출어를 앞세우되 표출어는 제2지시기호에 의해 생성한다. 다음에서 그 연결이 옳지 않은 것은?

① 1 - 대등표제   ② 2 - 식별표제   ③ 4 - 표지표제   ④ 8 - 원표제

| 해설 | ④. 원표제는 9이고, 8은 책등표제이다.

170. 다음을 KORMARC 통합서지용 형식으로 작성할 때 틀린 것은?

표제/저자사항: 儒釋質疑論 / [己和(朝鮮)] 撰
판사항: 木板本
발행사항: [谷山高達山]: [佛峯庵], 宣祖 26(1593)
형태사항: 2卷1冊: 四周單邊 半郭 19.4 x 13.8 cm, 無界, 10行20字 註雙行, 黑口, 內向黑魚尾; 27.7 x 18.1 cm

① 245 10 ▼a儒釋質疑論/▼d [己和(朝鮮)] 纂

② 250 ▼a木板本

③ 260 ▼a[谷山高達山].▼b[佛峯庵].▼c宣祖 26(1593)

④ 300 ▼a2卷1冊:▼b四周單邊 半郭 19.4 x 13.8 cm, 無界, 10行20字 註雙行, 黑口, 內
向黑魚尾;▼c27.7 x 18.1 cm

> |해설| ① 저작에 대한 역할과 성격을 나타내는 어구는 해당자료에 표시된 대로 채기하되, 저자명 뒤에 기술한다. 많이 사
> 용되는 저작구분표시로는 著, 撰, 述, 編, 纂, 輯, 集, 增補, 校訂, 校註, 註, 疏, 批, 譯, 節錄, 書, 畵, 刻, 懸吐, 解 등이 있다.

171. 다음은 KORMARC 통합서지용 5XX 필드(주기사항)에 대한 설명이다. 옳지 않은 것은?

① 필드 501부터 59X에 관련 주기필드가 있는 경우에는 해당 주기필드에 우선 기술하고, 500 필
드(일반주기)에는 특정주기필드에 해당되지 않는 일반 정보를 기술한다.

② 자료가 학위논문일 경우 502 필드에 학위 종류, 학위수여기관, 전공학과명, 학위수여연도 등
을 기술한다.

③ 505 필드(내용주기)에는 종합서명 또는 대표서명 아래 두 개 이상의 저작이 수록된 경우 그
수록된 저작들의 내용을 기술한다.

④ 525 부록주기 필드에서는 연관저록 필드인 772 필드(모체레코드 저록)에 기술되지 않았거
나 별도의 레코드로 목록을 작성하지 않은 경우에 부록이나 특별호에 관한 사항을 기술한다.

> |해설| ④. 525 부록주기 필드에서는 연관저록 필드인 770 필드(보유판 및 특별호 저록)에 기술되지 않았거나 별도의 레
> 코드로 목록을 작성하지 않은 경우에 부록이나 특별호에 관한 사항을 기술한다.

172. 다음은 KORMARC 통합서지용 5XX 필드(주기사항)에 대한 설명이다. 옳지 않은 것은?

① 546 필드(언어주기)에는 해당 자료에 사용된 언어에 관한 사항을 문장으로 기술한다. 이 필드
는 또한 해당 자료에 기재된 알파벳, 문자 또는 다른 기호체계를 기술하는데 사용한다.

② 550 필드(발행처주기)에는 편집, 편찬 또는 번역정보 등을 포함하는 발행처에 대한 변동사항
이나 참고사항이 있을 때 기술한다.

③ 580 필드(연관저록 설명 주기)에는 다른 레코드와의 복합적인 관계를 자유스런 서술형으로 기
술하는 주기로서, 연관저록필드의 표출어로 생성될 수 없는 복잡한 관계를 표현하기 위해 사
용된다. 따라서 연관저록필드(760-787)에 기술된 필드가 있는 경우에만 기술한다.

④ 586 필드(수상 주기)에는 기술된 자료와 관련해서 수상(受賞)한 내용을 주기한다. 수상한 내
용이 다수일 경우 대표적인 수상작을 기술한다.

173. 다음은 KORMARC 통합서지용 70X-75X 필드(부출표목)에 대한 설명이다. 옳지 않은 것은?

① 700-730 필드는 저작과 다양한 관계에 있는 이름 또는 표제를 통해 서지레코드에 추가 접근점을 제공하기 위한 부출표목이다.

② 부출표목에는 지적 및 출판 책임을 포함하여 저작의 창작에 대한 책임을 지고 있는 개인, 단체, 그리고 회의가 포함된다. 또한, 판이 다른 경우처럼 전거통제를 통하여 관련된 다른 표제에 대한 부출표목도 포함된다.

③ 740 필드는 전거통제 하에 있는 표제는 아니지만 해당 자료의 일부분 또는 연관 자료의 표제에 관한 사항을 기술한다. 단, 부출표목은 주제명표목이나 총서명표목으로 접근할 수 없는 인명, 단체명, 회의명, 그리고 표제를 지닌 레코드는 해당되지 않는다.

④ 752-754 필드는 해당 자료의 내용이나 기술 이외의 다른 사항에 관한 접근점을 제공한다.

174. KORMARC 통합서지용 890 필드(미입력문자표시)는 입력대상 문자가 입력할 수 없는 특수문자이거나, 해당 한자가 없어서 한글로 입력하거나, 레코드의 길이를 단축하여 입력하는 경우 등 데이터를 변형하여 입력하였을 때, 이에 관한 사항을 기술한다. 다음에서 식별기호의 연결이 옳지 않은 것은?

① ▼h - 한자를 한글로 입력한 경우

② ▼q - 로마자 이외의 문자를 로마자로 입력한 경우

③ ▼s - 레코드의 단축

④ ▼x - 한자 이외의 문자를 한글로 변형 입력한 경우

175. 아래에 예시한 국립중앙도서관 출판시도서목록(CIP)을 바탕으로 한국목록규칙 제4판 (KCR4)과 한국문헌자동화목록형식(KORMARC, 통합서지용)을 적용하여 목록레코드를 작성할 때, 잘못 입력된 필드는? (단, 지시기호와 필드종단기호, 띄어쓰기는 적용하지 않는다.)

단순하게 살기 /
짐 모켈 지음 ; 홍대운 옮김
--서울 : 황소자리 출판사, 2005 p. ; cm

원서명 : Radical simplicity
원저자명 : Merkel, Jim
ISBN : 89-91508-08-1 03530

331.4-KDC4
304.2-DDC21   CIP2005001839

① 041 ▼a kor▼h eng
② 245 ▼a 단순하게 살기 /▼d 짐 머켈 지음 ;▼e 홍대운 옮김.
③ 507 ▼aRadical simplicity
④ 700 ▼a Merkel, Jim

| 해설 | ③. 246 19 ▼aRadical simplicity이어야 한다.

176. 다음의 KORMARC 통합서지용의 필드에서 소재확인의 기능을 가진 필드는?

① 0XX   ② 1XX   ③ 7XX   ④ 8XX

| 해설 | ①. 0XX 필드는 종합목록 작성을 위한 049 소장사항(소장기관부호+등록번호+권책기호+복본기호+별치기호), 050 미국국회도서관 청구기호, 052 국립중앙도서관 청구기호, 090 자관 청구기호 등을 수록하고 있어 소재를 확인할 수 있다. ②,③,④는 검색기능을 가진 필드로 표목(접근점)의 역할을 한다.

177. KORMARC 통합서지용 형식에서 필드의 명칭이나 표시기호(tag)에 사용되는 자릿수는 몇 자인가?

① 2자   ② 3자   ③ 4자   ④ 5자

178. 다음의 괄호 안에 들어갈 태그가 올바르게 짝지어진 것은?

> KORMARC 통합서지용 형식에서 주제명은 6XX 부출표목필드에 기입한다. 이 경우 회의명은(㉠)필드, 지명은 (㉡), 비통제 색인어는 (㉢)필드에 기입한다.

① ㉠ 610 ㉡ 630 ㉢ 651　　　　② ㉠ 610 ㉡ 650 ㉢ 651
③ ㉠ 611 ㉡ 651 ㉢ 653　　　　④ ㉠ 611 ㉡ 651 ㉢ 650

| 해설 | ③. 610 단체명, 630 통일표제, 650 일반주제명 부출표목필드이다.

179. 다음은 KORMARC 통합서지용의 76X-78X 필드(연관저록)에 대한 설명이다. 표시기호(tag)와 필드명이 잘못 짝지어진 것은?

① 765 - 원저저록　　　　　　② 767 - 번역저록
③ 770 - 보유판 및 특별호 저록　　④ 772 - 기본자료저록

| 해설 | ④. 772 - 모체레코드저록. 기본자료저록은 773이다.

180. 다음은 KORMARC 통합서지용의 76X-78X 필드(연관저록)에 대한 설명이다. 표시기호(tag)와 필드명이 잘못 짝지어진 것은?

① 775 - 이판저록　② 777 - 기타형태저록　③ 780 - 선행저록　④ 785 - 후속저록

| 해설 | ②. 777 - 동시발간저록. 기타형태저록은 776이다.

181. 다음은 KORMARC 통합서지용 형식을 이용하여 합동연감 2012년 부록으로 발행한 한국인명사전을 작성한 서지레코드의 일부이다. 괄호 속에 들어갈 필드로 옳은 것은? (단, 지시기호는 생략함.)

(㉠) ▼a한국인명사전 /▼d합동연감사 편
(㉡) ▼a합동연감, 2012

① ㉠ 245 ㉡ 772　　② ㉠ 245 ㉡ 765　　③ ㉠ 110 ㉡ 775　　④ ㉠ 110 ㉡ 780

182. 아래에 예시한 국립중앙도서관 출판도서목록(CIP)을 바탕으로 한국목록규칙 제4판(KCR4)과 한국문헌자동화목록형식(KORMARC, 통합서지용)을 적용하여 목록레코드를 작성할 때, 잘못 입력된 필드로 짝 지어진 것은? (단, 지시기호와 필드종단기호, 띄어쓰기는 적용하지 않는다.)

단순하게 살기 /
짐 모켈 지음 ; 홍대운 옮김
-- 서울 : 황소자리 출판사, 2005   p. ;   cm

원서명 : Radical simplicity
원저자명 : Merkel, Jim
ISBN : 89-91508-08-1 03530

331.4-KDC6
304.2-DDC23   CIP2005001839

ⓐ 020   ▼a8991508081 ▼g03530 : ▼c₩13000
ⓑ 041   ▼akor ▼heng
ⓒ 082   ▼a304.2 ▼26
ⓓ 100   ▼aMerkel, Jim
ⓔ 245   ▼a단순하게 살기 : ▼b당신의 생태 발자국을 줄여라! / ▼d짐 머켈 지음 ;▼e홍대운 옮김
ⓕ 246   ▼aRadical simplicity
   260   ▼a서울 : ▼b황소자리, ▼c2005
ⓖ 700   ▼aMerkel, Jim
   700   ▼a홍대운
ⓗ 900   ▼a머켈, 짐

① ⓐ, ⓑ   ② ⓐ, ⓖ   ③ ⓒ, ⓓ   ④ ⓖ, ⓗ

183. 다음은 아래의 자료를 KORMARC 형식(통합서지용)으로 기술한 것이다. 옳지 않은 것은?
(단, 지시기호, 띄어쓰기, 필드종단기호는 적용하지 않는다.)

한국의 굿 8	
	함경도 망묵굿
	배를 갈라 저승길을 닦아주는 굿
	임석재, 김정녀, 이보형 / 글
	김수남 / 사진 및 해설
	열화당
107페이지 삽화 22.3㎝	

① 700 ▼a임석재
② 300 ▼a107 p. :▼b삽화 ,▼c23 ㎝
③ 440 ▼a한국의 굿 ; ▼v8
④ 700 ▼a김수남

| **해설** | ③. KORMARC 형식(통합서지용) 개정판(2014)을 적용시 440태그를 사용하지 않는다. 490으로 표기해야한다.

184. 다음은 아래의 자료를 KORMARC 형식(통합서지용)으로 기술한 것이다. 옳지 않은 것은?
(단, 지시기호, 띄어쓰기, 필드종단기호는 적용하지 않는다.)

사이버스페이스	이두 아이콘 총서 20
무엇이 세계를 움직이는가?	Cyberspace
	Text copyright ⓒ Joanna Buick
	Illustrations ⓒ Zoran Jevtic
글/ 요안나뷔크	사이버스페이스
그림/ 조란 제브틱	ISBN 89-502-0054-6
번역/ 김찬규	ISBN 89-502-0004-X(세트)

① 700 ▼aBuick, Joanna
② 245 ▼a사이버스페이스 :▼b무엇이 세계를 움직이는가? /▼d요안나 뷔크 글 ; ▼e조란 제브틱 그림 ;▼e김찬규 번역
③ 246 ▼aCyberspace
④ 507 ▼a뷔크, 요안나

185. 다음은 아래의 자료를 KCR4를 적용하여 KORMARC 형식(통합서지용)으로 작성한 레코드의 일부이다. 그 기술이 옳지 않은 것은? (단, 띄어쓰기, 필드종단기호는 적용하지 않는다.)

열여춘향수절가
姜慶鎬 註譯

敎學研究社
1990

열여춘향수절가
1990년 12월 20일인쇄
1990년 12월 30일 발행
註 譯：姜慶鎬
發行者：黃義權
發行處：敎學研究社
　　　서울시 용산구 원효로 1가 40-5호
영인대본은 完板本이며, 부록으로 Horace N. Allen의 英譯本
"Chun Yang"을 수록 하고 있음

① 710 0 ▼a춘향전
② 245 10 ▼a열여춘향수절가 /▼d姜慶鎬 註譯

　　246 3 ▼aChun Yang
③ 500　　▼a영인대본은 完板本이며, 부록으로 Horace N. Allen의 英譯本 "Chun Yang"을 수록
④ 700 1 ▼a강경호

　　700 1 ▼aAllen, Horace N.

186. 다음의 KORMARC 653 태그에 대한 설명에서 가장 거리가 먼 것은?

① 일반적으로 키워드가 되는 색인어를 기술하는 곳이라 할 수 있다.
② 주제명표목표에 의한 통제를 받지 않는다.
③ 시소러스에서 참조하여 기술할 수 있다.
④ 초록, 본문 등에서 추출한 자연어가 기술될 수 있다.

187. 다음은 아래의 자료를 KCR4를 적용하여 KORMARC 형식(통합서지용)으로 작성한 레코드의 일부이다. 그 기술이 옳지 않은 것은? (단, 띄어쓰기, 필드종단기호는 적용하지 않는다.)

소중한 것을 먼저 하라	FIRST THINGS FIRST
	by Stephen R. Covey, A. Roger Merrill, and
	Rebecca R. Merrill
스티븐 코비·로저 메릴·레베카 메릴 지음	
김경섭 옮김	소중한 것을 먼저 하라
	1997년 2월 15일초판 1쇄 발행
	1998년 9월 10일 초판 5쇄 발행
	지은이 : 스티븐 코비, 로저 메릴, 레베카 메릴
	옮긴이 : 김경섭
	펴낸이 : 김영범
	펴낸곳 : 김영사 등록 1979. 5. 17 제1-25호
김영사	서울시 종로구 가회동 170-4
	ISBN 89-349-0314-7 03320 값 9,000원
	502페이지 22.4cm

```
    020      ▼a8934903147▼g03320 :▼c\9000
    056      ▼a199.1▼24
①  100 1   ▼aCovey, Stephen R.
②  245 00  ▼a소중한 것을 먼저 하라 /▼d스티븐 코비,▼d로저 메릴,▼d레베카 메릴 지음;▼e김
             경섭 옮김
    246 19  ▼aFirst things first
    260      ▼a서울 :▼b김영사,▼c1997
③  300      ▼a502 p. ;▼c23 cm
    700 1   ▼a코비, 스티븐
    700 1   ▼a메릴, 로저
    700 1   ▼a메릴, 레베카
```

④ 700 1 ▼a김경섭

    700 1 ▼aMerrill, A. Roger

    700 1 ▼aMerrill, Rebecca R.

> **|해설|** ②. 245 필드에서 첫 번째 책임표시의 식별기호는 ▼d이고 두 번째 이하부터는 모두 ▼e로 기술한다. 즉, '245 00▼a 소중한 것을 먼저 하라 /▼d스티븐 코비,▼d로저 메릴,▼d레베카 메릴 지음;▼e김경섭 옮김'이 된다.

188. 다음은 아래의 자료를 KORMARC 통합서지용 형식으로 작성한 레코드의 일부를 설명한 것이다. 그 내용이 옳지 않은 것은? (단, 띄어쓰기는 적용하지 않는다.)

강소천 평전: 아동문학의 마르지 않는 샘

박덕규 지음

서석규 감수

(주)교학사

2015년 발행

15000원

ISBN 8909192356 / 9788909192354

364 페이지 21.4cm

㉠ 245 10 ▼a 강소천 평전 :▼b 아동문학의 마르지 않는 샘 /▼d 박덕규 지음;▼e 서석규 감수

㉡ 246 30 ▼a 아동문학의 마르지 않는 샘

  260   ▼a 서울 :▼b 교학사;▼c 2015

  300   ▼a 364 p. ;▼c 22 cm

㉢ 700 1 ▼a박덕규,▼d 1958-

㉣ 700 1 ▼a서석규

① ㉠은 245필드(표제와 책임표시사항)로 ▼a에 본표제 ▼b에 표제관련정보 ▼d에 책임표시를 기술하였다.

② ㉡은 246필드(여러 형태의 표제)로, 기타표제를 부출하도록 하였다.

③ ㉢은 700필드(부출표목-개인명)로 ▼a에 책임표시를, ▼d에 생몰년을 기술하였다.

④ ㉣은 700필드(부출표목-개인명)로 ▼a에 감수자를 기술하였다.

189. KORMARC 통합서지용에서는 자료의 표제가 여러 가지로 다르게 간행되는 경우에 이를 한 곳으로 모으기 위해 특정표제를 통일표제로 삼아 기술한다. 다음에서 통일표제를 기술하는 필드로 옳은 것은?

① 130 필드   ② 240 필드
③ 243 필드   ④ 246 필드

190. 다음은 한국문헌자동화목록형식(KORMARC, 통합서지용) 008 필드에서, 광곽을 구분하기 위해 사용되는 부호이다. 그 연결이 옳지 않은 것은?

① c - 상하단변(上下單邊) 좌우쌍변(左右雙邊)
② d - 상하쌍변(上下雙邊) 좌우단변(左右單邊)
③ g - 사주무변(四周無邊)
④ h - 부호화하지 않음

191. KORMAC에서 505 필드에 내용주기된 각각의 사항들은 부표목으로 제시하여야 한다. 다음에서 분출표목이 아닌 것을 고르시오.

① 6XX 필드의 주제명 ② 700 필드
③ 720 필드 ④ 740 필드

| 해설 | ③ 720 필드는 '부출표목-통제되지 않은 이름'으로, 저작과 관련된 이름이 전거파일이나 전거리스트로 통제되지 않을 때 사용된다.

192. 다음은 KCR4를 적용하여 KORMAC 형식(통합서지용)으로 작성한 서지레코드의 일부이다. 그 기술이 옳지 않은 것은? (단, 지시기호와 띄어쓰기는 적용하지 않는다.)

Current News Key Words 7500 Mark Setton 감수, 김기홍 지음 소 학 사	Key Words 7500 Current News 2005년 3월 10일 인쇄 2005년 3월 15일 발행 저 자 : 김기홍 발행처 : 소학사 　　　　　서울시 영등포구 여의도 27-7 값 10,000원 ISBN 89-7191-236-7 13740 507페이지 18.3cm 카세트테이프 5개가 딸려있음

① 245 10▼aCurrent news key words 7500 /▼d김기홍 지음
② 246 1 ▼i판권기표제: Key words 7500 current news
③ 300　▼a507 p. ;▼c19 ㎝ +▼e카세트테이프 5개
④ 500　▼a감수자: Setton, Mark

| 해설 | ①. 본문이 한글이지만 표제가 영문으로만 나타나 있는 경우에는 영문표제를 본표제로 기술한다. 이때 활자크기가 다른 'Current News'는 관제로 처리해야 한다. 즉, '245 10▼a(Current news) key words 7500 /▼d김기홍 지음'이다.
② 표제면과 판권기에 있는 표제가 서로 다를 경우에는 표제면을 우선으로 하며 판권기 표제는 246 필드에 기술하여 준다.
③ 딸림자료는 형태사항 말미에 그 유형과 수량을 기재한다. ④ 감수자는 일반주기 한다.

193. 다음은 KCR4를 적용하여 KORMARC 형식(통합서지용)으로 작성한 서지레코드의 일부이다. 그 기술이 옳지 않은 것은? (단, 지시기호와 띄어쓰기, 종단기호는 적용하지 않는다.)

자료유형: 단행본

서명/저자사항: (2014년도) 지식재산활동

실태조사 = The survey on intellectual property-related activities in Korea   2014 / 특허청, 무역위원회 [공]편

발행사항: 특허청, 무역위원회. 2013

ISBN 9772093076002

ISSN 2093-0763

형태사항: 199p. 25.3cm
 부록으로 전자 광디스크 1매 있음

㉠ 020   ▼a9772093076002

㉡ 022   ▼a2093-0763

 245   ▼a(2014년도) 지식재산활동 실태조사 =▼x The survey on intellectual property-related activities
     in Korea 2014 /▼d 특허청,▼e 무역위원회 [공] 편

㉢ 260   ▼a[대전] :▼b특허청 ;▼a[세종] :▼b무역위원회,▼c 2013

 300   ▼a199 p. ;▼c 26 cm +▼e 전자 광디스크 1매

 710   ▼a 특허청

 710   ▼a 무역위원회

㉣ 940   ▼a 이천십사년도 지식재산활동 실태조사

① ㉠   ② ㉡   ③ ㉢   ④ ㉣

| 해설 | ③. 복수의 발행처가 기재된 경우에는 중요하게 표시되었거나 맨 처음 기재된 발행처명을 기재함을 원칙으로 한다. 둘 이상의 언어로 표시된 발행처명은 본문의 언어와 일치하는 발행처명을 기재한다. 즉, '260 ▼a[대전] :▼b특허청,▼c 2013'이어야 한다. ① 020 필드(국제표준도서번호)에는 ISBN을 기재한다. ② 020 필드(국제표준연속간행물번호) ISSN을 기재한다. ④ 940 필드(로컬표목 - 서명)에는 서명에 있는 아라비아 숫자를 우리말로 읽어서 기재한다.

194. 다음은 KORMARC 형식(통합서지용)에서 505 필드(내용주기)의 제1지시기호(표출어 제어)의 의미를 설명한 것이다. 그 내용이 옳지 않은 것은?

① 제1지시기호를 '0(완전한 내용주기)'으로 기재하면 출력시 '내용: '이라는 표출어가 자동으로 생성된다.

② 제1지시기호를 '1(불완전한 내용주기)'을 기재하는 경우는, 미출판 자료가 있거나 미수집 자료가 있을 때이다.

③ 제1지시기호를 '2(부분 내용주기)'로 기재하는 경우는, 완질을 갖추고 있더라도 목록자의 판단에 의해 일부만 기술할 때이다.

④ 제1지시기호를 '8(표출어를 생성하지 않음)'로 기재하는 경우는, '0, 1, 2' 이외의 정형화 되지 않은 표출어를 목록자가 임의로 기술할 때이다. 단, 영문 표출어를 직접 입력할 때에는 적용되지 않는다.

| 해설 | ④. KORMARC 통합서지용 형식에서 505 필드(내용주기)의 제1지시기호(표출어 제어)에 '8(표출어를 생성하지 않음)'로 기재하는 경우는 영문 표출어를 직접 입력할 때이다. 즉, '0'을 기재하면 '내용: ', '1'을 기재하면 '불완전한 내용: ', '2'를 기재하면 '부분 내용: '이라는 표출어가 생성되기 때문에, '8(표출어를 생성하지 않음)'의 의미는 영문 표출어를 직접 기재할 것이니까 한글 표출어를 생성하지 말라는 의미이다.

195. 『대한민국 나라말 사전』을 '나라말 사전'으로도 검색할 수 있도록 하려고 한다. 다음에서 KORMARC 통합서지용 형식이 올바르게 기술된 것을 고르시오.

① 246 30 ▼a나라말 사전 ② 246 20 ▼a나라말 사전
③ 246 31 ▼a나라말 사전 ④ 246 39 ▼a나라말 사전

| 해설 | ①. 246 필드(여러 형태의 표제)는 개별자료와 관련된 표제를 기술하는 것으로, 관련 표제는 개별자료 상에 나타나 있을 수도 있고, 나타나 있지 않을 수도 있다. 이들 다양한 표제는 245 필드의 표제와 다른 경우와, 개별자료를 식별하는데 도움이 되는 경우에만 246 필드에 기술된다. 여러 형태의 표제는 주기에 출력될 때 일반적으로 표출어를 앞세우되 표출어는 제2지시기호에 의해 생성한다. 이 자료는 245 필드에 '대한민국 나라말 사전'이 표제로 기술되었기 때문에 무조건 '3(주기하지 않음, 표제를 부출함)'이어야 한다. 또한 제2지시기호 '0은 검색을 위한 부분표제'로 '0'에 의해 '검색을 위한 부분표제'라는 표출어가 자동생성 되므로 '나라말 사전'으로도 검색이 가능하게 된다. ②는 주기와 표제를 부출하지 않는다는 의미이고 ③에서 제2지시기호 '1'은 대등표제의 경우에 사용하며 ④에서 제2지시기호 '9'은 번역서의 경우 원표제를 나타내기 위해 사용한다.

196. 1965년 우리나라 문교부에서 발간된 『교육통계연보』는 단체명의 이름이 1991년에는 교육부, 2001년에는 교육인적자원부, 2008년에는 교육과학기술부로 여러 번 바뀌어, 2011년 현재에 이르고 있다. 그 내용을 주기하고자 할 때, 다음에서 KCR4를 적용하여 KORMARC 통합서지용 형식이 올바르게 기술된 것을 고르시오. (띄어쓰기는 무시한다.)

① 550 ▼a발행처: 교육부, 1991-2000

　　　　▼a발행처: 교육인적자원부, 2001-2007

② 550 ▼a교육부, 1991-2000

　　　　▼a교육인적자원부, 2001-2007

③ 550 ▼a발행처: 교육부, 1991-2000 ; 교육인적자원부, 2001-2007 ; 교육과학기술부, 2008-

④ 550 ▼a교육부, 1991-2000 ; 교육인적자원부, 2001-2007 ; 교육과학기술부, 2008-2011

| 해설 | ③. 550 필드(발행처 주기)에서 식별기호 '▼a'는 반복해서 사용하지 않으며, '발행처'라는 도입어구를 앞세워 기술한다.

197. 다음은 KORMARC 형식(통합서지용)으로 작성된 레코드의 일부이다. 그 기술이 옳지 않은 것은?

① 580 ｂｂ▼aContinued in 1982 by: U.S. exports. Schedule E commodity groupings by world area and country

　　785　10▼tU.S. exports. Schedule E commodity groupings by world area and country▼w(DLC)ｂｂｂ84641135

② 580 ｂｂ▼aForms part of the Frances Benjamin Johnston Collection

　　773 1ｂ▼tFrances Benjamin Johnston Collection

③ 580 ｂｂ▼a"Abridged translation of Mashinovedenie."

　　765 1ｂ▼tMashinovedenie▼w(DLC)ｂｂｂ90646274▼w(OCoLC)6258868

④ 580 ｂｂ▼aContinued by: Pan American Games▼n(6th : ▼d1971 : ▼cCali, Colombia)

　　711　ｂｂ▼aPan American Games▼n(6th : ▼d1971 : ▼cCali, Colombia)

| 해설 | ④. '580 연관저록 설명 주기'는 다른 레코드와의 복합적인 관계를 자유스런 서술형으로 기술하는 주기로서, 연관저록 필드의 표출어로 생성될 수 없는 복잡한 관계를 표현하기 위해 사용된다. 따라서 연관저록필드(760~787)에 기술된 필드가 있는 경우에만 기술한다. '711 부출표목 – 회의명'은 집회나 회의명이 부출표목으로 채택된 경우에 사용하는 필드로 580 필드와는 연관이 없으므로 함께 사용할 수 없다. ① 785는 후속저록과의 관계를 나타낸다. ② 773은 기본자료 저록과의 관계를 나타낸다. ③ 해당자료는 원저자료로 연결된 번역본의 레코드의 경우. 제1지시기호의 1은 이 필드를 직접 주기에 출력시키지 않도록 한다.

198. 다음은 KORMARC 형식(통합서지용)에서 890 필드(미입력문자표시)의 식별기호에 대해 설명한 것이다. 그 내용이 옳지 않은 것은?

① ▼h는 한자를 한글로 입력한 경우에 사용하며, 반복해서 사용할 수 있다.

② ▼r은 문자를 빈칸(b)으로 입력한 경우에 사용하며, 반복해서 사용할 수 있다.

③ ▼s는 레코드의 단축에 사용하며, 반복해서 사용할 수 없다.

④ ▼x는 한자 이외의 문자를 한글로 변형 입력한 경우에 사용하며, 반복해서 사용할 수 있다.

> **│해설│** ②. ▼r은 로마자 이외의 문자를 로마자로 입력한 경우에 사용하며, 문자를 빈칸(b)으로 입력한 경우에 사용하는 것은 ▼b로 반복해서 사용할 수 있다.

199. 다음은 AACR2R(2002)을 적용하여 KORMARC 형식(통합서지용)으로 기본표목 및 표제와 책임표시사항을 작성한 서지레코드의 일부이다. 그 기술이 옳은 것은? (단, 띄어쓰기, 필드종단기호는 적용하지 않는다.)

世界 인테리어全集

조성렬 著

제1권 아름다운 집 꾸미기
제2권 생활인테리어 디자인
제3권 실내장식의 연출
제4권 세계의 인테리어
제5권 크라프트 인테리어

한림출판사

① 100 1 ▼a 조성렬
　 245 10 ▼a 世界 인테리어全集 / ▼d 조성렬 著.

② 100 1 ▼a 조성렬
　 245 10 ▼a 세계 인테리어전집 / ▼d 조성렬 著.

③ 100 1 ▼a 조성렬 著
　 245 10 ▼a 世界 인테리어全集 / ▼d 조성렬 著.

④ 100 1 ▼a 世界 인테리어全集
　 245 10 ▼a 세계 인테리어전집 / ▼d 조성렬 著.

200. 다음은 본문이 한국어, 영어, 불어, 독어로 쓰인 자료를 KORMARC 형식(통합서지용)으로 기술한 것이다. 올바른 것을 고르시오.

① 041 0ㅂ▼akor▼aeng▼afre▼ager   ② 041 1ㅂ▼akor▼aeng▼afre▼ager

③ 043 0ㅂ▼akor▼aeng▼afre▼ager   ④ 043 1ㅂ▼akor▼aeng▼afre▼ager

201. 다음은 KCR4의 표제와 책임표시사항을 KORMARC 통합서지용 형식의 식별기호와 함께 나타낸 것이다. 옳지 않은 것은?

① ▼a본표제, 별표제 [반복]   ② ▼h[자료유형표시]

③ =▼x대등표제 [반복]   ④ ;▼b표제관련정보 [반복]

202. 다음은 KCR4의 표제와 책임표시사항을 KORMARC 통합서지용 형식의 식별기호와 함께 나타낸 것이다. 옳지 않은 것은?

① ,▼p권차나 회차나 연차 [반복]   ② /▼d첫 번째 책임표시 [반복]

③ ,▼e동일 역할의 두 번째 이하 책임표시 [반복]   ④ ;▼e역할이 다른 책임표시 [반복]

203. 다음은 KCR4를 적용하여 KORMARC 통합서지용 형식으로 작성한 서지레코드의 일부이다. 그 기입이 옳지 않은 것은? (단, 띄어쓰기, 필드종단기호는 적용하지 않는다.)

祕錄 韓國의 大統領 勸力과 人間, 政治와 人生 朝鮮日報社 月刊朝鮮部 朝鮮日報社 1993	祕錄 韓國의 大統領 勸力과 人間, 政治와 人生 ------------------------------------ 1993年 1月 4日 印刷 1993년 1月 8日 發行 저 자: 朝鮮日報社 月刊朝鮮部 발 행: 朝鮮日報社 펴낸이 : 김영범 이 책은 月刊朝鮮 (1993 신년호)의 별책부록으로 발행된 것이다. 549페이지 삽화 23.3cm

① 24500▼a權力과 人間, 政治와 人生 :▼b祕錄 韓國의 大統領 /▼d朝鮮日報社月刊朝鮮部

② 24630▼a한국의 대통령

③ 710 ▼a조선일보사.▼b월간조선부

④ 770 ▼t월간조선,▼g1993년 신년호

| **해설** | ④. 상기 자료는 祕錄 韓國의 大統領이 '月刊朝鮮(1993년 신년호)'의 별책부록으로 발간된 경우이다. 해당 자료가 모체레코드의 보유판, 별책부록, 특별호인 경우(수직적 관계)에는 772 필드(모체레코드저록)에 그 모체자료에 관한 사항을 기술한다. 이때 '월간조선'이라는 목록레코드에는 770 필드(보유판 및 특별호 저록)에 '祕錄 韓國의 大統領'이라는 부록의 내용이 기술된다.

204. 다음은 KCR4를 적용하여 KORMARC 통합서지용 형식으로 작성한 서지레코드의 일부이다. 그 기입이 옳지 않은 것은? (단, 띄어쓰기, 필드종단기호는 적용하지 않는다.)

| 정보서비스론

박준식 저

계명대학교출판부 | 정보서비스론

1998년 3월 10일 인쇄
1998년 3월 15일 발행
저 자 : 박준식
발행인 : 신일희
발행처 : 계명대학교출판부
등록 1970년 9월 1일 대구 제4-28호
　　　　대구시 달서구 신당동 1000번지
ISBN 89-7585-132-X 93020
값 12,000원

이 책은 같은 저자의 「參考調査論(1998)」을 새로이 출판한 것이다.
xi, 430페이지　　22.3cm |

① 245 00 ▼a정보서비스론 /▼d박준식 저

② 260　　　▼a대구 :▼b계명대학교출판부,▼c1998

③ 700 1　▼a박준식

④ 785 02 ▼t參考調査論.▼d1998

| 해설 | ④. 해당 자료에 선행저록이 있는 경우(선후관계), 그 내용을 780 필드(선행저록)에 기술한다. 즉, '780 02▼t參考調査論.▼d1998'이어야 한다. 780 필드에서 제1지시기호와 제2지시기호의 의미는 다음과 같다. 상기 자료에서 '정보서비스론'이 발간되기 이전의 선행 자료인 '參考調査論'을 기준으로 목록레코드를 작성할 경우, '정보서비스론'은 후속저록에 해당되므로 785 필드에 기술된다.

제1지시기호 – 주기 표시 제어	제2지시기호 – 관계의 유형
0 주기로 표시한다. 1 주기로 표시하지 않는다.	0 ○○○을(를) 개제 1 ○○○을(를) 일부 개제 2 ○○○의 대체 3 ○○○의 일부 대체 4 ○○○과(와)○○○을(를) 합병 5 ○○○을(를) 흡수 6 ○○○을(를) 일부 흡수 7 ○○○으로(로)부터 분리

205. 다음 자료를 바탕으로 KORMARC 형식(통합서지용)을 적용하여 목록레코드를 작성할 때 필드의 기술이 옳지 않은 것은? (단, 지시기호, 띄어쓰기, 필드 종단기호는 적용하지 않는다.)

圖協會報
KLA Bulletin

제26권제6호 1985. 11·12

발행처: 사단법인 한국도서관협회
격월간 월말에 발행
圖書館硏究, 제22권 제1호(1981. 1·2) - 제6호(1981. 11·12)에서 改題되었음
圖書館文化, 제29권 제1호(1988. 1·2)로 다시 改題되어 현재에 이르고 있음

韓國圖書館協會
Korean Library Association

24500▼a圖協會報 /▼d韓國圖書館協會 編
260　　▼a서울 :▼b韓國圖書館協會,▼c1982-87
300　　▼a6책 ;▼c22 cm.
㉠ 310　　▼a격월간
㉡ 362　　▼a제23권 제1호 (1982년 1/2월)-제28권 제6호 (1987년 11/12월)
710　　▼a한국도서관협회
㉢ 775 00▼t圖書館硏究,▼g제22권 제1호(1981년 1/2월)-제28권 제6호(1981년 11/12월)
㉣ 785 00▼t圖書館文化,▼g제29권 제1호(1988년 1/2월)-

① ㉠　　　　② ㉡　　　　③ ㉢　　　　④ ㉣

| 해설 |　③. 상기 자료는 지명이 두 번 이상 변경된 연속간행물로 '圖書館硏究' → 圖協會報 → 圖書館文化로 지명이 변경된 내용을 기술해야 한다. '圖協會報'의 입장에서 보면 '圖書館硏究'는 선행저록이며 '圖書館文化'는 후속저록에 해당된다. 그러므로 ㉢은 '780 00▼t圖書館硏究,▼g제22권 제1호(1981년 1/2월)-제28권 제6호(1981년 11/12월)'이어야 한다. 775 필드(이판저록)는 내용은 같으나 이용할 수 있는 다른 판본(수평적 관계)이 있는 경우, 이에 대한 사항을 기술한다.

206. KORMARC 통합서지용 형식은 해당 자료와 관련 자료 사이의 각각 다른 서지적 관계를 보여주기 위해 여러 형태의 연관저록필드를 갖고 있다. 다음의 연관저록필드에서 성격이 다른 하나를 고르시오.

① 765 원저저록(Original Language Entry)　　② 767 번역저록(Translation Entry)

③ 772 모체레코드저록(Parent Record Entry)　④ 775 이판저록(Other Edition Entry)

> **┃해설┃** ③. 772 필드는 수직적 관계일 때, 나머지는 수평적 관계일 때 적용한다. 즉, 772 필드는 해당자료가 모체 레코드의 보유판, 별책부록, 특별호(수직적 관계)일 경우에, 관련된 모체 레코드에 관한 사항을 기술한다. ① 765 필드는 해당자료가 번역자료(수평적 관계)인 경우 원저자료에 관한 사항을 기술한다. ② 767 필드는 해당자료가 원저(수평적 관계)로 다른 언어로 번역된 번역본이 있을 경우, 이에 관한 사항을 기술한다. ④ 775 필드는 내용은 같으나 이용할 수 있는 다른 판본(수평적 관계)이 있는 경우, 이에 관한 사항을 기술한다.

207. 다음은 KORMARC 통합서지용 형식을 이용하여 연속간행물 『건강과 영양』에 대해 작성한 서지레코드의 일부이다. 이 서지레코드를 보고 설명한 내용으로 옳은 것은? (단, 지시기호는 생략함.)

> 245 ▼a건강과 영양 /▼d한국식품영약학회
> 310 ▼a월간, ▼b2004.1-
> 321 ▼a격월간, ▼b1998.1-2003.12
> 362 ▼a제7권 제1호(2004년 1월)-
> 780 ▼a식품과 영양

① 『건강과 영양』 자료는 『식품과 영양』 자료의 후속저록으로 2004년부터 간기가 격월간에서 월간으로 변경되어 발간되고 있다.

② 『식품과 영양』 자료는 『건강과 영양』 자료의 후속저록으로 1998년부터 간기가 격월간에서 월간으로 변경되어 발간되고 있다.

③ 『식품과 영양』 자료는 『건강과 영양』 자료의 선행저록으로 1998년부터 간기가 월간으로 발간되었다.

④ 『건강과 영양』 자료는 『식품과 영양』 자료의 선행저록으로 2004년부터 간기가 월간에서 격월간으로 변경되어 발간되고 있다.

> **┃해설┃** ①. 245는 현재 잡지명, 310은 현재 간행빈도, 321은 이전 간행빈도, 780은 선행 잡지명 필드이다.

208. 다음에서 KORMARC에 대한 설명으로 옳지 않은 것은?

① 1980년대 초부터 동·서양서에 대한 목록데이터를 작성하기 위해 국립중앙도서관이 만든 MARC이다.

② 현재는 여러 종류의 서지용 KORMARC 포맷을 통합한 한국문헌자동화목록형식(KORMARC, 통합서지용)이 개발되었다.

③ 기본구조는 ISO 2709를 따랐고, 포맷의 세부적인 편성방침은 UNIMARC를 따랐다.

④ 1993년에 KORMARC 형식 단행본용이 KS로 제정되었다.

> **|해설|** ③. KORMARC의 기본구조는 ISO 2709를 따랐고 LC MARC(현 MARC 21)와 호환성을 갖게 하였다. 세부적인 편성방침은 LC MARC(현 MARC 21)를 준용하고 서브필드 식별기호 규정은 UK MARC를 따랐으며 부분적으로 UNIMARC를 수용하였다.

209. 다음의 KORMARC 태그에서 표목부와 가장 거리가 먼 것은?

① 110 태그　　　② 245 태그　　　③ 600 태그　　　④ 830 태그

> **|해설|** ②. 245는 표제와 책임표시사항이다. ① 110은 기본표목-단체명 ③ 600은 주제명부출표목-개인명 ④ 830은 총서부출표목-통일표제이다.

210. 레코드 구조에서 리더에 대한 설명 중 옳은 것은?

① 리더는 MARC 레코드 가운데 가장 마지막에 나타난다.

② 리더의 길이는 전체 22캐릭터(00~21)로 구성되어 있다.

③ 리더에서 가장 먼저 나오는 부분은 레코드의 길이(00~04)이다.

④ 화면상에서 제일 오른쪽에 설명구 리더가 있고, 이어서 실제의 데이터가 나타난다.

> **|해설|** ④①리더는 MARC 레코드에서 첫 번째로 나타난다. ②리더의 길이는 전체 24캐릭터(00~23)로 구성되어 있다. ④ 화면상에서 제일 왼쪽에서 설명구 리더가 있고, 이어서 실제의 데이터가 나타난다.

211. 가변길이 필드의 블록과 그 의미를 알맞게 짝지은 것은?

① X00 – 회의명　　　　　② X10 – 개인명

③ X11 – 단체명　　　　　④ X30 – 통일표제

> **|해설|** ④ ① X00 – 개인명 ② X10 – 단체명 ③ X11 – 회의명 . 이밖에도 X40 – 표제명 , X50 – 주제명 등이 있다.

212. 레코드 구조에서 디렉토리에 대한 설명 중 옳은 것은?

① 디렉토리 항목은 10자를 한 단위로 한다.

② 한 레코드에서 디렉토리 항목의 수는 입력된 표시기호수와 다르다.

③ 디렉토리는 컴퓨터로 자동 생성된다.

④ 각 표시기호에 대해서 두 개씩의 디렉토리 항목이 만들어 진다.

| 해설 | ③ ①디렉토리는 12자를 한 단위로 하여 고정길이 필드로 구성한다. ② 한 레코드에서 디렉토리 항목의 수는 입력된 표시기호수와 같다. ④각 표시기호에 대해서 한 개의 디렉토리 항목이 만들어 진다.

213. 040 필드와 관련한 설명으로 옳은 것은?

① 040 필드는 마지막으로 목록을 작성하였거나 기존의 레코드를 삭제한 기관의 부호를 기술한다.

② 여러 기관에서 수정한 경우 식별기호를 반복하여 사용하지 말아야 한다.

③ 동일기관에 의해 연속적으로 수정된 경우에는 여러 번 기술한다.

④ 리더의 18번째 자리에서 명확히 언급되지 않은 목록기술규칙을 사용했을 경우 그 규칙의 명칭을 식별기호 ▼e에 기술한다.

| 해설 | ④. ① 최초로 목록을 작성하였거나 또는 기존의 레코드를 수정한 기관의 부호를 기술한다. ② 여러 기관에서 수정한 경우 식별기호를 반복하여 사용한다. ③ 다만, 동일기관에 의해 연속적 수정된 경우에는 한번만 기술한다.

214. 다음 중 옳게 짝지어진 것은?

① 012 - 미국국회도서관 제어번호   ② 052 - 국립중앙도서관 청구기호

③ 490 - 물리적 매체 유형   ④ 502 - 소장본 주기

| 해설 | ② ① 012 - 국립중앙도서관 제어번호 ③ 490 - 총서사항 ④ 502 - 학위논문주기

215. 다음 중 반복해서 사용할 수 없는 필드는?

① 028   ② 052   ③ 255   ④306

| 해설 | ① 028- 녹음, 녹화, 음악관련 발행처 번호 ② 052 - 국립중앙도서관 청구기호 ③ 255- 지도제작의 수치데이터 ④ 306 - 재생 / 연주시간

216. 다음의 서지사항을 KORMARC 형식에 따라 기술하였을 때 잘못된 것은? (단, 띄어쓰기는 고려하지 않는다.)

> 뿌리깊은 나무
>
> 2006년 6월 20일 인쇄
> 2006년 6월 25일 발행
> 지은이 : 이정명
> 발행인 : 김형호
> 발행처 : 밀리언하우스
>   서울특별시 서초구 잠원동 29-10
>
> ISBN : 89-9164-315-9(v.1) 04810 9500원
> ISBN : 89-9164-316-7(v.2) 04810 9500원
>
> 2책 삽화 21.2cm

① 020　　▼a8991643159(v.1) : ▼c\9500
　 020　　▼a8991643167(v.2) : ▼c\9500
② 245 00▼a뿌리깊은 나무 : ▼b이정명 장편소설 /▼d이정명 지음 ;▼e김형호 발행
③ 260　　▼a서울 : ▼b밀리언하우스, ▼c2006
④ 300　　▼a2책 : ▼b삽화 ; ▼c22 cm

| 해설 |　②. 발행인은 245 필드에 기술하지 않는다.

217. 다음 중 가변길이 필드에 관한 설명으로 옳지 않은 것은?
① 가변길이 제어필드는 00X 표시기호가 부여되며, 지시기호와 식별기호 없이 데이터와 필드종단기호만으로 구성된다.
② 가변길이 데이터 필드는 가변장 필드라고도 하며, 여기에 나타나는 대부분의 내용은 목록카드상에 나타나는 정보들이다.
③ 가변장 레코드는 정보처리에 있어 고정장 레코드와 동일한 방법을 사용한다.
④ 가변장 레코드는 표시기호를 사용하여 입력함으로써 프로그램에 의해 입력한 데이터의 길이와 상대적인 위치를 파악할 수 있다.

218. 표시기호 뒷부분 2자리 숫자의 일반적인 의미로 옳은 것은?

① X10 - 회의명

② X30 - 주제명

③ X40 - 표제명

④ X50 - 지명

219. 다음에서 KORMARC의 각 필드에 대한 설명으로 옳지 않은 것은?

① 023 - 국립중앙도서관에서 부여한 출판예정 도서목록(CIP) 레코드의 제어번호를 기술한다.

② 041 - 입력되는 자료가 특정 지역과 관계되는 경우나 지역명이 주제명으로 사용될 때 기술한다.

③ 243 - 다작 저자의 저작을 모으기 위해 사용되는 종합표제를 기술한다.

④ 246 - 개별자료와 관련된 표제를 기술하는 것으로 관련표제는 개별자료 상에 나타나 있을 수도 있고, 나타나 있지 않을 수도 있다.

220. 다음 레코드 구조에 대한 설명으로 옳은 것은?

① 모든 레코드는 레코드 처리에 필요한 정보를 갖고 있는 고정길이필드인 리더로 시작하여, 그 다음에는 고정길이필드의 위치를 지시하는 디렉토리가 나온다.

② 리더를 포함한 모든 필드의 끝에 필드종단기호를 기술하며, 마지막 데이터 필드의 끝에는 필드종단기호 다음에 레코드 종단기호를 기술한다.

③ 디렉토리는 한 레코드에서 각 고정길이 필드의 표시기호, 필드길이, 필드시작위치를 나타내는 일련의 항목으로, 해당 레코드의 25번째 자수위치부터 시작한다.

④ 가변길이필드는 제어필드와 데이터필드로 구성된다.

221. 레코드 구조중 가변길이필드에 대한 설명으로 틀린 것은?

① 제어필드와 데이터 필드로 구성되며, 각각의 필드를 유형별 또는 기능별로 표시하는 표식부호가 부여된다.

② 제어필드는 00X 표시기호가 부여되며, 데이터 필드는 00X 이외의 표시기호가 부여된다.

③ 제어필드는 데이터 필드와 구조적으로 같으며, 단일 데이터요소이거나 각각의 상대위치에 따라 성격이 결정되는 가변길이 데이터요소로 구성된다.

④ 데이터 필드는 제어필드와 다르게 두 자리의 지시기로를 가지며, 데이터요소마다 두 자리의 식별기호를 갖는다.

222. KORMARC 통합서지용의 주기사항에 대한 설명 중 옳은 것은?

① 518 필드: 촬영/녹음 일시와 장소주기로서, 해당 자료에 관한 사건 발생일시와 장소 관련 사항을 기술한다.

② 530 필드: 복제주기로서, 해당 자료가 영인, 복사, 마이크로형태 등에 의한 복제물이고, 원본을 중심으로 서지정보를 기술한 경우, 복제에 관한 사항을 기술한다.

③ 536 필드: 언어주기로서, 해당 자료에 사용된 언어나, 알파벳, 문자 등을 기술하는데 사용한다.

④ 586 필드: 연관저록 설명주기로서, 다른 레코드와의 복합적인 관계를 자유스러운 서술형으로 기술하는 주기이다.

223. 다음은 KORMARC 레코드 중 일부이다. 이중 틀린 부분은?

     020   ▼a978882866781

     082 04▼a020▼222

① 245 00▼a문헌정보학개론 /▼d양재한,▼e서휘,▼e차성종 공저

② 246   ▼a개정판

③ 260   ▼a대구 :▼b태일사,▼c2014

④ 300   ▼a249 p. :▼b삽화 ;▼c26 cm

     500   ▼a부록: 도서관 법 ; 독서문화진흥법

| 해설 | ② 해당 필드는 '판사항'이 들어 가야할 곳으로, '250 필드'가 올바르다.

224. KORMARC에서 다음에 설명하는 내용과 관련된 필드로 옳은 것은?

이 필드는 해당 자료가 이용가능한 다른 물리적 형태의 자료로 간행되고 있을 때(수평적 관계), 이에 관한 사항을 기술한다.

① 776 필드: 기타형태 저록

② 775 필드: 이판 저록

③ 785 필드: 후속 저록

④ 774 필드: 구성단위 저록

| 해설 | ① 해당 내용은 776 필드 기타형태 저록을 설명하고 있다.

225~226. 다음은 KORMARC 통합서지용 형식으로 레코드를 작성한 사례이다.

225. 빈 칸에 들어갈 사항을 바르게 짝지은 것은?

유시민의 글쓰기 특강	유시민의 글쓰기 특강 초판 1쇄 인쇄 2015년 4월 3일 초판 1쇄 발행 2015년 4월 10일 지은이 유시민 펴낸이 이상순 주간 서인환 편집장 박윤주 펴낸곳 (주)도서출판 아름다운 사람들 주소 (413-756) 경기도 파주시 회동길 103 대표전화 (031) 955-1001 ISBN 978-89-6513-352-0 04800

```
리더    00754pam  a [        ] 00241 c [        ]
001    KM020158752
005    20150615075636
007    [        ]
008    150317s2015 [        ] 000 kor
020 1  ▼a9788965133513 (세트)▼g04800
020    ▼a9788965133520▼g04800:▼c\15000
023    ▼aCIP2015008784
245 00▼a유시민의 글쓰기 특강 /▼d지은이: 유시민
260    ▼a [        ] :▼b생각의길 [        ] ▼b아름다운사람들,▼c2015
[        ] ▼a생각의 길은 도서출판 아름다운사람들의 인문 브랜드임
```

① ta - 2000 - nam - ulk - 서울 - ; - 504

② (빈칸) - 000 - vd - kor - 한국 - : - 508

③ 22 - 4500 - ta - ggk - 경기도 - ; - 500

④ 22 - 4500 - ta - ggk - 파주 - : - 500

226. 서지레코드 중 리더에 대한 해석으로 틀린 것을 고르시오.

① 리더에 나오는 00754는 레코드의 길이로 레코드 종단기호까지 포함한 레코드 전체 길이이다.

② 리더에 나오는 00241은 데이터기본번지로 제어필드의 시작위치를 나타낸다. 리더 24자 + 디렉토리 항목에 소요된 자수 (=10 * 12) 120자 + 필드종단기호 1자를 합친 숫자이다.

③ pam의 p는 신규레코드, a는 문자자료, m은 단행자료/단일자료를 의미한다.

④ c는 KCR3판이상을 나타낸다.

| 해설 | ③ 리더의 '05'자리수에서 'p'는 CIP 레코드를 완전수준으로 올린 레코드를 의미한다. '06'자리수에서 'a'는 문자자료를 의미하고, '07'자리수에서 'm'은 단행자료/단일자료를 의미한다.

227. 가변길이필드중 아래에서 설명하는 필드기호의 특성으로 옳지 않은 것을 고르시오.

자료의 형태사항에 관한 상세한 정보를 부호로써 알려주기 위한 필드이다.

① 서지레코드를 기계가 처리할 수 있도록 기계가독형으로 부호화된 정보를 제공한다.

② 자료형태에 따라 그 길이가 2자리부터 23자리까지의 각기 다른 가변길이필드로 구성되며, 그 길이는 해당 필드의 첫 번째 자리(자료범주)에 의해 정해진다.

③ 지시기호나 식별기호를 사용하지 않는다.

④ 자료범주표시와 특정자료종별은 자료형태에 공통적으로 들어간다.

| 해설 | ②. ①, ③, ④번에 대한 설명은 가변길이필드에 대한 설명이고, ②번에 대한 설명은 고정길이필드에 대한 설명이다.

228. 다음 설명에 해당하는 필드를 고르시오.

> 최초로 목록을 작성하였거나 기존의 레코드를 수정한 기관의 부호를 기술하는 필드는 [   ] 필드이고, 특정 기관이 입력한 데이터를 타기관이 받아 사용하는 경우, 입력한 기관의 도서관 부호와 제어번호를 [   ] 필드로 옮겨 기술한다. LC에서 서지레코드에 부여한 으뜸키인 레코드의 제어번호는 [   ] 필드에 기술하고, 국립중앙도서관에서 서지레코드에 부여한 으뜸키인 KORMARC 레코드 제어번호는 [   ] 필드에 기술한다.

① 049 - 001 - 012 - 010   ② 041 - 003 - 010 - 013
③ 040 - 035 - 050 - 052   ④ 040 - 035 - 010 - 012

| 해설 | ④ 최초로 목록을 작성하였거나 기존의 레코드를 수정한 기관의 부호를 기술하는 필드는 040 필드이고, 특정 기관이 입력한 데이터를 타기관이 받아 사용하는 경우, 입력한 기관의 도서관 부호와 제어번호를 035 필드로 옮겨 기술한다. LC에서 서지레코드에 부여한 으뜸키인 레코드의 제어번호는 050 필드에 기술하고, 국립중앙도서관에서 서지레코드에 부여한 으뜸키인 KORMARC 레코드 제어번호는 012 필드에 기술한다.

229. 기술대상자료의 발행년이나 배포년을 기술하는 방법에 대한 설명으로 옳은 것은?

① 발행년은 기술대상자료에 기재된 최초 기년을 연단위로 하여 아라비아 숫자로 기재한다.
② 서력기력이 아닌 기년은 이를 서력으로 환산하여 발행년으로 기재한다. 서력기력이 아닌 기년은 생략한다.
③ 서력기년을 포함하여 복수의 기년이 병기된 경우, 서력기년을 채기하고 나머지 것은 각괄호로 묶어 부기한다.
④ 판권년을 기술할 경우, 그 햇수 앞에 'c'를 관기하여 기재하며, 발행년과 판권년이 다른 경우에는 발행년을 먼저 적고, 그 다음에 판권년을 기재한다.

| 해설 | ④. ① 발행년은 기술대상자료에 기재된 최신 기년을 연단위로하여 아라비아 숫자로 기재하되, 그 기재순서는 발행년, 배포년순으로 한다. ② 서력기년이 아닌 기년도 그대로 기재하고 이 기년을 서력으로 환산한 햇수를 발행년 다음의 각괄호([]) 속에 기재한다. ③ 서력 기년을 포함하여 복수의 기년이 병기된 경우, 서력기년을 채기하고, 나머지 것은 필요에 따라 원괄호(( )) 묶어 부기한다.

230. 다음에서 KCR4와 KORMARC를 적용했을 때 옳은 것은?

① 020　▼a978-89-6570-125-5▼g03810▼c14,000

② 020　▼a9788965701255▼g03810▼c14000

③ 020　▼a9788965701255▼g03810▼c14,000

④ 020　▼a9788965701255▼g03810▼c\14000

> **| 해설 |** ④

231. 다음 중 번역서와 관련이 없는 필드는?

① 041 필드　　　② 026 필드　　　③ 700 필드　　　④ 775 필드

> **| 해설 |** ② 026 필드는 존재하지 않는 필드이다. 참고로 041 필드는 언어부호 필드, 700 필드는 부출표목 – 개인명, 775 필드는 이판저록 필드이다.

232. 다음 중 KORMARC 통합서지용 형식으로 옳지 않은 것을 고르시오. (단, 지시기호, 띄어쓰기, 필드종단기호는 적용하지 않는다.)

소중한 것을 먼저 하라

1997년 2월 15일 초판 1쇄 발행

1998년 9월 10일 초판 5쇄 발행

지은이 스티븐 코리, 로저 메릴, 레베카 메릴

옮긴이 김경섭

펴낸이 김영범

펴낸곳 김영사

주소 서울시 종로구 가회동 170-4

ISBN 89-349-0314-7 값 9,000원

502 페이지 22.4cm

① 020　▼a8934903147▼g03320▼c\9000　　② 100　▼a코리, 스티븐

③ 260　▼a서울:▼b김영사,▼c1998　　④ 300　▼a502 p.:▼c23

233. 다음중 비도서와 관련이 없는 필드는?

① 255 필드   ② 256 필드

③ 518 필드   ④ 525 필드

234. 다음은 레코드에 관한 설명이다. 옳은 것을 고르시오.

① 리더는 레코드 처리를 위한 정보를 제공하는 데이터요소로, 23개의 자리로 고정되어 있다.

② 디렉토리는 한 레코드에서 각 가변길이 필드의 표시기호, 필드길이, 필드시작위치를 나타내는 일련의 항목으로 해당 레코드의 24번째 자수위치부터 시작한다.

③ 저장된 가변길이 데이터필드의 순서는 반드시 디렉토리 항목의 순서대로 배열되어야 한다.

④ 가변길이 데이터필드는 디렉토리의 필드 표시 기호로 식별되며, 각 필드의 시작위치에 식별기호를 가지며, 그 필드에서는 데이터요소마다 두 자리의 지시기호를 갖는다.

235. 다음의 KORMARC 레코드 구조에 관한 설명으로 옳은 것은?

① 기본표목-개인명: 130   ② 국립중앙도서관 제어번호: 020

③ 여러 형태의 표제: 246   ④ 소장본 주기: 580

236. 다음은 한국문헌자동화목록형식(KORMARC, 통합서지용) 245 필드의 입·출력 내용이다. 그 내용이 옳지 않은 것은?

① 입력: 245 20▼a(재미있는) 수학여행 /▼d김용운,▼e김용국 지음

　　출력: (재미있는) 수학여행 / 김용운, 김용국 지음

② 입력: 245 11▼a(The) Bookman.▼nPart B

　　출력: The Bookman. Part B

③ 입력: 245 00▼aWood Cree =▼×Les cris des forêts

　　출력: Wood Cree = Les cris des forêts

④ 입력: 245 00▼a註解 月印千江之曲,▼n上

　　출력: 註解 月印千江之曲, 上

| 해설 | ④. 註解 月印千江之曲. 上이어야 한다. 즉, 표제와 권차 사이에는 온점(.)이 없어야 한다.

237. 다음은 한국문헌자동화목록형식(KORMARC, 통합서지용) 008 필드에서, 광곽을 구분하기 위해 사용되는 부호이다. 그 연결이 옳지 않은 것은?

① a - 사주단변(四周單邊)　　　② b - 사주쌍변(四周雙邊)

③ c - 상하단변(上下單邊)　　　④ f - 상하쌍변(上下雙邊)

| 해설 | ③. 'c'는 상하단변(上下單邊) 좌우쌍변(左右雙邊)인 경우에 적용되며, 상하단변은 부호 'e'를 적용한다. 상하단변이란 두루마리 형식의 卷軸裝, 折帖裝에서 상하의 테두리가 한 개의 선으로 되어 있는 것이다. ① 사주단변이란 서엽(書葉)의 네 테두리 광곽(匡郭)이 한 개의 선으로 되어 있는 것으로 사주단란(四周單欄)이라고도 한다. ② 사주쌍변이란 서엽의 네 테두리 광곽이 두 개의 선으로 되어 있는 것으로 사주쌍란(四周雙欄) 또는 자모쌍변(子母雙邊), 자모쌍선(子母雙線)이라고도 한다. ④ 상하쌍변이란 두루마리 형식의 卷軸裝, 折帖裝에서 상하의 테두리가 두 개의 선으로 되어 있는 것이다.

238. 다음은 고서자료의 판구(板口)를 세분하는 용어이다. 설명이 옳지 않은 것은?

① 대흑구(大黑口) ; 흑구의 모양이 굵고 거친 경우에 적용하며 광흑구(廣黑口)라고도 부른다.

② 소흑구(小黑口): 흑구의 모양이 가늘고 세밀한 경우에 적용하며 세흑구(細黑口)라고도 부른다.

③ 백구(白口): 판심(版心)의 상하상비(上下象鼻)에 아무 표시가 없는 경우에 적용한다.

④ 화구(花口) ; 판심(版心)의 상하상비(上下象鼻)에 검은선(墨線) 대신 문자가 있는 경우에 적용한다.

| 해설 | ① 대흑구(大黑口)는 흑구의 모양이 굵고 거친 경우에 적용하며 관흑구(寬黑口)라고도 부른다.

239. 단행본 입력시 008 부호화 정보필드와 연관되는 데이터필드 중 잘못 짝지워진 것은?

① 발행년- 260필드
② 삽화표시- 300필드
③ 색인표시- 500, 504
④ 수정레코드-980

| 해설 | ④ 수정레코드-890 미입력문자표시

1. ② 2. ① 3. ③ 4. ② 5. ② 6. ② 7. ① 8. ③ 9. ③ 10. ②
11. ④ 12. ④ 13. ① 14. ③ 15. ② 16. ③ 17. ③ 18. ① 19. ④ 20. ②
21. ③ 22. ① 23. ② 24. ② 25. ③ 26. ① 27. ④ 28. ③ 29. ④ 30. ①
31. ① 32. ④ 33. ① 34. ③ 35. ④ 36. ③ 37. ① 38. ④ 39. ② 40. ①
41. ④ 42. ② 43. ③ 44. ③ 45. ④ 46. ④ 47. ② 48. ③ 49. ③ 50. ①
51. ④ 52. ③ 53. ③ 54. ③ 55. ② 56. ④ 57. ④ 58. ② 59. ① 60. ④
61. ④ 62. ② 63. ② 64. ③ 65. ① 66. ④ 67. ② 68. ③ 69. ② 70. ④
71. ② 72. ④ 73. ③ 74. ① 75. ① 76. ③ 77. ① 78. ④ 79. ② 80. ②
81. ③ 82. ② 83. ① 84. ④ 85. ④ 86. ③ 87. ① 88. ① 89. ④ 90. ③
91. ④ 92. ② 93. ③ 94. ③ 95. ② 96. ④ 97. ② 98. ③ 99. ③ 100. ③
101. ④ 102. ④ 103. ① 104. ④ 105. ④ 106. ② 107. ② 108. ③ 109. ① 110. ②
111. ③ 112. ④ 113. ② 114. ③ 115. ② 116. ① 117. ① 118. ④ 119. ③ 120. ③
121. ④ 122. ① 123. ④ 124. ③ 125. ④ 126. ④ 127. ④ 128. ④ 129. ① 130. ④
131. ③ 132. ② 133. ② 134. ① 135. ② 136. ③ 137. ③ 138. ④ 139. ④ 140. ①
141. ③ 142. ② 143. ③ 144. ① 145. ④ 146. ① 147. ④ 148. ② 149. ③ 150. ①
151. ④ 152. ② 153. ④ 154. ① 155. ③ 156. ② 157. ④ 158. ④ 159. ② 160. ③
161. ④ 162. ② 163. ④ 164. ④ 165. ③ 166. ② 167. ② 168. ① 169. ④ 170. ①
171. ④ 172. ④ 173. ③ 174. ② 175. ③ 176. ① 177. ② 178. ③ 179. ④ 180. ②
181. ① 182. ③ 183. ③ 184. ④ 185. ① 186. ③ 187. ② 188. ② 189. ② 190. ④
191. ③ 192. ① 193. ③ 194. ④ 195. ① 196. ③ 197. ④ 198. ② 199. ① 200. ①
201. ④ 202. ① 203. ④ 204. ④ 205. ③ 206. ③ 207. ① 208. ③ 209. ② 210. ④
211. ④ 212. ③ 213. ④ 214. ② 215. ④ 216. ② 217. ③ 218. ③ 219. ② 220. ④
221. ③ 222. ① 223. ② 224. ① 225. ④ 226. ③ 227. ② 228. ④ 229. ④ 230. ④
231. ② 232. ② 233. ④ 234. ③ 235. ③ 236. ④ 237. ③ 238. ① 239. ④

제5장

MARC 21

1. 아래 표제면을 MARC 21형식으로 레코드를 작성할 때, 괄호 안에 들어갈 필드번호를 순서대로 연결한 것은?

[   ] 00$aPublic policy formation /$cedited by Robert Eyestone

[   ] 1 $aEyestone, Robert,$d1942–

[   ] 0$aPublic policy studies (Greenwich, Conn) ;$vv. 2.

① 245-700-830   ② 700-245-830   ③ 245-830-700   ④ 830-700-245

| 해설 | ①.

–245 $a본표제$h[매체표시] :$b기타 표제 /$c책임표시사항.

–700 $a부출표목–개인명,$d생몰년.

–830 0$a총서부출표목–통일표제 ;$v권차기호

2. 다음에서 MARC 21 개발에 대한 설명으로 옳은 것은?

① LC에서 1960년대 초부터 자신의 도서관업무를 자동화하기 위한 위원회를 구성하였다.

② 1968년 당시 미국의 국가표준인 USMARC Format for Bibliographic Data는 MARC 개발의 기초가 되었다.

③ 1970년 초부터 개발계획을 수립한 후 1975년 MARC I을 완성하게 되었다.

④ 각 필드별 레코드의 기본구조는 KORMARC형식과 다르다.

| 해설 | ②. 1968년 MARC II가 제정되었고, 이는 당시 미국의 국가표준인 USMARC Format for Bibliographic Data와 세계 각국의 MARC 개발의 기초가 되었다. ① LC에서 자신의 도서관업무를 자동화하기 위한 위원회를 구성한 것은 1950년대 초부터이다. ③ 1960년 초부터 개발계획을 수립한 후 1965년 MARC I을 완성하게 되었다. ④ 각 필드별 레코드의 기본 구조는 KORMARC형식과 거의 같다.

3. 다음에서 MARC 21 개발에 대한 설명으로 옳지 않은 것은?

① LC에서 1950년대 초부터 자신의 도서관업무를 자동화하기 위한 위원회를 구성하였다.

② 1968년 당시 미국의 국가표준인 USMARC Format for Bibliographic Data는 MARC 개발의 기초가 되었다.

③ 1960년 초부터 개발계획을 수립한 후 1965년 MARC I을 완성하게 되었다.

④ 미국의회도서관과 파리국립도서관은 1999년 공동으로 USMARC를 개정하였다.

4. MARC 21의 개발경위에 대한 설명으로 옳은 것은?

① 목록을 컴퓨터로 처리하려는 시도는 미국의회도서관에서 개발을 착수하기 전부터 사서들이 주목하고 있던 사안 중 하나였다.

② 길버트 킹(G.M. King)을 중심으로 구성된 조사반의 권고에 따라 가능성 검토와 함께 개발 계획을 수립하였다.

③ 최근 인터넷의 확산과 더불어 네트워크 자원의 서지기술에 대한 다양한 요구를 수용하기 위해, 미국의회도서관과 캐나다국립도서관은 1999년 공동으로 USMARC을 개정하였지만 더 이상의 개발은 하지 못하였다.

④ MARC 21은 단행본, 문서 및 사본자료, 컴퓨터파일, 지도, 악보, 시각자료, 연속간행물 등에 관한 서지적인 정보를 단편적으로 표현할 수 있도록 설계되어 있다.

5. MARC 21의 개발경위에 대한 설명으로 옳지 않은 것은?

① 목록을 컴퓨터로 처리하려는 시도는 미국의회도서관에서 개발을 착수하기까지는 크게 주목되지 않았다.

② 최근 인터넷의 확산과 더불어 네트워크 자원의 서지기술에 대한 다양한 요구를 수용하기 위해, 미국의회도서관과 영국국립도서관은 1999년 공동으로 USMARC을 개정하여, 오늘날의 MARC21을 제정하게 되었다.

③ 1968년 당시 미국의 국가표준인 USMARC Format for Bibliographic Data는 MARC 개발의 기초가 되었다.

④ MARC 21은 단행본, 문서 및 사본자료, 컴퓨터파일, 지도, 악보, 시각자료, 연속간행물 등에 관한 서지적인 정보를 종합적으로 표현할 수 있도록 설계되어 있다.

6. MARC 레코드의 구조에 대한 설명으로 옳은 것은?

① 리더는 레코드 내에 있는 가변길이 필드의 위치를 지시해 준다.

② 디렉토리는 고정길이 필드로 25개의 자리로 구성되어 있다.

③ 가변길이 필드는 제어필드와 데이터필드로 구성된다.

④ 리더에는 해당 자료의 실질적인 서지정보가 대부분 포함되어 있다.

| **해설 |** ③. ① 레코드 내에 있는 가변길이 필드의 위치를 지시해주는 것은 디렉토리이다. ② 디렉토리는 레코드의 25번째 자수 위치부터 시작되며 레코드 내에 있는 가변길이필드마다 하나씩 배정된 '디렉토리 항목'이라는 고정길이 필드로 구성된다. ④ 해당 자료의 실질적인 서지정보가 대부분 포함되어 있는 것은 제어필드와 데이터필드이다.

7. MARC 레코드의 구조에 대한 설명으로 옳지 않은 것은?

① 디렉토리는 레코드 내에 있는 가변길이 필드의 위치를 지시해 준다.

② 제어필드는 레코드의 유형을 식별하고 레코드의 처리에 관련된 데이터를 수록하고 있다.

③ 가변길이 필드는 제어필드와 데이터필드로 구성된다.

④ 제어필드와 데이터필드에는 해당 자료의 실질적인 서지정보가 대부분 포함되어 있다.

| **해설 |** ②. 레코드의 유형을 식별하고 레코드의 처리에 관련된 데이터를 수록하고 있는 것은 리더이다.

8. 다음은 MARC 레코드의 구조에 대한 설명이다. 빈칸에 들어갈 말로 알맞은 용어를 순서대로 나열한 것을 고르시오.

모든 MARC 레코드는 고정길이 필드와 가변길이 필드로 구성되어 있다. 고정길이 필드에는 레코드 유형을 식별하고 레코드의 처리에 관한 데이터를 수록하고 있는 (㉠)로 시작되며 다음에는 가변길이 필드의 위치를 지시해주는 (㉡)가 연결된다. 그 다음에 제어필드와 일반 데이터가 들어있는 (㉢)가 연결된다.

① ㉠ 리더 ㉡ 필드시작위치 ㉢ 디렉토리

② ㉠ 표시기호 ㉡ 디렉토리 ㉢ 데이터식별기호

③ ㉠ 리더 ㉡ 디렉토리 ㉢ 데이터필드

④ ㉠ 표시기호 ㉡ 필드시작위치 ㉢ 데이터필드

| **해설 |** ③. 리더, 디렉토리, 데이터필드에 관한 설명이다. 표시기호, 필드시작위치는 디렉토리의 항목이고, 데이터식별기호, 데이터내용은 데이터필드의 항목이다.

9. 다음에서 MARC 레코드에 관한 설명으로 옳은 것은?

① 리더는 25개의 자리로 고정되어 있으며, MARC 레코드의 첫 번째 필드이다.

② 디렉토리는 항목 당 12자리로 구성된 고정길이 필드이다.

③ 제어필드는 두 자리의 지시기호를 가진다.

④ 데이터필드는 각 필드 시작위치에 두 자리의 식별기호를 갖는다.

ㅣ해설ㅣ ②. ① 리더는 24개의 자리로 고정되어 있으며, MARC 레코드의 첫 번째 필드이다. ③ 제어필드는 지시기호나 식별 기호를 갖지 않는다. ④ 데이터필드는 각 필드 시작위치에 두 자리의 지시기호를 갖는다.

10. 다음에서 MARC 레코드에 관한 설명으로 옳지 않은 것은?

① 제어필드는 지시기호나 식별기호를 갖지 않는다.

② 리더는 24개의 자리로 고정되어 있으며, MARC 레코드의 첫 번째 필드이다.

③ 제어필드는 지시기호나 식별기호를 갖지 않는다.

④ 리더의 마지막 항목은 필드 종단 기호로 끝난다.

ㅣ해설ㅣ ④. 리더는 필드 종단기호가 쓰이지 않는다. 종단기호는 디렉토리, 제어필드, 데이터필드에서 쓰인다.

11. 정보의 단위에 대한 설명으로 옳은 것은?

① 단위의 크기 중 가장 작은 단위는 'byte'이다.　② 8 byte는 1 bit로 환산할 수 있다.

③ field는 file보다 작은 단위이다.　④ '1 bit'로는 0과 1을 표현할 수 없다.

ㅣ해설ㅣ ③. ① bit에 대한 설명이다. ② 8 byte는 64 bit로 환산할 수 있다. ④ '1 bit'로 0과 1을 표현할 수 있다. 1비트마 다 2개의 정보를 표현할 수 있다.

12. 정보의 단위에 대한 설명으로 옳지 않은 것은?

① 단위의 크기 중 가장 작은 단위는 'byte'이다.

② 8 byte는 64 bit로 환산할 수 있다.

③ '1 bit'로 0과 1을 표현할 수 있다.

④ database는 databank보다 큰 단위이다.

ㅣ해설ㅣ ①. 단위의 크기 중 가장 작은 단위는 bit이다.

13. 다음에서 MARC 21과 KORMARC의 차이점으로 옳은 것은?

	MARC 21	KORMARC
①	필드 마지막에 온점을 입력한다.	필드 마지막에 온점을 입력하지 않는다.
②	리더가 디렉토리 다음에 나타난다.	리더가 레코드 가장 먼저 나타난다.
③	리더의 길이는 12 캐릭터로 구성된다.	리더의 길이는 24 캐릭터로 구성된다.
④	디렉토리의 길이는 24 캐릭터이다.	디렉토리의 길이는 12 캐릭터이다.

| 해설 | ①. ② 리더는 두 형식 모두 레코드에서 가장 먼저 나온다. ③ 리더의 길이는 두 형식 모두 24캐릭터로 구성된다. ④ 디렉토리의 길이는 두 형식 모두 12캐릭터로 구성된다.

14. MARC 레코드의 구조에 대한 설명을 보고, 레코드의 구조를 바른 순서대로 나열한 것을 고르시오.

ㄱ. 각 가변길이 필드의 표시기호, 필드길이, 필드시작위치를 나타내는 일련의 항목이다.
ㄴ. 레코드 처리를 위한 정보를 제공하는 데이터요소이다.
ㄷ. 00X 표시기호가 부여되며, 지시기호와 식별기호 없이 데이터와 필드종단기호만으로 구성된다.
ㄹ. 지시기호와 식별기호, 데이터 및 필드종단기호로 구성된다.

① ㄱ-ㄴ-ㄷ-ㄹ ② ㄱ-ㄷ-ㄴ-ㄹ ③ ㄴ-ㄱ-ㄷ-ㄹ ④ ㄴ-ㄱ-ㄹ-ㄷ

| 해설 | ③. ㄱ은 디렉토리, ㄴ은 리더, ㄷ은 가변길이필드의 제어필드, ㄹ은 가변길이필드의 데이터필드에 대한 설명이다. MARC 레코드는 리더-디렉토리-제어필드-데이터필드 순으로 구성되어 있다.

15. MARC 21의 기본표목에 대한 설명으로 옳지 않은 것을 고르시오.

① 단일저자에 의한 저서는 개인명을 기본표목으로 한다.
② 개작하거나 각색한 경우 원저자가 표목이 되며, 개작자나 각색자는 부출표목으로 한다.
③ 원문과 주석이 함께 수록된 저작은 그 강조성에 따라 기본표목이 달라질 수 있다.
④ 번역도서의 경우 원저자를 기본표목으로 하며, 번역자는 부출한다.

| 해설 | ②. 개작하거나 각색한 경우 개작자나 각색자가 표목이 되며, 원저자는 부출표목으로 한다.

16. MARC의 기능으로 옳은 것만을 고른 것은?

> ㄱ. MARC를 통한 분담목록이 가능하여 저록업무의 중복을 피할 수 있다.
> ㄴ. 기술의 표준화와 서지정보의 공유에 직접 기여하게 되었다.
> ㄷ. 국제적인 서지정보 유통망의 구축이 가능해졌다.
> ㄹ. 온라인 검색의 실현으로 검색도구로서 분류의 기능이 크게 신장되었다.

① ㄱ, ㄴ   ② ㄱ, ㄴ, ㄷ   ③ ㄱ, ㄴ, ㄹ   ④ ㄱ, ㄷ, ㄹ

| 해설 | ②. MARC를 통한 온라인 검색의 실현으로 검색도구로서 목록의 기능이 크게 신장되었다.

17. 다음에서 MARC에 대한 설명 중 옳은 것은?

① 제어필드는 지시기호와 식별기호가 있으며, 한 필드의 끝을 보면 필드 종단기호를 가지고 있다.
② 데이터필드의 마지막 필드에는 필드 종단기호(%)가 위치한다.
③ 디렉토리는 24byte 고정장 바이트로 리더 다음에 위치하며 레코드 처리에 관련된 데이터를 수록하고 있다.
④ 제어필드는 00x필드를 말한다.

| 해설 | ④. ① 지시기호와 식별기호가 없다. ② 데이터 필드의 마지막 필드에는 레코드 종단기호가 있다. ③ 리더 다음에 위치한다는 것을 제외하면 전부 리더에 관한 설명이다.

18. 다음 레코드의 구조에 대한 설명으로 옳지 않은 것은?

① 모든 MARC 레코드는 '고정길이필드'와 '가변길이필드'로 구성 되어 있다.
② 고정길이필드는 레코드 처리에 관련된 데이터를 수록하고 있는 리더로 시작한다.
③ 실질적인 해당 자료의 서지정보는 대부분 데이터필드에 포함되어 있다.
④ 제어필드는 '디렉토리'의 필드 표시기호로 지시기호와 식별기호를 갖는다.

| 해설 | ④. 제어필드는 디렉토리의 필드 표시기호로 지시기호와 식별기호를 갖지 않는다.

19. 다음과 같은 형태를 가지는 것에 대한 설명으로 옳은 것을 고르시오.

지시기호		식별기호		데이터 내용	...	식별기호n		데이터 내용n	필드종단기호
제1지시 기호	제2지시 기호	구분 기호	데이터 식별기호			구분기호	데이터식별기호		

① 레코드 처리를 위한 정보를 제공하는 데이터 요소이다.

② 디렉토리의 필드 표시기호로 식별되며, 각 필드의 시작위치에 두 자리의 지시기호와 각 필드 내에 식별기호를 가진다.

③ 단일 데이터 요소이거나 각각의 상대위치에 따라 성격이 결정되는 고정길이 데이터 요소로 구성된다.

④ 한 레코드에서 각 가변길이 필드의 표시기호, 필드 길이, 필드시작위치를 나타내는 일련의 항목이다.

> **|해설|** ②. 위 그림은 데이터필드 구조를 나타내고 있다. 각 필드 시작위치에 두 자리의 지시기호로 식별되며, 각 필드 내에서는 데이터 요소마다 두 자리의 식별기호를 갖는다. ①은 리더, ③은 제어필드, ④는 디렉토리에 대한 설명이다.

20. 레코드 구조에 대한 설명으로 옳은 것을 고르시오.

① MARC 레코드는 리더, 데이터필드, 제어필드로 구성된다.

② 리더는 레코드 처리를 위한 정보를 제공하는 데이터요소로 22개의 자리로 고정되어 있다.

③ 디렉토리는 한 레코드에서 각 가변길이 필드의 표시기호, 필드길이, 필드시작위치를 나타내는 일련의 항목이다.

④ 제어필드는 지시기호나 식별기호를 가지며, 가변길이 데이터필드와 구조적으로 유사하다.

> **|해설|** ③. ① MARC 레코드는 리더, 디렉토리, 가변길이필드(제어필드, 데이터필드)로 구성된다. ② 리더는 레코드 처리를 위한 정보를 제공하는 데이터요소로 24개의 자리로 고정되어 있다. ④ 제어필드는 00X필드를 말하며 지시기호나 식별기호를 갖지 않는다.

21. 다음 중 레코드의 구조에 대한 설명으로 옳은 것은?

① 데이터필드는 리더를 제외한 고정길이필드로 12자로 구성된다.

② 제어필드는 지시기호나 식별기호를 갖지 않는다.

③ 저장된 데이터필드의 순서는 반드시 디렉토리 항목의 순서대로 배열되어야 한다.

④ 데이터필드는 지시기호를 가지지만 식별기호는 가지지 못한다.

> **┃해설┃** ②. 제어필드는 00X 필드로 이 필드는 디렉토리의 필드 표시기호로 식별이 가능하지만 지시기호나 식별기호를 갖지 않는다. ① 데이터필드는 제어필드와 함께 가변길이필드이다. 고정길이필드는 리더와 디렉토리이다. 리더는 23개의 자리, 디렉토리는 12자로 구성된다. ③ 디렉토리는 한 레코드에서 각 가변길이 필드의 표시기호, 필드길이, 필드시작위치를 나타내는 일련의 항목으로 고정길이 필드로 구성된다. 가변길이 제어필드에 대한 디렉토리 항목은 첫 번째로 나타나며, 표시기호 순에 의해 순차대로 배열된다. 저장된 가변길이 데이터필드의 순서는 반드시 디렉토리 항목의 순서대로 배열될 필요는 없다. ④ 데이터필드는 디렉토리의 필드 표시 기호로 식별되며, 각 필드의 시작위치에 두 자리의 지시기호를 가진다. 또한 그 필드 내에서는 데이터요소마다 두 자리의 식별기호를 갖는다.

22. KORMARC 통합서지용과 MARC 21에 대한 설명으로 옳은 것은?

① 미국의회도서관과 캐나다국립도서관은 1999년 USMARC를 개정하여, 오늘날 MARC 21을 제정하게 되었다.

② KORMARC의 505 필드는 기본형과 확장형의 기술방법이 있으며 확장형의 경우 7XX에 다시 내용을 기술하여야 한다.

③ KORMARC와 MARC 21은 반드시 기본표목을 사용하여야 한다.

④ KORMARC는 서지형식을 통합하며 기존 필드가 부분적으로 수정되었으나 신설되지는 않았다.

> **┃해설┃** ①. ② KORMARC에서 505 필드는 기본형, 확장형의 기술방법이 있으며 기본형의 경우에는 7XX 필드에 다시 내용을 기술하여야 부출표목이 되며, 확장형의 경우에는 다시 입력하지 않아도 자동으로 생성된다. ③ MRAC 21은 기본표목을 적용하고 있지만 KORMARC에서는 기본표목을 규정하지 않아 1XX 필드를 사용하지 않고, 그 내용을 7XX에 기술한다. ④ KORMARC는 서지형식을 통합하면서 023, 032, 060, 070 등의 필드가 신설되었으며, 100, 600, 700, 246 등의 필드가 부분적으로 수정되었다.

23. 다음은 MARC 21을 적용한 목록레코드 일부이다. 기호에 들어갈 내용으로 옳은 것은?

245 00 $aGerman philosophers [㉠]Edited with an introduction by Sue Allen.

260 $aOxfod :$bOxfod University Press, $c2013.

300 $avii, 446 p. [㉡]26 cm.

[㉢] $aIncludes bibliographical references and indexes.

[㉣] 0 $aKant / Roger Scruton -- Hegel / Peter Singer.

700 1 $aAllen, Sue.

① ㉠ - /$c   ② ㉡ - :$c   ③ ㉢ - 505   ④ ㉣ - 504

24. 다음 중 레코드의 데이터 필드에 해당하는 것을 고르시오.

> ㉠ 레코드의 길이를 00-04 자수에 저장한다.
> ㉡ 지시기호를 제 1 지시기호와 제 2 지시기호로 구분한다.
> ㉢ 디렉토리 항목마다 표시기호와 필드길이 필드시작위치를 저장한다.
> ㉣ 데이터 필드는 00X 표시기호외의 표시기호로 010부터 9XX까지 해당된다.

① ㉠, ㉣   ② ㉡, ㉣   ③ ㉡, ㉣   ④ ㉢, ㉣

25. 다음에 대한 설명으로 옳은 것은?

> MARC 레코드의 구조 중 리더 다음, 즉 해당 레코드의 25번째 자수위치부터 시작되며 이 다음에 오는 구조의 위치를 지시해 준다.

① 00X 표시기호가 부여되며, 지시기호와 식별기호가 없다.
② 지시기호, 식별기호, 데이터 및 필드종단기호로 구성된다.
③ 레코드 내에 있는 가변길이필드마다 하나씩 배정된 고정길이필드로 구성된다.
④ 표시기호의 첫 번째 숫자에 따라 0-9까지의 블록으로 나누어진다.

26. 다음 빈 칸에 들어갈 용어가 알맞게 짝지어진 것을 고르시오.

> (㉠)는 (㉡)와 (㉢)로 구성되며, 각각의 필드를 유형별 또는 기능별로 표시하는 표시기호가 부여된다. (㉡)는 00X 표시기호가 부여되며, 지시기호와 식별기호 없이 데이터와 필드종단기호만으로 구성된다. (㉢)는 00X 이외의 표시기호가 부여되며, 지시기호와 식별기호, 데이터 및 필드종단기호로 구성된다.

① ㉠ 데이터필드 – ㉡ 가변길이필드 – ㉢ 제어필드
② ㉠ 가변길이필드 – ㉡ 데이터필드 – ㉢ 제어필드
③ ㉠ 가변길이필드 – ㉡ 제어필드 – ㉢ 데이터필드
④ ㉠ 제어필드 – ㉡ 가변길이필드 – ㉢ 데이터필드

27. 빈칸에 들어갈 알맞은 말은?

> (㉠)한 레코드에서 각 가변길이 필드의 표시기호, 필드길이, 필드시작위치를 나타내는 일련의 항목이며 25번째 자수 위치부터 시작된다.
> (㉡)제어필드와 데이터필드로 구성되며 각각의 필드를 유형별 또는 기능별로 표시하는 표시기호가 부여된다.
> (㉢)레코드 처리를 위한 정보를 제공하는 데이터요소이다.

	㉠	㉡	㉢
①	디렉토리	리더	가변길이필드
②	디렉토리	가변길이필드	리더
③	리더	디렉토리	가변길이필드
④	리더	가변길이필드	디렉토리

| 해설 | ②. 디렉토리는 한 레코드에서 각 가변길이 필드의 표시기호, 필드길이, 필드시작위치를 나타내는 일련의 항목이며 25번째 자수 위치부터 시작되고, 가변길이필드는 제어필드와 데이터필드로 구성되며, 각각의 필드를 유형별 또는 기능별로 표시하는 표시기호가 부여되며, 리더는 레코드 처리를 위한 정보를 제공하는 데이터요소이다.

28. 다음은 MARC 레코드 리더의 구조이다. 빈칸에 들어갈 알맞은 것은?

①	레코드 상태	레코드 유형	②	제어유형	문자 부호화체계	지시기호 자리수	식별기호 자리수	데이터 기본번지	③	④	연관	엔트리맵

가. 서지수준 나. 레코드 길이 다. 입력수준 라. 목록기술 형식

① 가나다라 순   ② 가나라다 순   ③ 나가다라 순   ④ 나가라다 순

| **해설 |** ③. 즉, ①은 레코드 길이 ②는 서지수준 ③은 입력수준 ④는 목록기술형식이 들어간다.

29. MARC21에서 같은 형태 자료끼리 묶인 것은?

음반, 녹음 카세트, 포스터, CR-ROM, 플래시카드

① 음반, CD-ROM   ② 포스터, 플래시카드
③ 포스터, CD-ROM   ④ 녹음 카세트, 플래시카드

| **해설 |** ②. 음반·녹음 카세트는 녹음 자료, 포스터·플래시카드는 화상자료, CD-ROM은 전자자료이다.

30. MARC의 일반적인 특징으로 옳은 것은?

① 레코드의 길이, 필드의 길이가 일정하다.
② 데이터를 입력할 때는 해당 입력요소를 표현하는 기호인 태그를 앞세워 입력한다.
③ 문헌에 관계없이 기술하는 필드는 동일하다.
④ 한 필드 내에서 성격이 다른 정보가 있는 경우에는 가장 중요한 것을 기술한다.

| **해설 |** ②. ① 레코드의 길이, 필드의 길이가 일정하지 않다. ③ 문헌에 따라 기술하는 필드 유무에 차이가 있다. ④ 한 필드 내에서 성격이 다른 정보가 있는 경우에는 식별기호를 달리하여 기술할 수 있다.

31. 다음에서 설명하는 색인파일에 해당하는 것은?

입력 레코드에서 100, 110, 111, 700, 710, 711 태그의 정보를 추출하여 이 색인파일을 만든다. 파일은 항상 자동적으로 자모순으로 배열하며 히트수를 갱신한다.

① 서명색인파일　　② 분류색인파일　　③ 키워드색인파일　　④ 저자명색인파일

> **∣해설∣** ④. 저자명색인파일: 목록 레코드에서 저자 성격을 가진 모든 태그를 가지고 와서 만든다. 입력 레코드에서 100, 110, 111, 700, 710, 711 태그의 정보를 추출하여 저자명색인파일을 만든다. ① 서명색인파일: 서명에 해당되는 필드로서 검색필드로 사전에 정의하여둔 필드 데이터만을 대상으로 색인한다. ② 분류색인파일: 분류기호만을 추출하여 색인을 한다. ③ 키워드색인파일: 653 태그의 입력정보를 대상으로 색인하며, 653 내에서 $a를 반복 사용하여 입력한 경우 각각 색인을 하여야 한다.

32. MARC 21 형식에 대한 설명으로 옳지 않은 것을 고르시오.

① 미의회도서관 및 캐나다국립도서관에 의해 1999년 USMARC를 개정하여 제정된 것이다.

② 인터넷의 확산 및 네트워크 자원의 서지기술에 대한 다양한 요구를 수용하기 위해 제정되었다.

③ 단행본, 문서 및 사본, 컴퓨터파일, 악보, 시각자료 등의 서지적 정보를 종합적으로 표현할 수 있도록 설계되었다.

④ 기본적으로 고정길이필드와 가변길이필드로 이루어져 있으며, 고정길이필드는 지시기호와 식별기호를 앞세워 기술한다.

> **∣해설∣** ④. MARC 21은 고정길이필드 및 가변길이필드로 구성되어 있다. 이때 지시기호와 식별기호를 앞세워 기술하는 것은 고정길이필드가 아닌 가변길이필드이다.

33. 다음에서 1988년 IFLA가 발표한 서지레코드의 기능상의 요건과 관련이 있는 것은 몇 개인가?

ㄱ 이용자가 진술한 탐색기준에 맞는 자료(entity)를 검색하는 기능
ㄴ 자료의 식별기능, 즉 기술된 자료와 탐색된 자료가 일치하는지를 확인하거나 유사한 특성을 지닌 여러 자료를 구별하는 기능
ㄷ 이용자의 요구에 적합한 자료를 선정하는 기능, 즉 내용이나 물리적 포맷 등과 관련하여 이용자의 조건에 맞는 자료를 선정하는 기능
ㄹ 이용자의 요구에 부적절한 자료를 배제하는 기능
ㅁ 기술된 자료를 입수하거나 접근하기 위한 기능

① 2개　　　② 3개　　　③ 4개　　　④ 5개

> **∣해설∣** ④. 모두 관련이 있다.

34. 다음 설명에 해당하는 용어에 대한 내용으로 옳은 것을 고르시오.

> 표시기호가 나타내는 정보 이외의 정보를 추가하여 나타내고자 사용하는 기호로서 그 필드의 첫 번째 두 자리에 위치한다. 가변길이 데이터필드에서 처음 두 자리 문자위치에 기술되며, 이것의 두 자리 값은 두 자리가 함께 의미를 갖는 것이 아니라 각각 독립적인 의미를 가진다.

① 001-009 필드에는 적용이 불가능하다.

② 리더의 11번째 자리에 이것의 자리수가 나타난다.

③ 데이터요소 식별을 위해 정의된 것으로 배열과는 무관하다.

④ 이것의 뒤에는 필드 종단기호를 사용한다.

> | 해설 | ①. 보기의 설명은 MARC의 지시기호에 관한 설명이다. 지시기호는 00X 제어필드에는 적용이 불가능하고, ② 리더의 11번째 자리는 식별기호의 자리수가 나타나고 지시기호의 자리수는 10번째 자리이다. ③은 식별기호에 관한 설명이다. ④ 필드 종단기호는 마지막 디렉토리나 각 가변길이필드의 마지막에 필드의 종료를 나타내기 위해 사용한다.

35. 다음 중 KORMARC과 MARC21과의 차이가 가장 적은 필드는? (지시기호 제외)

① 008   ② 020   ③ 049   ④ 082

> | 해설 | ④. 082 태그는 DDC 분류기호로 지시기호를 제외하면 동일하다. ① 008 태그는 KORMARC에서 한국대학별간행물과 정부기관별 간행물을 검색할 수 있도록 코드를 추가하였고, ② 020태그는 국제표준도서번호(ISBN)로 KORMARC에서는 ▼g를 이용하여 부가기호를 추가한다. ③ 049태그는 소장사항으로 MARC에서는 841-88X 태그에 기입한다.

36. 다음 중 MARC 21에서 정의되지 않은 레코드 형식(포맷)을 고르시오.

① MARC 레코드에서 접근점으로 사용되는 이름과 주제명의 전거형식에 관한 정보를 제공하기 위한 전거형식(authority format)이 있다.

② 소장 데이터를 입력하기 위한 소장형식(holdings format)으로서, 리더(leader)의 레코드 유형(/06)에서 해당 자료의 유형을 구분하고 있다.

③ 데이터베이스와 정보망의 구축을 통한 서지정보의 공유를 실현시켜주는 컴퓨터 기계가독형식(machine readable format)이다.

④ 다양한 서지자료를 기술하고 검색하는데 필요한 데이터 요소를 입력하기 위한 서지형식(bibliographic format)이다.

> | 해설 | ③. MARC에 대한 정의이다.

37. 다음 데이터 필드의 구조표를 보고 빈칸에 들어갈 말로 알맞은 것을 고르시오.

지시기호		식별기호 1		데이터내용1	…	식별기호 n		데이터내용n	㉡
제 1 지시기호	제 2 지시기호	㉠	데이터식별기호			㉠	데이터식별기호		

① 청구기호 - 제어필드　　　　　② 식별기호 - 제어번호

③ 구분기호 - 필드 종단기호　　　④ 청구기호 - 필드 종단기호

38. 다음의 (a) 와 (b)에 들어갈 것으로 옳은 것은?

가변길이 필드는 (a)와 (b)로 구성되며, 각각의 필드를 유형별 또는 기능별로 표시하는 표시기호가 부여된다. (a)는 00X 표시기호가 부여되며, 지시기호와 식별기호 없이 데이터와 필드 종단기호만으로 구성된다. (b)는 00X 이외의 표시기호가 부여되며, 지시기호와 식별기호, 데이터 및 필드종단기호로 구성된다.

① a 리더, b 디렉토리　　　　　② a 디렉토리, b 제어필드

③ a 고정길이필드, b 구분기호　　④ a 제어필드, b 데이터필드

| 해설 |　④. (a)는 제어필드, (b)는 데이터필드이다.

39. 다음 설명에 알맞은 가변길이필드는?

이 필드에는 표제관련 데이터 이외의 서지레코드에 기술되는 자료에 관한 정보를 기술한다. 기술되는 데이터에는 기타 발행정보, 주소, 자료의 특정형태를 기술하는 데이터자료 등을 포함한다.

① 총서부출표목 (80X-830)

② 형태사항 (3XX)

③ 표제와 책임표시 관련사항 (20X-24X)

④ 판차, 발행사항 (250-28X)

| 해설 |　④. 설명에 알맞은 필드는 판차, 발행사항 필드이다.

40. 다음 중 MARC에 사용되는 데이터필드와 표시기호에 적용되는 원칙으로 옳지 않은 것은?

① 표시기호중 일부는 전거제어용으로 사용될 수 있다.

② 9XX 필드는 해당 서지기관의 용도로 사용될 수 있다.

③ MARC 레코드에서 데이터는 세 자리 표시기호(TAG)로 식별되는 데이터필드에 수록된다.

④ MARC 레코드의 모든 정보는 확장된 ASCII코드로 저장된다.

| 해설 | ④. MARC의 구조적 특성에 대한 설명이다. ① ② ③ 이외에 표시기호는 문자나 아라비아 숫자(0 ~ 9)로 구성된다. 이 표시기호는 해당필드에 저장되는 것이 아니라 디렉토리에 저장된다.

41. 표제와 책임표시 관련사항에서 표제와 설명이 올바르게 짝지어진 것은?

① 축약표제: 022 필드에 기록된 ISSN과 관련이 있고 연속간행물에 부여되는 표제이다.

② 종합통일표제: 다작 저자의 저작을 집중하기 위해 사용되는 표제를 기술한다. 이 표제는 동일 저자의 4이상의 저작이 포함되어 있는 경우에 적용하며 목록자에 의해 작성된다. 개인명, 단체명 또는 회의명 아래 기입되는 서지레코드일 경우 적용한다.

③ 통일표제: 본표제를 목록작성기관에서 번역한 표제를 기술한다. 이 필드는 번역된 표제가 대등표제로 나타나지 않은 경우에만 사용하며, 대등표제는 245 필드에 기술된다.

④ 목록작성기관에서 번역한 표제: 이 필드는 서지레코드에 100, 110, 111 필드가 있더라도 저작에 대한 표제를 기술하는 경우 사용된다. 한 저작의 여러 판 등이 여러 가지 다른 표제로 나타나 있는 그 모든 저록을 한 자리에 모으기 위하여 특정 표제를 삼아 그 저작을 식별하기 위하여 기술된다.

| 해설 | ②. ① 축약표제: 색인 작성이나 식별을 목적으로 축약된 해당 자료의 표제를 기술한다. ③ 통일표제: 이 필드는 서지레코드에 100, 110, 111 필드가 있더라도 저작에 대한 통일 표제를 기술하는 경우 사용된다. 한 저작의 여러 판 등이 여러 가지 다른 표제로 나타나 있는 그 모든 저록을 한 자리에 모으기 위하여 특정 표제를 삼아 그 저작을 식별하기 위하여 기술된다. ④ 목록작성기관에서 번역한 표제: 본표제를 목록작성기관에서 번역한 표제를 기술한다. 이 필드는 번역된 표제가 대등표제로 나타나지 않은 경우에만 사용하며, 대등표제는 245 필드에 기술된다.

42. AACR2R을 참고하여 레코드를 기술할 때, 다음과 같이 다양한 표제를 가지고 있는 경우 레코드의 필드를 바르게 기술한 것은?

Arabian nights; Aladdin; Ali Baba; Thousand nights and one night; Sinbad the sailo
(저자는 알려져 있지 않음)

① 245 10$aArabian nights.$lEnglish.　　② 245 1 $aArabian nights.$lEnglish.
③ 130 1 $aArabian nights.$lEnglish.　　④ 130 0 $aArabian nights.$lEnglish.

| **해설 |** ④. 동일한 저작이 다양한 표제를 갖고 있는 경우 통일표제를 기본표목으로 하며, 저자가 알려져 있지 않으므로 130에, 정관사가 없으므로 지시기호는 0을 사용한다.

43. 디렉토리에 관한 설명에서 옳지 않은 것을 고르시오.
① 디렉토리는 책의 목차와 같은 것으로 어떤 필드가 어느 위치에 나타나며 길이가 얼마인가를 지시해주는 데이터가 기입된다.
② 디렉토리 항목은 표시기호, 필드길이 두 부분으로 편성된다.
③ 디렉토리 항목은 12자를 한 단위로 한다.
④ 한 레코드에서 디렉토리 항목의 수는 입력된 표시기호 수와 동일하다.

| **해설 |** ②. 디렉토리 항목은 표시기호, 필드길이 뿐만 아니라 필드시작위치를 포함하여 세 부분으로 편성된다.

44. 다음 레코드의 구조에 대한 설명으로 옳은 것은?
① 레코드는 "리더 – 제어필드 – 디렉토리 – 데이터필드" 순으로 구성된다.
② 리더는 01 ~ 24의 자리값으로 구성되어 있다.
③ 제어필드는 지시기호나 식별기호를 갖지는 않는다.
④ 디렉토리는 25번째 자수위치로부터 시작하며 각 디렉토리 항목이 끝날 때마다 필드종단기호를 덧붙인다.

| **해설 |** ③. ① 레코드는 '리더 – 디렉토리 – 제어필드 – 데이터필드'로 구성된다. ② 리더는 24개의 자리로 고정되어있으며, 00~23의 자리 값을 가지고 있다. ④ 디렉토리는 레코드 내에 있는 가변길이필드마다 하나씩 배정된 '디렉토리 항목'이라는 고정길이 필드로 구성된다. 필드종단기호는 마지막에 하나만 붙인다.

45. MARC21 제어필드(00X)에 대한 내용으로 옳지 않은 것은?

① 001 제어번호

　이 레코드를 생성하고 배포한 기관에 의해 부여된 번호를 기술한다.

② 003 제어번호 식별자

　001 필드에 수록된 시스템 제어번호의 부여기관에 대한 MARC 21 코드를 수록한다.

③ 005 레코드의 최종 처리일시

　16자로 표현되며, 일자와 시각은 해당 레코드의 버전 식별기호의 역할을 한다.

④ 006 물리적 기술 고정길이 필드

　형태기술필드라고도 하며 자료의 형태사항에 관한 정보를 부호로써 알려주기 위한 필드이다.

| 해설 | ④의 물리적 기술 고정길이 필드는 007에 해당한다.

46. 다음 중 MARC 21 형식의 필드별 데이터 입력에 관한 설명으로 옳지 않은 것은?

① 050 필드는 LC 청구기호를 나타낸다.

② 210 필드는 축약표제에 관한 사항이다.

③ 250 필드에는 판과 관련된 정보를 기술하며 연속간행물과 같이 연속적인 판 사항에 대해서는 이 필드를 사용하지 않고 254 필드에 기술한다.

④ 490 필드는 총서사항의 기술역할만 할 뿐 직접적인 부출기능은 없다. 식별 기호 $a에는 책임표시나 기타총서표제를 포함할 수도 있다.

| 해설 | ③. 250 필드는 판사항에 관련된 필드로서 연속적인 판사항에 대해서는 362 필드를 사용한다.

47. 다음 설명에 해당하는 MARC 21 필드에 대해 옳지 않은 것은?

해당 자료의 물리적 사항, 즉 페이지, 권수, 삽화, 딸림 자료 등을 기술한다.

① 지시기호 - 정의되어 있지 않음　　② $a 페이지 또는 권수

③ $b 기타 물리적 사항, 삽화사항　　④ $g 딸림자료

| 해설 | ④. 보기의 설명은 300필드 물리적 기술사항에 관한 설명으로 $g는 단위의 크기를 나타내며 딸림자료는 $e에서 표기한다.

48. 다음 중 리더(leader)에 해당하지 않는 것은?

① 서지수준   ② 데이터 기본번지   ③ 제어유형   ④ 필드길이

| 해설 | ④. 서지수준, 데이터기본번지, 제어유형은 리더에 해당하지만 필드길이는 디렉토리에 해당한다.

49. 다음 중 연결이 바르게 된 것은?

① 녹음자료 (007/00=r)   ② 전자자료(007/00=e)

③ 마이크로자료 (007/00=m)   ④ 형태를 구분할 수 없는 자료(007/00=z)

| 해설 | ④. ① 녹음자료(007/00=s) ② 전자자료(007/00=c) ③ 마이크로자료(007/00=h)이다.

50. 245tag의 MARC 작성순서가 바르게 된 것을 고르시오.

ⓐ 본표제   ⓑ 표제관련정보   ⓒ 대등표제   ⓓ 책임표시   ⓔ 자료유형표시

① ⓐ-ⓑ-ⓒ-ⓔ-ⓓ   ② ⓐ-ⓒ-ⓑ-ⓔ-ⓓ

③ ⓐ-ⓑ-ⓔ-ⓒ-ⓓ   ④ ⓐ-ⓔ-ⓒ-ⓑ-ⓓ

| 해설 | ④. 본표제-자료유형표시-대등표제-표제관련정보-책임표시 순서이다.

51. MARC 21 레코드의 필드가 바르게 연결된 것은?

① 022-국제표준도서번호   ② 040-소장사항

③ 082-듀이십진분류기호   ④ 049-자관청구기호

| 해설 | ③. ① 022-국제표준연속간행물번호, 국제표준도서번호는 020이다. ② 040-목록작성기관, 소장사항은 049이다. ④ 049-소장사항, 자관청구기호는 090이다.

52. 1XX, 4XX, 6XX, 7XX, 8XX 태그에서 표시기호 뒷부분의 두 자리 숫자는 일반적으로 공통적인 의미를 가지고 있다. 기호와 그 의미가 옳지 않은 것을 고르시오.

① X00-개인명   ② X10-단체명   ③ X11-회의명   ④ X40-지명

| 해설 | ④. X40은 표제명이다. 이 외에도 X30 통일표제, X50-주제명, X51 지명이 있다.

53. 레코드에 관한 설명으로 옳은 것을 고르시오.

① 지시기호는 표시기호가 나타내는 정보 이외의 정보를 추가하여 나타내고자 사용하는 부호로써 한 데이터필드에 대하여 두 자리의 지시기호를 사용한다.

② 레코드는 고정길이필드인 리더, 디렉토리, 제어필드와 가변길이필드인 데이터필드로 이루어져 있다.

③ 레코드의 마지막 데이터필드에 필드종단기호를 기입하면 레코드가 종단된다.

④ 디렉토리의 필드길이는 각각의 표시기호 아래 기입되는 필드의 자수로서, 지시기호, 식별기호, 데이터요소는 포함되지만 필드종단기호는 포함되지 않는다.

| 해설 | ①. ② 레코드는 고정길이필드인 리더, 디렉토리와 가변길이필드인 제어필드, 데이터필드로 이루어져 있다. ③ 마지막 데이터필드에는 필드종단기호와 레코드종단기호를 함께 기입해야 레코드가 종단된다. ④ 필드종단기호도 길이에 포함된다.

54. 다음 중 MARC에서 연관저록필드를 사용하는 주된 이유를 고르시오.

① 검색의 효율성을 높이기 위하여

② 색인어를 확충하기 위하여

③ MARC의 기능을 확대하기 위하여

④ MARC 포맷의 확장을 위하여

| 해설 | ①. 각 연관저록필드는 해당자료와 관련자료 사이의 각각 다른 서지적 관계를 보여줌으로서 검색의 효율성을 높인다. 연관저록필드를 처음으로 도입한 것은 UNIMARC이다.

55. 다음 중 MARC에서 정보의 최소단위부터 최상의 파일이 순차적으로 나열된 것을 고르시오.

① bit – byte – 필드 – 파일 – 레코드

② bit – byte – 필드 – 레코드 – 파일

③ byte – bit – 레코드 – 파일 – 필드

④ byte – bit – 필드 – 파일 – 레코드

| 해설 | ②. bit는 정보표현의 최소단위로 2진 숫자이고 byte는 8비트로 구성된다. 필드는 파일을 구성하는 기억 영역의 최소단위이고 레코드는 파일을 엑세스 할 때 쓰는 단위이며 파일은 레코드의 집합이다.

56. 다음은 아래의 자료를 MARC 21 형식으로 작성한 레코드의 일부이다. 그 기술이 옳지 않은 필드는? (단, 지시기호, 띄어쓰기는 적용하지 않는다.)

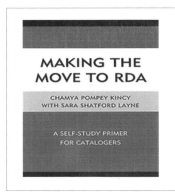

	Making the Move to RDA
	Kincy, Chamya Pompey/ Layne, Sara Shatford
	Rowman & Littlefield Pub Inc
	2014년
	ISBN 081088769X / 9780810887695
	350 p ill. 22.3 cm

082 04 $a 025.32$2 22
090　$a 025.32$b K51m
100 1 $a Kincy, Chamya Pomey, $d 1976- .
245 00 $a Making the move to RDA :$b a self-study primer for catalogers /
　　　$c Chamya Pomey Kincy with Sara Shatford Layne.
260　$a Lanham :$b Rowman & Littlefield,$c 2014.
300　$a xiv, 350 p. :$b ill. ;$c 23 cm.
504　$a Includes bibliographical references and index.
650 0 $a Descriptive cataloging$x Standards$v Handbooks, manuals, etc.
700 1 $a Sara Shatford Layne.

① 100 필드　　　② 245 필드　　　③ 260 필드　　　④ 700 필드

| **해설** | ④. 개인명 부출표목이므로 '$a Layne, Sara Shatford.'이어야 한다.

57. MARC 21 형식으로 『The reference guide to data sources』를 기술할 때, 245 필드 제 2지시기호 값으로 옳은 것은?

① 5　　　② 4　　　③ 3　　　④ 2

| **해설** | ②. 245 필드에서 제2지시기호는 '배열에서 무시되는 문자수'를 기술하는 것이다. 예를 들어, the의 경우는 문자 세 자리에 빈칸을 더해 '4'로 또한 an의 경우는 문자 두 자리에 빈칸을 더해 '3'으로 기술한다.

58. MARC 21 형식에서 008 필드(고정길이 데이터요소) 18번째 자리부터 34번째 자리에는 자료의 유형을 기술한다. 다음 중 그 유형에 해당하지 않는 것은?

① 단행본, 지도   ② 전자자료, 음악자료   ③ 시각자료, 청각자료   ④ 계속자료, 혼합자료

> **| 해설 |** ③. 008 필드는 부호화정보필드라고도 하며, 40자리의 고정길이 필드이다. 지문에서 제시된 청각자료를 제외하고 각 자료의 유형에 따라 다른 데이터요소들이 정의되어 있다.

59. 다음은 MARC 21 형식에서 008 필드(고정길이 데이터요소)에 대한 설명이다. 내용 중 가장 거리가 먼 것은?

① 008 필드는 레코드 전반과 서지적 특성에 대한 정보를 데이터관리와 검색에 편리하도록 부호화하여 나타낸다.

② 지시기호와 식별기호가 나타나 있고, 모든 자료에 공통으로 수록되는 것과 각 자료의 유형에 따라 수록되는 것으로 구분하고 있다.

③ 모든 자료에 공통으로 수록되는 것은 데이터 입력일자, 발행년 유형 및 발행년, 발행국명, 언어 수정레코드, 목록 정보원 등이다.

④ 단행본에 수록되는 것은 삽화, 이용대상자 수준, 자료형태, 내용특성, 정부간행물, 회의자료, 기념논문집, 색인 유무, 소설, 전기 등을 수록한다.

> **| 해설 |** ②. 지시기호와 식별기호는 나타나 있지 않으며 모든 자료에 공통으로 수록되는 것과 각 자료의 유형에 따라 수록되는 것으로 구분하고 있다.

60. 다음의 MARC 21 형식에서 전거제어(authority control)와 거리가 먼 필드는?

① 2XX   ② 4XX   ③ 6XX   ④ 7XX

> **| 해설 |** ①. 전거제어는 목록에서 표목이나 접근점으로 사용되는 인명, 단체명, 회의명, 통일표제 등의 근거가 되는 모든 형식을 통일적이고 일관성 있게 유지할 수 있도록 하는 일련의 과정이다. 2XX 필드는 서명, 책임표시, 판차, 발행 등을 기술하는 필드이다.

61. 다음은 MARC 21 형식으로 작성한 레코드의 082 필드에 대한 기술이다. '082 04 $a025.32$222'에서 지시기호에 대한 내용으로 옳지 않은 것은?

① 제1지시기호에는 '판의 유형'을 기술한다.

② 제2지시기호에는 '분류기호 정보원'을 기술한다.

③ 제2지시기호 '0'은 'ALA에서 부여'한 DDC 기호를 의미한다.

④ 제2지시기호 '4'는 'LC가 아닌 다른 기관에서 부여'한 DDC 기호를 의미한다.

| 해설 | ③ 제2지시기호 '0'은 'LC에서 부여'한 DDC 기호를 의미한다.

62. 다음은 아래의 자료를 MARC 21 형식으로 작성한 레코드의 일부이다. 그 기술이 옳지 않은 필드는? (단, 지시기호, 띄어쓰기, 필드종단기호는 적용하지 않는다.)

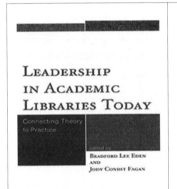

Leadership in Academic Libraries Today : connecting theory to practice
ed. by Eden, Bradford Lee and Fagan, Jody Condit
Rowman & Littlefield Pub Inc
2014년
ISBN 9781442232594
246p. 23.3 cm

007	ta
020	$a 9781442232594
050 00	$a Z675.U5$b L37 2014
082 04	$a 025.1977$2 22
100 1	$a Eden, Bradford Lee.
245 00	$a Leadership in academic libraries today :$b connecting theory to practice /$c edited by Bradford Lee Eden and Jody Condit Fagan.
260	$a Lanham :$b Rowman & Littlefield,$c 2014
300	$a xii, 246 p. ;$c 24 cm.
504	$a Includes bibliographical references and index.
700 1	$a Fagan, Jody Condit.

① 100 필드   ② 260 필드   ③ 300 필드   ④ 700 필드

| 해설 | ①. 편저는 표제줄머리잡기로 기술한다. 즉, 100 필드는 사용하지 않는다. '700 1 $a Eden, Bradford Lee.'로 기술하여야 한다.

63. 서지사항을 MARC형태로 구축된 자료는 디지털도서관의 전자자원에 직접 접근이 가능하도록 할 수 있다. 다음에서 이때 사용되는 필드로 옳은 것은?

　① 650 필드　　　　② 653 필드　　　　③ 856 필드　　　　④ 890 필드

> **|해설|** ③. 856 필드(전자적 위치 및 접속)이다. ① 650 필드는 주제명부출표목-일반주제명, ② 653 필드는 비통제 색인어, ④ 890 필드는 미입력문자표시에 사용된다.

64. 다음에서 세계 최초로 개발된 MARC를 고르시오.

　① INTER MARC　　　② LC MARC　　　③ UNIMARC　　　④ USMARC

> **|해설|** ②. LC MARC는 1966년에 미국의회도서관(LC)이 개발한 최초의 MARC로 각국의 MARC 개발에 중요한 영향을 끼쳤다. 현재는 USMARC라는 이름을 거쳐 MARC 21로 통칭되고 있다.

65. 다음에서 MARC가 가져다주는 효과와 가장 거리가 먼 것은?

　① 데이터베이스의 개발과 확충을 통해 비용을 절감시켜 준다.
　② 색인과 초록의 작성필요성을 줄여줌으로써 인력과 비용의 절감시켜 준다.
　③ 서지데이터의 공동이용가능성을 높여준다.
　④ 편목작업에 소요되는 인력을 절감시켜 준다.

> **|해설|** ②. MARC는 색인과 초록의 작성 등 2차 자료의 작성과는 직접적인 관련이 없다.

66. 다음은 MARC에 대한 설명이다. 그 내용이 옳지 않은 것은?

　① 최초의 MARC는 미국의회도서관(LC)에서 개발한 LC MARC이다.
　② MARC를 실제로 적용하기 위한 실험계획이 MARC pilot project이다.
　③ LC의 목록자동화는 국가서지편찬업무를 경감시키기 위한 컴퓨터화 작업으로 시도되었다.
　④ MARC는 처음에는 인력절감이라는 직접적인 목적을 가지고 시작되었다.

> **|해설|** ③. LC의 목록자동화는 인쇄카드 업무를 합리적으로 처리하기 위해 컴퓨터화 작업에서 시작되었고, 국가서지편찬업무를 경감시키기 위한 컴퓨터화 작업으로 목록자동화를 시도한 것은 대영도서관이다.

67. 다음은 MARC의 일반적 기능에 대한 설명이다. 내용 중 가장 거리가 먼 것은?

　① 도서관의 물리적인 위치와는 관계없이 문헌을 구득하게 한다.

② 도서관은 예측가능하고 신뢰할 수 있는 목록데이터를 입수할 수 있다.

③ 분담목록(shared cataloging)이 가능하여 편목업무의 중복을 피할 수 있다.

④ 기술의 표준화와 서지정보의 공유에 기여한다.

| **해설** | ①. 도서관의 물리적인 위치와는 관계없이 문헌을 구득하게 하지만, 이러기 위해서는 상호대차나 전문복사서비스를 신청해야하기 때문에 가장 관계가 멀다고 할 수 있다. MARC의 주된 기능은 도서관의 물리적인 위치와는 관계없이 문헌에 대한 접근성을 높여주는 것이다.

68. 다음의 MARC 21 필드에서 소재확인의 기능을 하는 필드로 옳은 것은?

① 0XX   ② 1XX   ③ 20X-24X   ④ 856

| **해설** | ①. MARC 21에서 0XX 필드는 제어정보 외에 식별번호와 분류기호 등 해당 자료의 소재를 확인하기 위한 데이터를 수록하고 있다. ② 1XX 필드는 기본표목 ③ 20X-24X 필드는 표제 및 표제관련사항 ④ 856 필드는 전자자료의 소재 및 접근을 기술한다.

69. 다음의 MARC 21 필드에서 주제접근필드로 옳은 것은?

① 0XX   ② 1XX   ③ 6XX   ④ 7XX

| **해설** | ③. 6XX 필드는 주제접근필드로 600은 주제부출표목-개인명, 610은 주제부출표목-단체명, 611은 주제부출표목-회의명, 630은 주제부출표목-통일표제, 650은 주제부출표목-주제명, 651은 주제부출표목-지리명, 653은 비통제 주제명을 기술한다.

70. 다음의 MARC 21 필드에서 부출표목필드로 옳은 것은?

① 4XX   ② 5XX   ③ 70X-75X   ④ 76X-78X

| **해설** | ③. 70X-75X는 부출표목으로 700필드(부출표목-개인명), 710필드(부출표목-단체명), 711필드(부출표목-회의명), 730필드(부출표목-통일표제), 740필드(부출표목-비통제관련/분출표제)이다. ① 4XX는 총서사항 ② 5XX는 주기사항 ④ 76X-78X는 연관저록 필드이다.

71. 다음은 MARC 21의 주기사항에 대한 필드와 필드명을 연결한 것이다. 잘못 짝지어진 것은?

① 501 - 합철본주기(With note)   ② 504 - 학위논문주기(Dissertation note)

③ 546 - 언어주기(Language note)   ④ 586 - 수상주기(Awards note)

| **해설** | ②. 504는 서지주기(Bibliography, etc. note)이고 학위논문주기(Dissertation note)는 502이다.

72. 다음은 MARC 21의 주기사항에 대한 설명이다. 그 내용이 옳지 않은 것은?

① 504 필드(서지주기)는 자료에 참고문헌이나 인용자료 목록이 수록되어 있는 경우에, 그 사항을 기술한다.

② 510 필드(인용주기)는 자료가 해제나 초록지에 수록된 경우에, 그 해제나 초록지에 대한 사항을 기술한다.

③ 520 필드(요약주기)는 해당 자료의 해제, 초록, 요약이 있는 경우에, 그 내용을 기술한다.

④ 534 필드(원본주기)는 입력하고자 하는 자료가 번역물인 경우에, 그 원본에 대한 사항을 기술한다.

| 해설 |　④. 534 필드(원본주기)는 입력하고자 하는 자료가 복제물인 경우에, 그 원본에 대한 사항을 기술한다.

73. 다음의 MARC 21에서 지시기호(indication)를 사용하지 않는 필드는?

① 008 필드(고정길이 데이터요소-일반정보)　　② 082 필드(DDC 기호)

③ 100 필드(기본표목-개인명)　　　　　　　　④ 856 필드(전자자료의 소재 및 접근)

| 해설 |　①. MARC 21에서 001 필드부터 009 필드까지는 지시기호를 사용하지 않는다. 008 필드는 부호화정보필드라고도 한다.

74. 다음은 Wayne Disher가 지은 『Crash Course in Public Library Administration』에 대한 MARC 21 데이터의 일부이다. 괄호 안에 들어갈 것으로 올바르게 짝지어진 것은?

100 1 $a(㉠).
245 10 $a Crash course in public library administration /$(㉡) (㉢).

① ㉠ Wayne Disher ㉡ c ㉢ Disher, Wayne

② ㉠ Wayne Disher ㉡ d ㉢ Wayne Disher

③ ㉠ Disher, Wayne ㉡ c ㉢ Wayne Disher

④ ㉠ Disher, Wayne ㉡ d ㉢ Disher, Wayne

| 해설 |　③. MARC 21에서 개인명을 기본표목으로 할 경우 개인명 기본표목은 100 필드, 서명저자표시사항은 245 필드에 기술한다. 서양인명의 경우 100 필드에서는 도치형(성, 명), 245 필드에서는 직순(명성)으로 기술한다. 이때 식별기호는 '$c'이다.

75. 다음은 MARC 21로 작성한 데이터의 일부에 대한 설명이다. 그 내용이 옳지 않은 것은? (단, 지시기호는 생략함.)

```
020    $a1560242302 (paper)
082    $a025.1$222
090    $a025.1$bL694h
100    $aHobrock, Brice G.
245    $aLibrary management in the information technology environment :$b issues, policies, and
       practice for administrators /$c Brice G. Hobrock.
260    $aNew York :$b Haworth Press,$c c2002.
300    $a155 p. :$b ill. ;$c 23 cm.
```

① 이 자료는 Brice G. Hobrock이 2002년에 지은 Library management in the information technology environment를 기술한 것이다.

② 이 자료는 DDC 22판에 의해 분류되었다.

③ 이 자료의 표지는 페이퍼백으로 되었다.

④ 이 자료에서 사용한 저자기호표는 Cutter-Sanborn Three-Figure Author Table이다.

| 해설 | ①. ② 082는 DDC기호필드이며 $2에 '22'로 기술되었기 때문이다. ③ 020에 기술된 '(paper)'를 보면 페이퍼백(종이 한 장으로 표지를 장정한, 싸고 간편한 책) 임을 알 수 있다. ④ 090 필드의 '$bL694h'로 추론할 수 있다. 양서의 경우, 우리나라 대학도서관 거의 대부분이 이 저자기호표를 사용한다.

76. 다음은 MARC 21로 작성한 단행본자료 데이터의 일부이다. 괄호 안에 들어갈 것으로 옳은 것은?

```
(     ) 0 $aViewmaster science series ;$v12
```

① 300　　　　　② 430　　　　　③ 480　　　　　④ 490

| 해설 | ④. 총서사항이 있는 경우 490 필드에 기술한다. 이때 부출을 위해서는 그 내용을 반드시 800-830 필드에 다시 기술해야 한다. 즉, 490 필드는 기술역할만 있을 뿐 직접적인 부출기능은 없다.

77. 다음은 MARC 21을 설명한 것이다. 그 내용이 옳지 않은 것은?

① 미국의회도서관의 LC MARC와 그 후속의 USMARC로부터 시작하였다.

② 서지용은 각 자료별, 유형별로 별도의 포맷을 가지고 있다.

③ 기본표목의 개념을 그대로 수용하는 포맷으로 되어 있다.

④ 전통적인 기본기입방식을 바탕으로 하였다.

| 해설 | ②. 서지용 포맷은 하나의 포맷으로 통합되어 있다.

78. 다음은 MARC 21의 01X-09X 필드(숫자필드)에 대한 필드와 필드명을 연결한 것이다. 잘못 짝지어진 것은?

① 010 - LC 청구기호

② 015 - 국가서지번호

③ 027 - 표준기술보고서번호

④ 037 - 입수처

| 해설 | ①. 010 - LC 제어번호이고 LC 청구기호는 '050'이다.

79. 다음은 'Facets of knowledge organization: proceedings of the ISKO UK Second Biennial Conference, 4th-5th July, 2011, London / edited by Alan Gilchrist, Judi Vernau' 자료를 MARC 21 형식으로 작성한 레코드의 일부이다. 그 기술이 옳지 않은 필드는? (단, 지시기호, 띄어쓰기는 적용하지 않는다.)

① 245 $a Facets of knowledge organization :$b proceedings of the ISKO UK Second Biennial Conference, 4th-5th July, 2011, London /$c edited by Alan Gilchrist, Judi Vernau.

② 700 $a Gilchrist, Alan.

③ 700 $a Vernau, Judi.

④ 730 $a ISKO UK Biennial Conference$n(2nd :$d 2011 :$c London, England)

| 해설 | ④. 이 자료는 회의자료로 회의명을 기본표목으로 해야 한다. 이 경우 111 필드에 다음과 같은 형식으로 기술한다. '111 $a회의명($n회차 :$d 회의일자 :$c 개최지)'이다. 필요한 경우 회의명 부출표목(711 필드)도 이와 같이 기술한다. 옳은 기술은 '111 $a ISKO UK Biennial Conference$n(2nd :$d 2011 :$c London, England)이다.

80. 다음은 MARC 21의 856 필드에 대한 설명이다. 그 내용이 옳지 않은 것은?

① 필드명은 Electronic Location and Access이다.

② E-mail이나 FTP, HTTP 등의 전자자원에 접근할 수 있는 필드이다.

③ 전자적으로 입수할 수 있는 자원의 서지레코드에서는 사용할 수 있으나 서지레코드에서 기술되는 비 전자적 자원의 전자버전(electronic version)에는 접근할 수 없는 필드이다.

④ URL(Uniform Resource Locator)은 $u에 기술되며, 동일필드 내에서 반복사용이 불가능하다.

| 해설 | ③. 전자적으로 입수할 수 있는 자원의 서지레코드 뿐만 아니라 서지레코드에서 기술되는 비 전자적 자원의 전자버전(electronic version)에도 접근할 수 있는 필드이다.

81. 다음의 'Trademark laws / U. S. Dept. of Commerce, Patent Office' 자료를 AACR2R과 MARC 21에 의해 기술한 것으로, 옳지 않은 것은? (단, 지시기호는 무시한다.)

① 110 $aUnited States

② 243 $aTrademark Act

③ 245 $aTrademark laws /$cU. S. Dept. of Commerce, Patent Office.

④ 710 $aUnited States.$bPatent Office.

| 해설 | ②. 243 필드(종합통일표제)는 다작 저자의 저작을 모으기 위해 사용되는 종합표제를 기술한다. 통일표제는 '240 $aTrademark Act'로 기입한다. ① 각 국가의 법률은 국가명을 기본표목으로 한다. 미국은 'United States', 우리나라의 경우는 '한국'으로 표기한다. ④ 하위기관명은 부출한다.

82. 다음은 뉴질랜드와 호주 간에 맺은 조약이다. 다음에서 AACR2R과 MARC 21에 의해 기술한 것으로, 옳지 않은 것은? (단, 지시기호는 무시한다.)

New Zealand – Australia Free Trade Agreement: exchange of letters.
Wellington: Govt. Printer, 1965.

① 110 $aNew Zealand

② 240 $aTreaties, etc.$gNew Zealand,$d1965 Aug. 31

③ 245 $aNew Zealand - Australia Free Trade Agreement :$bexchange of letters.

④ 710 $aNew Zealand

| 해설 | ①. 양국 간의 조약은 알파벳순서가 빠르거나 자기나라의 국가명을 기본표목으로 한다. '110 $aAustralia'이어야 한다.

83. 다음의 자료를 AACR2R과 MARC 21에 의해 회의명을 기본표목으로 기술할 경우 옳은 것은?

International Forum on the East Asian Region held in Beijing.
China, 20-25 March 2012

① 110 2ᵇ $aInternational Forum on the East Asian Region$d(2012 :$cBeijing, China)
② 110 2ᵇ $aInternational Forum on the East Asian Region$c(2012 :$dBeijing, China)
③ 111 2ᵇ $aInternational Forum on the East Asian Region$d(2012 :$cBeijing, China)
④ 111 2ᵇ $aInternational Forum on the East Asian Region$c(2012 :$dBeijing, China)

| 해설 | ③. 회의명을 기본표목으로 기술할 경우 111필드(기본표목-회의명)에 '111 $a회의명$d(회의일자 :$c개최지) 또는 111 $a회의명$n(회차 :$d회의일자 :$c개최지)'순으로 기술한다. 제1지시기호는 회의명 표목요소의 유형을 지시하는 것으로 '2'는 '회의명(표기대로)'로 회의명을 자료에 표기된 대로 기술하라는 것이고 '0은' 회의명(도치형), '1'은 지역명을 기술한다.

84. 다음의 자료를 AACR2R과 MARC 21에 의해 단체명을 기본표목으로 기술할 경우 옳은 것은?

The Meeting of the American Psychological Association held in London in 2012.

① 110 2ᵇ $aAmerican Psychological Association.$bMeeting$c(2012 :$dLondon)
   245 14$aThe Meeting of the American Psychological Association held in London in 2012.
② 110 2ᵇ $aAmerican Psychological Association.$bMeeting$d(2012 :$cLondon)
   245 14$aThe Meeting of the American Psychological Association held in London in 2012.
③ 111 2ᵇ $aAmerican Psychological Association.$bMeeting$c(2012 :$dLondon)
   245 14$aThe Meeting of the American Psychological Association held in London in 2012.
④ 111 2ᵇ $aAmerican Psychological Association.$bMeeting$d(2012 :$cLondon)
   245 14$aThe Meeting of the American Psychological Association held in London in 2012.

85. 다음은 AACR2R과 MARC 21에 의해 작성된 레코드의 일부이다. 그 기술이 옳은 것은?
    (단, 지시기호는 무시한다.)

건축계획각론 / 김정수, 김희춘, 유희준, 윤도진 이연덕 공저

① 245 $a건축계획각론 /$c김정수 … [등저].
   700 $a김정수
② 245 $a건축계획각론 /$c김정수, 김희춘, 유희준, 윤도진, 이연덕 공저.
   700 $a김정수
③ 100 $a김정수
   245 $a건축계획각론 /$d김정수 … [등저].
④ 100 $a김정수
   245 $a건축계획각론 /$d김정수, 김희춘, 유희준, 윤도진 이연덕 공저.

86. 다음은 MARC 21의 필드와 필드명을 연결한 것이다. 잘못 짝지어진 것은?
    ① 001 필드 - 제어번호
    ② 008 필드 - 부호화정보필드 - 일반정보
    ③ 020 필드 - 국제표준도서번호
    ④ 050 필드 - DDC 청구기호

87. 다음은 MARC 21에 의해 작성된 레코드의 일부로, 그 기입이 옳지 않은 것은?

> Opening the Common Core: How to bring all students to college and career readiness / Burris, Carol Corbett ; Garrity, Delia T.

① 100 1 $aBurris, Carol Corbett.

② 245 10 $aOpening the common core :$b how to bring all students to college and career readiness /$c Carol Corbett Burris, Delia T. Garrity.

③ 246 30 $bHow to bring all students to college and career readiness

④ 740 $aHow to bring all students to college and career readiness

---

| 해설 | ④. 245 필드에서 기술한 본표제와 다르게 표현되는 표제를 기술할 경우 740 필드는 KORMARC에서 사용하는 필드이고, MARC 21에서는 246 필드에 기술한다.

---

88. 다음은 John Heinerman이 지은 세 개의 작품을 한권의 합집으로 종합표제가 없이 출판한 형태이다. 이 자료를 MARC 21에 의해 레코드를 작성할 경우, 그 기입이 옳지 않은 것은? (단, 지시기호는 무시한다.)

> • The Way of Herbs
> • The Healing Herbs
> • The Food Pharmacy
>
> By John Heinerman

① 100 $aHeinerman, John.

② 245 $aThe way of herbs ;$bThe healing herbs ;$bThe food pharmacy/$cby John Heinerman.

③ 740 $aThe healing herbs.

④ 740 $aThe food pharmacy.

89. 다음은 MARC 21에서 발행사항을 기술하는 방법에 대한 레코드의 형식이다. 그 기입이 옳지 않은 것은?

① 260 $a발행지 :$b발행자,$c발행년.
② 260 $a발행지 :$a발행지:$b발행자,$c발행년.
③ 260 $a발행지 :$b발행자 ;$a발행지 :$b발행자,$c발행년.
④ 260 $a발행지 :$a배포지 :$b발행자 :$b배포자,$c발행년.

90. 다음은 MARC 21 데이터의 일부이다. ㉠~㉢에 들어갈 표시기호(Tag)가 올바르게 짝지어진 것은? (단, 지시기호는 무시한다.)

(㉠) $aMonthly
(㉡) $aFrequency varies,$b1983-2000
(㉢) $aIncludes bibliographic and index

① ㉠ 310 ㉡ 321 ㉢ 504
② ㉠ 310 ㉡ 504 ㉢ 321
③ ㉠ 321 ㉡ 310 ㉢ 504
④ ㉠ 321 ㉡ 504 ㉢ 310

91. 다음은 MARC 21에서 총서사항을 기술하는 방법에 대한 설명이다. 그 내용이 옳지 않은 것은?

① 총서사항은 490 필드에 기술한다.

② 입력형식은 '$a총서사항,$xISSN ;$v총서번호'로 한다.

③ 식별기호 $a에는 책임표시나 기타총서표제를 포함할 수도 있다.

④ 만약 부출을 하고자 할 경우에는 제1지시기호에 '0'을 기재하고 800-830 필드에 그 내용을 다시 그대로 기재해야 한다.

| 해설 | ④. 만약 부출을 하고자 할 경우에는 제1지시기호에 '1'을 기재하고 800-830 필드에 그 내용을 다시 그대로 기재해야 한다. 제1지시기호가 '0'이면 총서를 부출하지 않는 경우이고, 이때는 800-830 필드가 사용되지 않는다.

92. 다음에서 MARC 21의 주기사항 필드(5XX)의 연결이 옳지 않은 것은?

① 학위논문주기 - 502   ② 인용주기 - 510

③ 원본주기 - 546   ④ 수상주기 - 586

| 해설 | ③. 원본주기는 534 필드이며 입력하고자 하는 자료가 복제물인 경우, 그 원본에 대한 사항을 기술한다. 546은 언어주기이다. ① 학위논문주기에는 학위명, 대학명, 학위수여년도 등을 기술한다. ② 인용주기에는 자료가 해제지나 초록지에 수록되고 있는 경우 수록된 해제지나 초록지에 대한 사항을 기술한다. ④ 수상주기에는 해당 자료의 수상에 대한 사항을 기술한다.

93. 다음의 KORMARC 통합서지용과 MARC 21 형식의 필드 사용에 대한 비교 설명에서 옳지 않은 것은?

① 번역도서의 경우 원표제의 기술을 위해 MARC 21에서는 원표제를 통일표제로 취급하여 240 필드를 사용하고, KORMARC에서는 246 필드를 사용한다.

② 245 필드의 책임표시사항의 기술을 위해 MARC 21에서는 $c를 사용하고, KORMARC에서는 ▼d와 ▼e를 사용한다.

③ 245 필드 제2지시기호의 경우 MARC 21에서는 배열에서 무시되는 문자수를 기재하고, KORMARC에서는 관제 및 관사의 출력형태를 제어한다.

④ 총서사항과 총서표제의 부출표목이 같은 경우 총서사항의 기술을 위해 MARC 21에서는 440 필드를 사용하고, KORMARC에서는 490 필드를 사용한다.

| 해설 | ④. MARC 21과 KORMARC에서는 동일하게 490 필드를 사용한다.

1. ① 　2. ② 　3. ④ 　4. ② 　5. ② 　6. ③ 　7. ② 　8. ③ 　9. ② 　10. ④

11. ③ 　12. ① 　13. ① 　14. ③ 　15. ② 　16. ② 　17. ④ 　18. ④ 　19. ② 　20. ③

21. ② 　22. ① 　23. ① 　24. ③ 　25. ③ 　26. ③ 　27. ② 　28. ③ 　29. ② 　30. ②

31. ④ 　32. ④ 　33. ④ 　34. ① 　35. ④ 　36. ③ 　37. ③ 　38. ④ 　39. ④ 　40. ④

41. ② 　42. ④ 　43. ② 　44. ③ 　45. ④ 　46. ③ 　47. ④ 　48. ④ 　49. ④ 　50. ④

51. ③ 　52. ④ 　53. ① 　54. ① 　55. ② 　56. ④ 　57. ② 　58. ③ 　59. ② 　60. ①

61. ③ 　62. ① 　63. ③ 　64. ② 　65. ② 　66. ③ 　67. ① 　68. ① 　69. ③ 　70. ③

71. ② 　72. ④ 　73. ① 　74. ③ 　75. ① 　76. ④ 　77. ② 　78. ① 　79. ④ 　80. ③

81. ② 　82. ① 　83. ③ 　84. ② 　85. ① 　86. ④ 　87. ④ 　88. ② 　89. ④ 　90. ①

91. ④ 　92. ③ 　93. ④

제6장

메타데이터

1. 다음에서 문헌의 속성을 기술하기 위한 데이터는 무엇인가?

① MARC   ② 메타데이터   ③ 지식검색   ④ 문헌데이터

> **ㅣ해설ㅣ** ②. 메타데이터는 메타데이터 자원을 기술한 데이터 또는 데이터에 관한 데이터이며, 문헌의 속성을 기술하기 위한 데이터이다.

2. 메타데이터에 대한 설명으로 옳지 않은 것은?

① 더블린코어와 MARC 형식은 메타데이터에 속한다.

② 기술용 메타데이터, 관리용 메타데이터, 구조용 메타데이터의 3가지로 볼 수 있다.

③ 관리용 메타데이터는 보존이나 저작권 관리에 관한 내용의 기술을 목적으로 하고 있다.

④ 기술용 메타데이터는 정보자원의 논리적 내부구조 특성에 관한 기술을 목적으로 하고 있다.

> **ㅣ해설ㅣ** ④. 정보자원의 논리적 내부구조 특성에 관한 기술을 목적으로 하고 있는 메타데이터는 구조용 메타데이터이다.

3. 다음 설명에서 밑줄 친 요소에 대한 설명으로 옳은 것을 고르시오

> '봄꽃 가을열매' , '서정인'
>
> ⇩
>
> 위의 내용으로는 이 데이터가 무엇을 의미하는지 알기 어렵다.
>
> 서명 : '봄꽃 가을열매' 작가 : '서정인'
>
> 이렇게 표현하게 되면 위의 데이터는 특정작가와 그의 작품명이라는 것을 알 수 있다.
> 즉, 특정한 데이터 대상을 설명할 때 사용한 일련의 속성이나 요소라고 할 수 있다.

① 유형으로는 크게 기술(Descriptive), 관리, 기술(technical), 보존 네가지 범주로 구분하고 있다.

② 현재 개발된 대표적인 데이터로는 DC(Dublin Core) 메타데이터가 있다.

③ 인터넷과 웹 등장과 함께 등장하였다.

④ 이용환경이 기술의 목적에 영향을 주지 않는다.

> **ㅣ해설ㅣ** ②. 메타데이터에 대한 설명이다. ① 유형으로는 크게 기술(Descriptive), 관리, 기술(technical), 보존 ,구조 총 다섯 가지 범주로 구분하고 있다. ③ 인터넷, 웹 등장 이전에도 사용되었다. ④ 이용환경에 따라 기술의 목적이 변한다.

4. 다음 중 빈칸에 들어갈 메타데이터의 특징과 설명이 올바르게 연결된 것을 고르시오.

( )는 전 세계적으로 가장 널리 알려지고 실용화된 메타데이터 중의 하나이다. 이는 본래 웹을 기반으로 한 정보 자료의 탐색을 촉진시키고자 개발된 범용의 정보자원 기술용 스키마로 현재 모두 15개의 데이터 요소를 포함하고 있다.

① 응용성: 15개로 이루어진 데이터 요소들은 사용하기 쉽고 매우 직관적인 의미를 담고 있기 때문에 누구라도 손쉽게 접근하거나 생산이 가능하다.
② 범용성: 특정 주제나 전문분야에 국한되지 않고 사용할 수 있으며, 특히 복합적인 주제를 다루는 정보자원의 기술에 유리한 특성을 지녔다.
③ 포괄성: 현재 20여 개국의 다양한 언어로 사용되고 있고 국제적인 표준(ISO 15836, NISO Z39.85)을 획득한 메타데이터 스키마이다.
④ 단순성: 매우 다양한 분야에서 활발하게 사용중인 스키마로서 주요사례로는 정부기관의 행정문서 관리, 지식관리시스템 분야, 시각자료의 관리, 도서관 시스템, 정보검색시스템, 영상정보관리 분야 등이 있다.

| 해설 | ②. 더블린코어 메타데이터에 대한 설명으로 더블린코어 메타데이터의 특징과 그 설명이 알맞게 연결되었다. ①은 단순성 ③은 국제성 ④는 응용성에 대한 설명이다. 이외 특징으로는 포괄성(기술 대상 정보자원의 유형이 매우 다양하다는 특성을 지녔다)이 있다.

5. 다양한 분야의 요구에 따라 개발된 각종 메타데이터로 인해 정보를 공유하는데 새로운 제약 요인들이 떠오르고 있다. 다음 표의 내용을 보고 알맞은 설명을 고르시오.

Experiments and Innovations in Education (완전명)

Exp. Innov. Educ. (약기명)

① 특정 자원을 기술할 때 메타데이터마다 데이터 요소와 형식을 달리하여 정보공유에 제약이 될 수 있다.
② 데이터 요소와 형식의 차이 뿐만 아니라 데이터 요소에 입력될 값의 표기형식이 달라 정보공유의 제약에 될 수 있다.
③ 각 기관마다 규정된 데이터 기술 규칙을 따르고, 부차적인 내용이나 특성을 규율에 따라 작성하기 때문에 서로의 방식이 달라 정보공유에 제약이 될 수 있다.
④ 데이터 값에 대해 의미범위를 넓게 사용하거나 좁게 사용하여 해석의 범위가 다양해지기 때문에 정보공유에 제약이 될 수 있다.

6. 메타데이터의 유형중 정보자원과 그 내용에 관련된 사항이면서 동시에 정보자원을 탐색하기 위한 메타데이터는?

① DC메타데이터   ② 기술메타데이터   ③ 관리메타데이터   ④ 구조메타데이터

7. 다음 중 DC메타데이터의 요소와 그 의미가 맞는 것은?

① Identifier: 관련된 자원에 대한 참조, 공식적인 식별체계에 따른 문자열이나 기호를 사용
② Description: 자원의 내용이나 차례, 요약과 더불어 다른 형식으로의 링크 등이 포함된다.
③ Creator: 자원을 이용하는 계층으로서, 제작자나 발행자가 부여할 수 있다.
④ Source: 자원의 물리적 혹은 디지털 형식, 미디어 유형이나 크기, 시간 등을 포함한다.

8. 다음 중 더블린 코어의 요소로 알맞은 것을 모두 고른 것은?

a.Creator b.Supplier c.Identifier d.Relation e.Type f.Definition g.Description

① a, d, g   ② b, c, f   ③ c, d, e   ④ a, c, d, e, g

9. 다음의 더블린 코어에 대한 설명에서 옳지 않은 것은?

① 네트워크 자원의 기술에 필요한 일련의 데이터 요소를 규정하고 이들 자원의 신속한 검색을 목적으로 한다.
② OCLC와 미국의회도서관이 Dublin에서 개최된 워크숍에서 합의한 메타데이터이다.

③ 복잡한 MARC의 수많은 필드를 간단히 처리할 수 있는 단순구조라고 할 수 있다.

④ 더블린 코어는 15개의 기본요소와 한정어가 확정되어 있다.

| 해설 | ② OCLC와 NCSA(National Center for Supercomputing Applications)가 Dublin에서 개최된 워크숍에서 합의한 메타데이터이다.

10. 다음에서 상이한 메타데이터로 기술된 인터넷과 웹상의 메타데이터를 지원하기 위한 기반구조를 제공하기 위하여 개발되고 있는 자원기술구조를 고르시오.

① RDF   ② container   ③ package   ④ MARC

| 해설 | ①. RDF(Resource Description Framework)이다. ②는 특정 유형의 메타데이터를 통합하는 것을 말한다. ③은 특정 유형의 메타데이터로 구성된 것을 말한다. ④는 기계가독목록이다.

11. 다음에서 더블린 코어의 특징과 가장 거리가 먼 것은?

① 고유성   ② 확장성   ③ 실용성   ④ 독립성

| 해설 | ③. 더블린 코어의 특성은 고유성, 확장성, 독립성, 반복성, 수정 가능성 등을 들 수 있다.

12. 다음의 메타데이터 설명에서 옳지 않은 것은?

① 메타데이터는 다양한 접근점을 제공한다.

② 메타데이터는 데이터의 데이터이다.

③ 메타데이터는 네트워크 자원을 기술하는데 주로 사용한다.

④ MARC는 메타데이터라고 볼 수 없다.

| 해설 | ④. MARC는 일종의 메타데이터로 현재 가장 기술능력이 풍부하다.

13. 다음은 메타데이터를 기능적인 용도와 의도에 따라 분류한 것이다. 옳은 것은?

① 기술용 메타데이터 - 보존용 메타데이터 - 탐색용 메타데이터

② 기술용 메타데이터 - 관리용 메타데이터 - 구조용 메타데이터

③ 보존용 메타데이터 - 관리용 메타데이터 - 탐색용 메타데이터

④ 보존용 메타데이터 - 검색용 메타데이터 - 색인용 메타데이터

| 해설 | ② 메타데이터는 어떤 기관이 사용하는 목적에따라 기술용 메타데이터, 관리용 메타데이터, 구조용 메타데이터로 구분한다.

14. 더블린 코어에서 URL, ISBN, ISSN 등 자원을 고유하게 식별하기 위한 요소는?

① Identifier   ② Source   ③ Creator   ④ Subject

| 해설 | ①. Identifier(식별자)이다.

15. 다음에 설명하는 것으로 옳은 것은?

메타데이터의 요소들을 어떠한 방법으로, 어떠한 기계가독 형식으로 encoding하는지를 나타내고 메타데이터를 탐색한다.

① authority(전거파일)   ② content rules(내용규칙)
③ semantics(의미구조)   ④ syntax(구문)

| 해설 | ④. syntax는 메타데이터의 다양한 구성요소를 입력 또는 코딩하는 방법을 의미한다.

16. 다음은 FRBR 모형에서 주로 취급하는 분석기법이다. 옳은 것은?

① 표목 - 확보 - 표목분석기법   ② 검색 - 이용 - 개체분석기법
③ 개체 - 관계 - 속성모형분석기법   ④ 주체 - 관계 - 속성모형분석기법

| 해설 | ③. FRBR 관계 모형은 개체분석기법을 이용해서, 이용자들이 관심을 갖는 대상은 개체로 분리하고 각 개체간의 관계와 일련의 공통된 성질을 갖는 속성으로 정의한다.

17. 다음의 더블린 코어에 대한 설명에서 가장 거리가 먼 것은?

① 더블린 코어란 OCLC와 NCSA가 Dublin에서 합의한 메타데이터로 복잡한 MARC의 수많은 필드를 간단히 처리할 수 있는 단순구조라고 할 수 있다.
② 기존의 메타데이터로 네트워크 자원을 표현하는 데에는 구조적인 경직성이 있기 때문에 많은 비용과 시간이 소요된다.
③ 네트워크 자원의 기술에 필요한 일련의 데이터 요소를 규정하고 자원의 신속한 검색을 목적으로 한다.
④ MARC은 기존의 메타데이터 중 그 기술 요소가 가장 적다.

| 해설 | ④. 현재 사용 중인 메타데이터 중 MARC이 가장 기술요소가 풍부하다.

18. 다음에서 워릭구조(Warwick Framework)를 구성하는 두 요소가 바르게 짝지어진 것은?

① 컨테이너(container), 패키지(package)　② 컨테이너(container), 핸들(handle)

③ 핸들(handle), 패키지(package)　④ 핸들(handle), 컨스팩터스(conspectus)

| 해설 | ①. 워릭구조란 웹 자원에 효과적으로 접근하기 위한 메타데이터 연결방법으로 컨테이너와 패키지 방법이 있다. 컨테이너란 특정 유형의 메타데이터를 통합하는 것을 말하고 패키지란 특정 유형의 메타데이터로 구성된 것을 말한다.

19. 다음은 상이한 메타데이터로 기술된 웹 자원에 효과적으로 접근하기 위한 자원기술구조이다. 이것 중 옳은 것을 고르시오.

① 워릭구조(warwick framework)　② 컨테이너(container)

③ 패키지(package)　④ RDF(Resource Description Framework)

| 해설 | ④. RDF 구조란 메타데이터를 교환하기 위해 데이터의 의미와 구문, 구조의 통일을 통해 상호운용성을 확보하기 위한 것이다.

20. 다음은 Dublin Core 메타데이터의 기본요소에 대한 설명이다. 그 내용이 옳지 않은 것은?

① Creator란 자원의 내용물을 만드는데 일차적인 책임을 가지는 개체(entity)이다.

② Contributor란 자원의 내용물에 기여한 책임을 가지는 개체이다.

③ Date란 메타데이터를 검색한 날짜이다.

④ Format이란 자원의 물리적 구현 형식 또는 디지털 구현 형식이다.

| 해설 | ③. Date란 자원이 현재의 형태로써 이용 가능한 날짜다.

21. 다음은 Dublin Core 메타데이터의 기본요소에 대한 설명이다. 그 내용이 옳지 않은 것은?

① Description란 자원의 내용물에 대한 설명이다.

② Relation란 동일 자원간의 관계에 대한 설명이다.

③ Identifier란 특정 맥락 내에서의 자원에 대한 명백한 참조이다.

④ Rights란 자원이 가지는 권리나 자원에 대한 권리에 관한 정보이다.

| 해설 | ②. Relation이란 다른 자원과의 관계를 말한다.

22. 다음은 더블린 코어의 특성을 기술한 것이다. 가장 거리가 먼 것은?

① 자원의 본질적인 특성을 기술요소로 하므로 고유성을 들 수 있다.

② 응용이나 표현기법을 규정하지 않으므로 독립성을 들 수 있다.

③ 모든 기술요소를 반복 사용할 수 있으므로 반복성을 들 수 있다.

④ 규정된 필수 데이터요소로만 기술함으로 단순성을 들 수 있다.

| 해설 | ④. 규정된 필수 데이터요소 이외에 부차적 내용이나 특성을 기술할 수 있으므로 확장성을 들 수 있다. 지문에 제시된 것 이외에 한정어를 사용하여 세부사항을 수정할 수 있으므로 확장성을 들 수 있다.

23. 다음은 메타데이터의 유형을 기술한 것이다. 기능적 용도와 의도에 따른 메타데이터로 짝지어진 것은?

① 기술용 메타데이터 - 관리용 메타데이터 - 구조용 메타데이터

② 기술용 메타데이터 - 관리용 메타데이터 - 보존용 메타데이터

③ 검색용 메타데이터 - 색인용 메타데이터 - 보존용 메타데이터

④ 검색용 메타데이터 - 색인용 메타데이터 - 구조용 메타데이터

| 해설 | ①. 메타데이터의 유형을 기능적 용도와 의도에 따라 기술용 메타데이터(descriptive metadata), 관리용 메타데이터(administrative metadata), 구조용 메타데이터(structural metadata)로 나눌 수 있다.

24. 다음은 기술용 메타데이터(descriptive metadata)의 기능을 나열한 것이다. 옳지 않은 것은?

① 자원의 평가기능   ② 자원간의 링크기능

③ 자원의 가용기능   ④ 자원의 구성기능

| 해설 | ④. 기술용 메타데이터의 기능에는 자원의 구성기능이 아니라 자원의 수집기능이 있다.

25. 다음은 FRBR에서 제기하는 목록의 기능을 연결한 것이다. 바르게 짝지어진 것은?

① 표목 - 기술 - 이용 - 보존   ② 탐색 - 식별 - 선정 - 획득

③ 표목 - 기술 - 선정 - 획득   ④ 탐색 - 식별 - 이용 - 보존

| 해설 | ②. FRBR(Functional Requirements for Bibliographic Records)모형에서는 목록의 기능을 탐색(find), 식별(identify), 선정(select), 획득(obtain)으로 제시한다.

26. 다음은 FRBR 모형에서 사용하는 분석기법을 연결한 것이다. 바르게 짝지어진 것은?

① 표목 - 선정 - 개체모형분석기법　　② 주체 - 선정 - 개체모형분석기법

③ 표목 - 관계 - 속성모형분석기법　　④ 개체 - 관계 - 속성모형분석기법

| 해설 |　④. FRBR 관계 모형은 개체분석기법을 이용해서 대상은 개체로 분리하고 각 개체간의 관계와 그리고 일련의 공통된 성질을 갖는 속성으로 정의한다.

27. 다음에서 FRBR 모형을 제안한 기관은?

① OCLC　　　　② ALA　　　　③ IFLA　　　　④ LC

| 해설 |　③. FRBR 모형은 서지레코드의 기능요건을 강화하기 위하여 1990년대 후반 IFLA에서 제안하였다.

28. 다음은 FRBR에서 정의하고 있는 4개 조항의 이용자 과업(user tasks)을 기술한 것이다. 그 내용이 옳지 않은 것은?

① 이용자가 표명한 탐색기준에 상응하는 개체(entity)들을 찾아내기 위하여

② 어떤 개체를 확인하거나, 상이한 특성을 가진 둘 이상의 개체들을 찾기 위하여

③ 이용자의 요구에 적합한 개체를 선정하기 위하여

④ 기술 대상 개체에 대한 접근을 획득하거나 확보하기 위하여

| 해설 |　②. 어떤 개체를 확인하거나, 유사한 특성을 가진 둘 이상의 개체들을 구별하기 위하여

29. 다음에서 기술용 메타데이터(descriptive metadata)의 기능이나 목적과 가장 거리가 먼 것은?

① 가용성　　　　② 보존　　　　③ 링크　　　　④ 평가

| 해설 |　②. 기술용 메타데이터의 기능은 평가, 링크, 가용성 등이며 수집과 보존은 관리용 메타데이터의 기능에 해당한다.

30. 다음에서 메타데이터 스키마(metadata schema)에서 명시할 수 있는 세 가지 주요측면에 해당하는 것이 아닌 것은?

① 의미구조(semantics)　　　　② 내용규칙(content rules)

③ 구문(syntax)　　　　④ 레지스트리(registry)

| 해설 |　④. 레지스트리(registry)는 복수 소스로부터의 메타데이터요소에 대한 권위 있는 정보를 기록하기 위한 도구이다.

31. 다음은 메타데이터에 관련된 내용을 설명한 것이다. 옳지 않은 것은?

① 내용규칙(content rules)은 메타데이터요소의 값이 어떻게 선정되고 표현되는지를 명시한다.

② 의미구조(semantics)는 메타데이터요소 자체의 의미를 말하는 것이다.

③ 메타데이터 스키마(metadata schema)은 대개 각각의 메타데이터요소들의 역할을 제시함으로써 스키마에 포함되어 있는 메타데이터요소들을 명시하게 된다.

④ 구문(syntax)은 메타데이터요소들을 기계가독형식으로 인코딩하고 구조화하는 방법을 말한다.

> | 해설 | ③. 메타데이터 스키마(metadata schema)은 대개 각각의 메타데이터요소들의 이름과 정의를 제시함으로써 스키마에 포함되어 있는 메타데이터요소들을 명시하게 된다.

32. 다음에서 주요 메타데이터 스키마(metadata schema)에 해당하지 않는 것은?

① METS(Metadata Encoding and Transmission Standard)

② DCMI(Dublin Core Metadata Initiative)

③ TEI(Text Encoding Initiative)

④ EAD(Encoded Archival Description)

> | 해설 | ②. DCMI(Dublin Core Metadata Initiative)는 메타데이터 스키마가 아니라, Dublin Core라는 메타데이터 스키마의 관리기구이다. ① METS(Metadata Encoding and Transmission Standard)는 전자도서관 내의 객체에 대한 설명, 관리, 구조적인 메타데이터를 표현하기 위한 메타데이터 표준이다. ③ TEI(Text Encoding Initiative)는 기계가독 텍스트를 인코딩하기 위해 개발되었다. ④ EAD(Encoded Archival Description)는 원래 SGML DTD로서 구현되었으나 EAD Version 2002 이후의 DTD는 XML을 사용하고 있다.

33. 다음은 FRBR(Functional Requirements for Bibliographic Records)의 특징을 서술한 것이다. 그 내용이 옳지 않은 것은?

① FRBR은 IFLA용으로 개발된 개체-관계 모델이다.

② FRBR은 데이터 모델이 아니다.

③ FRBR은 새로운 유형의 ISBD가 아니다.

④ FRBR은 인터넷 시대의 목록규칙이다.

> | 해설 | ④. FRBR은 목록규칙이 아니다. 단지 개념수준에 위치하면서 레코드를 지닌 개체들의 관계를 정립해 주는 모형으로 특정한 목록규칙 및 규칙에 표현된 개념의 구현과는 다른 것이다.

34. FRBR 모형에서는 서지적 영역을 대상으로 정보원과 관련하여 이용자가 검색할 때 중요하다고 생각되는 것을 10개의 개체로 추출한 후 3개의 집단으로 나누고 있다. 다음에서 그 설명이 옳지 않은 것은?

① 제1집단(products)은 '서지레코드에 기술되어 있는 지적, 예술적 활동의 성과'로서 저작(work), 예술형(expression), 제작형(manifestation), 개별자료(item)로 구성된다.

② 제2집단(responsibility)은 지적, 예술적 내용에 책임을 지거나 물리적 제작이나 배포, 관리상의 책임을 지닌 개인(person)과 단체(corporate body)로 구성된다.

③ 제3집단(subjects)은 지적, 예술적 활동의 대상이 되는 주제(테마, 개념, 인물, 사건, 시대, 영역 등)를 개념(concept), 대상(object), 사건(event), 장소(place)와 같은 일련의 부차적 개체로 구성된다.

④ 이러한 3개 집단의 관계는 제2집단이 주체가 되어 제3집단의 대상으로 작용하면, 그 결과 제1집단의 성과가 생겨나는 것으로 되어 있다.

| 해설 | ①. 제1집단(products)은 '서지레코드에 기술되어 있는 지적, 예술적 활동의 성과'로서 저작(work), 표현형(expression), 구현형(manifestation), 개별자료(item)로 구성된다.

35. 다음은 FRBR 모형의 제1집단에 대한 설명이다. 그 내용이 옳지 않은 것은?

① 저작(work)은 독창성을 지닌 지적, 예술적 창작물로 문학작품이나 음악작품 등 언어나 음성으로 표현되기 이전의 상태를 가리킨다.

② 표현형(expression)은 그 저작을 지적, 예술적으로 실현한 것으로 번역문, 영화시나리오, 라디오방송 시나리오 등을 가리킨다.

③ 구현형(manifestation)은 저작의 표현형을 물리적으로 구현한 것을 의미하며 원고, 도서, 연속간행물, 지도, 영화, CD, DVD등을 가리킨다.

④ 구현형의 하나의 사례를 의미하며, 구현형과 개별자료는 물리적인 형식을 기술하기 위한 의존체로서 기능을 한다.

| 해설 | ④. 구현형의 하나의 사례를 의미하며, 구현형과 개별자료는 물리적인 형식을 기술하기 위한 개체로서 기능을 한다.

36. 다음은 FRBR 모형에서 제2집단과 제1집단과의 관계에 대한 설명이다. 그 내용이 옳지 않은 것은?

① 제2집단은 제1집단의 저작과는 창작의 관계이다.

② 제2집단은 제1집단의 표현형과는 작품의 관계이다.

③ 제2집단은 제1집단의 구현형과는 제작의 관계이다.

④ 제2집단은 제1집단의 개별자료와는 소장의 관계이다.

| 해설 | ②. 제2집단은 제1집단의 표현형과는 실현의 관계이다.

37. 다음은 FRBR 모형에서 제1집단 개체간의 관계를 서술한 것이다. 그 내용이 옳지 않은 것은?

① 저작은 하나 이상의 표현형으로 실현될 수 있다.

② 표현형은 단 하나의 저작을 실현할 수 있다.

③ 표현형은 단 하나의 구현형으로 구현될 수 있다.

④ 구현형은 하나 이상의 개별자료로 사례화 될 수 있으나 개별자료는 하나의 구현형만 가능하다.

| 해설 | ③. 표현형은 하나 이상의 구현형으로 구현될 수 있다.

38. 다음은 KORMARC 통합서지용형식의 레코드 사례이다. 이 레코드에 나타난 연관저록은 틸렛(B. Tillett)이 제시한 7가지 서지적 관계유형 중 어느 것에 해당하는지 올바른 것을 고르시오.

```
056 ▼a370▼25
245 ▼a현대 수험생의 고뇌 /▼d박민국, ▼e이한국 공저
260 ▼a서울 :▼b문화출판, ▼c2010
300 ▼a236 p. :▼b삽화 ;▼c25 cm
650 ▼a교육▼x평가
700 ▼a박민국
700 ▼a이한국
772 ▼t문화평론
```

① 파생관계   ② 기술관계   ③ 부분-전체관계   ④ 딸림자료관계

39. 다음은 특정 서지 메타데이터의 상위요소 일부이다. 다음의 이 메타데이터에 대한 설명 중에서 옳지 않은 것은?

```
〈extension〉
〈genre〉
〈location〉
〈name〉
〈originInfo〉
〈physicalDescription〉
〈recordInfo〉
〈subject〉
〈titleInfo〉
```

① 이것은 MODS(Metadata Object Description Schema)이며 20개의 상위요소가 있다.
② 이것은 SGML을 기반으로 한 디지털 객체의 서지정보 표준 메타데이터이다.
③ 이것은 다양한 형태의 자원에 대한 서지레코드를 생성할 뿐만 아니라 기존의 MARC 21 레코드를 변환할 수 있도록 고안되었다.
④ DC(Dublin Core)보다는 데이터 요소가 풍부하고 다양한 속성을 제공하며, 외부의 데이터 요소와의 연계가 가능하다.

40. 다음에서 MODS의 20개 상위요소에 해당하지 않는 것은?

① extension   ② genre   ③ publisher   ④ location

41. 다음은 IFLA의 FRBR 모형에서 이용자들이 서지레코드를 이용하는 목적을 서술한 것이다. 그 내용이 옳지 않은 것은?

① 이용자가 진술한 탐색기준에 맞는 자료를 찾기 위하여(to find)

② 개체를 식별하기 위하여(to identify)

③ 이용자 요구에 적합한 개체를 선정하기 위하여(to select)

④ 이용자들을 지도하기 위하여(to guide)

| 해설 | ④. 이용자들을 지도하기 위한 목적이 아니며, 지문 이외에 기술된 개체를 획득하거나 개체에 접근하기 위하여(to obtain)와 목록을 항해하기 위하여(to navigate)를 추가할 수 있다.

42. 다음 자료에 해당하는 FRBR 제1집단의 개체로 옳은 것은?

Ernest Hemingway의 『The Old Man and the Sea』에 대한 저작을 연구한 유호근의 '노인과 바다'

① 저작(work)

② 표현형(expression)

③ 구현형(manifestation)

④ 개별자료(item)

| 해설 | ②. 표현형(expression)이다. ① 저작은 『The Old Man and the Sea』이고, ③ 구현형은 Hemingway의 '노인과 바다' 연구 /유호근 (석사학위논문, 2000)으로 표현되며 ④ 개별자료는 구현형의 일례를 나타내는 것으로 개 도서관에서 소장하고 있는 도서 중 하나를 가리킨다.

43. 다음은 2007년 RDA(Resource Description and Access) 초안에서 언급한 4가지 이용자 과업(user task)에 대한 내용이다. 옳지 않은 것은?

① 발견(find) ② 식별(identify)

③ 개별화(individualization) ④ 이해(understand)

| 해설 | ③. 명확화(clarify)이다.

44. 다음은 틸렛(B. B. Tillett)의 서지적 관계유형에 대한 사례이다. 그 예시가 옳지 않은 것은?

① 대등관계 –『조선왕조실록』영인본

② 파생관계 – 만화로 보는『조선왕조실록』

③ 전후관계– 연속간행물『도협회보』가『도서관 문화』로 표제 변경

④ 계층관계–『한국경제연감 2007』과 별책부록『한국재계인사록』

| 해설 | ④.『한국경제연감 2007』과 별책부록『한국재계인사록』은 딸림자료관계이다. 틸렛의 서지적 관계유형에서 계층 관계는 존재하지 않는다.

45. 다음의 내용을 가리키는 용어로 옳은 것은?

영미목록규칙 제2판(AACR2)을 계승하여 디지털 환경에 맞게 서지 개체 간의 관계유형을 명확하게 규정하고, 데 이터 기록에 대한 지침과 지시를 제공하도록 개발되었다.

① FRAD(Functional Requirements for Authority Data)

② MODS(Metadata Object Description Standard)

③ RDA(Resource Description and Access)

④ RDF(Resources Description Framework)

| 해설 | ③. ① FRAD는 저작의 저작자에 대한 전거제어에 대한 내용이다. ② MODS는 도서관에서의 이용을 염두에 두고 개발된 메타데이터 스키마로, MARC의 하위요소로 구성되었으며 숫자가 아닌 언어로 태그를 표현할 수 있다. ④ RDF는 분 산된 메타데이터 모형들 간의 상호교환과 통합을 위한 워릭구조(Warwick Framework)를 실질적으로 구현하기 위해 개발 된 것이다.

46. FRBR의 3집단의 관계에 대한 설명이다. 빈 칸에 들어갈 집단을 고르시오.

FRBR 모형에서는 서지적 영역을 대상으로 정보원과 관련하여 이용자가 검색할 때 중요하다고 생각되는 것을 10개의 개체로 추출한 후, 그것을 3개의 집단으로 나누고 있다. 이러한 3개 집단의 관계는 제2집단이 주체가 되어 제3집단의 대상으로 작용하면 그 결과가 제1집단의 성과가 생겨나는 것으로 되어 있다. 따라서 3개 집단 가운데 제 [   ] 집단이 정보원 자체를 기술하는 핵심적인 부분으로 구성되어 있음을 알 수 있다.

① 1   ② 2   ③ 3   ④ 1, 2, 3

| 해설 | ①. 3개 집단 가운데 제 1집단이 정보원 자체를 기술하는 핵심적인 부분으로 구성되어 있다.

47. FRBR 모형에서 제1집단의 4가지 개체에 대한 설명 중 옳지 않은 것은?

① 저작(work)이라는 개체는 지적 예술적 창작물로서 추상적인 것이다. 학술적인 연구와 독창적인 문학작품이나 음악작품 등으로 그것이 언어나 음성으로 표현되기 이전 상태를 가리킨다.

② 표현형(expression)이라는 개체는 표현의 차이를 동일 저작 아래에서 구별하여 기술한다. 번역문, 영화 시나리오, 라디오방송 시나리오 등과 같은 표현형식을 기술하며, 원작의 형식변경(문어체에서 구어체로 변조 등)이나, 번역과 같이 다른 언어로 변경된 것을 원작과 구별하여준다.

③ 구현형(minifestation)이라는 개체는 추상적인 저작이 표현형식을 수반하여(표현형) 물리적으로 구체화된 것을 기술해준다. 지적내용(저작)과 그 표현형식(표현형)이 동일하나 물리적 매체에 차이를 보이면서 이용자에게 어떤 매체로 정보원을 제공할 수 있는가를 알려준다.

④ 개별자료(item)라는 개체는 구현형의 일례로 구현형처럼 물리적인 형식을 기술하는 기능을 한다. 어떤 매체로 유통되며, 어디에서 그것을 입수 가능한지 이용자가 알 수 있도록 한다.

| 해설 | ②. 표현형에서 원작의 형식변경이나 번역과 같이 다른 언어로 변경된 것은 원작과 동일저작으로 간주한다.

48. 다음은 인터넷과 웹의 발전으로 네트워크를 통한 이용자의 정보자원으로의 직접 접근이 가능하며, 폭발적으로 증가하는 자원의 관리가 절대적으로 필요한 현재와 같은 환경 하에서 메타데이터의 기능을 설명한 것이다. 이에 옳지 않은 것은?

① 해당 콘텐츠를 이용자가 원하는 콘텐츠인지 식별하는 기능을 제공한다.

② 이미지 유형의 콘텐츠인 경우 파일 사이즈, 해상도, 파일 포맷 등의 물리적 특성정보를 제공한다.

③ 콘텐츠가 포함하고 있는 내용들을 요약없이 full-text로 제공한다.

④ 제목, 주제, 키워드, 저자 등과 같은 요소로 이용자들이 쉽고 빠르게 원하는 콘텐츠에 접근하도록 돕는다.

| 해설 |　③. 메타데이터는 식별정보, 특성정보, 내용서술정보, 검색정보 등을 제공한다. 내용서술정보는 주제와 설명 등의 요소를 통하여 콘텐츠가 포함된 내용들을 요약하여 제공한다. 기존 도서관의 서지목록에서 색인과 초록 등이 이에 포함된다고 할 수 있다.

49. XML에 대한 설명으로 옳지 않은 것을 고르시오.

① eXtensible Markup Language의 약자로 HTML과 같이 마크업 언어(markup language)이다.
② 웹상에서 전송 가능하도록 설계된 표준화된 텍스트 형식의 마크업 언어이다.
③ SGML의 subset으로 SGML보다 간결하고 인터넷에서 바로 사용가능한 문서를 표현하는 표준이다.
④ HTML처럼 마크업 언어를 정의하기 위한 언어로서 이용자가 태그를 정의하고 데이터를 기술할 수 있다.

| 해설 |　④. HTML의 경우 〈meta〉태그나 〈link〉태그라는 고정태그를 사용하기 때문에 확장성에 한계를 갖는다.

50. 다음 지문이 설명하는 바의 특성으로 옳지 않은 것은?

이용자의 수준과 응용분야마다 요구되는 데이터요소와 그 수준이 다르기 때문에 어떤 단일형식의 메타데이터도 모든 조건을 충족시킬 수 없다. 이러한 메타데이터의 다양성을 인정하고 이를 수용할 수 있는 포괄적인 구조가 요구된다는 관점이 부각되었다. 이에 따라 1996년 OCLC와 UKOLN의 제2차 메타데이터 워크숍에서 포괄적인 구조를 제안하였다.

① 상이한 메타데이터 형식들을 각각의 패키지로 모듈화하여 패키지들 간의 교환과 호환을 위한 컨테이너라는 구조 속으로 통합시켰다.
② 새로운 메타데이터 형식으로의 확장성을 갖는다.
③ 외부의 메타데이터 객체로부터 참조되거나 참조할 수 있는 객관성을 갖는다.
④ 패키지가 컨테이너로서 또 다른 패키지들을 수용함으로서 하나의 정보자원이 이와 연관된 또 다른 메타데이터 객체를 가질 수 있는 반복성이 있다.

| 해설 |　③. 외부의 메타데이터 객체로부터 참조되거나 참조할 수 있는 분산성을 갖는다.

51. 메타데이터에 대한 설명으로 옳지 않은 것은?

① 1990년대 이후 네트워크상의 정보를 기술하는 것과 관련하여 사용하기 시작하였다.

② 일반적으로 '데이터에 관한 구조화된 데이터'라는 의미를 가지고 있다.

③ 모든 유형의 정보자원에 적용하지 못하고, 디지털자원에만 적용 할 수 있다.

④ 대표적인 메타데이터로 DC(Dublin Core)와 MARC 형식을 들 수 있다.

> **| 해설 |** ③ MARC 레코드는 물론, 출처나 문헌을 기술하는데 사용되는 특정 형태의 목록, 내용리스트, 초록이나 색인 등도 넓은 범주의 메타데이터라고 할 수 있다. 즉, 디지털 자원은 물론, 인쇄출판물을 포함한 모든 유형의 정보자원에 적용할 수 있다는 것이다.

52. 다음 메타데이터의 유형으로 틀린 것은?

① 기술용 메타데이터   ② 주제용 메타데이터   ③ 관리용 메타데이터   ④ 구조용 메타데이터

> **| 해설 |** ②. 일반적으로 정보자원의 관리나 검색을 위한 메타데이터는 크게 3가지로 나눌 수 있는데, 기술용 메타데이터, 관리용 메타데이터, 구조용 메타데이터이다. 이에 반해 주제용 메타데이터는 없는 개념이다.

53. DC(Dublin Core)에 대한 설명으로 옳은 것은?

① 대표적인 메타데이터로, 전통목록의 환경에 대한 기술과 검색요구를 해결하고자 제정되었다.

② 도서관이나 미술관 등 커뮤니티의 벽을 초월하여 메타데이터의 상호 이용을 목적으로 한다.

③ Title, Creator, Date, Source, Audience 등 16개의 기본요소를 확정지었다.

④ 기본요소의 의미를 보다 축소하고 제한을 두기 위해 한정어를 도입하였다.

> **| 해설 |** ②. ① 대표적인 메타데이터의 하나로, 인터넷상의 거대한 정보공간에 대한 기술과 검색요구를 해결하고자 제정되었다. ③ DC는 title, creator, subject, description, contributor, date, type, format, identifier, source, language, relation, coverage, rights 의 15개의 기본요소가 있다. 하지만, audience는 15개의 기본요소에 들어있지 않지만, 다른 요소와 함께 이미 사용되고 있다. ④ 기본요소의 의미를 보다 상세하고 정확하게 기술하기 위해 한정어를 도입하였다.

54. MODS(Metadata Object Description Schema)에 대한 설명으로 옳은 것은?

① ALA(미국도서관협회)에서 새로운 표준화를 위한 시도로 개발된 것이 MARC XML과 MODS 이다.

② MODS는 MARC의 상위요소로 구성되어 MARC보다 복잡하지만, 언어로 태그를 표현 할 수 있다.

③ MARC 21과의 호환성이 낮아 이를 해결하기 위해 XML의 사용이 필요하다.

④ MODS는 20개의 상위요소를 가지고 있으며, 이 아래에 수많은 하위요소를 가지고 있다.

> **|해설|** ④. ① LC(미국국회도서관)에서 새로운 표준화를 위한 시도로 개발된 것이 MARC MXL과 MODS이다. ② MODS는 MARC의 하위요소로 구성되어 MARC보다 간단하고 숫자가 아닌 언어로 태그를 표현할 수 있다. ③ MARC 21에 대응하는 요소의 의미가 비슷하여 MARC 21과 호환성이 높다.

55. FRBR(서지레코드상의 기능성 요건)에 대한 설명으로 틀린 것은?

① IFLA가 주관하여 서지레코드의 목적과 기능에 대한 재검토가 필요하다는 판단에 의해 만들어졌다.

② FRBR에서는 다양한 저작의 유형을 3개의 레코드에 분산시켜 기존 레코드보다 훨씬 사용자 지향으로 발전될 수 있다.

③ 개체는 서지데이터의 이용자들이 관심을 지닌 주된 대상을 표현한 것이다.

④ 제1그룹에서는 저작, 표현형, 구현형, 개별자료가 속해있다.

> **|해설|** ② FRBR에서는 다양한 저작의 유형을 하나의 레코드에 집중시켜서 기존의 서지레코드보다 훨씬 이용자지향으로 발전 될 수 있다.

56. 다음 설명이 말하는 데이터는 무엇인가?

데이터의 의미를 기술한 대표 데이터

① 매체데이터   ② 구조데이터   ③ 메타데이터   ④MARC

> **|해설|** ③. 매체데이터와 구조데이터는 '메타데이터'를 설명하는 것이다.

57. DC(Dublin Core)에 대한 설명 중 틀린 것은?

① MARC를 대체할 수 있는 메타데이터이다.

② DC의 단점은 기술 요소가 너무 단순하여 복잡한 메타데이터 체계에서 요구하는 의미와 가능을 상세하기 기술하지 못하는 것이다.

③ DC의 장점은 메타데이터의 제작비용을 낮출 수 있다.

④DC는 기계가 서지데이터를 가독할 수 있도록 최대한 상세하기 자원을 기술하는데 중점을 둔다.

58. MODS에 대한 설명 중 틀린 것은?

① MODS는 언어를 표시기호로 사용하므로 데이터요소를 이해하는데 더 유용하다.

② MODS는 MARC 레코드와 호환성을 유지하지 못한다.

③ MODS에서 사용하는 데이터요소가 MARC 레코드보다 더 일반적이고 포괄적이다.

④ 2015년 5월에 개정된 MODS는 20개의 상위요소로 구성되어 있다.

59. 다음 보기는 FRBR을 4가지로 개념화한 것이다. 그 순서가 올바른 것은?

① 저작 → 표현형 → 구현형 → 개별자료   ② 저작 → 구현형 → 개별자료 → 구현형

③ 표현형 → 구현형 → 개별자료 → 저작   ④ 개별자료 → 구현형 → 표현형 → 저작

60. 다음이 제시하는 Tillett의 서지적 관계 유형을 무엇인가?

번역서, 개정판, 증보판, 축약판, 요약, 개작, 극화, 소설화 등

① 파생관계   ② 기술관계   ③ 전후관계   ④ 대등관계

61. DC(Dublin Core)의 특징에 관한 설명으로 옳지 않은 것은?

① 고유성 - 자원의 본질적인 특성을 기술요소로 한다.

② 수정 가능성 - 한정어를 사용하여 세부사항을 조정함으로써 의미범위를 제한 할 수 있다.

③ 선택성 - 각 요소의 수록여부를 강제하지 않는다.

④ 확장성 - 새로운 메타데이터 형식으로의 확장할 수 있다.

62. 다음 중 MODS의 상위요소를 모두 고른 것은?

㉠ name (저자정보) ㉡ publisher (발행자) ㉢ classification (분류기호) ㉣ coverage (시간적 공간적 범위)

① ㉠, ㉢   ② ㉠, ㉣   ③ ㉡, ㉢   ④ ㉢, ㉣

63. RDF에 관한 설명으로 옳지 않은 것은?

① 워릭 구조의 개념을 구체적으로 실현하는 수단으로 W3C에서 제안했다.
② 메타데이터를 교환하기 위한 하부구조로서, 데이터의 의미와 구문, 구조의 통일을 통해 메타데이터의 상호운용성을 확보하기 위한 것이며 기술언어로 XML을 사용한다.
③ 다양한 메타데이터를 하나의 통합된 틀 안에서 운용하기 위한 시도로 메타데이터의 구조를 하나의 특정 형식으로 변형시켜준다.
④ 패키지들 간의 관계표현을 위해 노드와 아크로 모형화 함으로써 컨테이너 안과 밖에서 관련된 다양한 정보자원들간의 관계를 명시할 수 있다.

64. 다음에서 설명하는 DC의 핵심요소는?

유래한 자원에 대한 기술로, 디지털화하였다면 그 원본은 무엇인지에 대해 기술한다.

① Identifier   ② Source   ③ Description   ④ Contributor

65. 다음중 MARC XML에 관한 설명으로 옳지 않은 것은?

　① MARC XML은 MARC 레코드에 XML이 지닌 효과를 부여하기 위한 것이다.

　② MARC와의 호환성을 유지하기 위하여 MARC의 표시기호나 지시기호를 그대로 사용하고 있다.

　③ MARC XML의 발전된 형태가 DC이다.

　④ MARC XML은 2002년 LC에서 개발한 것이다.

> | 해설 | ③. MARC XML의 발전된 형태는 MODS이다.

66.　메타데이터의 관한 설명중 옳지 않은 것은?

　① 메타데이터는 데이터에 관한 구조화된 데이터이다.

　② 기술용 메타데이터는 주로 정보자원의 검색을 목적으로 하고 있다.

　③ 관리용 메타데이터는 보존이나 저작권 관리에 관한 내용의 기술을 목적으로 하고 있다.

　④ METS는 관리용 및 구조용 메타데이터 측면만 가지고 있다.

> | 해설 | ④ 아카이브에 관한 메타데이터인 'METS'는 기술용 메타데이터의 특성뿐만 아니라 관리용 및 구조용 메타데이터 의 측면을 갖고 있다.

67. MODS의 관한 설명으로 옳지 않은 것은?

　① 20개의 상위요소를 가지고 있다.

　② MARC 레코드를 MODS로 변환할 수 있으며, MODS에서 MARC로의 변환도 손실 없이 가능하다.

　③ 일반 목록규칙에 비해 지나치게 단순화함으로써 식별기능과 검색기능을 저하시킨 DC의 단점을 극복하였다.

　④ 언어를 표시기호로 사용하기 때문에 데이터요소를 이해하는데 더 유용한 형식이다.

> | 해설 | ② MARC 레코드를 MODS로 변환 할 수 있지만, 반대로 MODS에서 MARC로의 변환시에는 손실이 불가피하다.

68. DC의 15개 기본요소가 아닌 것은?

　① 기타 저자　　　　　　　② 정보원 출처

　③ 구성요소　　　　　　　④ 시간적 공간적 범위

69. 다음은 FRBR에 관한 설명이다. 옳지 않은 것은?

① 표현형은 창작물을 글, 음성, 영상 등으로 실현한 것이다.

② 저작은 지적, 예술적인 창작물이다.

③ 구현형을 누군가 소유하게 되었을 때 개별자료가 된다.

④ 저작, 표현형, 구현형, 개별자료는 제 2집단에 속한다.

70. 다음 [   ] 안에 들어갈 용어를 순서대로 나열한 것은?

[㉠]은/는 특정 정보 자원을 기술하는데 있어서 어느 한 가지의 형식의 [㉡]로 기술하기보다는 다양한 유형의 [㉡]들을 이용함으로써 정보자원의 내용 및 특성을 보다 정확하게 기술할 수 있다. [㉠]은/는 [㉢], [㉣] 개념 두 가지로 구성된다.

① RDF – 패키지 – 메타데이터 – 컨테이너

② 워릭 구조 – 컨테이너 – 메타데이터 – 패키지

③ RDF – 메타데이터 – 컨테이너 – 패키지

④ 워릭 구조 – 메타데이터 – 패키지 – 컨테이너

71. MODS의 20개의 상위요소 중 발행정보에 해당하는 요소는?

① tableOfContents

② accessCondition

③ physicalDescription

④ originInfo

1. ② 2. ④ 3. ② 4. ② 5. ② 6. ② 7. ② 8. ④ 9. ② 10. ①

11. ③ 12. ④ 13. ② 14. ① 15. ④ 16. ③ 17. ④ 18. ① 19. ④ 20. ③

21. ② 22. ④ 23. ① 24. ④ 25. ② 26. ④ 27. ③ 28. ② 29. ② 30. ④

31. ③ 32. ② 33. ④ 34. ① 35. ④ 36. ② 37. ③ 38. ④ 39. ② 40. ③

41. ④ 42. ② 43. ③ 44. ④ 45. ③ 46. ① 47. ② 48. ③ 49. ④ 50. ③

51. ③ 52. ② 53. ② 54. ④ 55. ② 56. ③ 57. ④ 58. ② 59. ① 60. ①

61. ④ 62. ① 63. ③ 64. ② 65. ③ 66. ④ 67. ② 68. ③ 69. ④ 70. ④

71. ④

제7장

주제명표목과 주제목록법

1. 다음의 보기에서 설명하는 개념과 빈칸의 요소를 바르게 짝지은 것은?

> (㉠)이것은 주제명 목록을 작성할 때 사용하는 기본도구이며, 주제명의 통일성을 유지하기 위한 주제명을 편찬한 용어표이다. 기본적으로 (㉡)색인어이며 인쇄목록, 카드목록을 전제로 작성하였으나, 근래에는 컴퓨터에 의한 (㉢)시스템으로 설계하고 있다. 한편, 컴퓨터에 의한 검색용 시소러스는 (㉣)의 일종이라고 할 수 있다.

① ㉠ 주제명표목표 ㉡ 전조합 ㉢ 전조합 ㉣ 열거식분류표
② ㉠ 열거식분류표 ㉡ 후조합 ㉢ 전조합 ㉣ 열거식분류표
③ ㉠ 주제명표목표 ㉡ 전조합 ㉢ 후조합 ㉣ 주제명표목표
④ ㉠ 열거식분류표 ㉡ 전조합 ㉢ 후조합 ㉣ 주제명표목표

| 해설 | ③. 보기의 내용은 '주제명표목표'에 대한 설명이다. 기본적으로 '전조합색인어'이며, 인쇄목록, 카드목록을 전제로 작성하였으나 근래에는 컴퓨터에 의한 '후조합 검색시스템'으로 설계하고 있다. 한편, 컴퓨터에 의한 검색용 시소러스도 '주제명표목표'의 일종이라고 할 수 있다.

2. 전거제어에 대한 설명으로 옳은 것은?

① 전거제어는 저록의 상단에 위치하여 배열과 검색도구로 사용되는 단어나 구, 기호를 지칭하는 말이다.
② 전통적인 전거제어과정은 1) 서지기술, 2) 표목의 선정, 3) 표목의 형식을 정하는 세 단계로 구분된다.
③ 새로운 접근점을 부여해야 하는 경우에는 기존의 다른 접근점의 형식을 고려하지 않아도 된다.
④ 서지파일과 전거파일은 오로지 서지레코드의 접근점 필드에 수록된 전거레코드 제어번호를 통해서만 할 수 있다.

| 해설 | ②. ① 전거라는 용어는 말이나 문장의 근거가 된 문헌상의 출처를 제시하는 활동이다. 보기에 대한 설명은 표목에 대한 설명이다. ③ 새로운 접근점을 부여해야 하는 경우에는 기존의 다른 접근점의 형식을 고려해야 한다. ④ 데이터베이스의 테이블을 이용하는 방식도 있다.

3. 다음 중 색인구조에 대한 설명으로 옳은 것은?

① 일반적으로 정보검색 시스템에서는 색인구조를 형태에 따라 전조합색인과 후조합색인으로 구분하고 있다.

② 전조합색인의 경우 용어를 다양하게 결합할 수 있으나 용어의 역할이나 의미관계를 제시하는 수단이 마련되어야만 충분한 기능을 발휘할 수 있다.

③ 후조합색인의 경우 개념이 중복되는 경우가 많다.

④ 후조합색인의 경우 특정성이 높은데 그 이유는 주제관계를 어휘의 결합으로 미리 표현하고 있기 때문이다.

| 해설 | ①. 전조합색인의 경우 색인 질문에 사용되는 어휘의 수가 적고 개념중복 정도가 많으며 용어의 특정성이 높다. 개념관계의 융통성도 적고 유사관계 역시 적다.
반대로 후조합색인의 경우 질문 사용되는 어휘의 수가 다수이며 개념 중복정도가 적고 용어의 특정성이 약하며 개념관계의 융통성이 크다. 유사관계 역시 많다. ②는 후조합색인 ③, ④는 전조합색인에 대한 설명이다.

4. 다음에서 설명하고 있는 내용의 특성으로 알맞은 것을 고르시오.

㉠라는 용어는 말이나 문장의 근거가 된 문헌상의 출처를 제시하는 활동으로서, 목록에서는 가능한 모든 출처를 통해 저록에 사용된 서지 개체의 형식을 일관되게 유지하여 관련 문헌을 목록상에서 집중하기 위한 노력을 일컫는다.(생략)
이처럼 특정 인물이나 단체, 표제, 주제에 대해 하나의 특정 형식을 일관되게 사용함으로써 관련 개체를 목록상에서 집중할 수 있다.

① 여러 접근점들 중에서 채택된 형식과 이와 다른 형식을 연결하기 위한 참조를 작성하는 것이다.

② 서지파일에 사용되는 접근점의 형식을 포용하는 기능으로서, 새로운 접근점을 부여해야 하는 경우는 기존의 다른 접근점의 형식을 고려하여 배려하였다.

③ 목록에 새로이 추가되는 서지기술에 사용할 접근점을 선정하고 부여해야 할 때 참고도구를 사용함으로서 적절한 접근점을 찾아낼 수 있다.

④ 독자적으로 자동화된 환경에서 이용자의 특정한 요구에 맞는 정보를 지원할 수 있기 때문에 서지레코드와 ㉠의 연결기능은 존재하지 않는다.

| 해설 | ①. 보기는 전거에 대한 내용이다. ② 서지파일에 사용되는 접근점의 형식을 제한하는 기능이다. ③ 참고도구로서의 역할을 한다. ④ 자동화 환경에서 서지파일과 전거파일 간을 연결해 이용자의 특정한 요구에 맞는 정보를 지원할 수 있다.

5. 다음 전조합색인과 후조합색인의 특징으로 알맞은 것을 고르시오.

	전조합색인	후조합색인
① 색인/질문에 사용되는 어휘수	다수	소수
② 개념중복 여부	적다	많다
③ 용어의 특정성 경향	약하다	높다
④ 개념관계의 융통성 여부	적다	크다

| 해설 | ④. ① ② ③은 반대로 되어 있다.

6. 다음의 괄호 속에 들어갈 단어로 옳은 것은?

(㉠)이란 동일 접근점의 상이한 형식 간을 연결하기 위해 사용되는 파일. 일반적으로 인명과 단체명, 주제명 (㉠)이 사용된다.

① 표목   ② 기본표목   ③ 전거파일   ④ 주제명표목

| 해설 | ③. 전거파일(典據파일, authority file). ① 표목(標目, heading): 카드(인쇄)목록에서 저록의 맨 앞에 기재된 단어나 기호로서 저록의 배열과 검색수단이었다. 전통적으로 표제와 인명, 주제명, 분류기호 등이 표목으로 사용되어 왔다. ② 기본표목(基本標目, main heading): 기본저록에 사용된 표목 ④ 주제명표목(主題名標目, subject headings): 자료의 주제를 표현한 표목으로서, 그 도서관이 채용하고 있는 주제명표목표(시소러스)나 주제명 전거파일에 따른 형식을 취한다.

7. 다음의 괄호 안에 들어갈 용어가 올바르게 짝지어진 것은?

참조(參照, reference)란 목록에서 특정 접근점을 다른 접근점으로 유도하고 안내하는 기록이다. 참조에는 특정 접근점을 직접 다른 접근점으로 유도하는 '(㉠) 참조', 그리고 관련된 다른 접근점의 존재를 알리는 '(㉡) 참조'가 있다.

① ㉠ 분출 ㉡ 부출   ② ㉠ 보라 ㉡ 도보라
③ ㉠ 도보라 ㉡ 보라   ④ ㉠ 부출 ㉡ 분출

| 해설 | ②. 참조에는 보라참조, 도보라참조, 일반참조로 나눌 수 있다.

8. 다음에서 분류목록과 주제명목록의 설명으로 옳지 않은 것은?

① 주제명목록의 배열순서는 문헌의 서가상의 위치와 같다.

② 주제명목록은 유사한 주제의 문헌을 군집화 할 수 없다.

③ 분류목록은 유사한 주제의 문헌을 군집화 할 수 있다.

④ 분류목록은 문헌의 서가상 위치를 나타낸다.

| 해설 | ①. 주제명목록은 단순히 각 주제를 나타내는 목록이므로 주제명목록의 배열순서는 문헌의 서가상의 위치와 같을 수가 없다.

9. 다음에서 전거파일(authority file)에 대한 설명으로 옳지 않은 것은?

① 온라인 목록의 발전에 따라 전거파일은 그 중요성이나 필요성이 점차 증가하고 있다.

② 목록작성에서 표목으로 선정된 저자명, 무저자명 도서의 기입형식에 대한 근거나 출처를 밝혀준다.

③ 선정된 표목의 형식에 대한 근거나 출처를 제시하여 준다.

④ 전거파일은 저자명이나 무저자명 고전, 단체명 등의 표목의 형식을 정할 때 기준을 삼는다.

| 해설 | ④. 전거파일은 접근점으로 사용되는 인명이나 저자명, 단체명, 통일서명 등의 기입형식을 통일시키기 위하여 작성되는 사무용목록의 일종이다.

10. 다음은 주제명목록의 기능을 설명한 것이다. 가장 거리가 먼 것은?

① 동일 주제에 관한 저작이 서로 다른 용어로 표현되고 서로 다른 주제접근을 하였더라도 모든 저작들을 함께 모을 수 있게 한다.

② 특수한 단어나 구를 사용하여야 접근점을 제공한다.

③ 일상적으로 사용하는 어휘로부터 어떤 특수 주제를 다루는 이용자들의 어휘까지의 접근점을 제공한다.

④ 어떤 특별한 범주 안에 있는 모든 표목 가운데서 이용자가 선택할 수 있는 수단을 제공한다.

| 해설 | ②. 어떤 단어나 구를 사용하여 검색을 하더라도 접근점을 제공한다.

11. 다음은 시소러스의 기능을 설명한 것이다. 가장 거리가 먼 것은?

　① 저자, 색인자, 이용자가 사용한 통제어휘를 색인 작성과 검색에 사용할 자연어로 번역하는 수단을 제공한다.

　② 색인어 부여의 일관성을 보증한다.

　③ 용어간의 의미관계를 지시한다.

　④ 문헌 탐색에서 탐색보조도구가 된다.

> **│해설│** ①. 저자, 색인자, 이용자가 사용한 자연어를 색인 작성과 검색에 사용할 통제어휘로 번역하는 수단을 제공한다.

12. 다음은 주제명표목을 부여하는 4가지 원칙에 관한 설명이다. 가장 거리가 먼 것은?

　① 주제명표목은 반드시 이용자에게 맞추어져야 한다.

　② 애매모호하지 않은 용어를 사용하여 통일성을 기하여야 한다.

　③ 모두가 공통적으로 사용되는 용어를 반드시 선택하여야 한다.

　④ 주제는 일반적인 것이어야 한다.

> **│해설│** ④. 주제의 내용을 포함하고자 하는 것만큼 상세하여야 한다.

13. 다음에서 주제명표목표와 시소러스와의 차이점을 설명한 것으로 가장 거리가 먼 것은?

　① 시소러스는 색인을 작성할 때 언어를 통제하기 위해 사용된다.

　② 주제명표목표의 주된 목적은 관련문헌을 한 곳에 모으기 위한 것이다.

　③ 시소러스는 관련문헌을 한꺼번에 탐색 가능하게 한다.

　④ 주제명표목표는 분류목록 작성을 위한 필수 도구이다.

> **│해설│** ④. 주제명표목표는 주제명목록에서 표목으로 사용될 수 있는 주제명을 일정한 형식으로 통일하기 위해 편찬한 일종의 통제어휘사전이다.

14. 다음은 주제명목록의 특징을 기술한 것이다. 그 내용이 옳지 않은 것은?

　① 동일한 주제의 자료는 동일한 주제명표목으로 표기하므로 동일한 장소에 모인다.

　② 상호참조 방법에 의하여 관련 있는 주제명을 연결시킬 수 있다.

　③ 주제명이란 어떤 자료를 주제로 표기한 명사로써 자료들을 구분하기 위한 것이다.

　④ 주제명목록은 저자명목록이나 서명목록 등과 사전체 목록을 구성할 수도 있다.

15. 다음은 서가목록과 분류목록을 설명한 것이다. 옳지 않은 것은?

① 서가목록은 특정주제에 대한 서지 리스트로서 사용된다.

② 분류목록은 일종의 주제순 목록이라고 할 수 있다.

③ 서가목록은 사무용 목록이다.

④ 분류목록은 지식의 체계를 주제로 구분하였다는 점에서는 서가목록과 같다.

16. 다음에서 일반적으로 전거통제의 대상이 되지 않는 것은?

① 개인명   ② 단체명   ③ 본표제   ④ 지명

17. 다음에서 전거업무의 일반적인 과정과 가장 거리가 먼 것은?

① 전거레코드를 모아 전거파일로 만드는 것

② 전거레코드와 서지레코드를 작성하는 것

③ 전거파일과 전거시스템을 구축하는 것

④ 전거파일과 전거시스템에 대한 평가

18. 다음에서 주제목록법(subject cataloging)과 가장 거리가 먼 목록은?

① 사전체목록   ② 알파벳순분류목록   ③ 주제명목록   ④ 서명저자목록

19. 다음은 전조합색인과 후조합색인을 비교한 표이다. 그 구분이 잘못된 것은?

	구 분	전조합색인	후조합색인
㉠	개념의 중복 여부	적다	많다
㉡	용어의 특정성 경향	높다	약하다
㉢	개념관계의 융통성 여부	적다	크다
㉣	유사관계 여부	적다	많다

① ㉠   ② ㉡   ③ ㉢   ④ ㉣

| **해설** | ①. 전조합색인은 개념의 중복여부가 많으며, 후조합색인은 적다.

20. 다음은 주제명목록에 대한 설명이다. 그 내용이 옳지 않은 것은?

① 자연어로서의 언어(名辭)에 의한 주제목록이다.
② 문헌이 지닌 주제를 언어에 따라 표현하고 그 언어의 읽기순서에 의해 배열된 목록이다.
③ 표제를 나타내는 명사로 채택된 단어를 주제명목록이라 한다.
④ 주제명표목을 안내하기 위해 작성된 동의어, 유사어, 관련어를 주제명참조라 한다.

| **해설** | ③. 주제를 나타내는 명사로 채택된 단어는 주제명표목이다.

21. 다음은 주제명목록의 기능을 설명한 것이다. 그 내용이 옳지 않은 것은?

① 동일 주제에 관한 저작이 서로 연관된 용어로 표현되고, 서로 관련 있는 주제접근을 하면 모든 저작들을 함께 모을 수 있게 한다.
② 주제 분야 속에서 표목어간의 관계를 보여주고, 어떤 단어나 구를 사용하여 검색을 하더라도 접근점을 제공한다.
③ 일상적으로 사용하는 어휘뿐만 아니라 특수 주제를 다루는 이용자들의 어휘까지의 접근점을 제공한다.
④ 어떤 특별한 범주 안에 있는 모든 표목 가운데서, 이용자가 선택할 수 있는 수단을 제공한다.

| **해설** | ①. 동일 주제에 관한 저작이 서로 다른 용어로 표현되거나 서로 다른 주제접근을 하였더라도 모든 저작들을 함께 모을 수 있게 한다.

22. 다음은 분류법과 대비하여 주제명목록법의 특징을 정리한 것이다. 그 내용이 옳지 않은 것은?

① 주제의 체계나 관점에 상관없이 동일명사로 표현된 주제의 문헌이 한곳으로 집중된다.

② 복합적 주제나 신주제에 있어서 수용성이 낮다.

③ 분류법의 경우는 주제-체계표-기호라는 순서를 거쳐 간접적으로 접근하는데 비해 주제명목록법은 주제 그 자체에 직접적으로 접근이 가능하다.

④ 주제명목록법에서는 표목으로서의 '언어'가 확정되지 않으면 검색되지 않는다.

| 해설 | ②. 복합적 주제나 신주제에 있어서 수용성이 높다.

23. 다음의 주제명표목에 대한 설명에서 가장 거리가 먼 것은?

① 일반적으로 도서에는 저자가 그 저작에서 서술하고자 하는 중심과제가 있다. 이 중심과제를 그 도서의 주제명이라고 하며 이 주제명을 표현하는 낱말을 주제명표목이라 한다.

② 주제명표목은 주제 내용에 대한 언어적 표현이기 때문에 언어 통제가 주된 관심사이다.

③ 개개의 주제는 하나의 특정한 표목으로만 표현되어야 한다.

④ 특정 주제를 표현하기 위하여 주제명을 어떤 구조형식으로 연결할 것인가가 매우 중요하다.

| 해설 | ①. 일반적으로 도서에는 저자가 그 저작에서 서술하고자 하는 중심과제가 있다. 이 중심과제를 그 도서의 주제라고 하며 이 주제를 표현하는 낱말을 주제명이라 한다.

24. 다음은 주제명표목의 유형을 설명한 것이다. 가장 거리가 먼 것은?

① 주제명표목에는 자료의 주된 표목인 주표목과 주표목들을 세분한 세목이 있다.

② 주표목에는 자료에서 취급된 주제(개념이나 사물)를 표현한 주제표목과 도서에 쓰여진 일반형식이나 문학형식 또는 예술상의 각 양식 등을 표현한 형식표목 및 인명, 지명 등 고유명을 표현한 고유표목이 있다.

③ 세목의 유형에는 주표목과 관련된 활동이나 작용과정을 표현한 주제세목, 저작형식을 표현한 형식세목, 표목의 기원과 소재를 지시하기 위한 정보원세목 및 주로 역사나 특정시대 표현을 위해 사용되는 시대세목이 있다.

④ 한정어를 동반하는 표목은 하나의 명사가 복수의 다른 분야에 공통으로 사용되어질 때 등, 범위를 한정하여 검색의 효율을 높이고자 할 때 사용한다.

25. 다음은 세목을 표현하는 방법을 설명한 것이다. 그 내용이 옳지 않은 것은?

① 주제명표에서는 주제의 취급관점에 따라 관련표목을 한 곳으로 집중시키기 위해 세목 또는 부표목을 사용하여 주표목을 확장하고 있다.

② 세목에는 넓은 범위로 사용되는 형식세목, 주제를 지명에 의해 세분하는 지리세목, 언어명을 근거로 하는 언어세목, 역사를 표현하는 표목을 근거로 하는 시대세목 등이 있다.

③ 형식세목은 자료의 저작형식을 제시하기 위한 것으로, 주제를 나타내는 표목에다 일반자료의 출판형식 또는 문학형식이나 예술양식을 표현하는 부표목을 결합하는 형태(사전: 통계: 소설: 초현실주의: 피아노음악)로 활용된다.

④ 언어세목은 특정 주제와 관련된 자료를 언어로 구분하기 위한 것으로, KORMARC에서는 041 필드(언어부호)에 수록되어, 결과적으로 표목과는 독립적으로 자료의 언어를 한정하고 있다.

26. 다음은 주제명참조의 용례이다. 다음과 같은 형식을 지칭하는 참조는 무엇인가?

- 장난감 → 완구
- 구약성서.
    다음의 주제명을 보시오. 성서--구약
- 조합(수학)은 순열·조합을 보시오
- 여성사 see 부인--역사

① 일반 참조　　　　　　　② ~를 보라 참조
③ ~도 보라 참조　　　　　④ 연결 참조

27. 다음은 주제명참조의 용례이다. 다음과 같은 형식을 지칭하는 참조는 무엇인가?

- 회화--한국
  〈한국화도 보시오〉
- 회화--한국
  xx 한국화

① 일반 참조   ② ~를 보라 참조   ③ ~도 보라 참조   ④ 상관 참조

| **해설** | ③. '~도 보라 참조'로 관련주제의 존재를 알려주는 연결 참조이다.

28. 다음은 주제명참조의 용례이다. 다음과 같은 형식을 지칭하는 참조는 무엇인가?

- 소설. 개인의 작품은 저자목록의 각 작가명, 또는 서명목록의 각 작품명을 보시오
- 전기(傳記)
  각국명, 지명 및 주제명 아래의 세목--전기
    예: 한국--전기 ; 종교--전기 ; 여자--전기

① 일반 참조   ② ~를 보라 참조   ③ ~도 보라 참조   ④ 연결 참조

| **해설** | ①. '일반 참조'로 이용자에게 그 범주의 개별사항 대신 표목의 범주를 지시해주는 참조이다.

29. 표목을 부여하기 위해서는 사용하고 있는 주제명표목표에서 다음과 같은 사항을 고려하여야 한다. 그 고려사항과 가장 거리가 먼 것은?

① 한 저작에 세 개 이상의 표목을 부여해야 한다고 생각되면 다시 점검하여 표목수를 줄여야 한다.

② 일반적인 표목이 특수한 표목을 포함하고 있을 때는 동일 저작에 두 가지 모두를 배정하는 것을 기본원칙으로 한다.

③ 여러 주제의 저작에 있어서는 일반적으로 하나 이상의 표목이 필요하다.

④ 하나의 중심적인 주제를 서로 다른 여러 측면에서 고찰되었거나 형식, 장소 시간 등의 다양한 요소를 담고 있는 저작의 경우에는 이러한 면과 요소들의 의미를 나타내는 표목을 부여한다.

| 해설 | ②. 일반적인 표목이 특수한 표목을 포함하고 있을 때는 동일 저작에 두 가지 모두를 배정하지 않는 것을 기본원칙으로 한다. 예를 들어 돼지에 대한 저작인 경우 '돼지, 가축' 또는 '동물학'이라는 표목 모두를 배제하고 저작의 주제를 가장 상세히 표현하는 '돼지'만을 표목으로 선정한다. ① 특정 저작에 할당되는 표목의 수에 대한 이론적 제한은 없지만, 기입의 경제성 때문에 실제로는 제한을 할 수 밖에 없다. ③ 여러 주제의 저작에 있어서는 일반적으로 하나 이상의 표목이 필요하다. 프랑스와 독일문학에 대한 저작의 경우 두 개의 표목을 따로 지정한다. 그러나 그리스와 로마 문학에 대한 저작은 '고전문학'의 표목을 부여한다. 네 가지 이상의 주제를 다루고 있을 때는 그 광범위한 주제를 표목으로 지정한다. 예를 들어 인도네시아·말레이시아·필리핀·싱가포르 여행에 대한 저작은 '동남아시아--여행'을 표목으로 할당한다. 네 가지 이상의 논제가 포함되어 있을 때는 여러 개의 일반제목들을 할당하거나 한 가지 표목만을 부여한다. ④ 이러한 경우에도 이용자의 요구를 반영하여 표목을 결정해야 한다. 즉, 주된 기준은 이용자를 위하여 그 표목이 잠재적 가치나 유용성을 얼마나 가지고 있느냐 하는 것이다.

30. 다음은 전조합방식과 후조합방식에 대한 비교설명이다. 그 내용이 옳지 않은 것은?

① 복합주제를 검색하는 경우, 미리 그 복합주제를 하나의 표목으로 표현하여서 한 번의 검색으로 직접 접근할 수 있도록 하는 방식을 전조합방식이라 한다.

② 종래의 주제명목록은 카드 또는 책자형태이므로 한 측면으로만 검색할 수 없기 때문에 후조합방식을 전제로 하여 표목을 결정하였다.

③ 후조합방식이란 복합주제의 요소가 되고 있는 개별의 단위주제를 여러 가지 독립의 표목으로 부여하여 검색을 할 때 필요한 것들을 조합하여 구하고자 하는 복합주제에 관한 자료를 찾아내는 방식이다.

④ 후조합방식은 단위주제로 분할하여 표현하고 있는 표목의 표현이 단순하여 복합주제의 검색에 적합한 방식으로서 컴퓨터에 의한 주제검색시스템에서 넓게 채용되고 있다.

| 해설 | ②. 종래의 주제명목록은 카드 또는 책자형태이므로 한 측면으로만 검색할 수 없기 때문에 전조합방식을 전제로 하여 표목이 결정되었다. 예를 들어, 세목 또는 구분을 동반하는 표목이나 한정어를 동반하는 표목 등의 표현이다.

31. 주제명표목표는 다음과 같이 크게 4가지의 성격을 가진 표목어와 여러 가지의 부호로 구성되어 있다. 다음에서 해당사항이 아닌 것은?

① 자료의 내용을 표시하는 좁은 의미의 주제명표목

② 자료의 저작형식을 표시한 형식표목

③ 주제명표목과 형식표목들을 세분한 부표목

④ 주제명 상호간의 연결을 위한 주제명 상호참조

| 해설 | ③. 주제명표목과 형식표목들을 세분한 것은 부표목이 아니라 세목이다. 즉, 주제명표목과 형식표목들을 세분한 세목

32. 다음은 주제명표목표에 대한 설명이다. 그 내용이 옳지 않은 것은?

① 주제명목록 편성을 위한 기준으로 선택된 주제명표목과 직접참조의 참조어를 열거한 표목 상호간에 필요한 연결참조를 설정하여 일정의 방식으로 배열한 표를 주제명표목표라 한다.

② 주제명표목표는 주제명목록을 편성하는 도서관에 있어서는 필수의 도구이다.

③ 표목의 통일, 추가표목의 채용기준 및 표현형식의 통일, 참조관계의 유지 등을 통하여 검색결과의 일관성과 통일성을 높이는데 활용된다.

④ 주제명표목표는 수록된 주제의 범위에 따라 모든 주제를 포괄하는 것과 특정 주제만을 대상으로 하는 것, 특수한 형태의 자료나 특정한 이용자만을 대상으로 하는 것이 있다.

| 해설 | ③. 주제명표목표는 표목의 통일, 추가표목의 채용기준 및 표현형식의 통일, 참조관계의 유지 등을 통하여 검색결과의 재현율과 정확률을 높이는데 활용된다.

33. 다음은 시소러스(thesaurus)를 설명한 것이다. 그 내용이 옳지 않은 것은?

① 시소러스는 원래 '지식의 보고'를 의미하는 말이다.

② 정보검색의 분야에서는 모든 용어에 대한 동의어, 동형이의어, 개념의 대소 또는 상하, 관련어 등을 적절히 조절하여 저자와 색인 작성자, 이용자 간에 통일적으로 사용할 수 있는 도구(tool)가 필요한데, 이 도구를 시소러스라 일컫는다.

③ 시소러스는 이용자에게 자신의 정보요구를 보다 정확하게 표현하는 검색어를 선택하도록 도와주기 위해서 검색어로서 통제어를 사용한다.

④ 하나의 주제나 개념을 나타내는 통일명사를 디스크립터(descriptor), 이것에 대하여 이의어 등으로 부터의 참조어를 비디스크립터라 하며 한 그룹의 디스크립터 단위를 기입(entry)이라 한다.

| 해설 | ④. 하나의 주제나 개념을 나타내는 통일명사를 디스크립터(descriptor), 이것에 대하여 동의어 등으로 부터의 참조어를 비디스크립터라 하며 한 그룹의 디스크립터 단위를 기입(entry)이라 한다. 기입은 디스크립터, 그것에 대조가 되는 주제, 범주(category), 한정어, 주기, 관련어 등의 정보로 구성되어 있다.

34. 다음은 시소러스(thesaurus)에서 사용하는 약호이다. 그 표시가 옳지 않은 것은?

① 관련어는 동의어로부터의 참조를 USE, 이의어로부터의 참조를 UF(used for)로 표시한다.

② 하위개념에의 연결 참조를 NT(narrower term)로 표시한다.

③ 상위개념에의 연결 참조를 BT(broader term)로 표시한다.

④ 상위·하위관계 이외의 관련어와의 연결 참조를 RT(related term)로 표시한다.

| 해설 | ①. 관련어는 동의어로부터의 참조를 USE, 그 외 참조를 UF(used for)로 표시한다.

35. 「ANSI/NISO Z39.19」에서는 시소러스의 기능을 다음과 같은 네 가지로 나누고 있다. 다음에서 그 내용이 옳지 않은 것은?

① 저자, 색인자, 이용자가 사용한 자연어를 색인 작성과 검색에 사용할 통제어휘로 번역하는 수단을 제공한다.

② 색인어 부여의 일관성을 보증한다.

③ 용어간의 의미관계를 지시한다.

④ 문헌 탐색 시, 필수도구가 된다.

> |해설| ④. 시소러스는 문헌 탐색 시, 탐색보조도구가 된다.

36. 우리나라에서 일반적인 주제명표목표로는 다음과 같은 것들이 있다. 이중 최초로 간행된 자료는?

① 국립중앙도서관 주제명표목표

② 이재철 편. 주제명표목표

③ 韓國圖書館協會. 主題標目表-國民學校用

④ 韓國圖書館協會. 主題標目表-中等學校用

> |해설| ②. 이재철 편. 주제명표목표는 1961년에 간행되었다. ① 국립중앙도서관 주제명표목표는 2002년 ③ 韓國圖書館協會. 主題標目表-國民學校用은 1967년 ④ 韓國圖書館協會. 主題標目表-中等學校用은 1968년에 간행되었다.

37. 주제명규정은 주제명 Code라고도 하며 표목을 부여하는 법과 표목의 표현형식에 관한 것을 많이 다룬다. 다음은 총칙적인 각 분야에 공통되는 규정인 일반 주제명 규정을 설명한 것이다. 그 내용이 옳지 않은 것은?

① 주제가 명확한 도서, 특정한 출판형식을 갖고 편집된 도서 및 다수인의 문학, 미술상의 작품집은 주제명표목을 주지 않는다.

② 각종의 세목은 주표목의 범위를 한정하여 특수화하기 위해서 사용된다.

③ 주제가 검색에 적당한 명사 또는 명사구로서 적절히 표현될 수 없는 경우는 한정어 또는 세목을 첨가한 모양으로 그 주제를 한정한다.

④ 주석서나 연구서 등 관련저작이 많은 고전의 경우에는 그 고전명의 아래에 관련저작의 내용에 따라서 필요한 세목을 부여할 수 있다.

38. 다음은 MARC 21 전거용 포맷의 세목이다. 해당되지 않는 것은?

　① 시대세목(Chronological subdivisions)

　② 주제세목(Topical subdivisions)

　③ 지리세목(Geographic subdivisions)

　④ 형식세목(Form subdivisions)

39. LCSH(미국의회도서관 주제명표목표)에서 주제표목과 형식표목의 표현은 흔히 주제가 구(句: Phrase)에 의해 잘 표현되는데 다음과 같은 유형의 표목은 어떤 표목인가?

예: Children's literature, Canadian　Education, Higher　Taxation, Exemption from

　① 형용사어구 표목　　　　　② 접속사구 표목

　③ 전치사구 표목　　　　　④ 도치표목

40. 다음은 LCSH에서 사용하는 주표목과 세목들 간의 가장 보편적인 조합순서를 나열한 것이다. 다음 중 그 조합순서가 옳지 않은 것은?

① [주제 주표목]--[지리세목]--[주제세목]--[시대세목]--[형식세목]

② [주제 주표목]--[주제세목]--[지리세목]--[시대세목]--[형식세목]

③ [지명 주표목]--[주제세목]--[시대세목]--[형식세목]

④ [지명 주표목]--[주제세목]--[형식세목]--[시대세목]

41. 다음은 LCSH의 참조기호에 대한 설명이다. 그 내용이 옳지 않은 것은?

① 초판에서는 See와 See also의 참조기호가 사용되었다.

② 제5판에서는 Refer from의 역참조를 본표에 통합시켰으며, 참조를 나타내는 기호(sa, x, xx, See)를 사용하였다. 여기서 sa는 See also 참조, x는 See from 참조, xx는 See also from 참조를 의미한다.

③ 제11판부터 시소러스방식의 표시기호가 도입되어 x는 NT, xx는 UF, sa는 BT, See는 USE로 변경되었다.

④ 상호참조의 구조는 동의관계, 계층관계 및 연관관계의 세 가지 형태가 있으며, 이들 관계는 USE, UF(~를 사용), BT(상위어), NT(하위어), RT(관련어), 및 SA(~도 보라) 참조로 표현하였다.

42. 다음은 LCSH의 특성을 설명한 것이다. 그 내용이 옳지 않은 것은?

① 웹 기반의 검색 엔진을 통해 키워드로 탐색을 하는 경우, 많은 자료들을 불러올 수 있어 정확률이 높아진다.

② 주제의 범주를 확장하거나 축소하여 탐색함으로서 어떤 한 주제명 표목에 관련된 모든 자료들을 신속·정확하게 찾을 수 있다

③ 더 넓은 주제어나 더 좁은 주제어의 관계를 탐색할 때, 관련 주제어를 함께 브라우징(browsing)할 수 있다

④ 이용자의 검색어와 LCSH의 표목에 사용된 색인어 간의 차이로 인하여 검색의 효율성이 떨어질 수 있다.

| **해설** | ①. 웹 기반의 검색 엔진을 통해 키워드로 탐색을 하는 경우 많은 자료들을 불러오지만 불필요한 자료들이 너무 많아 정확률이 떨어진다.

43. 다음은 2002년 국립중앙도서관에서 개발한 주제명표목표에 대한 설명이다. 그 내용이 옳지 않은 것은?

① 다양한 정보검색시스템에서 사용할 수 있는 시소러스 형식의 주제명표목표이다.

② 2003년부터 국내에서 발간하는 모든 도서를 대상으로 주제명표목을 부여하고 있다

③ 단행본 서지데이터에 주제명을 할당하거나 학술논문의 초록을 색인하는데 활용하기 위하여 개발되었다.

④ 후조합 색인언어 형식의 주제명표목표이다.

| **해설** | ②. 2003년부터 국내에서 발간하는 일반도서, 정부간행물, 아동도서 및 일반만화를 대상으로 주제명표목을 부여하고 있다.

44. 다음은 이용자와 데이터간의 문제를 해결하기 위해서 국립중앙도서관이 2002년 개발한 주제명표목표에서 채택한 방법을 기술한 것이다. 그 내용으로 가장 거리가 먼 것은?

① 절단(좌측, 우측, 양측, 중간 절단)탐색으로 보는 측면을 좁힐 수 있고, 탐색주제의 폭을 기준으로 삼아 일정 깊이 이상을 보게 할 수 있게 하였다.

② 분류기호를 사용하여 문헌분류와 개념분류를 적용할 수 있으며 두 가지 이상의 분류체계를 공유할 수 있게 하였다.

③ 주제명의 수준보다는 검색의 용이성을 가질 수 있게 하였다.

④ 빈도정보를 가질 수 있어 일정한 간격으로 소장서지데이터와 비교하여 그 출현 빈도를 공개하거나 기록하여 이용할 수 있게 하였다.

45. 다음은 2002년 국립중앙도서관이 개발한 시소러스 형식의 주제명표목표의 특징을 기술한 것이다. 그 내용이 옳지 않은 것은?

① 상황분류가 어느 정도 가능하여 정보이용의 효율을 극대화할 수 있다.

② 복수의 상위개념을 가질 수 있어 관점의 유연성을 배가시켜줄 수 있다.

③ 세목을 중요시 하였다.

④ 다양한 분류방법을 수용할 수 있어, 문헌의 십진분류체계의 '유(십진분류)[類]'는 동시에 생물 분류체계의 '유(생문분류)[類]'도 함께 수용한다.

46. 다음은 2002년 국립중앙도서관이 개발한 시소러스 형식의 주제명표목표의 특징을 기술한 것이다. 그 내용이 옳지 않은 것은?

① 범주화에 있어 유연성을 갖고 있다.

② 주제명표목표의 용도의 일반화가 가능하다.

③ 참조정보를 수용할 수 있다.

④ 개념구조의 특정성을 조절할 수 없다.

47. 다음은 2002년 국립중앙도서관에서 개발한 주제명표목표의 용어관계에 대한 내용이다. 그 설명이 옳지 않은 것을 고르시오.

BT(broader term) → 상위개념어
BTG(broader term/generic) → 상위개념어/屬
BTI(broader term/instance) → 상위개념어/사례
NT(narrower term) → 하위개념어
NTP(narrower term/partial) → 하위개념어/부분
RT(related term) → 관련어
SN(scope note) → 범위주기
TT(top term) → 최상위개념
UF(used for 혹은 use for) → 비우선어
USE(use) → 비우선어에서 우선어로의 참조

KDC → 한국십진분류기호(4판)
DDC → 듀이십진분류기호(21판)
NK(North Korean) → 북한어
SK(South Korean) → 북한어에 대응되는 국어
SNN(Scientific Name) → 學名

① 관계의 종류 및 관계지시기호는 기본적으로 ISO 278:1986(E)을 따랐다. 단, 우리나라의 특성을 고려하여 「KDC, DDC, NK(North Korean), SK(South Korean), SNN(Scientific Name), 각종 외국어코드」를 추가하였다.

② 외국어 코드는 ISO 639-2:1998에서 규정하고 있는 Alpha-3 코드를 사용하였다.

③ 주제명표목표의 주요 용어 관계지시기호는 상위어(BT)와 하위어(NT), 관련어(RT), 우선어/비우선어(USE/UF)를 중심으로 범위주기를 부분적으로 적용하고 있다.

④ 관련 분류표를 나타내는 관계지시기호(KDC, DDC)나 북한어(NK) 또는 학명(SNN)을 나타내는 관계지시기호 등은 정의할 수 없다.

| 해설 | ④. 관련 분류표를 나타내는 관계지시기호(KDC, DDC)나 북한어(NK) 또는 학명(SNN)을 나타내는 관계지시기호 등도 정의할 수 있다.

48. 다음은 2002년 국립중앙도서관에서 개발한 주제명표목표의 대상용어에 대한 용례를 설명한 것이다. 그 내용이 옳지 않은 것은?

---

① 에이즈[AIDS]
    UF AIDS
        후천성 면역 결핍증[後天性 免疫 缺乏證]
② DBMS
    UF 데이터 베이스 관리 시스템[—管理—]
③ 컨베이어[conveyer]
    NK 콘베아(북한어)[conveyer]
  콘베아(북한어)[conveyer]
    SK 컨베이어[conveyer]
④ 국군[國軍]
    NK 괴뢰군(북한어)[傀儡軍]
    BT 군대[軍隊]
  북한군[北韓軍]
    UF 괴뢰군(군대)[傀儡軍]
    BT 군대[軍隊]SK 컨베이어[conveyer]

---

① 로마자 약어나 두문자가 한글 음으로 자주 사용된다고 판단되는 경우에는 이를 비우선어로 삼고, 한글 완전형, 그리고 로마자 약어나 두문자어를 우선어로 처리할 수 있다.

② 로마자 약어나 두문자에 대한 한글 및 로마자 완전형이 자주 사용되지 않거나 거의 무시된다고 판단되는 경우에는, 이 로마자 약어나 두문자어를 우선어로 사용할 수 있다.

③ 우리말과 북한어는 용어관계를 정의할 때 NK와 SK라는 관계지시기호를 정의하여 명시적으로 구분하며, '(북한어)'라는 한정어도 병용한다.

④ 북한어와 관련하여, 지칭하는 대상은 같으나 지칭자의 위치에 따라 사용하는 어휘가 달라지는 경우는 두 가지 다른 한정어를 붙여 구분한다.

| 해설 | ①. 로마자 약어나 두문자가 한글 음으로 자주 사용된다고 판단되는 경우에는 이를 우선어로 삼고, 한글 완전형, 그리고 로마자 약어나 두문자어를 비우선어로 처리할 수 있다.

49. 다음은 'Capture at sea'라는 표목을 예로 들어, MARC 21에 의한 주제전거 레코드 구축 결과를 서술한 것이다. 그 작성절차가 올바른 순서로 된 것은?

Capture at sea
　　Here are entered works on enemy property taken at sea. Works on the treatment of enemy property taken on land are entered under Enemy property.
　　UF　Captured property
　　　　Maritime capture
　　　　Property capture at sea
　　BT　Seizure of vessels and cargoes
　　RT　Privateering
　　　　Prize law
　　NT　Ransom

150 0　$aCapture at sea
450 0　$aCaptured property
450 0　$aMaritime capture
450 0　$aProperty capture at sea
550 0　wgaSeizure of vessels and cargoes
550 0　$aPrivateering
550 0　$aPrize law
550 0　whaRansom
680　　$iHere are entered works on enemy property taken at sea.
　　　　Works on the treatment of enemy property taken on land are entered under$aEnemy property
681　　$iNote under$aEnemy property

① 150필드 - 680필드 - 681필드 - 450필드 - 550필드
② 150필드 - 450필드 - 550필드 - 680필드 - 681필드
③ 150필드 - 550필드 - 450필드 - 680필드 - 681필드
④ 150필드 - 680필드 - 681필드 - 550필드 - 450필드

50. 다음은 전거목록에 대해 서술한 것이다. 그 내용이 옳지 않은 것은?

① 저자명, 주제명 등의 기입형식을 통일된 방법으로 작성하기 위해 만드는 목록으로 인명전거목록, 주제명전거목록 등이 있다.

② 인명전거목록이란 한 저자가 2개 이상의 형식에 의하여 그 이름이 사용될 경우 그 중 하나의 이름으로 표목기입을 통일하기 위해 작성되는 것이다.

③ 주제명전거목록이란 목록에서 주제명 표목으로 채택된 표목형식의 통일을 위해 작성되는 것이다.

④ 주제명 전거란 사서가 색인 시 사용한 표목과 문헌의 주제범위를 정확하게 일치시키기 위한 활동이다.

51. 다음은 아래의 전자자료를 KORMARC 통합서지용 형식으로 작성한 레코드의 일부이다. 그 기입이 옳지 않은 것은?

표제/저작사항 : 박영한 문학상 수상 작품집 / 박영한
발행사항 : 바로북닷컴 2002
형태사항 : 전자 광디스크 1매 12㎝
주기사항 : 본 표제는 전자 광디스크의 표제임
  국가전자도서관(www.dlibrary.go.kr)에서 원문 이용가능
  파일유형 : PDF
  원본출판사항 : 서울 : 훈민정음, 1995

  245 00 ▼a박영한 문학상 수상 작품집▼h[전자자료] /▼d 박영한 [지음]
㉠ 255   ▼a전자 데이터
  260   ▼a [서울] :▼b바로북닷컴,▼c2002
㉡ 300   ▼a전자 광디스크 1매 ;▼c12 cm

500	▼a본 표제는 전자 광디스크의 표제임
500	▼a국가전자도서관(www.dlibrary.go.kr)에서 원문 이용가능
ⓒ 534	▼p원본출판사항 ;▼c서울 : 훈민정음, 1995
653	▼a문학상▼a수상작품집
ⓔ 856 4	▼uhttp://www.dlibrary.go.kr

① ㉠   ② ㉡   ③ ㉢   ④ ㉣

| **해설** | ①. 컴퓨터파일특성 필드는 256 필드이다. 255 필드는 '지도제작의 수치데이터' 필드이다.

52. 다음은 국립중앙도서관의 KORMARC 형식의 전거레코드의 용법에 대한 설명이다. 그 내용이 옳지 않은 것은?

① 인명이나 단체명, 회의명, 표제, 주제명, 지명 등에서 대표적으로 채택된 용어를 1XX에 기술한다.

② 이 채택된 용어가 검색 시 접근점(표목)이 되는 용어이나 색인어는 되지 않는다.

③ 채택되지 않은 용어를 4XX 필드에 기술하는데, 이 용어는 채택된 용어를 보라(~를 보라)는 의미이다.

④ 5XX 필드에 기술되는 채택되지 않은 용어는 채택된 용어와 관련이 있으니 '~도 보라'는 의미이다.

| **해설** | ②. 이 채택된 용어가 검색 시 접근점(표목)이 되는 용어이며 또한 색인어가 된다.

53. 다음은 KORMARC 단체명 전거레코드의 용례이다. 그 해석이 옳지 않은 것은?

110 ▼a국립중앙도서관
410 ▼aThe National Library of Korea
510 ▼a국립도서관
510 ▼a조선총독부도서관

① '국립중앙도서관'은 전거로 채택된 용어이다.

② 'The National Library of Korea'라는 검색어로 자료를 찾을 수 있다.

③ '국립중앙도서관'을 찾는 경우 '국립도서관'으로도 찾아야 한다.

④ '조선총독부도서관'은 '국립중앙도서관'의 옛 기관명이다.

54. 다음 설명이 지칭하는 용어를 고르시오.

정보검색시스템이 사용되기 이전인 전통적인 도서관에서 용어통제어표로 (㉠)가 사용되었다. 이는 전통적 도서관 자료인 일반도서에 한정적으로 적용하기 위한 수작업용 도구였다. 정보시스템이 발달하고 일반도서 범위를 넘어 학술잡지가 활성화되면서 이를 색인작성자와 이용자가 다같이 정보검색시스템에서 이용 할 수 있도록 만든 도구가 바로 (㉡)이다. (㉢)는 역사적으로 (㉣)을 발전시킨 것이라 할 수 있으나, (㉤)는 관련 문헌을 한 곳에 모으기 위한 것이 주된 기능이고, (㉥)은 관련 문헌을 한꺼번에 탐색하기 위한 것이 일차적 기능이다. 이러한 성격상의 차이를 갖는다.

① 주제명표목표 – 시소러스 – 시소러스 – 주제명표목표 – 주제명표목표 – 시소러스
② 시소러스 – 주제명표목표 – 주제명표목표 – 시소러스 – 시소러스 – 주제명표목표
③ 색인 – 검색도구 – 검색도구 – 색인 – 색인 – 검색도구
④ 주제명표목표 – 인덱싱 – 인덱싱 – 주제명목록 – 주제명목록 – 인덱싱

55. 다음 설명하는 용어의 특성이 아닌 것은?

각 자료의 내용이 담고 있는 주제로 자료를 검색할 수 있도록 주제명을 표목으로 채기하여 자모순으로 편성한 목록이다.

① 주제를 나타내는 명사로 바로 접근이 가능하다.
② 표목이 자모순으로 배열되어 있기 때문에 계통적 체계를 이루어 새로운 주제 삽입이 어렵다.
③ 특정주제를 다루는 관점이 다르더라도 하나의 주제명 아래 같은 주제의 자료를 집중시키는 것이 가능하다.
④ 주제를 용어로 표현하기 때문에 외국어로 된 자료에 한국어 주제명을 부여할 경우 정확한 표

현을 하기 어렵다.

56. 전통적인 주제명표목표에서 사용되는 참조에 대한 설명이다. 옳은 답을 고르시오.

① 표목으로 채택되지 않은 주제명에서 채택된 주제명표목으로 연결하기 위한 장치가 '도보라참조'이다.

② 특정표목과 관련된 표목간을 연결하기 위한 것으로 표목들간의 종속 및 상호관계를 표현하는데 사용되는 장치가 '도보라참조'이다.

③ 개별표목에 대해 하나하나 참조하지 않고 전체를 일괄하여 설명식으로 참조하는 것이 '역참조'이다.

④ 주제명표목으로 선정된 말 이외에 주제명표목으로 선정되지 않은 말과 연결참조를 포함해서 일정한 순서로 배열한 표를 '시소러스'라 한다.

57. KORMARC 형식의 전거레코드에 대한 설명이다. 옳지 않은 것은?

① KORMARC 형식의 서지레코드처럼 리더, 디렉토리, 가변길이필드(제어필드와 데이터필드)로 구성되어 있다.

② 리더를 제외한 모든 필드의 끝에 필드종단기호(FT)가 기입되며, 마지막 데이터필드의 끝에는 필드종단기호 다음에 레코드 종단기호(RT)가 기입된다.

③ 인명, 단체명, 회의명, 표제, 주제명, 지명 등에서 가장 우선하는(preferred) 용어를 가장 먼저 기술하되 2XX 필드에 기술한다.

④ 다양한 형태의 비우선 용어는 4XX 필드에 기술하고, 관련 표목들은 5XX 필드에 기술한다. 4XX 필드는 '보라' 부출필드이고, 5XX 필드는 '도보라' 부출필드이다.

58. 특정 단체의 상이한 형식과 단체명이 변경된 경우 전거하는 형식으로 틀린 것은?

...
국가도서관 → 국립도서관

국립도서관
 x 국가도서관
 xx 국립중앙도서관

국립중앙도서관
 x The National Library of Korea
 xx 국립도서관
 xx 조선총독부도서관

조선총독부도서관
 x 총독부도서관
 xx 국립중앙도서관

 총독부도서관 → 조선총독부도서관

The National Library of Korea → 국립중앙도서관

...

① 110 ▼a국립중앙도서관
② 410 ▼aThe National Library of Korea
③ 410 ▼a국립도서관
④ 510 ▼a조선총독부도서관

| 해설 | ③. 특정 단체의 상이한 형식의 경우 '보라 참조' (410 필드). 단체명이 변경된 경우 이전의 이름과 변경된 이름간의 '도보라 참조' (510 필드)를 나타낸다. 따라서 국립도서관은 510 필드에 기술한다.

59. 주제명 목록의 특성으로 옳지 않은 것은?

① 장점으로 이용자가 분류체계에 대한 논리적인 사고를 거친 후 필요한 주제에 대해 바로 찾을 수 있다.

② 장점으로 표목의 자모순으로 배열되어 있어 새로운 표목을 자유롭게 추가할 수 있다.

③ 단점으로 주제명이 자모순으로 배열되어 있어 인접 주제 사이에 관련성이 떨어진다.

④ 단점으로 외국 자료에 대해 한국어 주제명을 부여할 경우 내용에 맞는 표목을 주기 어렵다.

| 해설 | ① 주제명목록의 장점으로 이용자가 알고 있는 용어로 목록을 직접 검색할 수 있다는 점이다. 분류목록에서는 검색하는 주제가 분류체계에서 어느 계열에 속하는지 논리적인 사고를 거친 후에 검색이 가능하지만, 주제명목록에서는 주제를 나타내는 명사로 바로 찾을 수 있다.

60. 주제명표목에 대한 설명으로 옳은 것은?

① 과거 주제명목록 카드에서의 배열과 검색상의 어려움이 현재 온라인 목록시스템에서도 이어진다.

② 주제명표목은 주제명표목표에서 채기하여 자료의 주제를 표현하는 표목이 되는 단어를 말한다.

③ 표목은 단일표목과 복합표목으로 나누어지고, 여기서 주표목과 세목으로 세분할 수 있다.

④ 주표목은 형태와 관점, 관련지역을 표현한 것이고, 세목은 자료의 중심주제를 표현한 것이다.

| 해설 | ③. ① 과거에는 주제명목록 카드에서 배열과 검색상의 어려움이 있어 이용하는데 있어서 어려움이 있었지만, 현재의 온라인 목록시스템에서는 이것이 쉽게 해결되어 주제명에 의한 검색이 훨씬 용이해졌다. ② 주제명목록은 각 자료의 주제로 자료를 검색할 수 있도록 주제명을 표목으로 채기하여 자모순으로 편성한 목록이다. ④ 일반적으로 주표목은 자료의 중심주제를 표현한 것이고, 세목은 주표목의 형태와 관점, 관련지역 등을 표현한 것이다.

61. 다음 괄호안에 들어갈 것은?

(   )은 주제명목록에서 표목으로 사용될 수 있는 주제명을 일정한 형식으로 통일하기 위해 편찬한 일종의 통제어휘사전이다. 주제명목록의 작성을 위해서는 (   )이 필수 도구이다.

① 한국문헌정보학용어사전　　　② KORMARC 형식 전거통제용
③ 국제목록원칙규범　　　　　　④ 주제명표목표

| 해설 | ④ 위의 설명은 '주제명표목표'에 관한 설명이다.

62. 전거제어에 대한 설명으로 틀린 것은?

① 목록에서 표목, 접근점으로 사용되는 인명, 단체명, 회의명 등의 근거가 되는 형식을 통일적이고 일관성있게 유지할 수 있도록 하는 것이다.

② 전거제어는 전거형(접근점이 되는 표현형식)과 동형(접근점이 될 수 없는 형식)으로 구분가능하다.

③ 전거제어를 통해 도서관 등에서 목록데이터의 기술을 통일하고 일원화하여 자료검색의 효율성과 집중성을 가지는데 목적이 있다.

④ 대표적인 전거제어로 주제명표목표가 있다.

| 해설 | ② 전거제어는 일정한 규칙에 따라 전거형(접근점이 되는 표현형식)과 이형(접근점이 될 수 없는 표현형식)으로 나누어져 있다.

63. 다음은 '참조'를 크게 3가지로 구분해 설명한 것으로 빈칸에 들어갈 알맞은 말은?

(㉠): 개별표목을 하나하나 참조하지 않고, 전체를 일괄해 설명식으로 참조.
(㉡): 표목으로 채택되지 않은 주제명에서 채택된 주제명표목으로 연결함.
(㉢): 표목간을 연결하기 위한 것으로 표목간의 종속, 상호관계를 표현.

① ㉠ 일반참조 ㉡ 도보라참조 ㉢ 보라참조
② ㉠ 일반참조 ㉡ 보라참조   ㉢ 도보라참조
③ ㉠ 보라참조 ㉡ 일반참조   ㉢ 도보라참조
④ ㉠ 보라참조 ㉡ 도보라참조 ㉢ 일반참조

| 해설 | ② 일반참조: 개별표목을 하나하나 참조하지 않고, 전체를 일괄해 설명식으로 참조.
보라참조: 표목으로 채택되지 않은 주제명에서 채택된 주제명표목으로 연결함.
도보라참조: 표목간을 연결하기 위한 것으로 표목간의 종속, 상호관계를 표현.

64. 주제명목록에 대한 설명 중 틀린 것은?

① 주제명목록은 이용자가 알고 있는 용어로 목록을 직접 검색할 수 있다.

② 주제명목록은 표목의 자모순으로 배열되어 있어 새로운 표목을 추가 가능하다.

③ 주제명목록은 용어가 표목으로 확정되지 않아도 검색이 가능하다.

④ 주제명목록은 하나의 주제명 아래 같은 주제의 자료를 집중시키는 것이 가능하다.

65. 주제명표목표에 대한 설명중 틀린 것은?

① 미국의회도서관 주제명표목표(LCSH)가 가장 방대하고 오랜 전통을 갖고 있다.

② 국내에서는 국립중앙도서관 주제명표목표(NLSH)가 있다.

③ 주제명을 다양한 방식으로 보여주기 위해 편찬한 일종의 통제어휘사전이다.

④ 주제명목록의 작성을 위해서는 주제명표목표가 필수도구이다.

66. 전거제어를 하는 이유로 옳은 것은?

① 다양한 형태를 가지고 있는 동일 저자의 동시검색

② 내용이 다르지만 표제가 같은 자료의 표제에 대한 자료집중

③ 자연어 표현의 차이에서는 주제가 같게 표현되는 경우를 해결

④ 여러번 동일하지 않은 주제를 검색

67. 주제명표목에서 세목에 대한 설명으로 틀린 것은?

① 주제세목은 일반적으로 주표목과 관련된 활동이나 작용과정을 세목으로 사용한다.

② 형식세목은 일반형식세목과 문학형식세목이 있다.

③ 지리세목은 직접지리세목과 간접지리세목으로 구분한다.

④ 시대세목은 대개 저작형식으로 표현한 세목이다.

68. 시소러스 형식의 참조표시와 관계가 바르게 연결된 것은?

① 계층관계 - USE와 UF
② 대등관계 - RT
③ 상관관계 - BT와 NT
④ 일반참조 - USE

| 해설 | ④. 대등관계: 대등한 표목간을 연결하기 위함 - USE와 UF. 계층관계: 상위어와 하위어를 사용하여 관련된 표목을 계층적으로 연결 - BT와 NT. 상관관계: 대등관계나 계층관계 이외의 관계를 나타냄 - RT. 일반참조: 특정 용어나 일반표목에서 일단의 표목간을 연결하기 위함 - USE.

69. 다음에서 설명하는 용어는 무엇인가?

목록에서 표목 혹은 접근점으로 표현되는 정보에 구조, 일관성과 통일성을 줌으로써 이용자들을 위해 그 정보를 보다 접근성 있고, 가치 있도록 만들어 주는 활동.

① 전거제어
② 전거레코드
③ 전거파일
④ 전거체계

| 해설 | ①. ②전거레코드는 전거제어를 통해 이루어지는 결정의 과정을 기록하는 인쇄형이나 기계가독형의 단위, ③ 전거파일은 전거레코드의 집합, ④전거체계는 지어낸 말이다.

70. 다음 중 KORMARC 전거제어 데이터베이스의 레코드 설계로 옳지 않은 것은?

① 0XX 데이터처리정보
② 4XX '보라' 부출필드
③ 5XX '도보라' 부출필드
④ 6XX 주기

| 해설 | ①. ① 0XX 제어정보, 식별정보 및 분류기호 , ④6XX 데이터처리정보, 주기 등

71. 주제명목록에 대한 설명으로 옳은 것은?

① 검색하는 주제가 분류체계의 어느 계열에 속하는 것인지를 논리적으로 사고하여 분류기호를 확인한 후에 검색이 가능하다.
② 하나의 계통적인 체계를 이루고 있기 때문에 새로운 주제를 삽입하기 어렵다.
③ 특정주제를 다루는 관점이 다르더라도 하나의 주제명 아래 같은 주제의 자료를 집중시킬 수 있다.
④ 용어에 관계없이 개념의 계통을 더듬어 접근한다.

72. 괄호에 들어갈 내용을 알맞게 짝지은 것을 고르시오.

> 전거제어에 의한 목록은 (㉠)의 기본 사상이다.
> (㉠)에 내재되어 있는 기본사상은 서지기술의 통제이며, 이를 해결하기 위해 FRBR에서는 저작의 저작자에 대한 전거제어에 관한 내용인 (㉡)와 저작의 주제에 관한 전거제어인 (㉢)의 적용으로 나타나고 있다.

      ㉠   ㉡   ㉢

① RDA - FRAD - FRSAD

② RDA - FRSAD - FRAD

③ RDF - FRAD - FRSAD

④ RDF - FRAD - FRAD

73. 주제명표목표의 장점으로 옳은 것은?

  ① 하나의 주제명 아래 같은 주제의 자료를 집중시키는 것이 가능하다.

  ② 용어가 표목으로 확정되어서 검색이 편하다.

  ③ 주제에 따라 분류되었기 때문에 인접 주제들 사이에 관련성이 높다.

  ④ 주제를 용어로 표현하기 때문에 표목을 주기 쉽다.

74. 다음에서 설명하는 용어로 알맞은 것은?

주표목의 형태와 관점을 표현하기 위한 수단으로, 효과적인 정보검색을 위해 해당주제의 내용을 한정시키는 형식, 시간, 장소 등의 의미를 갖는 항목들을 의미한다.

① 주표목　　　　　　　　　② 세목
③ 참조　　　　　　　　　　④ 전거제어

| 해설 |　② 위의 설명은 세목에 대한 설명이다.

75. 다음 빈칸에 들어갈 용어를 순서대로 잘 나열한 것은?

[㉠] : 대등한 표목간을 연결하기 위함
[㉡] : 대등관계나 계층관계 이외의 관계를 나타냄
[㉢] : 상위어와 하위어를 사용하여 관련된 표목을 계층적으로 연결
[㉣] : 특정 용어나 일반표목에서 일단의 표목간을 연결하기 위함

① 대등관계 - 계층관계 - 상관관계 - 일반참조
② 대등관계 - 상관관계 - 계층관계 - 일반참조
③ 대등관계 - 일반참조 - 계층관계 - 상관관계
④ 대등관계 - 일반참조 - 상관관계 - 계층관계

| 해설 |　②
대등관계: 대등한 표목간을 연결하기 위함
상관관계: 대등관계나 계층관계 이외의 관계를 나타냄
계층관계: 상위어와 하위어를 사용하여 관련된 표목을 계층적으로 연결
일반참조: 특정 용어나 일반표목에서 일단의 표목간을 연결하기 위함

76. 다음 설명 중 옳은 것을 모두 고르시오.

> ⊙: 보라참조는 특정표목과 관련된 표목간을 연결하기 위한 것으로 표목들간의 종속 및 상호관계를 표현하는데 사용된다.
>
> ⊙: 일반참조는 개별표목에 대해 하나하나 참조하지 않고 전체를 일괄하여 설명식으로 참조하는 것이다.
>
> ⊙: 전거제어는 목록에서 표목이나 접근적으로 사용되는 인명, 단체명, 회의명, 통일표제, 주제명, 지명 등의 근거가 되는 모든 형식을 통일적으로 일관적있게 유지할 수 있도록 하는 일련의 과정이다.

① ⊙   ② ⊙

③ ⊙   ④ ⊙, ⊙

| **해설** | ④ ⊙에 대한 설명은 '도보라참조'이며, '보라참조'는 표목으로 채택되지 않은 주제명에서 채택된 주제명표목으로 연결하기 위한 장치이다.

77. 다음 보기에서 설명하는 것은 무엇인가?

> 이것은 세목없이 기본개념을 표현하는 주제명표목을 말한다. 기능에 따라 주제표목, 형식표목, 고유명표목으로 구분된다.

① 주제명표목   ② 원표목

③ 주표목   ④ 주제목

| **해설** | ③ 위의 설명은 주표목에 대한 설명이다.

1. ③ 2. ② 3. ① 4. ① 5. ④ 6. ③ 7. ② 8. ① 9. ④ 10. ②

11. ① 12. ④ 13. ④ 14. ③ 15. ④ 16. ③ 17. ② 18. ④ 19. ① 20. ③

21. ① 22. ② 23. ① 24. ③ 25. ④ 26. ② 27. ③ 28. ① 29. ② 30. ②

31. ③ 32. ③ 33. ④ 34. ① 35. ④ 36. ② 37. ① 38. ② 39. ④ 40 ④

41. ③ 42. ① 43. ② 44. ③ 45. ③ 46. ④ 47. ④ 48. ① 49. ① 50. ④

51. ① 52. ② 53. ② 54. ① 55. ② 56. ② 57. ③ 58. ③ 59. ① 60. ③

61. ④ 62. ② 63. ② 64. ③ 65. ③ 66. ① 67. ④ 68. ④ 69. ① 70. ①

71. ③ 72. ① 73. ① 74. ② 75. ② 76. ④ 77. ③

부록

자료조직개론(지방9급)
기출문제 발췌 재구성

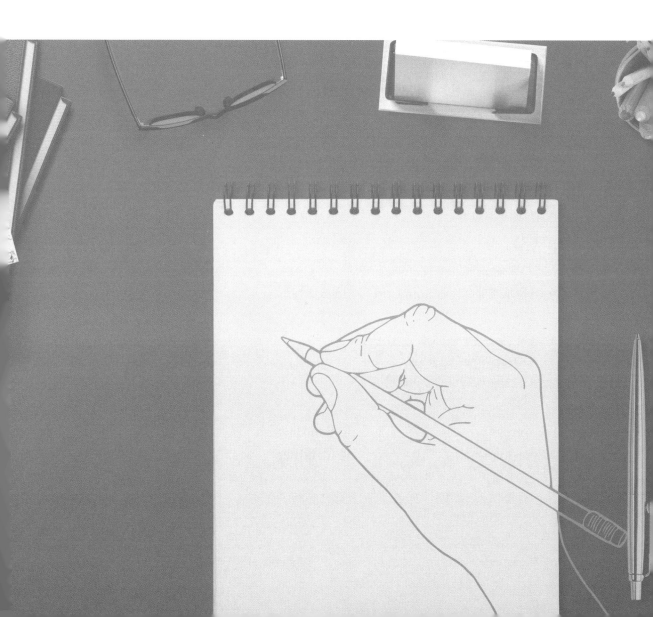

문 1. RDA에서는 자료의 물리적 측면을 매체유형과 수록매체유형으로 구분하고 있다. 매체유형으로 옳은 것으로만 묶은 것은?

ㄱ. 오디오(audio)
ㄴ. 마이크로필름 카세트(microfilm cassette)
ㄷ. 컴퓨터(computer)
ㄹ. 현미경 슬라이드(microscope slide)

① ㄱ, ㄴ   ② ㄱ, ㄷ
③ ㄴ, ㄷ   ④ ㄴ, ㄹ

문 2. FRBR 제1집단에 해당하는 개체로만 묶은 것은?

① 저작, 표현형, 구현형, 개별자료   ② 개인, 단체
③ 저작, 개인, 대상   ④ 개념, 대상, 사건, 장소

문 3. ISBD(M)을 적용하여 표목과는 무관하게 기술(description)만으로 독립된 저록을 완성할 수 있는 목록규칙은?

① 파니찌 목록규칙   ② AACR2
③ KCR3   ④ RDA

문 4. 다음에 해당하는 Dublin Core의 기본요소는?

○ 해당 자원을 이용할 수 있도록 책임을 진 개체
○ 사람과 단체, 서비스를 포함
○ 일반적으로 개체를 지시하기 위해 명칭을 사용

① Coverage   ② Publisher
③ Contributor   ④ Identifier

문 5. KCR 제4판과 KORMARC 형식(통합서지용, 2014 개정판)을 적용하여 서지레코드를 작성한 사례이다. ㉠, ㉡에 들어갈 표시기호는? (단, 지시기호와 띄어쓰기는 적용하지 않음)

245	00	▼a에바 페론·이사벨 페론/▼d폴 L. 몽고메리 저; ▼e유성인 역
246	0	▼i관제:▼a아르헨티나여 울지 마오!
260		▼a서울 :▼b전국사,▼c1982
(㉠)		▼a348 p. :▼b초상화;▼c21 cm
490	00	▼a영 레이디의 여성전기;▼v2
(㉡)	18	▼a페론, 에바▼v전기
700	1	▼a몽고메리, 폴 L.
700	1	▼a유성인

	㉠	㉡
①	270	600
②	270	650
③	300	600
④	300	650

문 6. KCR 제4판을 적용하여 KORMARC(통합서지용, 2014 개정판) 형식으로 자료를 기술할 때, 옳은 것만을 모두 고르면? (단, 지시기호, 띄어쓰기는 적용하지 않음)

〈표제면〉	〈판권기〉
현대정보학총서 25 **정보자원의 기술** Resource Description 홍길동·임꺽정 공저 사단법인 한국도서관협회 2015	**정보자원의 기술** 저자: 홍길동·임꺽정 펴낸곳: 한국도서관협회 초판 발행: 2015년 10월 15일 주소: 서울특별시 서초구 ISBN 978-89-7699-253-3 93020 정가: 22,000원

ㄱ.	020	▼a9788976992533 ▼g93020 :▼c\22000
ㄴ.	245	▼a정보자원의 기술=▼xResource description /▼d홍길동, ▼e임꺽정 공저
ㄷ.	260	▼a서울 :▼b한국도서관협회, ▼c2015
ㄹ.	490	▼a현대정보학총서 ;▼v25

① ㄱ, ㄹ

② ㄴ, ㄷ

③ ㄴ, ㄷ, ㄹ

④ ㄱ, ㄴ, ㄷ, ㄹ

문 7. 목록규칙에 대한 설명으로 옳지 않은 것은?

① 커터(Charles A. Cutter)는 사전체목록규칙을 통하여 목록의 기능을 제시하였다.

② AA Code는 국제목록규칙으로 영국과 미국의 협동목록규칙이다.

③ ISBD 통합판은 국제목록원칙규범을 토대로 접근점과 기술부를 규정하고 있다.

④ RDA 본문에는 구분기호 등 요소 표시에 관한 규칙이나 배열순서는 정해져 있지 않다.

문 8. MARC21(서지데이터용)의 245 필드를 적용한 것으로 옳지 않은 것은? (단, 지시기호와 띄어쓰기는 적용하지 않음)

① 245 $aHamlet ;$aRomeo and Juliette

② 245 $aFocus on grammar :$bbasic level

③ 245 $aThe plays of Oscar Wilde /$cAlan Bird

④ 245 $aAnimalsk production =$banimal production

문 9. MODS의 요소와 연관되는 DC의 요소명은?

① Coverage

② Description

③ Source

④ Subject

문 10. KCR 제4판과 KORMARC 형식(통합서지용, 2014 개정판)을 적용하여 다음의 연속간행물에 대한 서지레코드를 작성할 때, 옳은 것은?

본표제: 한국문헌정보학회지

○ 1970년
 – 『도서관학』창간호(제1집)
○ 1993년 6월
 – 『한국문헌정보학회지』로 본표제 변경(제24집)
 – '반연간'으로 간행빈도 변경
○ 1996년 3월
 – '계간'으로 간행빈도 변경
 – '제30권 제1호'로 권호차 변경

① 본표제가 변경되었으므로 별도의 서지레코드를 작성한다.
② 기술의 정보원은 『도서관학』의 첫 호(창간호)를 기준으로 한다.
③ 『한국문헌정보학회지』 간행빈도는 '반연간'에서 '계간'으로 변경되었으나, 동일 본표제이므로 310(간행빈도) 필드를 반복하여 기술한다.
④ 『한국문헌정보학회지』는 『도서관학』의 후속 자료이므로 『도서관학』에 관한 정보를 785(후속저록) 필드에 기술한다.

문 1. KCR 제4판과 KORMARC 형식(통합서지용, 2014 개정판)을 적용하여 다음 자료에 대한 서지레코드를 작성할 때, 필드의 기술이 옳은 것은? (단, 지시기호와 띄어쓰기, 필드종단기호는 적용하지 않음)

〈표제면〉	〈판권기〉
메이즈 러너 시리즈 제II권 **스코치 트라이얼** 제임스 대시너 지음 공보경 옮김 ㈜문학수첩	Original Title: Scorch Trials **스코치 트라이얼** 2012년 7월 5일 초판 1쇄 발행 2014년 8월 1일 초판 2쇄 발행 지은이: 제임스 대시너 옮긴이: 공보경 펴낸곳: ㈜문학수첩 주 소: (413120) 경기도 파주시 회동길 192 ISBN 978-89-839-2449-0 정가 14,800원

① 022   ▼a978-89-839-2449-0 :▼c₩14800

② 245   ▼a스코치 트라이얼 =▼xScorch trials /▼d제임스 대시너 지음,▼e공보경 옮김

③ 260   ▼a파주 :▼b문학수첩,▼c2014

④ 490   ▼a메이즈 러너 시리즈 ;▼v제2권

문 2. 녹음자료를 대상으로 KCR 제4판과 KORMARC 형식(통합서지용, 2014 개정판)을 적용한 서지레코드의 일부이다. ㉠, ㉡에 들어갈 표시기호로 옳은 것은? (단, 지시기호와 띄어쓰기, 필드종단기호는 적용하지 않음)

245	▼a굿풍류▼h[녹음자료] /▼d국립국악원 민속악단 연주
(㉠)	▼a피리: 최경만, 황광엽 ; 대금: 길덕석, 원완철 ; 해금: 김정림, 김지희 ; 거문고: 원장현, 한인택 ; 아쟁: 김영길, 윤서경 ; 장고: 김청만
(㉡)	▼a2005년 11월 24일 국립국악원 민속악단 정기연주회의 공연 실황 녹음

	㉠	㉡
①	508	518
②	508	546
③	511	518
④	511	546

문 3. KORMARC 형식(통합서지용, 2014 개정판)으로 작성한 서지레코드의 일부이다. ㉠~㉢에 들어갈 주제명부출표목의 표시기호로 옳은 것은? (단, 주제명부출표목의 체계는 국립중앙도서관 주제명표에 따르는 것으로 한다)

245	10	▼a꽃으로 피기보다 새가 되어 날아가리 :▼b김만덕 일대기 /▼d정창권 지음
260		▼a서울 :▼b푸른숲,▼c2006
(㉠)	8	▼a여성 인물
(㉡)	8	▼a제주▼x역사
(㉢)	18	▼a김만덕▼v전기

	㉠	㉡	㉢
①	630	610	650
②	630	651	650
③	650	610	600
④	650	651	600

문 4. KCR 제4판을 적용할 때, 자료에 나타난 각 기술요소의 서지기술이 옳은 것은? (단, 띄어쓰기는 적용하지 않음)

① 판권기에 "檀紀4278年, 昭和20年"으로 나타남

　　발행년도에→ 檀紀4278[昭和20]

② 표제면에 "무애 양주동 박사 지음"으로 나타남

　　책임표시에→ 양주동 박사 지음

③ 표제프레임에 "아리랑(1926년 개봉작)"으로 나타남

　　자료유형표시에→ [영상자료]

④ 용기에 "CD-ROM 1매"로 나타남

　　특정자료종별과 수량에→ 전자 광디스크 (CD-ROM) 1매

문 5. KCR 제4판과 KORMARC 형식(통합서지용, 2014 개정판)을 적용하여 다음 연속간행물에 대한 서지레코드를 작성할 때, 옳지 않은 것은? (단, 지시기호와 띄어쓰기, 필드종단기호는 적용하지 않음)

○ 본표제는 『統一問題研究』임
○ 제1권 (1989년 봄)부터 제20권 (1993년 겨울)까지는 국토통일원에서, 제21권 (1994년 봄)부터 현재까지는 平和問題研究所에서 발행함
○ 제1권 (1989년 봄)부터 제24권 (1994년 겨울)까지는 1년에 4회(계간), 제25권 (1995년 6월)부터 현재까지는 1년에 2회(반년간) 발행됨
○ 대외비자료로 일반이용자의 이용을 제한함

① 260　▼a서울 :▼b국토통일원 :▼b平和問題研究所,▼c1989-

② 321　▼a계간,▼b제1권 (1989년 봄)-제24권 (1994년 겨울)

③ 362　▼a제1권 (1989년 봄)-

④ 506　▼a대외비자료임

문 6. 〈보기 1〉과 〈보기 2〉는 서지적으로 관련 있는 자료이다. KORMARC 형식(통합서지용, 2014 개정판)을 적용하여 해당 자료와 관련 자료 사이의 서지적 관계를 기술할 때, ㉠과 ㉡에 들어갈 연관저록 필드는? (단, 지시기호와 띄어쓰기, 필드종단기호는 적용하지 않음)

〈보기 1〉

245	▼a국회도서관 /▼d국회도서관 [편]
260	▼a서울 :▼b국회도서관,▼c2011-
(㉠)	▼t국회도서관보▼g제1권 제1호 (1964년 4월)-제48권 제8호 (2011년 8/9월)

〈보기 2〉

245	▼a국회도서관보 /▼d국회도서관 [편]
260	▼a서울 :▼b국회도서관,▼c1964-2011
(㉡)	▼t국회도서관▼g제48권 제9호 (2011년 10월)-

	㉠	㉡
①	760	762
②	765	767
③	770	772
④	780	785

문 7. ISBD 통합판(2011)의 기술영역에 대한 설명으로 옳지 않은 것은?

① 제1영역은 본표제, 대등표제, 표제관련정보, 책임표시를 포함한다.

② 제5영역은 자료기술 영역으로 지도자료의 축척표시와 경위도 등을 포함한다.

③ 제8영역은 자원식별자, 등록표제, 입수조건 등을 포함한다.

④ 기술영역은 모두 9개 영역으로 구분되어 있다.

문 8. KCR 제4판에 대한 설명으로 옳은 것만을 모두 고르면?

> ㄱ. 표목의 선정과 형식은 전거에서 처리하도록 규정하고, 목록규칙에서는 이를 제외하였다.
> ㄴ. 기술대상자료가 복제본이고 원본의 표제와 복제본의 표제가 다른 경우, 원본의 표제를 본표제에 기술한다.
> ㄷ. 복합매체자료(예:어학교육용 녹음자료와 텍스트)는 주된 매체를 기술의 대상으로 한다.
> ㄹ. 자료의 으뜸정보원에서 옮겨 적은 서지적 문구는 해당 자료에 쓰여진 그대로의 띄어쓰기를 원칙으로 하되, 이 원칙을 적용한 결과 오히려 의미 파악이 모호한 경우에는 띄어쓰기 관용을 허용한다.

① ㄱ, ㄴ   ② ㄱ, ㄴ, ㄷ
③ ㄱ, ㄷ, ㄹ   ④ ㄴ, ㄷ, ㄹ

문 9. 더블린코어 메타데이터 요소와 그 한정어(인코딩 스킴)의 연결이 옳지 않은 것은?

① Subject-LCSH
② Format-IMT
③ Identifier-URI
④ Date-DCMI Type Vocabulary

문 10. RDA에 대한 설명으로 옳지 않은 것은?

① RDA는 FRBR, FRAD, FRSAD 모형을 기반으로 하고 있다.
② RDA는 ISBD의 구분기호와 요소 배열을 그대로 유지하면서, 구문적 측면과 의미적 측면의 규칙을 함께 다루고 있다.
③ RDA에서는 AACR2R에서 사용해 온 자료유형표시 대신에, 자료의 물리적 측면인 매체유형과 수록매체유형, 그리고 내용적 측면인 내용유형으로 구분하고 있다.
④ RDA에서는 접근점을 특정 저작, 표현형, 개인, 가족, 단체를 나타내는 이름, 용어, 부호 등으로 정의하고, 전거형 접근점과 이형 접근점으로 구분하고 있다.

문 1. 〈보기 1〉을 대상으로 KCR 제4판과 KORMARC 형식(통합서지용, 2014 개정판)을 적용하여 〈보기 2〉의 레코드를 작성하였다. 〈보기 2〉의 필드 기술이 옳지 않은 것만을 모두 고르면? (단, 지시기호와 띄어쓰기는 적용하지 않음.)

〈보기 1〉

○ 표제: 정의란 무엇인가

○ 책임표시: 마이클 샌델 저, 이창신 옮김

○ 총서사항: 사상총서 ⑨

○ 원표제: Justice

○ 원저자 Michael Sandel은 1953년생

○ 원작의 레코드제어번호: 0000245544

〈보기 2〉

ㄱ. 041 ▼akor▼heng

ㄴ. 245 ▼a정의란 무엇인가 /▼c마이클 샌델 저 ;▼d이창신 옮김

ㄷ. 440 ▼a사상총서 ;▼v9

ㄹ. 700 ▼aMichael Sandel,▼d1953-

ㅁ. 765 ▼tJustice▼w0000245544

① ㄱ, ㄴ   ② ㄴ, ㄷ, ㄹ   ③ ㄴ, ㄹ, ㅁ   ④ ㄴ, ㄷ, ㄹ, ㅁ

문 2. KCR 제4판과 KORMARC 형식(통합서지용, 2014 개정판)을 적용하여 연속간행물을 기술한 레코드의 일부이다. ㉠, ㉡에 들어갈 표시기호로 옳은 것은? (단, 지시기호와 띄어쓰기는 적용하지 않음.)

310   ▼a계간

(㉠)   ▼a제11권 제1호(2010년 3월)-

580   ▼a교통계획 및 정책연구에서 교통계획과 교통정책으로 분리

(㉡)   ▼t교통계획 및 정책연구▼g제1권 제1호(2000년 3월)-제10권 제4호(2009년 12월)

	㉠	㉡
①	321	780
②	321	785
③	362	780
④	362	785

문 3. 목록의 표목과 접근점에 대한 설명으로 옳지 않은 것은?

① 특정 문헌이나 합집에 수록된 개별 저작을 대상으로 한 분출저록의 표목을 분출표목이라 한다.

② 접근점을 저자(단체), 표제, 주제명, 분류기호로 제한하고, 이 가운데 주제명과 분류기호를 기본표목으로 사용한다.

③ AACR2R에서는 저자를 알 수 없거나 4인 이상인 경우, 표제를 기본표목으로 선정한다.

④ 국제목록원칙규범에서는 서지데이터와 전거데이터를 검색하기 위한 접근점을 크게 제어형 접근점과 비제어형 접근점으로 구분하고 있다.

문 4. 국제목록원칙규범에서 제시한 '목록의 목적과 기능'에 해당하지 않는 것은?

① 서지자원이나 에이전트를 식별하는 일

② 소장자료 중 서지자원을 탐색하는 일

③ 목록의 안팎을 항해하는 일

④ 저작과 표현형에 대한 접근점을 선정하는 일

문 5. KCR 제4판에서 단행본에 적용하지 않는 것만을 모두 고르면?

ㄱ. 판표시	ㄴ. 자료특성사항
ㄷ. 특정자료종별	ㄹ. 등록표제

① ㄱ   ② ㄴ, ㄷ

③ ㄷ, ㄹ   ④ ㄴ, ㄷ, ㄹ

문 6. IFLA의 ISBD(통합판)에 대한 설명으로 옳지 않은 것은?

① 수량, 크기, 딸림자료표시는 자료기술영역에 기술한다.

② 축적표시와 연속간행물의 권호는 자료 또는 자원유형특성 영역에 기술한다.

③ 본표제, 표제관련정보, 부차적 판표시의 책임표시는 표제와 책임표시영역에 기술한다.

④ 내용형식과 매체유형영역은 첫 번째로 기술되는 영역이며, 통합판에 새로이 신설되었다.

문 7. KCR 제4판의 비도서자료 기술규칙에 대한 설명으로 옳은 것은?

① 도서를 마이크로자료로 복제한 복제본의 발행사항을 기술할 때 원본의 발행사항을 기술하고, 복제본의 발행사항은 주기한다.

② 화상자료와 영상자료의 책임표시에는 화가, 디자이너, 감독, 연출자, 연기자, 배우 등이 포함된다.

③ 원격접근 전자자료의 형태사항에는 '온라인자원'으로 기술한다.

④ 녹음자료의 경우 녹음된 내용이 동일하나 원판이 다를 때는 별도의 판으로 취급한다.

문 8. KORMARC 형식(통합서지용, 2014 개정판)의 서지레코드 디렉토리에 대한 설명으로 옳지 않은 것은?

① 리더 뒤에 나오는 것으로 어떤 필드가 어느 위치에 있으며 길이가 얼마인가를 지시해 주는 데이터가 기재된다.

② 각 표시기호에 대해서 한 개씩의 디렉토리 항목이 만들어지며 이 항목은 표시기호, 필드길이, 필드시작위치 등 3부분으로 편성된다.

③ 디렉토리 항목은 24자리를 한 단위로 하며, 한 레코드에서 디렉토리 항목의 수는 입력된 표시기호 수와 동일하다.

④ 디렉토리는 시스템이 자동 생성하는데, 자신의 표시기호, 지시기호, 식별기호를 갖지 않으며 끝에는 필드종단기호를 갖는다.

문 9. 한국문헌번호 ISBN 978-89-364-6133-1 73810에 대한 설명으로 옳은 것은?

① 978은 국제ISBN관리기구에서 배정한 국별번호이다.

② 364는 한국도서관협회의 한국문헌번호센터가 배정한 발행자 번호이다.

③ 6133은 발행자가 발행하는 서명이나 판의 일련번호순으로 부여한다.

④ 73810은 부가기호로 앞부분의 738은 KDC 분류기호를 나타낸다.

문 10. 다음은 메타데이터 표준의 하나인 MODS를 이용하여 기술한 레코드의 일부분이다.
㉠, ㉡에 들어갈 요소로 옳은 것은?

```
〈titleInfo〉
    〈title〉건축학편람〈/title〉
〈/titleInfo〉
〈name type="personal"〉
   〈namePart〉고만영〈/namePart〉
   〈role〉
    〈roleTerm type="text"〉편저〈/roleTerm〉
   〈/role〉
〈/name〉
〈 ㉠ 〉텍스트〈/ ㉠ 〉
〈genre〉편람〈/genre〉
〈 ㉡ 〉
   〈place〉
    〈placeTerm type="text"〉서울〈/placeTerm〉
   〈/place〉
   〈publisher〉구미무역〈/publisher〉
   〈dateIssued〉2012〈/dateIssued〉
〈/ ㉡ 〉
```

	㉠	㉡
①	mediaType	source
②	typeOfResource	originInfo
③	format	originInfo
④	format	source

문 1. 한국목록규칙 제4판(KCR4)의 표제와 책임표시사항에 대한 기술 총칙 내용으로 옳지 않은 것은?

① 본표제는 해당 자료의 으뜸정보원에 기재된 형식 그대로 기재하되, 표제의 일부분 이 '두줄쓰기'로 되어 있는 것은 '한줄쓰기'로 고쳐 쓴다.

② 종합표제나 대표표제가 기재된 자료에서는 이 종합표제나 대표표제를 본표제로 기재하고, 수록된 각 저작의 표제는 주기한다.

③ 자료의 으뜸정보원 이외의 다른 부분에서 취한 책임표시는 각괄호([ ]) 속에 기재 하고, 그 자료 이외의 정보원에서 얻은 책임표시는 주기사항에 기재한다.

④ 본표제나 표제관련정보에 포함된 저작자명은 책임표시에 다시 기재하지 않는다.

문 2. RDA(Resource Description and Access)의 내용유형에 해당하는 것으로만 묶은 것은?

① 오디오(audio), 비디오카세트(videocassette)

② 오디오(audio), 컴퓨터디스크(computer disc), 정지화상(still image)

③ 악보(notated music), 텍스트(text), 정지화상(still image)

④ 악보(notated music), 컴퓨터디스크(computer disc)

문 3. 다음은 KORMARC 형식(통합서지용)으로 작성한 데이터의 일부이다. ㉠~㉢에 들어갈 주제명부출표목의 표시기호로 옳은 것은? (단, 지시기호와 띄어쓰기는 적용하지 않음.)

(㉠) ▼a불전.▼p화엄경▼x해석
(㉡) ▼a한국▼x정치
(㉢) ▼a한국방송공사▼x역사
(㉣) ▼a베이직(컴퓨터 프로그램 언어)

① ㉠-630

② ㉡-611

③ ㉢-651

④ ㉣-610

문 4. 목록의 접근점에 대한 설명으로 옳지 않은 것은?

① 접근점은 서지적 기술사항을 검색하기 위한 요소를 의미하며, 전통적인 목록에서는 표목이라는 용어를 사용하였다.

② 한국목록규칙 제4판에서는 표목대신 접근점이란 용어를 사용하였고, 통일표목을 적용하지 않았다.

③ RDA에서 접근점은 특정 저작이나 표현형, 개인, 가족, 단체 등을 나타내는 이름, 용어, 부호 등을 말하며, 전거형 접근점과 이형 접근점으로 구분한다.

④ 국제목록원칙규범은 서지레코드의 필수 접근점으로 구현형의 본표제, 기술된 개체의 표준번호, 총서의 전거형 접근점, 서지레코드 식별기호 등을 포함한다.

문 5. 주제명목록과 비교할 때, 분류목록(classified catalog)이 갖는 특성으로 옳은 것만을 모두 고른 것은?

> ㄱ. 목록의 배열이 이론적이고 체계적이다.
> ㄴ. 목록에서 관련된 주제가 집중된다.
> ㄷ. 다른 목록들과 통합하여 사전체목록으로 편성할 수 있다.
> ㄹ. 목록을 배열하거나 이용할 때 언어의 장벽을 감소시킬 수 있다.

① ㄱ, ㄷ   ② ㄴ, ㄹ

③ ㄱ, ㄴ, ㄹ   ④ ㄱ, ㄴ, ㄷ, ㄹ

문 6. 한국목록규칙 제4판(KCR4)의 연속간행물 기술에 대한 내용으로 옳지 않은 것은?

① 기술의 정보원은 창간호를 기준으로 하되, 창간호의 정보를 알 수 없는 경우에는 입수된 첫 호의 정보원에 의한다.

② 간행 중 판표시가 변경된 때에는 새로운 저록(레코드)을 작성하고, 변경전후의 판표시는 각각 주기사항에 기술한다.

③ 간행빈도를 나타내는 어구가 표제의 활자와 같은 크기로 표제에 나타나 있으면, 간행빈도를 포함하여 본표제로 기술한다.

④ 축약형과 완전형의 표제가 함께 기재되어 있는 경우에는 완전형을 본표제로 기술한다.

문 7. 다음은 '종합표제 없이 4개 작품을 수록하고 있는 단일 저자의 합집' 표제면이다. 한국목록규칙 제4판(KCR4)과 KORMARC 형식(통합서지용)으로 작성했을 때, 245 필드의 기술이 옳은 것은? (단, 지시기호와 띄어쓰기는 적용하지 않음.)

〈표제면〉
위대한 유산
크리스마스 캐럴
두 도시 이야기
올리버 트위스트
찰스 디킨스 지음/이기석 옮김

① 245 ▼a위대한 유산 /▼d찰스 디킨스 지음 ;▼e이기석 옮김 … [외]
② 245 ▼a위대한 유산 /▼d찰스 디킨스 지음 ;▼e이기석 옮김. [외]
③ 245 ▼a위대한 유산 … [외] /▼d찰스 디킨스 지음 ;▼e이기석 옮김
④ 245 ▼a위대한 유산 [외] /▼d찰스 디킨스 지음 ;▼e이기석 옮김

문 8. 다음은 KORMARC 형식(통합서지용)의 전거레코드 작성 예시이다. ㉠과 ㉡에 들어갈 표시기호를 바르게 연결한 것은? (단, 지시기호와 띄어쓰기는 적용하지 않음.)

○ 현재 기관명: 교육부
○ 영문 기관명: Ministry of Education
○ 이전 기관명: 교육인적자원부
○ 이전 기관명: 문교부

110 ▼a교육부
[㉠] ▼aMinistry of Education
[㉡] ▼a교육인적자원부
[㉡] ▼a문교부

	㉠	㉡
①	410	610
②	410	510
③	610	710
④	510	710

문 9. 한국목록규칙 제4판(KCR4)의 총서에 대한 기술총칙으로 옳지 않은 것은?

① 총서의 권차를 표현한 단위어는 그 자료에 표시된 문자와 용어 그대로 기재하되, 가급적 약어화한다.

② 총서 중에서 수 개를 차지하는 저작으로 그 권호가 띄엄 번호일 경우, 해당번호 중 최초의 번호와 최후의 번호를 '짧은 붙임표(-)'로 연결하여 기술한다.

③ 하위총서가 편, 계, 보유 성격의 차서를 포함하고 있는 것은 하위총서 표제 앞에 이를 기술한다.

④ 하위총서의 대등표제, 표제관련정보, 책임표시에 대해서는 그의 기재를 원칙적으로 생략하되, 식별상 필요한 경우에는 본총서의 기술방법에 준하여 기술한다.

문 10. 다음은 KORMARC 형식(통합서지용)으로 작성한 레코드의 일부이다. 밑줄 친 연관저록 표시기호의 사용으로 옳지 않은 것은? (단, 지시기호와 띄어쓰기는 적용하지 않음.)

> ㄱ. 번역서와 원저 관계
> 　245 00▼a인간의 굴레 /▼d서머셋 모음
> 　765 0 ▼aMaugham, William Somerset.▼tOf human bondage,▼z0877790105
> ㄴ. 저작의 보유판 또는 특별호 관계
> 　245 00▼a신동아
> 　772 0 ▼t현대 한국의 명저 100권,▼z97911879680XX
> ㄷ. 물리적 형태가 다른 저작 관계
> 　245 00▼aCollege English▼h[microform]
> 　776 1 ▼tCollege English▼x0010-0994
> ㄹ. 해당 자료와 직접적인 관련이 있는 선행자료 관계
> 　245 00▼a문헌정보학개론 /▼d정필모
> 　780 02▼t도서관학개론

① ㄱ의 765필드　　　　　　② ㄴ의 772필드
③ ㄷ의 776필드　　　　　　④ ㄹ의 780필드

문 1. 주요 목록규칙(편목규칙)에 대한 설명으로 옳은 것만을 모두 고른 것은?

> ㄱ. 한국목록규칙 제4판은 기본표목을 규정하지 않고 있으며, 통일표목을 적용하지 않는다.
> ㄴ. 박봉석의 조선동서편목규칙은 국제적 추세를 수용하여 저자명목록을 기본목록으로 하고 있다.
> ㄷ. C.A. Cutter의 사전체목록규칙은 이용자의 편의성을 강조한 규칙으로서 이후의 목록 규칙에 많은 영향을 미쳤다.
> ㄹ. RDA(Resource Description and Access)는 IFLA의 FRBR과 FRAD의 개념모형을 기반으로 하고 있다.

① ㄱ, ㄴ ② ㄷ, ㄹ

③ ㄱ, ㄷ, ㄹ ④ ㄴ, ㄷ, ㄹ

문 2. 서지적 관계유형에서 틸렛(B. Tillett)이 주장한 파생관계(derivative relationships)에 해당하는 것은?

① 개정판, 번역서 ② 영인본, 증보판

③ 해설집, 서평 ④ 요약집, 색인집

문 3. 주제명표목표의 '참조'에 대한 설명으로 옳지 않은 것은?

① '참조'는 이용자가 사용한 탐색어로부터 주제명표목표에서 선정한 표목으로 안내하고 관련 표목 간을 연결하기 위한 것이다.

② '보라참조'는 표목으로 채택되지 않은 주제명에서 채택된 주제명표목으로 연결시켜주는 역할을 한다.

③ '도보라참조'는 표목으로 채택된 주제명을 채택되지 않은 주제명으로 연결시켜 주는 역할을 한다.

④ '일반참조'는 개별 표목을 지시하는 참조와는 달리, 일단의 표목이나 범주를 지시하는 역할을 한다.

문 4. 한국목록규칙 제4판의 기술규칙 중 각종 자료의 표제관련 기술규칙에 대한 설명으로 옳지 않은 것은?

① 지도자료의 경우, 자료의 어느 부위에도 표제의 표시가 없는 경우에는 대상 지명을 나타내는 어구가 포함되도록 하여 본표제를 보기한다.

② 고서자료의 경우, 다권본으로 이루어진 자료는 첫째 권 또는 첫 책의 권수제면(卷首題面)이나 표제면을 기준으로 본표제를 기술한다.

③ 악보자료의 경우, 식별상 필요한 숫자나 문자가 표제와 불가분의 관계가 있는 경우에는 이를 본표제의 일부로 기술한다.

④ 화상자료 중 복제화는 원화의 표제를 본표제로 기술하고, 원화의 일부를 복제한 경우에는 이 사실을 부기한다.

문 5. 다음은 한국목록규칙 제4판과 KORMARC 형식(통합서지용)으로 작성한 레코드의 일부이다. 바르게 입력된 필드만을 모두 고른 것은? (단, 지시기호와 띄어쓰기는 적용하지 않는다.)

020 ▼a978-89-460-5625-1▼g93530 :▼c₩25000
245 ▼a현대 도시계획의 이해 :▼b환경공학적 접근 /▼d존 버틀러 지음,▼e김철수,▼e이영희 옮김
260 ▼a파주 :▼b인쇄문화,▼c2013
300 ▼a395 p. :삽화 :▼c23 cm +▼e전자 광디스크 1매
650 ▼a도시계획

① 020, 245
② 260, 650
③ 020, 260, 650
④ 245, 300, 650

문 6. 다음은 한국목록규칙 제4판과 KORMARC 형식(통합서지용)으로 작성한 레코드의 일부이다. ㉠과 ㉡에 들어갈 표시기호는? (단, 지시기호와 띄어쓰기는 적용하지 않는다.)

245 ▼a한국 고전소설 연구사▼h[전자자료] /▼d최보라 지음
300 ▼a전자책 1책 (263 p.)
(㉠) ▼a같은 내용으로 단행본도 있음
(㉡) ▼a최보라.▼t한국 고전소설 연구사.▼d서울 : 한국도서관협회, 2010

	㉠	㉡
①	530	775
②	530	776
③	538	775
④	538	776

문 7. KORMARC 형식(통합서지용)의 서지레코드에서 FRBR의 표현형식별을 위한 언어 정보로 이용할 수 있는 것은?

① 리더/00-04
② 005 필드
③ 007 필드/01
④ 008 필드/35-37

문 8. 번역서에 대한 아래의 예시를 MARC 형식으로 서지레코드를 작성할 때, 원본의 표제를 기술할 MARC 21과 KORMARC 형식(통합서지용)의 표시기호를 순서대로 짝지은 것은?

대상 자료: 위대한 개츠비
        F. Scott Fitzgerald 지음 강슬기 번역
원본의 표제: The Great Gatsby

① 240-240   ② 240-246
③ 246-240   ④ 246-246

문 9. 한국목록규칙 제4판에서 규정하고 있는 자료특성사항의 예시 중 자료특성사항을 기술한 것이 아닌 것은? (단, 띄어쓰기는 적용하지 않는다.)

① 관현악총보

② 전자 데이터 (1파일: 550레코드)

③ 축척 1 : 50,000 ;등거리방위도법

④ 녹음 릴 1개 (31분)

문 10. DC로 작성된 아래의 레코드를 MODS로 변환할 때, ㉠~㉣에 해당하는 MODS의 상위요소로 옳은 것은? (단, 띄어쓰기는 적용하지 않는다.)

㉠ 〈dc:title〉경제의 원칙과 실제〈/dc:title〉

㉡ 〈dc:creator〉박경제〈/dc:creator〉

　〈dc:subject〉경제학〈/dc:subject〉

㉢ 〈dc:date〉2015〈/dc:date〉

㉣ 〈dc:type〉텍스트〈/dc:type〉

　〈dc:identifier〉ISBN 978-89-4039-132-1〈/dc:identifier〉

　〈dc:language〉한국어〈/dc:language〉

① ㉠-accessCondition

② ㉡-author

③ ㉢-physicalDescription

④ ㉣-typeOfResource

1. 다음은 KCR(한국목록규칙) 제4판을 적용하여 KORMARC 형식(통합서지용)으로 작성한 레코드의 일부이다. ㉠, ㉡에 들어갈 표시기호(Tag)는? (단, 띄어쓰기, 필드종단기호는 적용하지 않는다.)

```
245 00 ▼a삼봉 정도전: ▼b문정인 장편소설 /▼d문정인 지음
260    ▼a서울 :▼b공상공간,▼c2010
( ㉠ ) 18 ▼a정도전,▼d1342-1398 ▼v소설
( ㉡ ) 1  ▼a문정인
```

	㉠	㉡
①	600	100
②	600	700
③	650	100
④	650	700

2. KORMARC 형식(통합서지용)에서 필드의 연결이 바르지 않은 것은?

① 254 - 악보의 표현형식
② 255 - 지도제작의 수치데이터
③ 257 - 보존기록의 특성
④ 263 - 발행예정일자

3. 전거파일 기능에 대한 설명으로 옳지 않은 것은?

① 서지레코드의 접근점 필드와 전거레코드의 제어번호를 분리함으로써 서지 파일에 수록된 전거형식과 참조를 갱신한다.
② 목록작성자가 목록에 추가하는 서지기술에 사용할 접근점을 선정하고 부여할 때 참고도구의 기능을 수행한다.
③ 서지파일에 사용되는 접근점의 형식을 제어한다.
④ 이용자가 필요로 하는 안내 정보나 참조를 제시하여 이용자의 서지파일 접근을 지원한다.

4. 메타데이터에 대한 설명으로 옳지 않은 것은?

   ① RDF는 자원과 자원의 속성, 그와 같은 속성의 값을 표현하기 위한 데이터모델이다.

   ② DC는 15개 기본요소로 구성되며 그 중 Rights에는 자원이 가지고 있는 권리나 자원에 대한 권리에 관한 정보를 기술한다.

   ③ MODS는 LC가 개발하였으며 MARC와 유사한 의미구조를 가진 XML스키마이다.

   ④ RDA는 자료식별을 위한 기술부와 자료검색의 수단 또는 문헌집중을 위한 접근점의 구조로 분리되어 있다.

5. KORMARC 형식(통합서지용)의 연관저록 필드의 연결이 바르지 않은 것은?

   ① 동시발간저록-776   ② 원저저록-765

   ③ 이판저록-775   ④ 선행저록-780

6. 다음은 KORMARC 형식(통합서지용) 데이터의 일부이다. ㉠~㉢에 들어갈 표시기호(Tag)는?
   (단, 지시기호, 띄어쓰기, 필드종단기호는 적용하지 않는다.)

(㉠) ▼a참고문헌: p. 699-702
(㉡) ▼p원본출판사항: ▼c서울: 행복신문사, 1961
(㉢) ▼a노벨경제학상, 2004

	㉠	㉡	㉢
①	500	533	586
②	500	534	585
③	504	533	585
④	504	534	586

7. 동양의 목록규칙에 대한 설명으로 옳은 것은?

   ① 한국목록규칙 초판은 표목의 형식을 한글과 한자로 병기하였다.

   ② 정묵이 편찬한 한서예문지는 사분법의 효시를 이룬 목록이다.

   ③ 우리나라 최초의 유교관계목록은 신편제종교장총록이다.

   ④ 한은도서편목법은 국내에서 처음으로 저자명기본기입을 원칙으로 채택한 목록규칙이다.

8. KCR(한국목록규칙) 제4판의 주요 특징으로 옳지 않은 것은?

① 목록기능 제시 　　　　　　　　② 기술대상의 확대

③ 화상 자료와 영상 자료의 분리 　④ 통일표목의 배제

9. 다음은 『우주의 신비』에 부여된 ISBN의 부가기호(73440)이다. ㉠~㉢에 들어갈 의미로 옳은 것은?

『우주의 신비』: ISBN 978-89-6352-530-3 73440

　　7　　3　　440
　　(㉠)　(㉡)　(㉢)

	㉠	㉡	㉢
①	전문도서	단행본	광물학
②	아동도서	단행본	천문학
③	전문도서	그림책	천문학
④	아동도서	그림책	광물학

10. 목록규칙에 대한 설명으로 옳지 않은 것은?

① Panizzi의 목록규칙은 서명기본기입을 원칙으로 하는 최초의 조직적인 규칙이라 할 수 있다.

② Jewett의 목록규칙은 미국에서 최초로 발간된 공간(公刊)규칙으로 종합목록을 시도한 규칙이다.

③ AACR 초판은 ICCP에서 채택된 원칙성명을 반영한 규칙으로 북미판과 영국판으로 각각 출판되었다.

④ AACR2는 제1부 기술과 제2부 표목·통일표제·참조로 구성되었으며, 기술의 구두법은 ISBD를 따르고 있다.

1. 연속간행물 『공공도서관』에 대한 다음 내용을 KORMARC 형식(통합서지용)을 적용하여 기술한 것으로 옳은 것은? (단, 지시기호와 띄어쓰기는 적용하지 않는다.)

○ 『공공도서관』이라는 표제하에 2013년 2월부터 연 6회 발간되고 있으며, 2014년 2월 현재 제15권 제1호가 발행되었다.
○ 이전에는 『한국공공도서관』이라는 표제로 2000년부터 연 4회 발간되었다가 2013년 2월부터 『공공도서관』으로 변경되었다.
○ 『2013 공공도서관명감』은 『공공도서관』 2013년 12월호의 별책부록이다.

① 321 ▼a격월간
② 362 ▼a제14권 제1호(2013년 2월)-
③ 770 ▼t공공도서관 ▼g제14권 제6호(2013년 12월)
④ 785 ▼t한국공공도서관 ▼g제1권 제1호(2000년 3월)-제13권 제4호(2012년 12월)

2. 다음 표제면을 KCR4를 적용하여 KORMARC 형식(통합서지용)으로 작성했을 때, 옳은 것은? (단, 지시기호와 띄어쓰기는 적용하지 않는다.)

WORLD LIBRARY SERIES, VIII

PUBLIC LIBRARIES
공공도서관
제삼판

제임스 커터 저
홍길동 역

2013
서울
사단법인 한국도서관협회

① 245 ▼a공공도서관=▼xPublic libraries /▼d제임스 커터 저 ;▼e홍길동 역

② 250 ▼a제삼판

③ 260 ▼a서울 :▼b사단법인 한국도서관협회, ▼c2013

④ 440 ▼aWorld library series ;▼vVIII

3. 다음 중 시멘틱웹에 대한 설명으로 옳은 것을 모두 고른 것은?

> ㄱ. 시멘틱웹을 작성하기 위한 주요 도구는 RDF와 온톨로지이다.
>
> ㄴ. 시멘틱웹은 OCLC에 의해 2001년에 최초로 제안되었다.
>
> ㄷ. 이 기법은 의미적으로 관련 있는 웹 검색을 가능하게 해 준다.
>
> ㄹ. 지능적 인터넷 에이전트를 개발하여 정보의 검색, 추출, 해석, 가공 등과 같은 제반 처리를 수행할 수 있게 해 준다.

① ㄱ, ㄷ   ② ㄱ, ㄴ, ㄹ

③ ㄱ, ㄷ, ㄹ   ④ ㄴ, ㄷ, ㄹ

4. AACR2R(2002)을 적용한 표목의 선정에 대한 설명으로 옳은 것은?

① 편집자의 책임하에 이루어진 저작은 그 편집자가 기본표목이 된다.

② 개작하거나 각색한 경우에 원저자가 기본표목이 되고 개작자나 각색자는 부출표목이 된다.

③ 원문과 주석이 함께 수록된 경우에는 어떤 것이 강조되었는지에 따라 주석자·해석자 또는 원저자가 기본표목이 된다.

④ 종합표제가 있는 두 사람 이상의 합집은 첫 번째 저자가 기본표목이 된다.

5. 저록에 사용된 이름(인명과 단체명, 지명, 표제명)과 주제명 등의 형식을 일관되게 유지하여 관련 자료를 목록상의 특정 위치에 집중하기 위한 활동을 의미하는 용어는?

① 표목(heading)

② 전거제어(authority control)

③ 서지제어(bibliographic control)

④ 접근점(access points)

6. RDA에 대한 설명으로 옳은 것은?

　① 각 장은 자료 유형에 따라 나눠지지 않고 개체와 관계를 중심으로 이루어졌다.

　② 책임표시의 저자 수 제한을 3명 이하에서 4명 이하로 변경하였다.

　③ 약어 표기는 AACR2R의 방침을 그대로 계승하였다.

　④ RDA작성은 FRBR의 문제점을 보완한 새로운 개념 모델을 토대로 설계되었다.

7. 메타데이터의 각 유형에 대한 설명으로 옳은 것은?

　① 관리 메타데이터(administrative metadata)는 복합적인 디지털 객체들을 함께 묶어 주는 역할을 하는 메타데이터이다.

　② 구조 메타데이터(structural metadata)는 정보자원의 접근, 이용 등의 제약에 관한 메타데이터이다.

　③ 기술 메타데이터(descriptive metadata)는 정보자원의 발견, 식별, 선정 등을 돕는 메타데이터이다.

　④ 기술 메타데이터(technical metadata)는 정보자원의 물리적, 논리적 내부 구조에 관한 메타데이터이다.

8. 다음 자료에 해당하는 FRBR 제1집단의 개체로 옳은 것은?

　김대한이 번역하고 한국출판사가 2013년에 발행한 Jane Austin의 소설 『오만과 편견』의 한글 번역서

　① 저작(work)
　② 표현형(expression)
　③ 구현형(manifestation)
　④ 개별자료(item)

1. KORMARC(통합서지용) 형식은 해당 자료와 관련 자료 사이의 각각 다른 서지적 관계를 보여주기 위해 여러 형태의 연관저록필드를 갖고 있다. 연관저록필드의 형태 중 다른 언어, 형식, 매체 등과 같이 한 서지자료에서 상이한 판(version) 간의 관계를 나타내는 필드로 옳지 않은 것은?

① 765 필드   ② 767 필드   ③ 772 필드   ④ 775 필드

2. 틸렛(B. B. Tillett)의 서지적 관계유형에 대한 예시로 옳지 않은 것은?

  ① 기술관계 - 『구약성경』의 주석서
  ② 파생관계 - 『Hamlet』의 한국어 번역서
  ③ 계층관계 - 연암 박지원의 『열하일기』 영인본
  ④ 전후관계 - 연속간행물 『도서관학』이 『한국문헌정보학회지』로 표제 변경

3. KORMARC(통합서지용)과 MARC 21 형식의 필드 사용에 대한 비교 설명으로 옳지 않은 것은?

  ① 번역도서의 경우 원표제의 기술을 위해 MARC 21에서는 240 필드를 사용하고, KORMARC에서는 246 필드를 사용한다.
  ② 245 필드의 책임표시사항의 기술을 위해 MARC 21에서는 $c를 사용하고, KORMARC에서는 ▼d와 ▼e를 사용한다.
  ③ 245 필드 제2지시기호의 경우 KORMARC에서는 관제 및 관사의 출력형태를 제어하고 MARC 21에서는 배열에서 무시되는 문자수를 기재한다.
  ④ 총서사항과 총서표제의 부출표목이 같은 경우 총서사항의 기술을 위해 MARC 21에서는 440 필드를 사용하고 KORMARC에서는 490 필드를 사용한다.

4. KORMARC(통합서지용) 형식의 서지레코드에 대한 설명으로 옳지 않은 것은?

  ① 가변길이제어필드의 경우 지시기호는 사용하지만 식별기호는 사용하지 않는다.
  ② 마이크로자료는 원본이나 복제본에 상관없이 별도 종류의 레코드로 구분하지 않는다.
  ③ 원자료가 있는 전자자료는 원자료의 유형에 따라 레코드의 종류를 구분한다.
  ④ 서지레코드의 종류는 리더/ 06의 구분기호로 표시한다.

5. 다음 자료를 바탕으로 KCR 제4판과 KORMARC(통합서지용) 형식을 적용하여 목록레코드를 작성할 때 필드의 기술이 옳지 않은 것은? (단, 지시기호, 띄어쓰기, 필드 종단기호는 적용하지 않는다.)

석사학위논문

대중문화예술 활성화를 위한
프로그램 개발 방안
- 중학교에서의 음악교육을 중심으로 -
The Program Development Plan for the Revitalization of
Popular Culture and Art by Focusing on Music
Education in Middle Schools

한국대학교 교육대학원
음악교육전공
한도협
013년 8월

○ KDC 제5판으로 분류하면 '376.5467'임
○ 쪽수는 i-vi, 1-93으로 매겨져 있음
○ 책의 크기는 가로 19 cm, 세로 25.3 cm임
○ 본문에 사진과 악보를 포함하고 있음

---

① 056 ▼a376.5467▼25
② 245 ▼a대중문화예술 활성화를 위한 프로그램 개발 방안 = ▼x(The) program development plan for the revitalization of popular culture and art by focusing on music education in middle schools :▼b중학교에서의 음악교육을 중심으로 /▼d한도협
③ 300 ▼avi, 93 p. :▼b사진, 악보 ;▼c26 cm
④ 502 ▼a학위논문 -▼b한국대학교 교육대학원,▼c음악교육전공, ▼d2013

6. 다음은 ISBN의 예시이다. 이 가운데 부가기호 다섯 자리수 '93020'의 구성에 대한 설명으로 옳은 것은?

ISBN 978-89-89023-89-0 93020

① 9(발행형태기호) - 3(독자대상기호) - 020(내용분류기호)
② 9(독자대상기호) - 3(발행형태기호) - 020(내용분류기호)
③ 9(독자대상기호) - 3(발행형태기호) - 02(내용분류기호) - 0(예비기호)
④ 9(발행형태기호) - 3(독자대상기호) - 02(내용분류기호) - 0(예비기호)

7. 전거제어와 주제명표목표에 관한 설명으로 옳은 것만을 모두 고르면? 3

ㄱ. 전거제어는 목록에서 접근점으로 사용하는 인명, 단체명, 회의명, 통일표제, 주제명, 지명 등에 대해 하나의 특정 형식을 일관되게 사용함으로써 관련 개체를 목록상에 집중하는 것을 목적으로 한다.
ㄴ. 미국의회도서관 주제명표목표(LCSH)의 주표목은 주제표목과 형식표목이며, 각종 고유명사를 대상으로 한 고유명표목은 포함하지 않는다.
ㄷ. KORMARC 전거레코드에서 단체명으로 채택한 접근점은 110 필드에, 비채택 접근점은 410 필드에 기술한다.
ㄹ. 국립중앙도서관 주제명표목표는 다양한 정보검색시스템에서 사용할 수 있도록 시소러스 형식을 갖추고 있다.

① ㄱ   ② ㄴ, ㄹ   ③ ㄱ, ㄷ, ㄹ   ④ ㄱ, ㄴ, ㄷ, ㄹ

8. IFLA의 FRBR에서 제시한 4개의 이용자 과업(user tasks)에 해당하는 것만을 모두 고르면?

ㄱ. To select   ㄴ. To identify   ㄷ. To find   ㄹ. To organize

① ㄱ, ㄷ   ② ㄴ, ㄹ   ③ ㄱ, ㄴ, ㄷ   ④ ㄱ, ㄴ, ㄷ, ㄹ

9. KCR 제4판의 규정을 적용할 때 옳은 것은?

① 본표제가 길 경우에는 의미가 손상되지 않는 범위 내에서 본표제를 축약할 수 있으며, 이때 생략된 부분은 석점줄임표로 표시한다.

② 본표제나 표제관련정보에 포함된 저작자명은 책임표시에서 그 기재를 생략할 수 있다.

③ 표제관련정보의 기재순서는 으뜸정보원에 기재된 순서나 활자의 크기에 따라 기재하되, 책임표시의 성격을 띤 표제를 맨 앞에 기재한다.

④ 표제와 책임표시사항에 권차, 회차, 연차를 기술할 경우 회차와 연차가 모두 기재되어 있는 자료는 회차 다음에 연차를 원괄호(( ))로 묶어 기재한다.

10. KCR 제4판의 기술규칙으로 옳지 않은 것은?

① 녹음자료의 채널수는 '모노', 'mono.' 또는 '스테레오', 'stereo.' 또는 '4채널', 'quad.'로 구분하여 기술한다.

② 지도자료의 도법표시는 기술대상자료나 용기, 딸림자료에 도법이 기재되어 있는 경우에만 기술한다.

③ 총서와 관련된 책임표시는 원칙적으로 기재하지 않는다.

④ 연속간행물의 본표제가 일부 변경된 경우에는 변경된 표제 아래 독립된 저록을 작성하지 않는다.

1. 한국목록규칙 제4판(KCR4)의 녹음자료 기술규칙으로 옳지 않은 것은?

   ① 자료유형을 본표제 다음에 각괄호([ ]) 속에 기술한다.

   ② 재생속도는 형태사항에 기술하되 표준속도인 경우에는 재생속도를 생략한다.

   ③ 합집에 포함된 각 작품의 재생시간은 자료특성사항에 기술한다.

   ④ 형태사항에서 간행이 완결되지 않은 녹음자료의 수량은 단위어만 기술하고 수량은 빈칸으로 남겨둔다.

2. 더블린코아 메타데이터의 요소세트(Dublin Core Metadata Element Set)에 포함된 데이터 요소를 모두 고른 것은?

ㄱ. Contributor	ㄴ. Creator	ㄷ. Relation	ㄹ. Rights

   ① ㄱ, ㄷ

   ② ㄱ, ㄴ, ㄹ

   ③ ㄴ, ㄷ, ㄹ

   ④ ㄱ, ㄴ, ㄷ, ㄹ

3. 한국목록규칙 제4판(KCR4)에 따라 자료특성사항을 기술하고자할 때, 자료의 유형과 그 자료에 대하여 기술되는 자료특성사항의 연결이 옳지 않은 것은?

   ① 화상자료와 영상자료 - 예술적 표현양식에 관한 사항

   ② 입체자료 - 축소 및 확대 비율에 관한 사항

   ③ 지도자료 - 축척 및 좌표에 관한 사항

   ④ 전자자료 - 자료내용 및 크기에 관한 사항

4. IFLA의 FRBR연구보고에 대한 설명으로 옳지 않은 것은?

   ① 서지레코드의 기능상 요건에 관한 것이다.

   ② 개체들을 3개 집단으로 구분하였다.

   ③ 제1집단의 개체에는 저작, 표현형, 구현형, 개별자료, 관계 등 5가지가 포함된다.

   ④ 서지데이터가 갖추어야 할 최소한의 요건을 종합하여 기술요소와 조직요소(표목)로 정리하였다.

5. 한국문헌자동화목록형식 (KORMARC, 통합서지용)에서 제어필드에 대한 설명으로 옳지 않은 것은?

① 디렉토리에는 제어필드의 위치가 표시되지 않는다.

② 제어필드는 지시기호와 식별기호를 사용하지 않는다.

③ 제어필드는 표시기호의 앞 두 자리를 00으로 시작한다.

④ 제어필드는 필드종단기호를 사용한다.

6. 한국목록규칙 제4판(KCR4) 기술총칙의 표제관련정보 기술규칙으로 옳지 않은 것은?

① 본표제를 보완하거나 설명하는 성격의 부차적 표제를 그 범위로 한다.

② 너무 긴 표제관련정보는 주기사항에 옮겨 적거나 적당히 줄여 적을 수 있다.

③ 저작의 성격이나 양식, 내용을 표현하는 사항(예: 시집, 수필집, 장편소설 등)이 저자명에 덧붙여 복합어구를 구성하는 경우, 이를 본표제로 채택하지 않은 경우에는 그 전체를 표제관련정보로 기재한다.

④ 표제관련 정보의 기재순서는 으뜸정보원에 기재된 순서나 활자의 크기에 따라 기재하되, 책임표시의 성격을 띤 것을 제일 먼저 기재한다.

7. 영미목록규칙 제2판(AACR2)을 계승하여 디지털 환경에 맞게 서지 개체 간의 관계유형을 명확하게 규정하고, 데이터 기록에 대한 지침과 지시를 제공하도록 개발된 것은?

① RDA(Resource Description and Access)

② MODS(Metadata Object Description Standard)

③ FRAD(Functional Requirements for Authority Data)

④ RDF(Resources Description Framework)

8. 한국문헌자동화목록형식 (KORMARC, 통합서지용)의 레코드 기본구조에 대한 설명으로 옳지 않은 것은?

① 레코드는 리더, 디렉토리, 가변길이필드로 구성되어 있다.

② 가변길이필드는 표시기호의 첫 번째 숫자에 따라서 0~9까지의 블록으로 나뉘어진다.

③ 레코드의 22번째 자수위치부터 시작되는 디렉토리는 레코드 처리를 위한 정보를 제공하는 데이터 요소로 구성된다.

④ 20X부터 24X필드까지는 표제와 표제관련필드이다.

9. 다음 보기는 한국문헌자동화목록형식(KORMARC, 통합서지용)으로 특정 자료의 서지레코드 일부를 작성한 것이다. ㉠, ㉡ 및 ㉢에 들어갈 표시기호와 식별기호를 바르게 나열한 것은? (단, (㉠) 다음의 분류기호는 듀이십진분류법 제22판(DDC22)으로 분류한 것이고, 지시기호와 필드종단기호, 띄어쓰기는 적용하지 않는다.)

(㉠) ▼a791.43 ▼222
245 ▼a맘마미아! (㉡) [비디오녹화자료] /▼dPhyllida Lloyd 감독
300 ▼a비디오디스크 1매(108분) :▼b유성, 천연색;▼c12 cm
(㉢) ▼a12세이상 관람가

	㉠	㉡	㉢
①	082	▼h	521
②	080	▼b	522
③	082	▼b	522
④	080	▼h	521

10. 한국목록규칙 제4판(KCR4)의 기술규칙으로 옳지 않은 것은?

① 합집이나 총서에 수록된 개별 저작을 독립시켜 기술의 대상으로 할 수 있다.

② 복제물의 기술은 원칙적으로 대본인 원 자료를 대상으로 한다.

③ 판 표시에서 서양어의 일반 어구는 소정의 표준 약어 형식으로 고쳐 기술한다.

④ 로마자의 대문자법은 기술되는 언어의 관용법에 따른다.

11. 한국목록규칙 제4판(KCR4)과 한국문헌자동화목록형식(KORMARC, 통합서지용)으로 다음 지도자료의 축척 및 좌표 사항을 입력할 경우 옳은 것은? (단, 서지사항은 해당사항의 으뜸정보원으로부터 채기한 것이며, 지시기호와 필드종단기호, 띄어쓰기는 적용하지 않는다.)

한국지도연구원은 횡단 메르카토르도법으로 1/500,000로 축소한 세계최신지도를 제작함

① 255 ▼a축척 1 : 500,000 ; ▼b횡단 메르카토르도법

② 255 ▼a축척 1 : 500,000 ; ▼c횡단 메르카토르도법

③ 342 ▼a축척 1 : 500,000 ; ▼b횡단 메르카토르도법

④ 342 ▼a축척 1 : 500,000 ; ▼c횡단 메르카토르도법

12. 아래에 예시한 자료를 바탕으로 한국목록규칙 제4판(KCR4)과 한국문헌자동화목록형식 (KORMARC, 통합서지용)을 적용하여 목록레코드를 작성할 때, 바르게 입력된 필드는? (단, 지시기호와 필드종단기호, 띄어쓰기는 적용하지 않는다.)

[표제면]	[판권기]
현대건축총서 ⑤ 현대건축설계론 現代建築設計論 박건축 지음 대한건축사	현대건축설계론 1997년 3월 10일 초판발행 2000년 9월 10일 개정판 발행 2004년 9월 10일 개정증보판 발행 2006년 3월 15일 개정증보 2쇄 발행 2009년 3월 15일 개정증보 3쇄 발행 지은이 : 박건축 발행인 : 김설계 발행처 : 대한건축사 서울특별시 서초구 554-123 [정가 20,000원] ISBN 978-89-363-0944-2 ISSN 1225-5521

○ 디스크 1매가 첨부되어 있음
○ 본문은 국한문 혼용으로 기술됨
○ 면수는 1부터 452까지 매겨져 있음
○ 책의 크기는 가로 17.6 cm, 세로 25.2 cm임

① 020 ▼aISBN 9788936309442 :▼b₩20000
② 245 ▼a현대건축설계론=▼x現代建築設計論/▼d박건축 지음
③ 260 ▼a서울 :▼b대한건축사,▼c2009
④ 300 ▼a452 p. ;▼c26 cm+▼e디스크 1매

1. 한국목록규칙 4판(KCR4)의 기술총칙에서 표제와 책임표시사항에 관한 기술규칙으로 옳지 않은 것은?

① 표제 관련 정보의 기재순서는 으뜸정보원에 기재된 순서나 활자의 크기에 따라 기재하되 책임 표시의 성격을 띤 것을 맨 나중에 기재한다.

② 인명이나 단체명이 아닌 일반 단어로만 구성된 책임표시도 이를 책임표시에 기술한다.

③ 으뜸 정보원에 역할을 달리하는 두 종 이상의 책임표시가 있는 경우 저자를 먼저 기재하고 나 머지는 정보원에서 기재된 순차나 활자의 크기에 따라 기재한다.

④ 으뜸정보원에 저작역할어가 책임표시 앞에 표시된 경우 책임표시, 저작역할어의 순으로 바 꾸어 기술한다.

2. 다음 자료를 한국십진분류표(KDC) 6판으로 분류하고 'KORMARC 통합서지용'에 의하여 기 본표목을 적용하지 않고 각 필드별로 해당 서지데이터를 기술하였다. 모두 옳게 기술된 것은? (단, 띄어쓰기는 적용하지 않음.)

문헌정보학총론 / 정동열, 조찬식 공저.
서울 : 한국도서관협회, 2007.
020.1

① 260 1b$a서울: $b한국도서관협회, $c2007

② 056 bb$a020.1$25

③ 245 10$a문헌정보학총론 /$d정동열; $e조찬식 공저

④ 700 1b$a정동열, $d공저

3. 국제표준도서번호(ISBN)를 부여하지 않는 자료는?

① 점자자료　　　　　　　　② 팜플렛

③ 마이크로형태자료　　　　④ 음악녹음자료

4. 다음은 'KORMARC 통합서지용' 형식을 이용하여 연속간행물 『건강과 영양』에 대해 작성한 서지레코드이다. 이 서지레코드를 보고 설명한 내용으로 옳은 것은? (단, 지시기호는 생략함.)

245 $a건강과 영양 /$d한국식품영약학회
310 $a월간, $b2004.1-
321 $a격월간, $b1998.1-2003.12
362 $a제7권 제1호(2004년 1월)-
780 $a식품과 영양

① 『건강과 영양』 자료는 『식품과 영양』 자료의 후속저록으로 2004년부터 간기가 격월간에서 월간으로 변경되어 발간되고 있다.

② 『식품과 영양』 자료는 『건강과 영양』 자료의 후속저록으로 1998년부터 간기가 격월간에서 월간으로 변경되어 발간되고 있다.

③ 『식품과 영양』 자료는 『건강과 영양』 자료의 선행저록으로 1998년부터 간기가 월간으로 발간되었다.

④ 『건강과 영양』 자료는 『식품과 영양』 자료의 선행저록으로 2004년부터 간기가 월간에서 격월간으로 변경되어 발간되고 있다.

5. 다음은 특정 도서에 대하여 판권기의 일부와 KORMARC 통합서지용 형식 레코드를 제시한 것이다. ㉠과 ㉡에 들어갈 내용을 바르게 연결한 것은? (단, 지시기호는 생략함.)

[판권기]	[KORMARC 레코드]
물리학의 이해 - - - - - - - - - 2009년 3월 5일 발행 지은이: 박재영, 김철수 ISBN 978-897678-082-5	020 ▼a9788976780825 [㉠] ▼a420▼25 082 ▼a[㉡]▼222 245 ▼a물리학의 이해 /▼d박재영, 김철수

	㉠	㉡		㉠	㉡
①	052	420	②	056	420
③	052	530	④	056	530

6. 한국목록규칙 제4판(KCR4)의 규칙에 대한 설명으로 옳은 것은?

① 본표제나 표제관련정보 중에 포함된 저작명은 이를 책임표시에 기재하지 않는다.

② 대등표제가 둘 이상인 경우에는 대등표제를 표제와 책임표시사항에 모두 기재한다.

③ 하나의 발행처에 우리나라 발행지명이 둘 이상 표시된 경우에는 중요하게 기재되었거나 맨 처음에 표시된 발행지명을 기술한다.

④ 복제본의 경우 그 원본의 발행사항을 기술하고, 복제본의 발행사항은 주기한다.

7. 한국목록규칙 제4판(KCR4)의 특징으로 옳은 것은?

① 접근점 대신 표목이라는 용어를 사용하였다.

② 원칙적으로 기본표목의 개념을 목록에서 제외하였다.

③ 저록에 포함되는 책임표시 수를 4인으로 제한하였다.

④ 통일표목을 적용한다.

8. 한국목록규칙 4판(KCR4)의 표제와 책임표시사항에 기술된 책임표시의 범위에 원칙적으로 포함되지 않는 것은?

① 각색자   ② 역자
③ 주연배우   ④ 후원자로서의 단체

9. 'KORMARC 통합서지용'에서 통일표제에 관한 설명으로 옳지 않은 것은?

① 통일표제는 동일한 저작이 다양한 표제를 갖고 있는 경우 표제를 통일시켜 기술한 것이다.

② 730필드는 통일표제가 부출표목으로 채택된 경우에 사용한다.

③ 한 레코드 내에서는 표시기호 130필드와 240필드를 함께 사용할 수 있다.

④ 저작에 나타나 있는 표제는 245필드에 기술된다.

1. KCR 4판에서 규정하고 있는 내용으로 적절하지 않은 것은?

① 단일유형의 목록만을 유지하고 있는 경우에는 자료유형표시를 생략할 수 있다.

② 본문이 한글인 자료에 한글표제와 그에 상응하는 한자표제가 기재되어 있는 경우 한글표제는 본표제로, 한자표제는 대등표제로 기재한다.

③ 양서의 표제에 온점 없이 특정 문자나 두문자(initial)가 표제에 포함된 경우, 이들 문자 사이에 빈칸을 두지 않고 연결하여 기술한다.

④ 대등표제가 둘 이상인 경우에는 활자의 크기나 기재순서에 따라 첫 번째 대등표제만 기재하고, 두 번째 이하의 대등표제는 '대등표제'란 도입어구를 사용하여 주기사항에 기재한다.

2. 다음에서 MODS에 대한 설명으로 옳은 것은?

① 주로 도서관에서의 이용을 염두에 두고 개발된 것으로, MARC의 하위요소로 구성되어 MARC보다 간단하고 숫자가 아닌 언어로 태그를 표현할 수 있다.

② MARC 레코드에 XML이 지닌 효과를 부여하기 위한 것으로, 이미 작성된 MARC 레코드의 XML 판이라고 할 수 있다.

③ 디지털 자원의 계층구조와 디지털 자원을 구성하는 파일의 이름과 위치, 관련된 기술요소와 관리요소를 표현한 XML 문서를 작성하기 위해 설계된 XML 스키마이다.

④ 전통적인 아카이브 탐색보조도구를 기계가독형식으로 인코딩하는 한 방식으로 1990년대에 개발되었다.

3. CIP(Cataloging in publication)에 대한 설명으로 옳은 것을 모두 고르면?

ㄱ. CIP의 기술사항에는 일반적으로 표제와 책임표시사항, 판사항, 발행사항, 형태사항 등이 포함된다.
ㄴ. 미국에서 한국어로 발행되는 한국관련 단행본은 한국의 e-CIP 신청대상이 아니다.
ㄷ. 한국의 출판사가 CIP데이터를 제공받기 위해서는 출판전에 한국도서관협회 e-CIP센터에서 요구하는 자료를 송부해야 한다.

① ㄴ   ② ㄱ, ㄷ   ③ ㄴ, ㄷ   ④ ㄱ, ㄴ, ㄷ

4. KCR 4판에 따를 경우 전자자료의 기술에 대한 설명으로 옳지 않은 것은?

① 전자자료를 기술할 때 정보원의 우선순위에서 레이블이 내부 정보원보다 더 높은 우선순위를 갖는다.

② 시스템조건에 관한 주기는 "시스템조건: "을 앞세워 기술하되 컴퓨터의 운영체제를 가장 먼저 기술한다.

③ 전자자료의 크기는 내용 다음에 파일이나 명령문, 레코드, 바이트의 수를 원괄호로 묶어 기술한다.

④ 원격으로만 접근할 수 있는 파일인 경우에는 항상 접근방법을 주기한다.

5. 다음은 판권기의 일부 예이다. 이를 이용하여 KCR 4판과 KORMARC 형식(통합서지용)에 따라 올바르게 기술한 것은? (단, 지시기호와 띄어쓰기는 적용하지 않는다.)

마당에서 노는 병아리
2005년 5월 20일 초판 발행
2006년 5월 25일 개정판 발행
2008년 5월 25일 개정판 2쇄 발행
김호식 지음
홍길동 그림
펴낸곳: (주)대한출판사
주소: 경기도 파주시 교하읍 123 번지

---

① 245 ▼a마당에서 노는 병아리/▼d김호식 지음;▼e홍길동 그림

② 245 ▼a마당에서 노는 병아리/▼d김호식 지음,▼e홍길동 그림

③ 260 ▼a파주:▼b(주)대한출판사,▼c2008

④ 260 ▼a파주:▼b대한출판사,▼c2008

6. 자료상에 표시된 판사항을 KCR 4판에 따라 기술할 때 옳은 것은?

① 제오판 → 제5판   ② 셋째판 → 제3판

③ 再版 → 2版   ④ 改正六版 → 改正六版

7. 다음은 KORMARC 레코드의 리더(leader)부의 한 예이다. 이 중에서 12-16자리의 '00229'가 나타내는 것은?

0	0	7	5	7	n	a	m			2	2	0	0	2	2	9		c		4	5	0	0

① 레코드의 전체 길이   ② 엔트리 맵 자리수

③ 가변길이 필드의 길이   ④ 제어필드의 시작위치

8. 다음은 KORMARC 형식에서 채택표목으로 사용되지 않은 개인명을 채택표목으로 참조하는 전거레코드의 한 예이다. 이때 ( ) 안에 공통적으로 사용할 수 있는 표시기호로 옳은 것은?

100 1 ▼a이광수=▼h李光洙,▼d1892-1950
( ) 1 ▼a춘원=▼h春園,▼d1892-1950
( ) 1 ▼a향산광랑=▼h香山光郞,▼d1892-1950
( ) 1 ▼a가야마 미쓰로,▼d1892-1950

① 200   ② 400   ③ 500   ④ 700

9. 『Game 프로그래밍 갤러리』는 정보시대사에서 간행한 『마이크로소프트웨어』 1995년 9월 호의 특별부록으로 간행된 자료이다. KORMARC 형식(통합서지용)에 따라 『Game 프로그래밍 갤러리』에 대한 서지레코드를 작성할 때, 『마이크로소프트웨어』에 관한 정보를 기술하는 데 적합한 필드는?

① 770   ② 772   ③ 773   ④ 774

10. 한국도서번호는 국제표준도서번호(ISBN)에 부가기호를 덧붙여 구성한다. 다음 중 한국도서 번호에 대한 설명으로 옳은 것은?

① ISBN은 접두부를 포함하여 6개 요소로 구성된다.
② '89'는 한국을 나타내는 국별번호이며, 이는 한국문헌센터에서 부여한다.
③ ISBN의 서명식별기호는 발행자가 부여한다.
④ 인쇄된 단행본에만 부여할 수 있다.

2020년

1. ② 2. ① 3. ③ 4. ② 5. ③ 6. ④ 7. ③ 8. ① 9. ② 10. ①

2019년

1. ④ 2. ③ 3. ④ 4. ④ 5. ① 6. ④ 7. ② 8. ③ 9. ④ 10. ②

2018년

1. ② 2. ③ 3. ② 4. ④ 5. ④ 6. ③ 7. ④ 8. ③ 9. ③ 10. ②

2017년

1. ④ 2. ③ 3. ① 4. ④ 5. ③ 6. ④ 7. ④ 8. ② 9. ② 10. ②

2016년

1. ③ 2. ① 3. ③ 4. ④ 5. ② 6. ② 7. ④ 8. ② 9. ④ 10. ④

2015년

1. ② 2. ③ 3. ① 4. ④ 5. ① 6. ④ 7. ④ 8. ③ 9. ② 10. ①

2014년

1. ② 2. ① 3. ③ 4. ③ 5. ② 6. ① 7. ③ 8. ③

2013년

1. ③ 2. ③ 3. ④ 4. ① 5. ④ 6. ② 7. ③ 8. ③ 9. ④ 10. ④

2011년

1. ③ 2. ④ 3. ① 4. ③ 5. ① 6. ④ 7. ① 8. ③ 9. ① 10. ② 11. ① 12. ④

2010년

1. ④ 2. ② 3. ④ 4. ① 5. ④ 6. ③ 7. ② 8. ③ 9. ③

2009년

1. ② 2. ① 3. ① 4. ② 5. ① 6. ① 7. ④ 8. ② 9. ② 10. ③

자료조직개론

문헌목록 편